LES
GRANDS ÉCRIVAINS
DE LA FRANCE

NOUVELLES ÉDITIONS

PUBLIÉES SOUS LA DIRECTION
DE M. AD. REGNIER
membre de l'Institut

SUR LES MANUSCRITS, LES COPIES LES PLUS AUTHENTIQUES
ET LES PLUS ANCIENNES IMPRESSIONS
AVEC VARIANTES, NOTES, NOTICES, PORTRAITS, ETC.

J. DE LA FONTAINE
TOME VIII

PARIS
LIBRAIRIE HACHETTE ET Cie
BOULEVARD SAINT-GERMAIN, 79

M D CCC XCII

LES
GRANDS ÉCRIVAINS
DE LA FRANCE

NOUVELLES ÉDITIONS

PUBLIÉES SOUS LA DIRECTION

DE M. AD. REGNIER

Membre de l'Institut

ŒUVRES

DE

J. DE LA FONTAINE

TOME VIII

PARIS. — IMPRIMERIE LAHURE
Rue de Fleurus, 9

OEUVRES

DE

J. DE LA FONTAINE

NOUVELLE ÉDITION

REVUE SUR LES PLUS ANCIENNES IMPRESSIONS
ET LES AUTOGRAPHES

ET AUGMENTÉE

de variantes, de notices, de notes, d'un lexique des mots
et locutions remarquables, de portraits, de fac-similé, etc.

PAR M. HENRI REGNIER

TOME HUITIÈME

PARIS
LIBRAIRIE HACHETTE ET Cie
BOULEVARD SAINT-GERMAIN, 79

1892

AVERTISSEMENT

Nous avions d'abord songé à donner des *Poésies diverses* une série unique disposée chronologiquement; nous inclinions même à suivre le conseil de M. Marty-Laveaux (tome V de son édition, p. v-vi), à ne plus grouper à part les *Lettres*, rangées jusqu'ici d'après les noms de leurs destinataires ou d'après leurs dates, à fondre ensemble par mois, par années, les *Lettres* et les *Poésies*.

Mais les dates de beaucoup de ces *Poésies* sont inconnues : nous nous sommes bien vite aperçu que, séduisant au premier aspect, ce plan avait de graves inconvénients; il ne s'appuyait sur rien de rigoureusement méthodique, d'absolument définitif, restait toujours susceptible d'améliorations, de remaniements.

Comme le remarque M. Marty-Laveaux, il aurait fallu tout au moins laisser en dehors la correspondance de la Fontaine avec son oncle Jannart, où il n'est question que d'affaires, et dont la lecture est insipide. Ce n'eût pas été la seule dérogation nécessaire à ce classement approximatif; et, pour vouloir agréger tant de compositions disparates, ne risquions-nous pas de les voir s'échapper, pour ainsi dire d'elles-mêmes, à travers les mailles trop lâches d'une coordination incertaine et tourbillonner dans l'esprit des lecteurs?

C'est pourquoi nous sommes revenu à la division par genres adoptée par Walckenaer, disposition moins confuse et moins incommode à notre avis.

Quoique nous ayons pris à tâche d'enrichir le très varié commentaire de ce savant éditeur, notre annotation est cependant plus sobre que dans les *Fables* et les *Contes*, si universellement lus, admirés, où nous avons prodigué les rapprochements, éclaircissements, renseignements, renvois aux sources, sans jamais espérer toutefois être complet ni épuiser une matière qui s'étend jusqu'à l'infini.

Ajoutons que dans ces derniers tomes, pas plus que dans les précédents, on ne trouvera les pièces apocryphes que de prétendues découvertes, anciennes ou récentes, ont mises au jour.

HENRI REGNIER.

LES AMOURS DE PSYCHÉ

ET DE CUPIDON

1669)

NOTICE.

Nous entrons ici dans le domaine des fables milésiennes, des contes que les nourrices font aux petits enfants, ou, si l'on veut, par lesquels les poètes amusent la longue enfance de l'humanité, et aussi dans la région des mythes sacrés, des mystérieux symboles, qui se perdent dans la brume, dans les vagues horizons, des temps lointains. On ne s'étonnera donc pas si les rapprochements qu'on pourrait faire avec cette histoire vieille comme le monde sont infinis : c'est Pandore ouvrant la boîte interdite; c'est Ève, dans l'Éden, regardant avec convoitise les fruits de l'arbre de la science. Mais c'est également l'épouse de Lohengrin et sa curiosité frémissante, inassouvie; c'est la femme de Barbe-Bleue, avide de pénétrer dans la chambre défendue : c'est toujours le châtiment de la désobéissance et de l'indiscrétion, plus fortes chez la femme que la passion ou que la peur.

Si nous remontons par cette poétique légende aux mystères de l'Inde et de la Grèce, nous descendons aussi par elle dans les arcanes de la magie, ou dans les inventions les plus puériles de l'imagination populaire. Si l'âme elle-même, la Psyché inquiète et mélancolique, nous apparaît, si nous croyons entendre son éternel dialogue avec Dieu, avec la Nature, avec l'Amour, nous entendons aussi le concert de toutes les terreurs, rêveries, chimères, de toutes les superstitions, qui hantent, qui effrayent encore le fond des provinces reculées, les coins mornes des campagnes endormies, qui survivent et demeurent obstinément, *superstant*.

La Fontaine s'est inspiré d'Apulée et de ses *Métamorphoses* ou *l'Ane d'or* (livres IV, V et VI), véritable récit des Mille et une Nuits, rempli de merveilleuses aventures, et raconté par « une vieille radoteuse », comme nous l'apprend l'auteur. Apulée le premier[1], et même le seul, parmi les écrivains grecs ou latins, nous a transmis cette allégorie fantastique de Psyché, qui courait depuis bien longtemps dans la bouche des hommes, et vivait gravée sur les pierres, sculptée sur les marbres. Mais combien après lui se sont exercés sur le même sujet! Et dans ce nombre on peut compter même les traducteurs, les plus ou moins fidèles interprètes de *l'Ane d'or* : Guillaume Michel, entre autres (Paris, 1517, in-4°), Jean Maugin (Paris, 1546, in-16), Georges de la Bouthière (Lyon, 1553, in-16), Jean Louveau (Lyon, 1558, in-8°), Jean de Montlyard (Paris, 1612, in-12), Breugière de Barante (Paris, 1692, in-12), qui a traduit séparément l'épisode de *Psyché*, version reproduite en 1802 (Paris, in-4°), Compain de Saint-Martin (Paris, 1707, in-12); François de l'Aulnaye, édition et traduction de la fable de *Psyché*, précédée d'une courte dissertation (Paris, 1798, in-8°); les Italiens Boiardo (Venise, 1518, in-8°), Firenzuola (Venise, 1550, in-12), Parabosci (Venise, 1601, in-4°), Visani (Bologne, 1607, in-8°); l'Espagnol Diego Lopez de Cortegana (Séville, 1513, in-fol.); l'Anglais Adlington (Londres, 1566, in-4°); les Allemands Sieder (Augsbourg, 1538, in-fol.), Rode (Berlin, 1780, in-8°); et, dans notre siècle, Savalète (Paris, 1842, in-fol.), et Victor Bétolaud, dont la traduction, qui parut d'abord dans la collection Panckoucke (Paris, 1835, in-8°), revue depuis, retouchée par lui, et publiée de nouveau chez Garnier (Paris, 1861, 1875, 1883, etc., in-12), mérite d'être considérée comme un modèle.

Parmi les ouvrages « originaux », si l'on peut se servir d'un pareil terme en parlant d'une aussi vieille fiction, des poètes ou prosateurs qu'a tentés cette fable à la fois ingénieuse et profonde, nous citerons *Psiche e Cupido*, poème de Nicolo da Corregia (Venise, 1510, in-8°), souvent réédité; un livre anonyme : *l'Adolescence amoureuse de Cupido avec Psyché oultre le vouloir de la deesse Venus sa mere* (Lyon, 1536, in-8°); le IV° chant de *l'Adone* du cavalier Marini (Paris, 1623, in-fol., Venise, même date, in-4°); voici l'« argomento » de la « novelletta » racontée dans ce

---

[1]. Et non Lucien, comme le dit Perrault dans la Préface de ses Contes. Dans *l'Ane* de Lucien, extrait, croit-on communément, d'un roman perdu de Lucius de Patras, il n'est pas question de la fable de Psyché.

chant IV, l'épisode le plus agréable sans contredit de tout le poème :

> *Giunto al' albergo de' vezzosi inganni*
> *Il bell' Adon, là dov' Amor s'annida,*
> *Gli conta Amor, che lo conduce e guida,*
> *Le fortune di Psiche, e propri affanni;*

et voici l' « allegoria » de ce même chant : *La favola di Psiche rappresenta lo stato dell' huomo. La Citta, dove nasce, dinota il Mondo. Il Re et la Reina, che la generano, significano Iddio et la Materia. Questi hanno tre figliuole, cioe la Carne, la Liberta dell' arbitrio et l'Anima : laqual non per altro si finge piu giovane, senon perche vi s'infonde dentro dopo l'organizamento del corpo. Descrivesi anche piu bella, percioch' è piu nobile della Carne, et superiore alla Liberta. Per Venere, che le porta invidia, s'intende la Libidine. Costei le manda Cupidine, cioe la Cupidita, laqual ama essa Anima, et si congiunge a lei, persuadendole a non voler mirar la sua faccia, cioe a non voler attenersi ai diletti della Concupiscenza; ne consentire agl' incitamenti delle sorelle Carne et Liberta. Ma ella a loro instigatione entra in curiosita di vederlo, et discopre la lucerna nascosta, cioe a dire palesa la fiamma del desiderio celata nel petto. La lucerna, che sfavillando cuoce Amore, dimostra l'ardore della Concupiscibile, che lascia sempre stampata nella carne la macchia del peccato. Psiche, agitata dalla Fortuna per diversi pericoli, et dopo molte fatiche et persecutioni copulata ad Amore, è tipo della istessa Anima, che per mezo di molti travagli arriva finalmente ad godimento perfetto.*

Nous trouvons aussi dans les *Autos sacramentales*, « actes sacramentaux », de Calderon, sortes de pièces saintes, de mystères (Madrid, 1677, in-4°), deux petits drames dont le sujet est Psyché, représentés l'un à Madrid, l'autre à Tolède, et où le sens moral de cet admirable symbole est exprimé, mais à un point de vue exclusivement chrétien : Éros est le Christ, Psyché, l'âme du fidèle qui s'élance incessamment vers lui, le mariage des deux amants dans l'Olympe, l'union mystique de l'homme et de Dieu dans l'Eucharistie. Le même sujet avait déjà inspiré au poète espagnol, quelques années auparavant, une de ses plus vives, de ses plus étincelantes comédies : *Ni Amor se libra de amor* (Madrid, 1644, in-4°), et, au XVI° siècle, à Juan de Mallara un poème qui est resté inédit, comme nous l'apprend Antoine de Latour dans sa *Psyché en Espagne* (Paris, 1879, in-18, p. 15).

Mentionnons enfin *Psyché*, poëme en huit chants de l'abbé Aubert (Paris, 1769, in-18); les *Lettres à Émilie sur la mythologie*, par Demoustier (Paris, 1806, in-8°), II° partie, xviii° lettre; le iv° chant des *Veillées du Parnasse* d'Écouchard-Lebrun (Paris, 1811, in-4°), qui, en croyant sacrifier aux Grâces dans les vers qu'il consacre à cette voluptueuse allégorie, les a quelque peu effarouchées par la lourde affectation de son pédantisme; *Psyché*, légende spirituelle, par Victor de Laprade (Paris, 1841, in-8°), légende chrétienne en effet où une fable païenne se trouve enchâssée, comme ces statues de la Vierge ornées de joyaux antiques; *l'Amour et Psyché*, poëme d'Ernest de Calonne (Paris, 1842, in-12); et les beaux vers de Lamartine dans sa *Mort de Socrate* :

....Sur les flancs arrondis du vase aux larges bords,
Qui jamais de son sein ne versait que la mort,
L'artiste avait fondu sous un souffle de flamme
L'histoire de Psyché, ce symbole de l'âme;
Et, symbole plus doux de l'immortalité,
Un léger papillon en ivoire sculpté,
Plongeant sa trompe avide en ces ondes mortelles,
Formait l'anse du vase en déployant ses ailes.
Psyché, par ses parents dévouée à l'Amour,
Quittant avant l'aurore un superbe séjour,
D'une pompe funèbre allait environnée,
Tenter comme la mort ce divin hyménée;
Puis, seule, assise, en pleurs, le front sur ses genoux,
Dans un désert affreux attendait son époux;
Mais, sensible à ses maux, le volage Zéphyre,
Comme un désir divin que le Ciel nous inspire,
Essuyant d'un soupir les larmes de ses yeux,
Dormante sur son sein l'enlevait dans les cieux!
On voyait son beau front penché sur son épaule
Livrer ses longs cheveux aux doux baisers d'Éole,
Et Zéphyr, succombant sous son charmant fardeau,
Lui former de ses bras un amoureux berceau,
Effleurer ses longs cils de sa brûlante haleine,
Et, jaloux de l'Amour, la lui rendre avec peine.

Ici, le tendre Amour sur les roses couché
Pressait entre ses bras la tremblante Psyché,
Qui, d'un secret effroi ne pouvant se défendre,
Recevait ses baisers sans oser les lui rendre;

NOTICE.

Car le céleste époux, trompant son tendre amour,
Toujours du lit sacré fuyait avec le jour.

Plus loin, par le désir en secret éveillée,
Et du voile nocturne à demi dépouillée,
Sa lampe d'une main et de l'autre un poignard,
Psyché, risquant l'amour, hélas! contre un regard,
De son époux qui dort tremblant d'être entendue,
Se penchait vers le lit, sur un pied suspendue,
Reconnaissait l'Amour, jetait un cri soudain,
Et l'on voyait trembler la lampe dans sa main!

Mais de l'huile brûlante une goutte épanchée,
S'échappant par malheur de la lampe penchée,
Tombait sur le sein nu de l'amant endormi;
L'Amour impatient, s'éveillant à demi,
Contemplait tour à tour ce poignard, cette goutte...,
Et fuyait, indigné, vers la céleste voûte!
Emblème menaçant des désirs indiscrets
Qui profanent les dieux pour les voir de trop près.
La vierge, cette fois, errante sur la terre,
Pleurait son jeune amant, et non plus sa misère;
Mais l'Amour, à la fin, de ses larmes touché,
Pardonnait à sa faute, et l'heureuse Psyché,
Par son céleste époux dans l'Olympe ravie,
Sur les lèvres du dieu buvant des flots de vie,
S'avançait dans le ciel avec timidité;
Et l'on voyait Vénus sourire à sa beauté!
Ainsi par la vertu l'âme divinisée
Revient, égale aux dieux, régner dans l'Élysée.

Nous allons énumérer maintenant les contes, poèmes, drames, romans, légendes, etc., qui, sans porter le même nom, le même titre, dérivent cependant de l'histoire de Psyché, en découlent d'une manière plus ou moins directe et naturelle, se rattachent à elle par une analogie manifeste, par une commune parenté. Nous rappellerons d'abord la vieille, la célèbre légende de *Lohengrin*, dont Richard Wagner a fait un opéra : ce n'est pas, quoiqu'en dise l'illustre compositeur, avec la fable des amours de Jupiter et de Sémélé qu'elle offre véritablement des points de contact, mais bien plutôt avec celle de Psyché. Entre l'invisible Amour et le mystérieux Lohengrin, entre Psyché et Elsa il y a une similitude évidente : toutes deux condamnées à périr, elles sont sauvées toutes deux par un jeune homme d'une beauté incomparable qui exige d'elles, en échange de son amour, le serment de ne jamais demander, de ne jamais chercher à savoir qui il est. L'une et l'autre cèdent aux pernicieux conseils, Elsa, de la sorcière Ortrude, Psyché, de ses propres sœurs, véritables sorcières aussi par la méchanceté. Victimes de leur indiscrétion, l'une et l'autre perdent leur époux : tant il est vrai que l'amour s'envole quand on connaît trop bien l'amant.

Dans le roman de chevalerie intitulé *Partonopeus de Blois*, qui, sous le titre d'*Esclarmonde*, a été mis en scène dans le récent opéra de M. Massenet[1], c'est la femme dont le visage doit rester voilé, le nom inconnu ; c'est l'amant qui est puni de sa curiosité. Dans ce roman, comme dans celui de *Mélusine*, par Jean d'Arras, comme dans le *Lai de Graelent* de Marie de France, il s'agit des amours d'une fée avec un simple mortel.

Rappelons encore les contes de *Peau d'Ane* (Perrault, édition Lefèvre, p. 51), de *Barbe-Bleue* (ibidem, p. 101), de *Cendrillon* (ibidem, p. 121), de *la Belle et la Bête*, que « ma Mère l'Oye » et « la Bibliothèque bleue » ont rendus si populaires, de *Gracieuse et Percinet*, par Mme d'Aulnoy, du *Pigeon et la Colombe*, du *Serpent vert*, et de *l'Oiseau bleu*, par la même, etc., etc.

Ajoutons à cette énumération la mention des légendes, plus ou moins voisines, plus ou moins sœurs de la nôtre, analysées par M. Cosquin dans ses *Contes populaires lorrains* que nous avons déjà plusieurs fois cités (viii° partie, p. 341-355, et p. 357-367); contes de l'Inde[2], de la Grèce, de l'Italie (Piémont, Toscane, Sicile, Napolitain, Basilicate), du Portugal, de l'Islande, de l'Irlande, de la Norvège, de la Suède, du Danemarck, de la Russie, de la Pologne, de l'Allemagne[3], du Tyrol, de la Serbie, de la Lorraine, des pays basques, etc. On retrouve jusque dans l'Annam et le Cambodge, dans le merveilleux étrange de ces récits de l'extrême Orient, les données primordiales et essentielles des épreuves de Psyché et de celles de Cendrillon.

Parmi les critiques, poètes, commentateurs, artistes, érudits,

---

1. En quatre actes, paroles de MM. Alfred Blau et Louis de Gramont, joué à l'Opéra-Comique le 15 mai 1889.
2. Benfey, *Pantschatantra*, tomes I, p. 254-269, II, p. 144-146.
3. Les frères Grimm, n°ˢ 24 et 88.

philosophes, qui se sont donné pour tâche de pénétrer la signification de ces mythes sacrés, de ces divins emblèmes, de démêler l'histoire sous la superstition, la légende, sous les fictions brillantes, sous les représentations figurées, de décrire, d'interpréter, les fêtes, les mystères, les cérémonies, les dogmes, par lesquels ce symbole de l'Amour et de Psyché s'est perpétué d'âge en âge chez les différents peuples, et qui se sont trop souvent égarés en de stériles rêveries, en de vaines abstractions, en de chimériques hypothèses, nous rappellerons l'évêque de Carthage, Fulgence, qui, dès le sixième siècle, cherchait à approfondir cette fable, à découvrir son sens caché (*Enarrationes allegoricæ*, etc., Milan, 1498, in-fol., fol. 196, et *les Mythologues latins*, Amsterdam, 1681, in-8°, tome II, p. 117); Filippo Beroaldo, *Commentarii in Asinum aureum* (Bologne, 1500, in-fol.); Spon, *Recherches curieuses d'antiquités* (Lyon, 1683, in-4°); Montfaucon, *l'Antiquité expliquée* (Paris, 1719-1724, in-fol.), tome II, p. 191; Warburton, *Dissertation sur l'union de la religion, de la morale, etc.* (Londres, 1736, in-8°), traduite et abrégée par Silhouette en 1742, où l'auteur considère les *Métamorphoses* d'Apulée comme expressément écrites pour empêcher les progrès des chrétiens et donner un nouvel essor au paganisme; l'abbé Banier, *la Mythologie et les fables expliquées par l'histoire* (Paris, 1738, in-4°); H. Bosscha, *Bibliotheca classica* (Leyde, 1794, in-4°); Thorlac, *Fabula de Psyche et Cupidine, disquisitio mythologica* (Copenhague, 1801, in-8°); Hirt, *Mémoires de l'Académie de Berlin* (année 1816); Dunlop, *History of Fiction* (Edimbourg, 1816, in-4°); Silvestre de Sacy, *Recherches historiques et critiques sur les mystères du paganisme* (Paris, 1817, in-8°); Creuzer, *Religions de l'antiquité considérées principalement dans leurs formes symboliques et mythologiques*, ouvrage traduit et refondu par Guigniaut (Paris, 1825-1851, in-8°), tome III, p. 400 et suivantes; Charpentier de Saint-Priest, *Tertullien et Apulée* (Paris, 1839, in-8°); Victor de Laprade, dans l'Introduction de son poème déjà cité; Victor Cousin, *du Vrai, du Beau et du Bien* (Paris, 1854, in-8°), p. 112[1]; Saint-Marc Girardin, *Cours de littérature dramatique*, tomes II, chapitre xxx, IV, chapitre li; E. Gerhard, *Mythologie grecque* (Berlin, 1854, in-8°); Maury, *Histoire des religions de la Grèce antique* (Paris, 1857-1859, in-8°); Goumy, *de Apuleio*

1. « O Psyché, Psyché! Respecte ton bonheur, n'en sonde pas

fabularum scriptore et rhetore (Paris, 1859, in-8°); Antoine de Latour, déjà cité, *Psyché en Espagne;* Zinzow, *Éros et Psyché* (Halle, 1881, in-8°); Paul de Saint-Victor, *les Deux Masques* (Paris, 1884, in-8°), tome III, p. 315-324; G. Meyer, *Essays und studien zur Sprachgeschichte und Volkskunde* (Berlin, 1885, in-8°), II° partie ; la revue anglaise *the Academy*, n°° 792 et suivants (juillet-août 1887); *Literarisches Centralblatt*, n° 51 (17 décembre 1887); P. Monceaux, *Apulée, roman et magie* (Paris, 1888, in-12) ; etc., etc.

Un très grand nombre de pièces de théâtre, comédies, tragédies, opéras, ballets, féeries, symphonies, ont été inspirées par cette fable de Psyché, qui se prête si bien aux pompeux spectacles, à l'éclat des costumes, au jeu des machines, à l'emploi des beaux décors. Citons parmi les plus fameuses ou les moins oubliées : la comédie de Pidinzuolo, *Psiche e Cupido* (Sienne, 1523, in-8°); la merveilleuse féerie décrite par Vasari dans le *Gloriosissimo apparato per le nozze del principe don Francesco Medici*[1]; *Psyché*, fable morale en cinq actes, en vers, avec des chœurs et un prologue, par Louvan-Geliot (Agen, 1599, in-16); le *Ballet royal de Psyché ou la Puissance de l'Amour*, ouvrage de Benserade, dansé par Louis XIV, le 16 janvier 1656; *Psyché*, tragédie-ballet, par Corneille et Molière, musique de Lulli, représentée dans la grande salle des machines du Palais des Tuileries le 17 janvier et durant tout le carnaval de l'année 1671, et donnée au public sur le théâtre du Palais-Royal, le 24 juillet de la même année (tome VII du Corneille de notre Collection, p. 279-370, et tome VIII du Molière, p. 247-384); *Psyché*, tragédie lyrique en cinq actes, par Thomas Corneille et Fontenelle, musique de Lulli, jouée à l'Opéra, le 9 avril 1678 (Paris, 1678, in-4°); *l'Amour et Psyché*, ballet héroïque en un acte, par l'abbé de Voisenon (1753); *Psyché*, ballet de Noverre, dansé à Stuttgart en 1772; *Psyché*, ballet-pantomime en trois actes, par le danseur Gardel, représenté pour la première fois sur le théâtre de l'Académie

trop le mystère; garde-toi d'approcher la redoutable lumière de l'invisible amant dont ton cœur est épris. Au premier rayon de la lampe fatale, l'Amour s'éveille et s'envole : image charmante de ce qui se passe dans l'âme, lorsqu'à la sereine et insouciante confiance du sentiment succède la réflexion, etc. »

1. Tome VII, p. 337 et suivantes, des *Vite de' piu eccellenti pittori, etc.*, édition de 1767-1772 (Livourne, in-4°).

royale de musique le 14 décembre 1790 (*Correspondance littéraire de Grimm et de Diderot*, Paris, 1831, in-8°, tome XV, p. 247); *Amour et Psyché*, comédie en un acte, par Moline et Cubières de Palmezeaux (Paris, 1807, in-8°); *Giralda ou la nouvelle Psyché*, opéra-comique en trois actes, paroles de Scribe, musique d'Adolphe Adam, joué au théâtre de l'Opéra-Comique, le 20 juillet 1850; *Psyché*, opéra en trois actes, paroles de Jules Barbier et Michel Carré, musique d'Ambroise Thomas, donné sur le même théâtre le 26 janvier 1857, où les auteurs du spirituel livret se sont inspirés de leurs illustres devanciers, Corneille, Molière, et la Fontaine; *Psyché*, comédie en cinq actes par Félicien Mallefille (Paris, 1869, in-12); *Psyché*, poème symphonique par César Franck, pour orchestre et chœurs.

Tous les arts à l'envi ont mis l'épisode de Psyché à contribution: pour les monuments antiques, médailles, pierres et verres gravés, bronzes, émaux, mosaïques, vases, camées, bijoux, terres cuites, etc., nous renverrons le lecteur au livre de J. Bryant intitulé : *New System or an analysis of ancient mythology* (Londres, 1773-1776, in-4°) tome II, p. 388; à la Description du musée de Vienne (*Catalogus musei Cæsarei Vindobonensis*), par Eckhel (Vienne, 1779, in-fol.); aux éditeurs du *Cabinet du duc d'Orléans* (Paris, 1780-1784, in-fol.); à *l'Essai sur les monuments grecs et romains relatifs au mythe de Psyché*, par Maxime Collignon (Paris, 1877, in-8°); et aux *Terres cuites d'Asie de la collection Julien Gréau* (Paris, 1886, in-4°); aux *Statuettes de terre cuite dans l'antiquité*, par E. Pottier (Paris, 1890, in-8°).

Pour les statues, les bas-reliefs, nous citerons le groupe très ancien de l'Amour et Psyché enfants, qui se trouve au musée du Capitole, à Rome, et deux groupes, presque semblables, aux musées de Florence et de Berlin; l'adolescent ailé, parlant à une jeune fille qui porte sur son épaule un petit Amour, découvert à Myrina (Asie Mineure); et les œuvres de Canova (deux groupes au musée du Louvre), de Chaudet (l'Amour séduisant l'Ame), de le Moyne (Psyché curieuse), de Clodion (groupe en terre cuite), de Milhomme (Psyché à la lampe, au musée du Louvre), de Westmacott (Psyché ouvrant la boîte fatale), de Pradier (statue de Psyché, et petit groupe en bronze), de Thorvaldsen (l'Amour et Psyché, bas-relief), de Triqueti (Psyché contemplant l'Amour endormi), de Gruyère (Psyché et la boîte), d'Oudiné (Psyché endormie, au musée du Havre), de Carrier-Belleuse (Psyché endormie, et Psyché abandonnée), de Frédérick Leighton (Psyché au bain); d'Ottin, de Chapu, de Jules Lefebvre, de Mme Bertaux (au musée du Luxembourg), de Madrassi, etc.

N'oublions pas de mentionner aussi les vitraux, provenant du château d'Écouen, qui décorent aujourd'hui une des galeries du château de Chantilly, « la galerie de Psyché », et où l'histoire de Psyché se déroule, peinte sur verre, exécutée en grisaille[1]; les scènes de Psyché qui tapissent le petit salon de Mme de Rohan dans le palais de Soubise (Archives nationales), à Paris; et rappelons, non sans un vif sentiment de regret, les vingt-six magnifiques tapisseries du Garde-Meuble sur la fable de Psyché, brûlées, le 18 avril 1797, à la Monnaie de Paris, pour en tirer l'or et l'argent, et payer ainsi les appointements arriérés des employés du Garde-Meuble.

Parmi les peintres est-il besoin de citer Raphaël, les fresques dont il décora le palais d'Agostino Chigi, aujourd'hui le palais Farnèse, à Rome, et les trente-deux magnifiques cartons qui lui sont attribués? la coupole du palais de Mantoue où Jules Romain a représenté l'Amour soupant, dans l'Olympe, avec sa jeune maîtresse? les fresques de Luca Cambiaso (Psyché devant l'Assemblée des dieux) au palais Imperiali, à Gênes, et d'Andrea Appiani (Amour et Psyché) à la villa royale de Monza? les tableaux du Titien, du Corrège, du Caravage, du Guide, de Rubens, de Rembrandt, de van Dyck? ceux d'Antoine Coypel (Cupidon secourant Psyché, et Psyché regardant l'Amour endormi), d'Adrien van der Werff (Psyché et l'Amour réunis dans la même couche, au musée d'Amsterdam), de Nattier (Psyché consolée, et Psyché condamnée à démêler les grains), de Boucher (Psyché refusant les honneurs divins), de Greuze, de Prudhon, de David, de Gérard? Vantons enfin, parmi les œuvres modernes, « l'Amour et Psyché » de Ingres, qui est au musée du Louvre, « Psyché recueillie par les nymphes » de Glaize, le « mariage de Cupidon et Psyché » de Bouguereau, « Psyché réveillant l'Amour », panneau de Baudry à l'hôtel Hœnkel, et l' « Enlèvement de Psyché », du

---

1. Alexandre Lenoir en a publié la suite en 45 estampes dans le tome VI du *Musée des monuments français* (Paris, 1804, in-8°), qui contient l' « Histoire de la peinture sur verre ».

même artiste, qui orne un des plafonds du château de Chantilly.

Les Amours de Psyché et de Cupidon par M. de la Fontaine, suivis du poème d'*Adonis*, parurent à Paris, chez Claude Barbin, en 1669 (in-8° de 12 feuillets liminaires et 500 pages); une contrefaçon fut publiée la même année (in-12 de 12 feuillets liminaires et 392 pages). Voici le titre de l'édition in-8° :

LES AMOURS
DE
PSICHE'
et de
CUPIDON.

PAR M. DE LA FONTAINE.

A PARIS.
Chez Claude Barbin, au Palais
fur le Perron de la Sainte Chapelle.
M.DC.LXIX
AVEC PRIVILEGE DV ROY.

L'Achevé d'imprimer est du 31 janvier 1669, le Privilège du 2 mai 1668.

Sur la composition de ce poème, voyez Walckenaer, *Histoire de la Fontaine*, tome I, p. 213-222; notre tome I, p. xcι et suivantes; et l'Epilogue du livre VI des Fables (tome II, p. 77-78).

A MADAME LA DUCHESSE DE BOUILLON[1].

Madame,

C'est avec quelque sorte de confiance que je vous dédie cet ouvrage : non qu'il n'ait assurément des défauts, et que le présent que je vous fais soit d'un tel mérite qu'il ne me donne sujet de craindre; mais comme Votre Altesse est équitable, elle agréera du moins mon intention. Ce qui doit toucher les grands, ce n'est pas le prix des dons qu'on leur fait, c'est le zèle qui accompagne ces mêmes dons, et qui, pour en mieux parler, fait leur véritable prix auprès d'une âme comme la vôtre. Mais, Madame, j'ai tort d'appeler présent ce qui n'est qu'une simple reconnoissance[2].

Il y a longtemps que Mgr le duc de Bouillon[3] me comble de grâces[4], d'autant plus grandes que je les mérite moins. Je ne suis pas né pour le suivre dans les dangers[5]; cet honneur est réservé à des destinées plus

---

1. Marie-Anne Mancini : voyez la dédicace du *Poème du Quinquina*, tome VI, p. 315 et note 1.
2. Un simple témoignage de reconnaissance.
3. Godefroy-Maurice de la Tour-d'Auvergne, duc de Bouillon, d'Albret et de Château-Thierry, vicomte de Turenne, etc., grand chambellan de France depuis le 2 avril 1658. Il mourut le 26 juillet 1721, à quatre-vingt-deux ans.
4. Tome I, p. LXXVII et suivantes.
5. La Fontaine n'était rien moins que belliqueux : voyez le conte de *Féronde*, vers 104-106 et note 3.

illustres que la mienne : ce que je puis est de faire des
vœux pour sa gloire, et d'y prendre part en mon cabinet[1], pendant qu'il remplit les provinces les plus éloignées des témoignages de sa valeur[2], et qu'il suit les
traces de son oncle[3] et de ses ancêtres[4] sur ce théâtre
où ils ont paru avec tant d'éclat, et qui retentira longtemps de leur nom et de leurs exploits. Je me figure
l'héritier de tous ces héros, cherchant les périls dans le
même temps que je jouis d'une oisiveté que les seules
Muses interrompent. Certes, c'est un bonheur extraordinaire pour moi, qu'un prince qui a tant de passion
pour la guerre, tellement ennemi du repos et de la
mollesse, me voie d'un œil aussi favorable, et me donne
autant de marques de bienveillance que si j'avois exposé ma vie pour son service. J'avoue, Madame, que je
suis sensible à ces choses : heureux que Sa Majesté
m'ait donné un maître[5] qu'on ne sauroit trop aimer,
malheureux de lui être si inutile! J'ai cru que Votre
Altesse seroit bien aise que je la fisse entrer en société
de louanges avec un époux qui lui est si cher. L'union
vous rend vos avantages communs, et en multiplie la

1. Tome IV, p. 10 et note 2.
2. Le duc de Bouillon avait fait, entre autres campagnes, celle
de Montecuculi contre les Turcs en 1664, assisté au combat de
Saint-Gothard, et lorsque la Fontaine écrivait cette épître, en
1668, il accompagnait le Roi à la conquête de la Franche-Comté.
3. Le grand Turenne, frère cadet du père de notre duc.
4. Ses aïeux, les deux maréchaux de Bouillon, son père Frédéric-Maurice de la Tour-d'Auvergne, duc de Bouillon, qui commanda l'armée française en Italie.
5. Château-Thierry reconnaissait pour ses seigneurs les ducs
de Bouillon, depuis que Frédéric-Maurice de la Tour-d'Auvergne
avait reçu, en 1651, les duchés de Château-Thierry et d'Albret
en échange de sa principauté de Sedan. De nouvelles provisions
de l'acte d'échange avaient été données à son fils Godefroy-Maurice en 1662, l'année même de son mariage.

gloire, pour ainsi dire. Pendant que vous écoutez avec transport le récit de ses belles actions, il n'a pas moins de ravissement d'entendre ce que toute la France publie de la beauté de votre âme, de la vivacité de votre esprit, de votre humeur bienfaisante, de l'amitié que vous avez contractée avecque les Grâces : elle est telle qu'on ne croit pas que vous puissiez jamais vous séparer. Ce n'est là qu'une partie des louanges que l'on vous donne. Je voudrois avoir un amas de paroles assez précieuses pour achever cet éloge, et pour vous témoigner, plus parfaitement que je n'ai fait jusqu'ici, avec combien de passion et de zèle je suis,

 Madame,
  De Votre Altesse,
   Le très humble et très obéissant serviteur,
    DE LA FONTAINE.

PRÉFACE.

J'ai trouvé de plus grandes difficultés dans cet ouvrage qu'en aucun autre qui soit sorti de ma plume[1]. Cela surprendra sans doute ceux qui le liront : on ne s'imaginera jamais qu'une fable contée en prose m'ait tant emporté de loisir; car pour le principal point, qui est la conduite, j'avois mon guide : il m'étoit impossible de m'égarer. Apulée me fournissoit la matière; il ne restoit que la forme[2], c'est-à-dire les paroles; et d'amener de la prose à quelque point de perfection, il ne semble pas que ce soit une chose fort mal aisée : c'est la langue naturelle de tous les hommes. Avec cela[3], je confesse qu'elle me coûte autant que les vers; que si jamais elle m'a coûté, c'est dans cet ouvrage. Je ne savois quel caractère choisir : celui de l'histoire est trop simple; celui du roman n'est pas encore assez orné; et celui du poème l'est plus qu'il ne faut. Mes personnages me demandoient quelque chose de galant : leurs

---

1. On sait qu'il s'y est repris à plusieurs fois : voyez ci-dessus, la fin de la notice.

2.   Et, supposé que quant à la matière
    J'eusse failli, du moins pourrois-je pas
    Le réparer par la forme en tout cas?
                  (*La Clochette*, vers 15-17.)

3. Malgré cela, bien qu'il soit vrai qu'il en est ainsi.

aventures, étant pleines de merveilleux en beaucoup
d'endroits, me demandoient quelque chose d'héroïque[1]
et de relevé. D'employer l'un en un endroit, et l'autre
en autre, il n'est pas permis : l'uniformité de style est
la règle la plus étroite que nous ayons. J'avois donc
besoin d'un caractère nouveau, et qui fût mêlé de tous
ceux-là ; il me le falloit réduire dans un juste tempérament. J'ai cherché ce tempérament[2] avec un grand
soin : que je l'aie ou non rencontré, c'est ce que le
public m'apprendra.

Mon principal but est toujours de plaire[3] : pour en
venir là, je considère le goût du siècle. Or, après plusieurs expériences, il m'a semblé que ce goût se porte
au galant et à la plaisanterie : non que l'on méprise les
passions ; bien loin de cela, quand on ne les trouve pas
dans un roman, dans un poëme, dans une pièce de
théâtre, on se plaint de leur absence ; mais dans un
conte comme celui-ci, qui est plein de merveilleux, à
la vérité, mais d'un merveilleux accompagné de badi-
neries, et propre à amuser des enfants, il a fallu badiner
depuis le commencement jusqu'à la fin : il a fallu chercher du galant et de la plaisanterie. Quand il ne l'auroit pas fallu, mon inclination m'y portoit, et peut-être

1. Rapprochez l'Avertissement d'*Adonis* (tome VI, p. 223 et
note 2).

2.   Si me faut-il trouver, n'en fût-il point,
          Tempérament pour accorder ce point.
                                (*La Clochette*, vers 13-14.)

3. « .... Encore l'auteur n'auroit-il pas satisfait au principal
point, qui est d'attacher le lecteur, de le réjouir, d'attirer malgré
lui son attention, de lui plaire enfin. » (Préface de la II° partie des
Contes, tome IV, p. 146-147.) Comparez Corneille, Dédicace de
la Suite du Menteur; et Molière, *la Critique de l'École des femmes*,
scène VI : « Je voudrois bien savoir si la grande règle de toutes
les règles n'est pas de plaire. »

y suis-je tombé en beaucoup d'endroits contre la raison et la bienséance[1].

Voilà assez raisonné sur le genre d'écrire que j'ai choisi : venons aux inventions. Presque toutes sont d'Apulée, j'entends les principales et les meilleures. Il y a quelques épisodes de moi[2], comme l'aventure de la grotte, le vieillard et les deux bergères, le temple de Vénus et son origine, la description des enfers, et tout ce qui arrive à Psyché pendant le voyage qu'elle y fait, et à son retour jusqu'à la conclusion de l'ouvrage. La manière de conter est aussi de moi, et les circonstances[3], et ce que disent les personnages. Enfin ce que j'ai pris de mon auteur est la conduite[4] et la fable ; et c'est en effet le principal, le plus ingénieux, et le meilleur de beaucoup. Avec cela j'y ai changé quantité d'endroits, selon la liberté ordinaire que je me donne[5]. Apulée fait servir Psyché par des voix dans un lieu où rien ne doit manquer à ses plaisirs, c'est-à-dire qu'il lui fait goûter ces plaisirs sans que personne paroisse. Premièrement, cette solitude est ennuyeuse ; outre cela elle est effroyable. Où est l'aventurier[6] et le brave qui toucheroit à des viandes lesquelles viendroient d'elles-mêmes se présenter ? Si un luth jouoit tout seul, il me feroit fuir, moi qui aime extrêmement la musique. Je fais donc servir Psyché par des nymphes qui ont soin de l'habiller, qui l'entretiennent de choses agréables, qui

---

1. Tome IV, p. 150 et note 2.
2. C'est-à-dire, pour être plus exact : « qui ne sont pas chez Apulée », car la description des enfers, tout au moins, est une imitation de l'antique.
3. Le cadre que j'ai donné à mon récit.
4. Ci-dessus, p. 19.
5. Rapprochez les Préfaces des Contes, tome IV, p. 10, et p. 149-151.
6. L'homme aventureux : *ibidem*, p. 444 et note 2.

lui donnent des comédies et des divertissements de toutes les sortes.

Il seroit long, et même inutile, d'examiner les endroits où j'ai quitté mon original, et pourquoi je l'ai quitté. Ce n'est pas à force de raisonnement qu'on fait entrer le plaisir dans l'âme de ceux qui lisent : leur sentiment me justifiera, quelque téméraire que j'aie été ; ou me rendra condamnable, quelque raison qui me justifie. Pour bien faire, il faut considérer mon ouvrage, sans relation à ce qu'a fait Apulée, et ce qu'a fait Apulée, sans relation à mon livre, et là-dessus s'abandonner à son goût.

Au reste, j'avoue qu'au lieu de rectifier l'oracle dont il se sert au commencement des aventures de Psyché[1], et qui fait en partie le nœud de la fable, j'en ai augmenté l'inconvénient, faute d'avoir rendu cet oracle ambigu et court, qui sont les deux qualités que les réponses des dieux doivent avoir[2] et qu'il m'a été impossible de bien observer. Je me suis assez mal tiré de la dernière, en disant que cet oracle contenoit aussi la

---

1. *Infortunatissimæ filiæ miserrimus pater, suspectatis cœlestibus odiis, et iræ Superum metuens, dei Milesii vetustissimum percontatur oraculum ; et tanto numine precibus et victimis ingratæ Virgini petit nuptias et maritum. Sed Apollo, quanquam Græcus et Ionicus, propter Milesiæ conditorem, sic latina sorte respondit :*

« *Montis in excelsis scopulo desiste puellam*
Ornatam mundo funerei thalami :
Nec speres generum mortali stirpe creatum,
Sed sævum atque ferum, vipereumque malum,
Qui pennis volitans super æthera, cuncta fatigat,
Flammaque et ferro singula debilitat ;
Quem tremit ipse Jovis, quo numina terrificantur ;
Flumina quem horrescunt et stygiæ tenebræ. »

(APULÉE, *Métamorphoses*, livre IV.)

2. Tout oracle est douteux, et porte un double sens.
(*Les Filles de Minée*, vers 199 et note 4.)

glose des prêtres[1]; car les prêtres n'entendent pas ce que le dieu leur fait dire : toutefois il peut leur avoir inspiré la paraphrase aussi bien qu'il leur a inspiré le texte, et je me sauverai encore par là. Mais, sans que je cherche ces petites subtilités, quiconque fera réflexion sur la chose trouvera que ni Apulée ni moi nous n'avons failli.

Je conviens qu'il faut tenir l'esprit en suspens dans ces sortes de narrations, comme dans les pièces de théâtre : on ne doit jamais découvrir la fin des événements; on doit bien les préparer, mais on ne doit pas les prévenir. Je conviens encore qu'il faut que Psyché appréhende que son mari ne soit un monstre. Tout cela est apparemment[2] contraire à l'oracle dont il s'agit, et ne l'est pas en effet : car premièrement la suspension des esprits et l'artifice de cette fable ne consistent pas à empêcher que le lecteur ne s'aperçoive de la véritable qualité du mari qu'on donne à Psyché; il suffit que Psyché ignore qui est celui qu'elle a épousé, et que l'on soit en attente de savoir si elle verra cet époux, par quels moyens elle le verra, et quelles seront les agitations de son âme après qu'elle l'aura vu. En un mot, le plaisir que doit donner cette fable à ceux qui la lisent, ce n'est pas leur incertitude à l'égard de la qualité de ce mari, c'est l'incertitude de Psyché seule : il ne faut pas que l'on croie un seul moment qu'une si aimable personne ait été livrée à la passion d'un monstre, ni même qu'elle s'en tienne assurée; ce seroit un trop grand sujet d'indignation au lecteur. Cette belle doit trouver de la douceur dans la conversation et dans les caresses de son mari, et de fois à autres appréhender que ce ne soit un

1. Leur interprétation : ce qu'ils avaient ajouté à l'oracle d'explications, de commentaires.
2. En apparence.

démon ou un enchanteur; mais le moins de temps que cette pensée lui peut durer jusqu'à ce qu'il soit besoin de préparer la catastrophe, c'est assurément le plus à propos. Qu'on ne dise point que l'oracle l'empêche bien de l'avoir. Je confesse que cet oracle est très clair pour nous; mais il pouvoit ne l'être pas pour Psyché : elle vivoit dans un siècle si innocent, que les gens d'alors[1] pouvoient ne pas connoître l'Amour sous toutes les formes que l'on lui donne. C'est à quoi on doit prendre garde; et par ce moyen il n'y aura plus d'objection à me faire pour ce point-là.

Assez d'autres fautes me seront reprochées, sans doute; j'en demeurerai d'accord, et ne prétends pas que mon ouvrage soit accompli : j'ai tâché seulement de faire en sorte qu'il plût[2], et que même on y trouvât du solide aussi bien que de l'agréable.

C'est pour cela que j'y ai enchâssé des vers en beaucoup d'endroits, et quelques autres enrichissements, comme le voyage des quatre amis, leur dialogue touchant la compassion[3] et le rire, la description des enfers, celle d'une partie de Versailles. Cette dernière n'est pas tout à fait conforme à l'état présent des lieux; je les ai décrits en celui où dans deux ans on les pourra voir. Il se peut faire que mon ouvrage ne vivra pas si longtemps; mais quelque peu d'assurance qu'ait un auteur qu'il entretiendra un jour la postérité, il doit toujours se la proposer autant qu'il lui est possible, et essayer de faire les choses pour son usage.

1. Les gens d'alors étoient d'autres gens que les nôtres.
(*La Coupe enchantée*, vers 215.)
2. Ci-dessus, p. 20.
3. Les larmes, la pitié.

LES AMOURS DE PSYCHÉ

ET DE CUPIDON.

LIVRE PREMIER.

Quatre amis[1], dont la connoissance avoit commencé par le Parnasse, lièrent une espèce de société que j'appellerois académie si leur nombre eût été plus grand, et qu'ils eussent autant regardé les Muses que le plaisir. La première chose qu'ils firent, ce fut de bannir d'entre eux les conversations réglées, et tout ce qui sent sa conférence académique. Quand ils se trouvoient ensemble et qu'ils avoient bien parlé de leurs divertissements, si le hasard les faisoit tomber sur quelque point de science ou de belles-lettres, ils profitoient de l'occasion : c'étoit toutefois sans s'arrêter trop longtemps à une même matière, voltigeant de propos en autre, comme des abeilles qui rencontreroient en leur chemin diverses

---

1. Voyez sur ces « quatre amis », Boileau (Ariste), Racine (Acante), Molière ou plutôt Chapelle (Gélaste), et la Fontaine (Polyphile), nos tomes II, p. 77, note 4, VII, p. 146 et note 1 ; le Molière de notre Collection, tome X, p. 364 ; et Sainte-Beuve, *Port-Royal* (Paris, 1888, in-12), tomes III, p. 277, V, p. 513.

sortes de fleurs[1]. L'envie, la malignité, ni la cabale[2], n'avoient de voix parmi eux. Ils adoroient les ouvrages des anciens, ne refusoient point à ceux des modernes les louanges qui leur sont dues, parloient des leurs avec modestie, et se donnoient des avis sincères lorsque quelqu'un d'eux tomboit dans la maladie du siècle, et faisoit un livre, ce qui arrivoit rarement.

Polyphile y étoit le plus sujet (c'est le nom que je donnerai à l'un de ces quatre amis). Les aventures de Psyché lui avoient semblé fort propres pour être contées agréablement. Il y travailla longtemps sans en parler à personne : enfin il communiqua son dessein à ses trois amis, non pas pour leur demander s'il continueroit, mais comment ils trouvoient à propos qu'il continuât. L'un lui donna un avis, l'autre un autre : de tout cela, il ne prit que ce qu'il lui plut. Quand l'ouvrage fut achevé, il demanda jour et rendez-vous pour le lire.

Acante ne manqua pas, selon sa coutume, de proposer une promenade en quelque lieu, hors la ville, qui fût éloigné, et où peu de gens entrassent : on ne les viendroit point interrompre ; ils écouteroient cette lecture avec moins de bruit et plus de plaisir. Il aimoit extrêmement les jardins, les fleurs, les ombrages. Polyphile lui ressembloit en cela; mais on peut dire que celui-ci aimoit toutes choses[3]. Ces passions, qui leur

---

1. Dans le premier *Discours à Mme de la Sablière* (tome II, p. 459 et note 16) :
   Il faut de tout aux entretiens :
    C'est un parterre où Flore épand ses biens ;
   Sur différentes fleurs l'abeille s'y repose,
    Et fait du miel de toute chose.

2. Comparez tome IV, p. 8 et note 1.

3. Ci-dessous, p. 233 :
   J'aime le jeu, l'amour, les livres, la musique,

remplissoient le cœur d'une certaine tendresse, se répandoient jusqu'en leurs écrits, et en formoient le principal caractère. Ils penchoient tous deux vers le lyrique, avec cette différence qu'Acante avoit quelque chose de plus touchant[1], Polyphile de plus fleuri. Des deux autres amis, que j'appellerai Ariste et Gélaste, le premier étoit sérieux sans être incommode, l'autre étoit fort gai[2].

La proposition d'Acante fut approuvée. Ariste dit qu'il y avoit de nouveaux embellissements à Versailles[3] : il falloit les aller voir, et partir matin, afin d'avoir le loisir de se promener après qu'ils auroient entendu les aven-

La ville et la campagne, enfin tout; il n'est rien
Qui ne me soit souverain bien,
Jusqu'au sombre plaisir d'un cœur mélancolique.

1. L'épithète de « tendre », d' « élégiaque », est restée à Racine-Acante.

2. C'est donc plutôt, comme nous l'avons dit, Chapelle que Molière.

3. On sait que beaucoup des endroits dont va parler la Fontaine ont disparu, ou ont été profondément modifiés : voyez, outre la *Description* que nous citons plus bas, le *Labyrinthe de Versailles*, avec l'explication de Ch. Perrault, etc. (Paris, 1677, in-8°); le *Recueil des figures, groupes, thermes, fontaines, vases et autres ornements, tels qu'ils se voient à présent dans le château et parc de Versailles, gravé d'après les originaux*, par S. Thomassin (Paris, 1694, in-8°); la *Nouvelle Description.... de Versailles*, par Piganiol de la Force (Paris, 1702, in-12); les tomes V et suivants de la collection d'estampes intitulée le *Cabinet du Roi* (Paris, 1727, in-fol.); le *Dictionnaire historique de la ville de Paris et de ses environs* (Paris, 1779, in-4°), tome IV, p. 786-805; le magnifique recueil de Ch. Gavard, *Galeries historiques de Versailles* (Paris, 1838, in-fol.), tomes I et X, et I du Supplément; *le Château de Versailles*, par L. Dussieux (Paris, 1881, in-8°); et les nombreux travaux du docteur J.-A. Le Roi, sur le palais, les jardins et les eaux. — Saint-Simon a porté un jugement très sévère et quelque peu injuste sur ces « embellissements » (tome XII de ses *Mémoires*, p. 80-81). Rapprochez ce que Mme de Sévigné dit de Versailles, ce « favori sans mérite » (tome V, p. 496 et note 5).

tures de Psyché. La partie fut incontinent conclue : dès le lendemain ils l'exécutèrent. Les jours étoient encore assez longs, et la saison belle : c'étoit pendant le dernier automne.

Nos quatre amis, étant arrivés à Versailles de fort bonne heure, voulurent voir, avant le dîner, la Ménagerie[1] : c'est un lieu rempli de plusieurs sortes de volatiles et de quadrupèdes, la plupart très rares et de pays éloignés. Ils admirèrent en combien d'espèces une seule espèce d'oiseaux se multiplioit, et louèrent l'artifice et les diverses imaginations de la nature, qui se joue dans les animaux comme elle fait dans les fleurs. Ce qui leur plut davantage, ce furent les demoiselles de Numidie[2], et certains oiseaux pêcheurs qui ont un bec extrêmement long, avec une peau au-dessous qui leur sert de poche. Leur plumage est blanc, mais d'un blanc plus clair que celui des cygnes; même de près il paroît carné[3], et tire sur le couleur de rose vers la racine. On ne peut rien voir de plus beau : ce sont espèce de cormorans[4].

Comme nos gens avoient encore du loisir, ils firent un tour à l'Orangerie[5]. La beauté et le nombre des orangers et des autres plantes qu'on y conserve ne se sauroient exprimer[6]. Il y a tel de ces arbres qui a résisté aux attaques de cent hivers.

1. Saint-Simon, déjà cité, *ibidem*, p. 82.
2. *Ardea virgo*, sorte de grue : voyez Littré, à l'article DEMOISELLE, 6°. — « La duchesse de Gesvres.... étoit une espèce de fée, grande et maigre, qui marchoit comme ces grands oiseaux qu'on appelle des demoiselles de Numidie. » (SAINT-SIMON, tome III, p. 343.)
3. Terme de fleuriste : de couleur de chair.
4. Des pélicans.
5. L'Orangerie, singulièrement embellie par J. Hardouin-Mansard, depuis le temps où la Fontaine écrivait.
6. « Quand les orangers sont arrangés dans le parterre, ils pré-

LIVRE PREMIER.

Acante, ne voyant personne autour de lui que ses trois amis (celui qui les conduisoit étoit éloigné), Acante, dis-je, ne se put tenir de réciter certains couplets de poésie que les autres se souvinrent d'avoir vus dans un ouvrage de sa façon.

> « Sommes-nous, dit-il, en Provence ?
> Quel amas d'arbres toujours verts
> Triomphe ici de l'inclémence
> Des aquilons et des hivers ?
>
> « Jasmins dont un air doux s'exhale,
> Fleurs que les vents n'ont pu ternir,
> Aminte[1] en blancheur vous égale,
> Et vous m'en faites souvenir.
>
> « Orangers, arbres que j'adore,
> Que vos parfums me semblent doux !
> Est-il dans l'empire de Flore
> Rien d'agréable comme vous ?
>
> « Vos fruits aux écorces solides
> Sont un véritable trésor ;
> Et le jardin des Hespérides
> N'avoit point d'autres pommes d'or.
>
> « Lorsque votre automne s'avance,
> On voit encor votre printemps ;
> L'espoir avec la jouissance
> Logent chez vous en même temps[2].

sentent l'image d'une forêt encaissée ; il y en a plusieurs du règne de François Ier. Si leur symétrie fait un plaisir sensible à la vue, l'odorat n'est pas moins satisfait du parfum qu'ils répandent lorsqu'ils sont en fleurs : c'est une promenade délicieuse. » (*Dictionnaire historique*, déjà cité, p. 800.)

1. Sur ce nom, voyez Molière, tome II, p. 67 et note 1 ; et ci-dessous, *le Songe de Vaux*, p. 244

2.   J'en vois même dedans leur fleur
           Garde rencore la splendeur

« Vos fleurs ont embaumé tout l'air que je respire :
Toujours un aimable zéphyre
Autour de vous se va jouant.
Vous êtes nains ; mais tel arbre géant,
Qui déclare au soleil la guerre,
Ne vous vaut pas,
Bien qu'il couvre un arpent de terre
Avec ses bras. »

La nécessité de manger fit sortir nos gens de ce lieu si délicieux. Tout leur dîner se passa à s'entretenir des choses qu'ils avoient vues, et à parler du monarque pour qui on a assemblé tant de beaux objets. Après avoir loué ses principales vertus, les lumières de son esprit, ses qualités héroïques, la science de commander; après, dis-je, l'avoir loué fort longtemps, ils revinrent à leur premier entretien, et dirent que Jupiter seul peut continuellement s'appliquer à la conduite de l'univers : les hommes ont besoin de quelque relâche. Alexandre faisoit la débauche; Auguste jouoit; Scipion et Lælius s'amusoient souvent à jeter des pierres plates sur l'eau; notre monarque se divertit à faire bâtir des palais : cela est digne d'un roi. Il y a même une utilité générale, car, par ce moyen, les sujets peuvent prendre part aux plaisirs du prince, et voir avec admiration ce qui n'est pas fait pour eux. Tant de beaux jardins et de somptueux édifices sont la gloire de leur pays. Et que ne disent point les étrangers! Que ne dira point la postérité quand elle verra ces chefs-d'œuvre de tous les arts!

Les réflexions de nos quatre amis finirent avec leur

De leur blanche couronne,
Et joindre l'espoir du printemps
Aux beaux fruits dont l'automne
Rend nos vœux à jamais contents.
(RACINE, *Promenade de Port-Royal*, ode VII, vers 65-70.)

repas. Ils retournèrent au château, virent les dedans[1], que je ne décrirai point : ce seroit une œuvre infinie. Entre autres beautés, ils s'arrêtèrent longtemps à considérer le lit, la tapisserie et les sièges dont on a meublé la chambre et le cabinet du Roi. C'est un tissu de la Chine, plein de figures qui contiennent toute la religion de ce pays-là. Faute de brachmane[2], nos quatre amis n'y comprirent rien.

Du château ils passèrent dans les jardins, et prièrent celui qui les conduisoit de les laisser dans la grotte jusqu'à ce que la chaleur fût adoucie; ils avoient fait apporter des sièges. Leur billet[3] venoit de si bonne part qu'on leur accorda ce qu'ils demandoient : même, afin de rendre le lieu plus frais, on en fit jouer les eaux. La face de cette grotte[4] est composée, en dehors, de trois arcades, qui font autant de portes grillées[5]. Au milieu d'une des arcades est un soleil, de qui les rayons servent de barreaux aux portes : il ne s'est jamais rien inventé de si à propos, ni de si plein d'art. Au-dessus sont trois bas-reliefs.

Dans l'un, le dieu du jour achève sa carrière.
Le sculpteur a marqué ces longs traits de lumière[6],

1. Tome IV, p. 137 et note 7.
2. Qui pût leur servir d'interprète : tomes II, p. 391 et note 1, III, p. 119 et note 7.
3. Leur billet d'introduction, leur autorisation de visiter.
4. La grotte de Téthys, détruite sous Louis XIV même, pour faire place à l'aile neuve du Nord. Voyez la *Description de la grotte de Versailles*, par Félibien, Paris, Imprimerie royale, 1679, in-fol. (11 pages et 20 planches).
5. Trois portes en fer (gravées par le Pautre en 1672) : voyez planche II de la *Description* et la note suivante.
6. « Ce lieu, dont la forme est carrée, est bâti proche le Palais, du côté de la Tour d'eau. C'est un massif de pierre taillée rustiquement et ouvert par trois grandes arcades fermées de portes de fer d'un ouvrage encore plus ingénieux que riche. Il y a au

Ces rayons dont l'éclat, dans les airs s'épanchant,
Peint d'un si riche émail les portes du couchant¹.
On voit aux deux côtés le peuple d'Amathonte
Préparer le chemin sur des dauphins qu'il monte² :
Chaque Amour à l'envi semble se réjouir
De l'approche du dieu dont Téthys va jouir ;
Des troupes de Zéphyrs dans les airs se promènent,
Les Tritons empressés sur les flots vont et viennent³.
Le dedans de la grotte est tel que les regards,
Incertains de leur choix, courent de toutes parts⁴.
Tant d'ornements divers, tous capables de plaire,
Font accorder le prix tantôt au statuaire,
Et tantôt à celui dont l'art industrieux

haut de la porte du milieu un soleil d'or, dont les rayons se répandant de toutes parts forment les barreaux de fer qui font les trois portes de ce lieu ; et, comme elles sont tournées vers le couchant, on voit sur le soir, quand le soleil vient à les éclairer, que cet or reçoit un nouveau lustre, et que ces feints rayons paroissent de véritables traits de lumière. » (*Description, etc.*)

1. Dans *Adonis*, vers 59 et note 7 :

Son char, qui trace en l'air de longs traits de lumière,
A bientôt achevé l'amoureuse carrière.

— Comme nous l'apprend Félibien, ce bas-relief du Soleil qui se couche dans la mer était de Girard Vanopstal, bruxellois (planche III de la *Description*, gravée par le Pautre en 1673).

2. « Ces petits Amours, qui se jouent avec les dauphins, forment quatre médaillons ronds sur la plinthe au-dessus » : ils étaient du même sculpteur (planches v et vi).

3. Ci-dessous, p. 46 : « Cent Tritons, la suivant, etc. » — « Ils forment deux grands bas-reliefs carrés sur la plinthe en haut et de chaque côté du Soleil qui, sur son char, se précipite dans la mer » : du même sculpteur que les précédents (planche iv, gravée par le Pautre en 1673).

4. « Vis-à-vis des trois portes sont des enfoncements séparés par deux gros massifs ou piliers isolés. Apollon est dans l'enfoncement du milieu, et les chevaux dans les deux autres (ci-dessous, p. 38 et note 6) » (planche vii, gravée par le Pautre en 1676, et intitulée : *Vue du fond de la grotte ornée de trois groupes de marbre blanc, qui représentent le Soleil au milieu des nymphes de Téthys, et ses chevaux pansés par les Tritons*).

LIVRE PREMIER.

Des trésors d'Amphitrite a revêtu ces lieux.
La voûte et le pavé sont d'un rare assemblage :
Ces cailloux que la mer pousse sur son rivage,
Ou qu'enferme en son sein le terrestre élément,
Différents en couleur, font maint compartiment [1].
Au haut de six piliers d'une égale structure,
Six masques de rocaille, à crotesque [2] figure,
Songes de l'art, démons bizarrement forgés,
Au-dessus d'une niche en face sont rangés [3].
De mille raretés la niche est toute pleine :
Un Triton d'un côté, de l'autre une Sirène,
Ont chacun une conque en leurs mains de rocher;
Leur souffle pousse un jet qui va loin s'épancher [4].

1. « Il (ce lieu) est pavé de petits cailloux ronds si unis et si égaux que le choix en est tout particulier. On ne s'est pas contenté de les bien arranger les uns auprès des autres ; on les a divisés par compartiments, et séparés par des bandes de différents marbres. »
— Rapprochez la description de « la grotte de Meudon » chez Ronsard (III° églogue, tome II, p. 89) :

.... Ilz furent esbahis de voir le partiment
En ung lieu si desert d'ung si beau bastiment;
Le plan, le frontispice, et les piliers rusticques,
Qui effacent l'honneur des colomnes anticques;
De voir que l'artifice auoit portraict les murs
De diuers coquillage en des rochers si durs;
De voir les cabinets, les chambres et les salles,
Les terrasses, festons, guillochis et ouales,
Et l'email bigarré, qui ressemble aux couleurs
Des prés, quand la saison les diapre de fleurs :
Ou comme l'arc en ciel qui peint, à sa venue,
De cent mille couleurs le dessus de la nue.

2. Tome IV, p. 152 et note 1.
3. Planche xv, gravée par Chauveau, et qui représente ces masques de coquillages et de rocaille. Leur figure est bizarre; « ils portent des paniers remplis de fruits et de fleurs. »
4. « Un jet d'eau qui tombe dans une coquille de marbre » (planches VIII, IX, X, XI, XII et XIII, gravées par le Pautre en 1673). « Les Tritons soutiennent d'une main les festons, et de l'autre une conque, de laquelle en soufflant ils font sortir un gros jet d'eau, qui tombe dans la coquille de marbre. Les Sirènes sont dans la même disposition, hormis qu'au lieu de conques, elles

J. DE LA FONTAINE. VIII

PSYCHÉ.

Au haut de chaque niche un bassin répand l'onde :
Le masque la vomit de sa gorge profonde[1] ;
Elle retombe en nappe et compose un tissu[2]
Qu'un autre bassin rend sitôt qu'il l'a reçu.
Le bruit, l'éclat de l'eau, sa blancheur transparente,
D'un voile de cristal[3] alors peu différente,
Font goûter un plaisir de cent plaisirs mêlé.
Quand l'eau cesse, et qu'on voit son cristal écoulé,
La nacre et le corail en réparent l'absence ;
Morceaux pétrefiés[4], coquillage, croissance[5],
Caprices infinis du hasard et des eaux,
Reparoissent aux yeux plus brillants et plus beaux.
Dans le fond de la grotte, une arcade est remplie
De marbres à qui l'art a donné de la vie[6].

portent les unes un dauphin, les autres quelque autre espèce de poisson, qui vomit aussi de l'eau dans le bassin.

1. « Ce masque au moyen d'un lien de fleurs est soutenu d'une main par le Triton et la Sirène. Dans un cadre est le chiffre du Roi surmonté de la couronne de France. »

2. *Tissu*, et, trois vers plus bas, *voile* : la métaphore est bien suivie. — Images analogues chez Virgile, *Énéide*, livre I, vers 412 :

Et multo nebulæ circum dea fudit amictu;

Pétrone, *Satyricon*, LV :

Æquum est induere nuptam ventum textilem?
Palam prostare nudam in nebula linea?

Malherbe (tome I, p. 17), en parlant de l'Aurore :

Et d'un voile tissu de vapeur et d'orage
Couvrant ses cheveux d'or;

André Chénier, p. 398 :

... Ce tissu transparent, ce réseau de Vulcain...,
Lui semble un voile d'air, un nuage liquide,
Où Vénus se dérobe et fuit son œil avide.

3. Tome VI, p. 263 et note 2.
4. *Pétrifiés.* (1729.) — Plus haut, *Le nacre*, dans l'édition originale.
5. Toutes les végétations qui poussent aux parois humides.
6. *Cum fieret, lapis asper erat, nunc, nobile signum,*

LIVRE PREMIER. 35

Le dieu de ces rochers, sur une urne penché[1],
Goûte un morne repos, en son antre couché.
L'urne verse un torrent; tout l'antre s'en abreuve;
L'eau retombe en glacis, et fait un large fleuve[2].

J'ai pu jusqu'à présent exprimer quelques traits
De ceux que l'on admire en ce moite palais[3] :
Le reste est au-dessus de mon foible génie.
Toi qui lui peux donner une force infinie,
Dieu des vers et du jour[4], Phébus, inspire-moi :
Aussi bien désormais faut-il parler de toi.

> Nuda Venus madidas exprimit imbre comas.
> (OVIDE, *Art d'aimer*, livre III, vers 223-224.)

> Then sculpture and her sister arts revive;
> Stones leap'd to from, and rocks began to live.
> (POPE, *Essai sur la critique*, III.)

> Aux antres de Paros le bloc étincelant
> N'est aux vulgaires yeux qu'une pierre insensible;
> Mais le docte ciseau, dans son sein invisible,
> Voit, suit, trouve la vie, et l'âme, et tous ses traits.
> (ANDRÉ CHÉNIER, p. 338.)

1. Appuyé d'une main sur son urne penchante.
(BOILEAU, épître IV, vers 41.)

2. Planche VII de la *Description* : « Dans le fond de la niche et à la hauteur de l'imposte paroît comme dans le creux d'un rocher un vieillard qui représente le dieu d'un fleuve. D'une main il tient un aviron fait de nacre, et de l'autre une urne à demi renversée sur laquelle il est appuyé. De ce vase sort un torrent d'eau, qui, après s'être répandu à l'entour de la roche où ce vieillard est couché, retombe plus bas et forme une grande nappe de cristal, semblable à un voile de gaze d'argent, qui couvre le rocher, et qui s'étend derrière les figures qui sont devant. Ce vieillard est représenté tout nu, son corps est formé de ces petites moulettes blanches, et travaillé de la même manière que les Tritons et les Sirènes; sa barbe est faite de petites coquilles noires, et ses cheveux de même couleur sont environnés d'une couronne de jonc et de branches de corail. »

3. Dans la comédie de *Ragotin* (acte I, scène I, vers 1) : « ces moites retraites. »

4. Comparez le *Poëme du Quinquina*, chant I, vers 37 et 39.

Quand le Soleil est las, et qu'il a fait sa tâche,
Il descend chez Téthys[1], et prend quelque relâche.
C'est ainsi que Louis s'en va se délasser
D'un soin que tous les jours il faut recommencer.
Si j'étois plus savant en l'art de bien écrire,
Je peindrois ce monarque étendant son empire :
Il lanceroit la foudre; on verroit à ses pieds
Des peuples abattus, d'autres humiliés.
Je laisse ces sujets aux maîtres du Parnasse ;
Et pendant que Louis, peint en dieu de la Thrace[2],
Fera bruire en leurs vers tout le sacré vallon,
Je le célébrerai sous le nom d'Apollon[3].

Ce dieu, se reposant sous ces voûtes humides,
Est assis au milieu d'un chœur de Néréides[4].

1. Et sentant que Téthys apprête sa litière....
(*Ragotin*, acte I, scène I.)

2. Le laurier au front (*Quinquina*, chant II, vers 98-99 et note 5).
3. Le dieu-soleil : on sait que Louis XIV avait pris pour emblème un soleil.
4. Planche XVI, dessinée par Pierre Monier, gravée par Édelinck en 1678 : *Le Soleil* (figure de Girardon), *après avoir achevé son cours, descend chez Téthys où six des nymphes sont occupées à le servir et à lui offrir toutes sortes de rafraîchissements.* « Mais cependant quelque génie et quelque belle invention qui paroisse en tout ce que j'ai décrit, il n'y a rien de comparable à l'ordonnance et à l'expression du sujet qui est représenté dans les trois grandes niches de cette grotte. Sept grandes figures de marbre blanc remplissent celle du milieu.... Ces figures représentent Apollon environné des nymphes de Téthys, dont les unes lui lavent les pieds, les autres les mains, et les autres parfument ses cheveux. Il est assis sur un rocher, n'ayant pour tout vêtement qu'un grand manteau qui lui couvre une partie du corps. La nymphe qui tient ses cheveux et trois autres qui en sont les plus proches, laissent la place de devant libre à leurs compagnes, dont les actions méritent d'être considérées. Elles ont un genou en terre et sont baissées pour laver les jambes d'Apollon ; mais cette disposition, qui n'empêche point qu'on ne voie facilement les autres qui sont derrière, est si naturelle et si conforme à ce que font les deux de devant, qu'il ne paroît pas qu'on ait affecté de les placer

LIVRE PREMIER.

Toutes sont des Vénus, de qui l'air gracieux
N'entre point dans son cœur, et s'arrête à ses yeux;
Il n'aime que Téthys, et Téthys les surpasse.
Chacune, en le servant, fait office de Grâce :
Doris verse de l'eau sur la main qu'il lui tend;
Chloé dans un bassin reçoit l'eau qu'il répand[1];
A lui laver les pieds Mélicerte s'applique[2];
Delphire entre ses bras tient un vase à l'antique.
Climène auprès du dieu pousse en vain des soupirs[3] :

de la sorte.... Il y a dans l'Apollon une grandeur et une majesté digne du dieu de la lumière. Il paroît tel que les poètes et les plus fameux sculpteurs l'ont toujours représenté.... A peine paroît-il assis : il semble qu'il se soutient de lui-même; et dans la jambe et le bras qu'il allonge, on voit une action aisée et facile, qui n'a rien d'un homme ordinaire. Les trois nymphes qui sont derrière Apollon n'étant pas si occupées que leurs compagnes, elles ont le corps plus couvert d'habillements. Celle qui tient les cheveux d'Apollon a quelque chose de grand et de noble dans l'air de son visage; sa coiffure et ses habits sont amples et majestueux. Celle qui porte un bassin où il y a des parfums, a par dessus sa robe une espèce de tunique qui ne descend que jusqu'aux genoux, et dont le bas est orné d'une broderie. Et celle qui est de l'autre côté, et qui porte un vase est aussi entièrement vêtue, mais d'un habit fort léger qui n'empêche pas qu'on ne voie toute la forme de son corps. Quant aux trois autres nymphes, elles sont moins chargées d'habits, pour être moins embarrassées. Celle qui verse de l'eau sur la main d'Apollon a un vêtement qui n'est attaché que sur ses hanches, mais qui paroît d'une toile si fine qu'on voit au travers toute la forme de son corps.... Il ne paroît pas moins de grâce et de sagesse dans la nymphe qui essuie les pieds de ce dieu. Ses yeux et son action font connoître le respect qu'elle a pour lui. Une draperie fort légère et retroussée au derrière de sa ceinture la couvre depuis les hanches jusqu'en bas, sans pourtant cacher la forme des cuisses et des jambes.... Pour l'autre nymphe qui a aussi un genou en terre, elle est disposée de telle manière qu'on en voit tout le dos. Son vêtement lui tombe depuis la ceinture jusqu'en bas, et tout le reste de son corps est nu. »

1. Figures de Girardon marquées du n° 4 sur la planche.
2. Figure du même (n° 3 sur la planche).
3. Figures à la droite d'Apollon et à gauche de la gravure : les trois femmes en arrière sont de Thomas Regnaudin, de Moulins.

Hélas! c'est un tribut qu'elle envoie aux zéphyrs[1];
Elle rougit parfois, parfois baisse la vue;
Rougit, autant que peut rougir une statue :
Ce sont des mouvements qu'au défaut du sculpteur
Je veux faire passer dans l'esprit du lecteur.

Parmi tant de beautés, Apollon est sans flamme;
Celle qu'il s'en va voir seule occupe son âme.
Il songe au doux moment où, libre et sans témoins,
Il reverra l'objet qui dissipe ses soins[2].
Oh! qui pourroit décrire en langue du Parnasse
La majesté du dieu, son port si plein de grâce,
Cet air que l'on n'a point chez nous autres mortels[3],
Et pour qui l'âge d'or inventa les autels!
Les coursiers de Phébus aux flambantes narines,
Respirent l'ambroisie[4] en des grottes voisines.
Les Tritons en ont soin : l'ouvrage est si parfait
Qu'ils semblent panteler[5] du chemin qu'ils ont fait[6].

1. Hélas! ce fut aux vents qu'il raconta sa peine.
(Livre XII, fable xxiv, vers 41.)

Comparez aussi la comédie de *Clymène*, vers 532-533 :

Zéphyrs de qui l'haleine
Portoit à ces Échos nos soupirs et ma peine....

2. Ci-dessus, p. 36 :

C'est ainsi que Louis s'en va se délasser
D'un soin que tous les jours il faut recommencer.

3. C'est bien Louis XIV, et « jusqu'au moindre geste, son marcher, son port, toute sa contenance, tout mesuré, tout décent, noble, grand, majestueux, etc. » (Saint-Simon, tome XII, p. 77.)

4. Tome VII, p. 268 et note 4. *Ambroisie* ici; plus bas, p. 57, *ambrosie*.

5. Leurs gosiers secs et pantelants.
(RACINE, *Poésies diverses*, XLIII, tome IV, p. 37.)

6. Planches xvii et xviii de la *Description* (la première gravée par Bernard Picart en 1675, la seconde, par Etienne Baudet en 1676), intitulées : *Groupe de marbre blanc, représentant deux chevaux du Soleil et deux Tritons qui les pansent.* « Le groupe de la

Aux deux bouts de la grotte, et dans deux enfonçures[1],
Le sculpteur a placé deux charmantes figures;
L'une est le jeune Acis[2] aussi beau que le jour[3].
Les accords de sa flûte inspirent de l'amour :
Debout contre le roc, une jambe croisée,
Il semble par ses sons attirer Galatée[4];
Par ses sons, et peut-être aussi par sa beauté.
Le long de ces lambris un doux charme est porté ;
Les oiseaux, envieux d'une telle harmonie,
Épuisent ce qu'ils ont et d'art et de génie ;
Philomèle, à son tour, veut s'entendre louer,

planche xvii, qui est dans l'enfoncement, à droite du spectateur, a été fait par les sculpteurs Gaspard et Balthazar de Marcy, de Cambrai; celui de gauche ou de la planche xviii, par Jules Guérin, parisien. » — « Dans l'une des niches des côtés on voit deux des chevaux d'Apollon avec deux Tritons. Ces quatre figures sont disposées en sorte qu'il paroît un agréable contraste dans toutes leurs parties, à cause de leurs différentes actions. On diroit à voir ces chevaux que, commençant à se délasser du travail de la journée, et à se ressentir de la fraîcheur du lieu et du bon traitement qu'on leur fait, ils ne demandent plus qu'à s'égayer. Car celui qui est le plus avant dans la niche baisse la tête, et, serrant les oreilles, mord la croupe de son compagnon d'une manière enjouée. Ce qui fait que l'autre cheval plie les jambes de derrière, et se cabrant à demi, tourne la tête, dresse les oreilles, et semble hennir. Le Triton, qui le panse, lève le bras gauche comme pour le retenir.... Quant à l'autre Triton, il est dans une attitude toute contraire à celle que je viens de représenter : il porte une grande coquille où est l'ambrosie, dont les poètes disent que les chevaux du Soleil sont nourris. Les deux autres chevaux d'Apollon sont dans l'autre niche, et dans une disposition toute différente des autres. Ils sont vus par les côtés, et ont aussi deux Tritons pour les panser. »

1. Ci-dessous, p. 142 : « Le vieillard couchoit en une enfonçure du rocher. »

2. Planche xix de la *Description*, gravée par Édelinck : *Statue d'Acis* (du sculpteur Baptiste Tubi, romain).

3. Tome V, p. 261 et note 1.

4. Planche xx, gravée par Edelinck : *Statue de Galatée* (du même sculpteur Tubi). — Voyez l'opéra de notre auteur, intitulé : *Galatée* (tome VII, p. 250).

Et chante par ressorts que l'onde fait jouer[1].
Echo même répond, Écho, toujours hôtesse[2]

1. « Cependant, quelque idée qu'on puisse avoir de cette grotte sur ce que je viens d'en dire, il est difficile de s'en figurer une image assez parfaite. Car, outre la riche composition et le bel arrangement de toutes les différentes choses que j'ai remarquées, le moyen de s'imaginer l'état où elle paroît lorsque les eaux du réservoir, venant à se répandre par mille endroits, jaillissent de toutes parts, et sont quasi le seul élément qui remplit alors ce lieu. L'urne du dieu qui est couché dans la niche du milieu, comme à l'entrée d'un antre, semble verser une rivière entière, qui, en formant de grandes nappes d'eau, inonde toute la grotte. Ce n'est pas pourtant le seul endroit d'où il en vient avec plus d'abondance : il en sort de gros bouillons dans les autres niches où sont les chevaux d'Apollon. Les Tritons et les Sirènes qui sont à côté des arcades en versent dans ces grandes coquilles de marbre qui sont contre les pilastres. Elle tombe de tous les endroits de la voûte. Mais, par un mouvement contraire à cette chute, il s'élève d'une table de jaspe qui est au milieu de l'avant-grotte un jet d'eau si gros et si furieux, que, frappant avec violence la rose qui est au haut de la voûte, il forme en cet endroit comme un gros champignon de cristal, dont l'eau se répandant en rond représente une espèce de voile d'argent, qui ne se déchire point qu'il ne soit presque tombé à bas. Il part encore d'entre les petits cailloux qui servent de pavé à cette grotte, par mille trous imperceptibles et comme de plusieurs sources, une infinité de jets d'eau, qui s'élèvent avec tant de vigueur contre la voûte, qu'elle retombe avec autant de force qu'elle est montée. Ainsi ces différentes pluies sont tellement confondues qu'il est impossible de discerner de quel côté elles viennent.... Les poissons et les différents animaux qui servent d'ornements contre la voûte et contre les lambris, paroissent alors vivants, et même comme nager et s'éloigner plus ou moins de la vue, selon qu'ils sont plus grands ou plus petits, ou faits de coquilles plus ou moins éclatantes. Mais lorsqu'au bruit des eaux le jeu des orgues s'accorde avec le chant des petits oiseaux qui, par une industrie admirable, joignent leurs voix au son de cet instrument, et que, par un artifice encore plus surprenant, l'on entend un écho qui répète cette douce musique, c'est dans ce temps-là que, par une si agréable symphonie, les oreilles ne sont pas moins charmées que les yeux. » (*Description* citée.)

2. Tome VI, p. 301 et note 5.

D'une voûte[1] ou d'un roc témoin de sa tristesse.
L'onde tient sa partie : il se forme un concert
Où Philomèle, l'eau, la flûte, enfin tout sert.
Deux lustres de rocher de ces voûtes descendent ;
En liquide cristal leurs branches se répandent :
L'onde sert de flambeaux[2], usage tout nouveau.
L'art en mille façons a su prodiguer l'eau :
D'une table de jaspe un jet part en fusée ;
Puis en perles retombe, en vapeur, en rosée.
L'effort impétueux dont il va s'élançant
Fait frapper le lambris au cristal jaillissant ;
Telle et moins violente est la balle enflammée.
L'onde, malgré son poids, dans le plomb renfermée,
Sort avec un fracas qui marque son dépit,
Et plaît aux écoutants[3], plus il les étourdit.
Mille jets, dont la pluie à l'entour se partage,
Mouillent également l'imprudent et le sage.
Craindre ou ne craindre pas à chacun est égal :
Chacun se trouve en butte au liquide cristal.
Plus les jets sont confus, plus leur beauté se montre ;
L'eau se croise, se joint, s'écarte, se rencontre,
Se rompt, se précipite à travers les rochers,
Et fait comme alambics distiller leurs planchers[4].
Niches, enfoncements[5], rien ne sert de refuge :
Ma Muse est impuissante à peindre ce déluge ;
Quand d'une voix de fer[6] je frapperois les cieux,
Je ne pourrois nombrer[7] les charmes de ces lieux[8].

1. Tome VI, p. 254.
2. Planche XIV : *Chandeliers de coquillages et de rocaille*, gravée par Chauveau en 1676 : l'eau jaillit de chaque bobèche.
3. Tome VI, p. 58 et note 2.
4. Ces trois derniers vers sont aussi, avec une seule variante, à la fin du fragment VIII du *Songe de Vaux*.
5. Ci-dessus, p. 39 : « enfonçures ».
6. Dans *la Confidente*, vers 104 et note 9 :

Il me faudroit une langue de fer.

7. Tome IV, p. 42 et note 4.
8. Comme le remarque Walckenaer, la description de la Fon-

Les quatre amis ne voulurent point être mouillés; ils prièrent celui qui leur faisoit voir la grotte de réserver ce plaisir pour le bourgeois ou pour l'Allemand[1], et de les placer en quelque coin où ils fussent à couvert de l'eau. Ils furent traités comme ils souhaitoient. Quand leur conducteur les eut quittés, ils s'assirent à l'entour de Polyphile, qui prit son cahier; et, ayant toussé pour se nettoyer la voix, il commença par ces vers :

  Le dieu qu'on nomme Amour n'est pas exempt d'aimer :
   A son flambeau quelquefois, il se brûle;
  Et, si ses traits ont eu la force d'entamer[2]

taine est si exacte que celle de Félibien, en 11 pages in-folio, que nous avons citée, n'en apprend pas davantage. Cette description de Félibien a été réimprimée dans l'ouvrage intitulé : *Recueil des descriptions de peintures et d'autres ouvrages faits pour le Roi* (Paris, 1689, in-12, p. 339-387). Ce volume est sans gravures; mais il y a à la page 334 un plan du château et du petit parc qui nous indique bien où la grotte était située. « Cette grotte, ajoute Walckenaer, n'existe plus depuis longtemps. Quoiqu'elle fût une des plus grandes merveilles de Versailles, Louis XIV la fit détruire ; l'agrandissement du château rendit ce sacrifice nécessaire. Elle fit place [comme nous l'avons dit] à l'aile neuve du Nord, dans laquelle on pratiqua une chapelle qui est devenue le vaste salon d'Hercule, lorsqu'en 1711 la chapelle qu'on voit actuellement eut été achevée. Le beau groupe d'Apollon, avec ses coursiers et ses nymphes, ouvrage de Girardon, de Regnaudin, de Guérin, et des frères Marcy, qui ornait cette grotte, fut transporté dans le bosquet des dômes ; mais ensuite, et toujours du temps de Louis XIV, il fut rapproché du château dans un petit bosquet simple et triste, et tourné vers le levant, ce qui faisait un contresens avec l'allégorie qu'il représente. Enfin, en 1778, M. d'Angivillers fit retourner tout ce groupe à l'exposition du couchant, et le fit placer sur un rocher artificiel, exécuté d'après les dessins du peintre Robert. Ce groupe forme encore aujourd'hui tout l'ornement du bosquet connu sous le nom du *Rocher* ou des *Bains d'Apollon*. »

1. Le voyageur allemand.
2. Le dieu qui fait aimer prit son temps ; il tira
 Deux traits de son carquois : de l'un il entama
 Le soldat jusqu'au vif; l'autre, etc.
   (*La Matrone d'Éphèse*, vers 143-145.)

Les cœurs de Pluton et d'Hercule,
Il n'est pas inconvénient
Qu'étant[1] aveugle, étourdi, téméraire,
Il se blesse en les maniant;
Je n'y vois rien qui ne se puisse faire :
Témoin Psyché, dont je vous veux conter
La gloire et les malheurs, chantés par Apulée.
Cela vaut bien la peine d'écouter;
L'aventure en est signalée.

Polyphile toussa encore une fois après cet exorde; puis, chacun s'étant préparé de nouveau pour lui donner plus d'attention, il commença ainsi son histoire :

Lorsque les villes de la Grèce étoient encore soumises à des rois, il y en eut un qui, régnant avec beaucoup de bonheur, se vit non seulement aimé de son peuple, mais aussi recherché de tous ses voisins. C'étoit à qui gagneroit son amitié; c'étoit à qui vivroit avec lui dans une parfaite correspondance[2]; et cela, parce qu'il avoit trois filles à marier. Toutes trois étoient plus considérables[3] par leurs attraits que par les États de leur père. Les deux aînées eussent pu passer pour les plus belles filles du monde, si elles n'eussent point eu de cadette; mais véritablement cette cadette leur nuisoit fort[4]. Elles n'avoient que ce défaut-là : défaut qui étoit grand, à n'en point mentir; car Psyché (c'est ainsi que la jeune sœur s'appeloit), Psyché, dis-je, possédoit tous les appas que l'imagination peut se figurer, et ceux où l'imagination même ne peut atteindre.

1. Il n'y a rien d'invraisemblable à ce qu'étant, etc.
2. De relations, dans une parfaite liaison.
3. Plus dignes d'être considérées : tome II, p. 309 et note 5.
4. Rapprochez la tragédie-ballet de Corneille et Molière, acte I, scène 1; et le chapitre xxx du *Cours de littérature dramatique* de Saint-Marc Girardin : « De la rivalité entre sœurs ».

Je ne m'amuserai point à chercher des comparaisons jusque dans les astres pour vous la représenter assez dignement : c'étoit quelque chose au-dessus de tout cela, et qui ne se sauroit exprimer par les lis, les roses, l'ivoire ni le corail[1]. Elle étoit telle enfin que le meilleur poète auroit de la peine à en faire une pareille. En cet état, il ne se faut pas étonner si la reine de Cythère en devint jalouse. Cette déesse appréhendoit, et non sans raison, qu'il ne lui fallût renoncer à l'empire de la beauté[2], et que Psyché ne la détrônât : car, comme on est toujours amoureux de choses nouvelles, chacun couroit à cette nouvelle Vénus. Cythérée se voyoit réduite aux seules îles de son domaine[3]; encore une bonne partie des Amours, anciens habitants de ces îles bienheureuses, la quittoient-ils pour se mettre au service de sa rivale. L'herbe croissoit dans ses temples qu'elle avoit vus naguère si fréquentés : plus d'offrandes, plus de dévots[4], plus de pèlerinages pour l'honorer. Enfin la chose passa si avant qu'elle en fit ses plaintes à son fils, et lui représenta que le désordre iroit jusqu'à lui.

« Mon fils, dit-elle, en lui baisant les yeux,
La fille d'un mortel en veut à ma puissance;
Elle a juré de me chasser des lieux
Où l'on me rend obéissance :

1. Tomes VI, p. 233 et note 4, VII, p. 179 et note 2.
2. Comparez la comédie de *Clymène*, vers 53-56 :

Vénus depuis longtemps est de mauvaise humeur;
Clymène lui fait ombre; et Vénus ayant peur
D'être mise au-dessous d'une beauté mortelle,
Disoit hier à son fils : « Mais la croit-on si belle? » etc.

3. Chypre, Cythère, Samos, Lesbos, Cos, Céos, Zacynthe, Égine, Leucade, la Crète, la Sicile, etc.
4. Tome V, p. 18 et note 2.

Et qui sait si son insolence
N'ira pas jusqu'au point de me vouloir ôter
Le rang que dans les cieux je pense mériter?

« Paphos n'est plus qu'un séjour importun :
Des Grâces et des Ris la troupe m'abandonne ;
Tous les Amours, sans en excepter un,
   S'en vont servir cette personne.
  Si Psyché veut notre couronne,
Il faut la lui donner ; elle seule aussi bien
Fait en Grèce à présent votre office et le mien.

« L'un de ces jours je lui vois pour époux
Le plus beau, le mieux fait de tout l'humain lignage,
  Sans le tenir de vos traits ni de vous,
   Sans vous en rendre aucun hommage.
  Il naîtra de leur mariage
Un autre Cupidon qui d'un de ses regards
Fera plus mille fois que vous avec vos dards.

« Prenez-y garde ; il vous y faut songer :
Rendez-la malheureuse ; et que cette cadette,
   Malgré les siens, épouse un étranger
   Qui ne sache où trouver retraite,
   Qui soit laid, et qui la maltraite,
La fasse consumer en regrets superflus,
Tant que[1] ni vous ni moi nous ne la craignions plus[2]. »

Ces extrémités où s'emporta la déesse marquent merveilleusement bien le naturel et l'esprit des femmes : rarement se pardonnent-elles l'avantage de la beauté. Et je dirai en passant que l'offense la plus irrémissible parmi ce sexe, c'est quand l'une d'elles en défait une autre en pleine assemblée ; cela se venge ordinairement comme les assassinats et les trahisons. Pour revenir à Vénus, son fils lui promit qu'il la vengeroit. Sur cette

1. Si bien que.
2. *Per ego te, inquit, maternæ caritatis fœdera deprecor, per tuæ*

assurance, elle s'en alla à Cythère en équipage de triomphante. Au lieu de passer par les airs, et de se servir de son char et de ses pigeons, elle entra dans une conque de nacre, attelée de deux dauphins. La cour de Neptune l'accompagna. Ceci est proprement matière de poésie : il ne siéroit guère bien à la prose de décrire une cavalcate[1] de dieux marins : d'ailleurs je ne pense pas qu'on pût exprimer avec le langage ordinaire ce que la déesse parut alors.

> C'est pourquoi nous dirons en langage rimé
> Que l'empire flottant[2] en demeura charmé ;
> Cent Tritons, la suivant[3] jusqu'au port de Cythère,
> Par leurs divers emplois s'efforcent de lui plaire.
> L'un nage à l'entour d'elle, et l'autre au fond des eaux
> Lui cherche du corail et des trésors nouveaux ;
> L'un lui tient un miroir fait de cristal de roche ;
> Aux rayons du soleil l'autre en défend l'approche ;

sagittæ dulcia vulnera, per flammæ istius mellitas uredines, vindictam tuæ parenti, sed plenam tribue : et in pulchritudinem contumacem reverenter vindica; idque unum et præ omnibus unicum volens effice. Virgo ista amore flagrantissimo teneatur hominis extremi; quem et dignitatis et patrimonii simul et incolumitatis ipsius fortuna damnavit, tamque infimi ut per totum orbem non inveniat miseriæ suæ comparem. (APULÉE, *ibidem.*) — Rapprochez les plaintes de Vénus dans le Prologue de la *Psyché* de Corneille et Molière.

1. Tel est bien le texte de nos anciennes éditions : *cavalcata, cavalcade.*

2. « Tout l'empire des flots » (*Poème du Quinquina*, chant I, vers 45 et note 6).

3. *Ecce jam profundi maris udo resedit vertice, et ipsum quod incipit velle, statim quasi pridem præceperit, non moratur marinum obsequium,* etc. *Adsunt Nerei filiæ chorum canentes, et Portunus cærulis barbis hispidus, et gravis piscoso sinu Salacia, et auriga parvulus delphini Palæmon, jam passim maria persultantes Tritonum catervæ. Hic concha sonaci leniter buccinat : ille serico tegmine flagrantiæ solis obsistit inimici; alius sub oculis dominæ speculum prægerit; currus bijuges alii subnatant.* (APULÉE, *ibidem.*) — Comparez le cortège d'Amphitrite, à la fin du livre IV du *Télémaque* de Fénelon.

Palémon, qui la guide, évite les rochers ;
Glauque[1] de son cornet fait retentir les mers ;
Téthys lui fait ouïr un concert de Sirènes ;
Tous les Vents attentifs retiennent leurs haleines[2].
Le seul Zéphyre est libre, et d'un souffle amoureux
Il caresse Vénus, se joue à ses cheveux ;
Contre ses vêtements parfois il se courrouce.
L'onde, pour la toucher, à longs flots s'entrepousse ;
Et d'une égale ardeur chaque flot à son tour
S'en vient baiser les pieds de la mère d'Amour[3].

« Cela devoit être beau, dit Gélaste ; mais j'aimerois mieux avoir vu votre déesse au milieu d'un bois, habillée comme elle étoit quand elle plaida sa cause devant un berger[4]. » Chacun sourit de ce qu'avoit dit Gélaste ; puis Polyphile continua en ces termes :

A peine Vénus eut fait un mois de séjour à Cythère, qu'elle sut que les sœurs de son ennemie étoient mariées ; que leurs maris, qui étoient deux rois leurs voisins, les traitoient avec beaucoup de douceur et de témoignages d'affection ; enfin qu'elles avoient sujet de se croire heureuses. Quant à leur cadette, il ne lui étoit resté pas un seul amant, elle qui en avoit eu une telle foule que l'on en savoit à peine le nombre : ils s'étoient retirés comme par miracle, soit que ce fût le

---

1. Palémon et Glauque, dieux marins.
2. Et comme un jour les Vents, retenant leur haleine,
   Laissoient paisiblement, etc.
   (*Le Berger et la Mer*, vers 16-17.)
3. ....Figurez-vous le pied de la mère d'Amour,
   Lorsqu'allant des Tritons attirer les œillades,
   Il dispute du prix avec ceux des Naïades.
   (*Clymène*, vers 603-605.)
4 Devant le berger Pâris, au mont Ida : c'est-à-dire toute nue. — Comparez *le Tableau*, vers 216-221.

vouloir des dieux, soit par une vengeance particulière de Cupidon. On avoit encore de la vénération, du respect, de l'admiration pour elle, si vous voulez; mais on n'avoit plus de ce qu'on appelle amour : cependant c'est la véritable pierre de touche à quoi l'on juge ordinairement des charmes de ce beau sexe.

Cette solitude de soupirants près d'une personne du mérite de Psyché fut regardée comme un prodige, et fit craindre aux peuples de la Grèce qu'il ne leur arrivât quelque chose de fort sinistre. En effet, il y avoit de quoi s'étonner. De tout temps, l'empire de Cupidon, aussi bien que celui des flots, a été sujet à des changements; mais jamais il n'en étoit arrivé de semblable : au moins n'y en avoit-il point d'exemples dans ces pays. Si Psyché n'eût été que belle, on ne l'eût pas trouvé si étrange; mais, comme j'ai dit, outre la beauté qu'elle possédoit en un souverain degré de perfection, il ne lui manquoit aucune des grâces[1] nécessaires pour se faire aimer : on lui voyoit un million d'amours[2], et pas un amant.

Après que chacun eut bien raisonné sur ce miracle, Vénus déclara qu'elle en étoit cause; qu'elle s'étoit ainsi vengée par le moyen de son fils; que les parents de Psyché n'avoient qu'à se préparer à d'autres malheurs, parce que son indignation dureroit autant que la vie, ou du moins autant que la beauté de leur fille; qu'ils auroient beau s'humilier devant ses autels, et que les sacrifices qu'ils lui feroient seroient inutiles, à moins que de lui sacrifier Psyché même.

C'est ce qu'on n'étoit pas résolu de faire : loin de

1. « La grâce plus belle encor que la beauté » (*Adonis*, vers 78 et note 5).
2. De sujets d'être aimée. — Ci-dessous, « faute de Vénus », « sa Vénus », p. 182 et note 2.

cela, quelques personnes dirent à la belle que la jalousie de Vénus lui étoit un témoignage bien glorieux, et que ce n'étoit pas être trop malheureuse que de donner de l'envie à une déesse, et à une déesse telle que celle-là.

Psyché eût voulu que ces fleurettes lui eussent été dites par un amant[1]. Bien que sa fierté l'empêchât de témoigner aucun déplaisir, elle ne laissoit pas de verser des pleurs en secret. « Qu'ai-je fait au fils de Vénus? disoit-elle souvent en soi-même; et que lui ont fait mes sœurs, qui sont si contentes? Elles ont eu des amants de reste; moi, qui croyois être la plus aimable, je n'en ai plus. De quoi me sert ma beauté? Les dieux, en me la donnant, ne m'ont pas fait un si grand présent que l'on s'imagine; je leur en rends la meilleure part; qu'ils me laissent au moins un amant, il n'y a fille si misérable qui n'en ait un : la seule Psyché ne sauroit rendre personne heureux; les cœurs que le hasard lui a donnés, son peu de mérite[2] les lui fait perdre. Comment me puis-je montrer après cet affront? Va, Psyché, va te cacher au fond de quelque désert : les dieux ne t'ont pas faite pour être vue, puisqu'ils ne t'ont pas faite pour être aimée. »

Tandis qu'elle se plaignoit ainsi, ses parents ne s'affligeoient pas moins de leur part; et, ne pouvant se résoudre à la laisser sans mari, ils furent contraints de

---

1. A tous ces discours la galande
Ne s'arrêtoit aucunement,
Et de sermons n'étoit friande,
A moins qu'ils fussent d'un amant.
(*L'Anneau d'Hans Carvel*, vers 19-22.)

2. Ci-dessus, p. 48.

— Mon peu d'appas n'a rien qui vous engage.
(*La Courtisane amoureuse*, vers 140.)

recourir à l'oracle. Voici la réponse qui leur fut faite, avec la glose[1] que les prêtres y ajoutèrent :

« L'époux que les Destins gardent à votre fille[2]
Est un monstre cruel qui déchire les cœurs,
Qui trouble maint État, détruit mainte famille,
Se nourrit de soupirs, se baigne dans les pleurs.

« A l'univers entier il déclare la guerre,
Courant de bout en bout un flambeau dans la main :
On le craint dans les cieux, on le craint sur la terre[3] ;
Le Styx n'a pu borner son pouvoir souverain ;

« C'est un empoisonneur, c'est un incendiaire,

1. Ci-dessus, p. 23.
2. Voyez la tragédie-ballet de Corneille et Molière, acte I, scène v.
3. Amour, tyran des dieux et des hommes !

Σὺ δ' ὦ θεῶν τύραννε κἀνθρώπων Ἔρος,

dit Euripide dans *Andromède* et dans *Phèdre*; voyez aussi Anacréon, ode LVIII :

Ὅδε καὶ θεῶν δυνάστης,
Ὅδε καὶ βροτοὺς δαμάζει.

Hésiode, dans sa *Théogonie* (cxxi), Sophocle, dans *Antigone* et dans un fragment des *Colchidiennes*, Corneille, dans *Rodogune* (acte III, scène II), etc., etc., expriment la même pensée. Si nous en croyons Lucien (au début de son traité intitulé *Comment il faut écrire l'histoire*), sous le règne de Lysimaque à Abdère, pendant les chaleurs de la canicule, un comédien nommé Archélaüs joua avec une telle passion l'*Andromède* que nous venons de citer, que plusieurs des spectateurs, surexcités par la poésie d'Euripide, par le jeu de l'acteur, et par les feux du soleil, furent saisis d'une fièvre ardente : « Ce qui surtout la rendait étrange, ajoute Lucien, c'est que tous ceux qui étaient tourmentés de cette fièvre chaude déclamaient des tragédies, particulièrement l'*Andromède* d'Euripide..., et toute la ville était remplie de ces comédiens improvisés qui, pâles, maigres et hagards, s'écriaient : « O Amour, tyran des dieux et des hommes ! », ce qui dura jusqu'à la venue de l'hiver qui emporta toute cette frénésie. »

Un tyran qui de fers charge jeunes et vieux.
Qu'on lui livre Psyché; qu'elle tâche à lui plaire :
Tel est l'arrêt du Sort, de l'Amour, et des dieux.

« Menez-la sur un roc, au haut d'une montagne,
En des lieux où l'attend le monstre son époux;
Qu'une pompe funèbre en ces lieux l'accompagne,
Car elle doit mourir pour ses sœurs et pour vous. »

Je laisse à juger l'étonnement et l'affliction que cette réponse causa. Livrer Psyché aux desirs d'un monstre! y avoit-il de la justice à cela? Aussi les parents de la belle doutèrent longtemps s'ils obéiroient. D'ailleurs, le lieu où il la falloit conduire n'avoit point été spécifié par l'oracle. De quel mont les dieux vouloient-ils parler? Étoit-il voisin de la Grèce ou de la Scythie? Étoit-il situé sous l'Ourse[1], ou dans les climats brûlants de l'Afrique? car on dit que dans cette terre il y a de toutes sortes de monstres. Le moyen de se résoudre à laisser une beauté délicate sur un rocher, entre des montagnes et des précipices, à la merci de tout ce qu'il y a de plus épouvantable dans la nature? Enfin, comment rencontrer cet endroit fatal? C'est ainsi que les bonnes gens cherchoient des raisons pour garder leur fille; mais elle-même leur représenta la nécessité de suivre l'oracle.

« Je dois mourir, dit-elle à son père, et il n'est pas juste qu'une simple mortelle, comme je suis, entre en parallèle avec la mère de Cupidon : que gagneriez-vous à lui résister? Votre désobéissance nous attireroit une

---

1. Tome VI, p. 230 : « ceux qui sont sous l'Ourse, etc. » — Chez Malherbe (tome I, p. 245) :

On y puise en Afrique, on y puise sous l'Ourse
       (*à la providence divine*),
Et rien ne la peut épuiser.

peine encore plus grande. Quelle que puisse être mon aventure, j'aurai lieu de me consoler quand je ne vous serai plus un sujet de larmes. Défaites-vous de cette Psyché sans qui votre vieillesse seroit heureuse : souffrez que le Ciel punisse une ingrate pour qui vous n'avez eu que trop de tendresse, et qui vous récompense si mal des inquiétudes et des soins que son enfance vous a donnés. »

Tandis que Psyché parloit à son père de cette sorte, le vieillard la regardoit en pleurant, et ne lui répondoit que par des soupirs ; mais ce n'étoit rien à comparaison du désespoir où étoit la mère. Quelquefois elle couroit par les temples toute échevelée ; d'autres fois elle s'emportoit en blasphèmes contre Vénus ; puis, tenant sa fille embrassée, protestoit de mourir plutôt que de souffrir qu'on la lui ôtât pour l'abandonner à un monstre. Il fallut pourtant obéir.

En ce temps-là les oracles étoient maîtres de toutes choses ; on couroit au-devant de son malheur propre, de crainte qu'ils ne fussent trouvés menteurs : tant la superstition avoit de pouvoir sur les premiers hommes[1] ! La difficulté n'étoit donc plus que de savoir sur quelle montagne il falloit conduire Psyché.

L'infortunée fille éclaircit encore ce doute[2]. « Qu'on me mette, dit-elle, sur un chariot, sans cocher ni guide, et qu'on laisse aller les chevaux à leur fantaisie : le Sort les guidera infailliblement au lieu ordonné. »

Je ne veux pas dire que cette belle, trouvant à tout des expédients, fût de l'humeur de beaucoup de filles,

---

1. La superstition cause mille accidents.
   (*Le Fleuve Scamandre*, vers 79 et notes 4, 5.)

2. Cette difficulté fut encore éclaircie
   Par Nérie.
   (*La Coupe enchantée*, vers 344-345.)

qui aiment mieux avoir un méchant mari que de n'en point avoir du tout[1]. Il y a de l'apparence que le désespoir, plutôt qu'autre chose, lui faisoit chercher ces facilités.

Quoi que ce soit, on se résout à partir : on fait dresser un appareil de pompe funèbre, pour satisfaire à chaque point de l'oracle[2]. On part enfin ; et Psyché se met en route sous la conduite de ses parents. La voilà sur un char d'ébène, une urne auprès d'elle, la tête penchée sur sa mère, son père marchant à côté du char, et faisant autant de soupirs[3] qu'il faisoit de pas : force gens à la suite, vêtus de deuil ; force ministres de funérailles ; force sacrificateurs[4] portant de longs vases et de longs cornets dont ils entonnoient des sons fort lugubres. Les peuples voisins, étonnés de la nouveauté d'un tel appareil, ne savoient que conjecturer. Ceux chez qui le convoi passoit l'accompagnoient par honneur jusqu'aux limites de leur territoire, chantant des hymnes à la louange de Psyché leur jeune déesse, et jonchant de roses tout le chemin, bien que les maîtres des cérémonies leur criassent que c'étoit offenser Vénus : mais quoi! les bonnes gens[5] ne pouvoient retenir leur zèle.

1. Rapprochez la fable v du livre VII, vers 41-43 :

    Celle-ci fit un choix qu'on n'auroit jamais cru,
    Se trouvant à la fin tout aise et tout heureuse
    De rencontrer un malotru.

2. *Sed monitis cœlestibus parendi necessitas misellam Psychen ad destinatam pœnam efflagitabat. Perfectis igitur feralis thalami cum summo mœrore solemnibus, toto prosequente populo, vivum producitur funus; et lacrymosa Psyche comitatur non nuptias, sed exsequias suas, etc.* (APULÉE, *ibidem.*)
3. *Féronde*, vers 138 et note 1.
4. Tome V, p. 583 et note 3.
5. Ci-dessus, p. 51.

Après une traite de plusieurs jours[1], lorsque l'on commençoit à douter de la vérité de l'oracle, on fut étonné qu'en côtoyant une montagne fort élevée, les chevaux, bien qu'ils fussent frais et nouveau[2] repus, s'arrêtèrent court, et, quoi qu'on pût faire, ils ne voulurent point passer outre. Ce fut là que se renouvelèrent les cris; car on jugea bien que c'étoit le mont qu'entendoit l'oracle.

Psyché descendit du char; et, s'étant mise entre l'un et l'autre de ses parents, suivie de la troupe, elle passa par dedans un bois assez agréable, mais qui n'étoit pas de longue étendue. A peine eurent-ils fait quelque mille pas, toujours en montant, qu'ils se trouvèrent entre des rochers habités par des dragons de toutes espèces. A ces hôtes près, le lieu se pouvoit bien dire une solitude, et la plus effroyable qu'on pût trouver : pas un seul arbre, pas un brin d'herbe, point d'autre couvert[3] que ces rocs, dont quelques-uns avoient des pointes qui avançoient en forme de voûte, et qui, ne tenant presque à rien, faisoient appréhender à nos voyageurs qu'elles ne tombassent sur eux. D'autres se trouvoient creusés en beaucoup d'endroits par la chute des torrents; ceux-ci servoient de retraite aux hydres, animal fort familier[4] en cette contrée.

Chacun demeura si surpris d'horreur, que, sans la nécessité d'obéir au Sort, on s'en fût retourné tout court[5]. Il fallut donc gagner le sommet, malgré qu'on en eût : plus on alloit en avant, plus le chemin étoit escarpé. Enfin, après beaucoup de détours, on se trouva

---

1. « Après huit jours de traite » (*la Fiancée*, vers 63).
2. Nouvellement : tome I, p. 18.
3. D'endroit pour se mettre à couvert, à l'ombre.
4. Fréquent, commun.
5. On eût tourné court.

au pied d'un rocher d'énorme grandeur, lequel étoit au faîte de la montagne, et où l'on jugea qu'il falloit laisser l'infortunée fille.

De représenter à quel point l'affliction se trouva montée, c'est ce qui surpasse mes forces :

> L'Éloquence elle-même, impuissante à le dire,
> Confesse que ceci n'est point de son empire ;
> C'est au Silence seul d'exprimer les adieux
> Des parents de la belle, au partir[1] de ces lieux.
> Je ne décrirai point ni leur douleur amère,
> Ni les pleurs de Psyché, ni les cris de sa mère,
> Qui, du fond des rochers renvoyés dans les airs,
> Firent de bout en bout retentir ces déserts.
> Elle plaint de son sang la cruelle aventure,
> Implore le soleil, les astres, la nature[2] ;
> Croit fléchir par ses cris les auteurs du Destin ;
> Il lui faut arracher sa fille de son sein :
> Après mille sanglots enfin l'on les sépare.
> Le Soleil, las de voir ce spectacle barbare,
> Précipite sa course ; et, passant sous les eaux,
> Va porter la clarté chez des peuples nouveaux :
> L'horreur de ces déserts s'accroît par son absence.
> La Nuit vient sur un char conduit par le Silence ;
> Il amène avec lui la crainte en l'univers[3].

La part[4] qu'en eut Psyché ne fut pas des moindres. Représentez-vous une fille qu'on a laissée seule en des déserts effroyables, et pendant la nuit. Il n'y a point de conte d'apparitions et d'esprits qui ne lui revienne

---

1. *La Fiancée*, vers 245.
2. Dans *la Matrone*, vers 77-78 : « ....Un inutile et long murmure
   Contre les dieux, le sort, et toute la nature. »
3. ....Zéphyre en soupira ; le jour voila ses charmes.
   D'un pas précipité sous les eaux il s'enfuit,
   Et laissa dans ces lieux une profonde nuit
   (*Adonis*, vers 604-606.)
4. La peur. (1729.)

dans la mémoire : à peine ose-t-elle ouvrir la bouche afin de se plaindre. En cet état, et mourant presque d'appréhension, elle se sentit enlever dans l'air. D'abord elle se tint pour perdue, et crut qu'un démon l'alloit emporter en des lieux d'où jamais on ne la verroit revenir : cependant c'étoit le Zéphyre qui incontinent la tira de peine, et lui dit l'ordre qu'il avoit de l'enlever de la sorte, et de la mener à cet époux dont parloit l'oracle, et au service duquel il étoit. Psyché se laissa flatter à ce que lui dit le Zéphyre; car c'est un dieu des plus agréables. Ce ministre, aussi fidèle que diligent, des volontés de son maître[1], la porta au haut du rocher. Après qu'il lui eut fait traverser les airs avec un plaisir qu'elle auroit mieux goûté dans un autre temps, elle se trouva dans la cour d'un palais superbe. Notre héroïne, qui commençoit à s'accoutumer aux aventures extraordinaires, eut bien l'assurance de contempler ce palais à la clarté des flambeaux qui l'environnoient; toutes les fenêtres en étoient bordées. Le firmament, qui est la demeure des dieux[2], ne parut jamais si bien éclairé.

Tandis que Psyché considéroit ces merveilles[3], une

[1]. Dans *le Petit Chien*, vers 361 :
    Le ministre cruel des vengeances du juge.
[2]. Tome VI, p. 21 et note 6.
[3]. *Invitata Psyche talium locorum oblectatione propius accessit; et paulo fidentior intra limen sese facit. Mox, prolectante studio pulcherrimæ visionis, miratur singula*, etc. (APULÉE, *ibidem*, livre v.) — Rapprochez la tragédie-ballet de Corneille et Molière (acte III, scène II) :

> Où suis-je? et dans un lieu que je croyois barbare,
> Quelle savante main a bâti ce palais
>   Que l'art, que la nature pare
>   De l'assemblage le plus rare
> Que l'œil puisse admirer jamais?
> Tout rit, tout brille, tout éclate, etc.

troupe de nymphes la vint recevoir jusque par delà le perron; et, après une inclination très profonde, la plus apparente lui fit une espèce de compliment, à quoi la belle ne s'étoit nullement attendue. Elle s'en tira pourtant assez bien. La première chose fut de s'enquérir du nom de celui à qui appartenoient des lieux si charmants; et il est à croire qu'elle demanda de le voir. On ne lui répondit là-dessus que confusément; puis ces nymphes la conduisirent en un vestibule d'où l'on pouvoit découvrir, d'un côté les cours, et de l'autre côté les jardins. Psyché le trouva proportionné à la richesse de l'édifice. De ce vestibule on la fit passer en des salles que la Magnificence[1] elle-même avoit pris la peine d'orner, et dont la dernière enchérissoit toujours sur la précédente. Enfin cette belle entra dans un cabinet, où on lui avoit préparé un bain. Aussitôt ces nymphes se mirent en devoir de la déshabiller et de la servir. Elle fit d'abord quelque résistance, et puis leur abandonna toute sa personne. Au sortir du bain, on la revêtit d'habits nuptiaux : je laisse à penser quels ils pouvoient être, et si l'on y avoit épargné les diamants et les pierreries; il est vrai que c'étoit ouvrage de fée, lequel d'ordinaire ne coûte rien. Ce ne fut pas une petite joie pour Psyché de se voir si brave[2], et de se regarder dans les miroirs dont le cabinet étoit plein.

Cependant on avoit mis le couvert dans la salle la plus prochaine. Il y fut servi de l'ambrosie[3] en toutes

1. Pour cette personnification d'un terme abstrait, comparez *le Tableau*, vers 80 et note 1 :

Propreté toucha seule aux apprêts du régal.

2. Tome VII, p. 472 et note 2.
3. Ci-dessus, p. 38 et note 4.

les sortes. Quant au nectar, les Amours en furent les échansons. Psyché mangea peu. Après le repas, une musique de luths et de voix se fit entendre à l'un des coins du plafond[1], sans qu'on vît ni chantres ni instruments[2] : musique aussi douce et aussi charmante que si Orphée et Amphion en eussent été les conducteurs[3]. Parmi les airs qui furent chantés, il y en eut un qui plut particulièrement à Psyché. Je vais vous en dire les paroles, que j'ai mises en notre langue au mieux que j'ai pu :

> Tout l'univers obéit à l'Amour ;
> Belle Psyché, soumettez-lui votre âme.
> Les autres dieux à ce dieu font la cour,
> Et leur pouvoir est moins doux que sa flamme.
> Des jeunes cœurs c'est le suprême bien :
> Aimez, aimez ; tout le reste n'est rien.
>
> Sans cet Amour, tant d'objets ravissants,
> Lambris dorés, bois, jardins, et fontaines,
> N'ont point d'appas[4] qui ne soient languissants,
> Et leurs plaisirs sont moins doux que ses peines[5].
> Des jeunes cœurs c'est le suprême bien :
> Aimez, aimez ; tout le reste n'est rien.

Dès que la musique eut cessé, on dit à Psyché qu'il étoit temps de se reposer. Il lui prit alors une petite inquiétude, accompagnée de crainte, et telle que les

1. *Platfonds*, dans nos anciennes éditions.
2. *Post opimas dapes quidam introcessit, et cantavit invisus; et alius citharam pulsavit, quæ non videbatur, nec ipse. Tunc modulatæ multitudinis conferta vox aures ejus affertur; ut, quamvis hominum nemo pareret, chorus tamen esse pateret.* (APULÉE, *ibidem.*)
3. Veuillent les Immortels, conducteurs de ma langue, etc.
    (Livre XI, fable vii, vers 25 et note 19.)
4. Tome IV, p. 22, fin de la note 2.
5. *Adonis*, vers 110 et note 2.

filles l'ont d'ordinaire le jour de leurs noces, sans savoir pourquoi. La belle fit toutefois ce que l'on voulut. On la met au lit, et on se retire. Un moment après, celui qui en devoit être le possesseur arriva, et s'approcha d'elle. On n'a jamais su ce qu'ils se dirent, ni même d'autres circonstances bien plus importantes que celle-là : seulement a-t-on remarqué que le lendemain les nymphes rioient entre elles, et que Psyché rougissoit en les voyant rire. La belle ne s'en mit pas fort en peine, et n'en parut pas plus triste qu'à l'ordinaire.

Pour revenir à la première nuit de ses noces, la seule chose qui l'embarrassoit étoit que son mari l'avoit quittée devant qu'il fût jour, et lui avoit dit que pour beaucoup de raisons il ne vouloit pas être connu d'elle, et qu'il la prioit de renoncer à la curiosité de le voir. Ce fut ce qui lui en donna davantage. « Quelles peuvent être ces raisons? disoit en soi-même la jeune épouse; et pourquoi se cache-t-il avec tant de soin? Assurément l'oracle nous a dit vrai, quand il nous l'a peint comme quelque chose de fort terrible : si est-ce[1] qu'au toucher et au son de voix il ne m'a semblé nullement que ce fût un monstre. Toutefois les dieux ne sont pas menteurs; il faut que mon mari ait quelque défaut remarquable : si cela étoit, je serois bien malheureuse. » Ces réflexions tempérèrent pour quelques moments la joie de Psyché. Enfin elle trouva à propos de n'y plus penser, et de ne point corrompre elle-même les douceurs de son mariage.

Dès que son époux l'eut quittée, elle tira les rideaux : à peine le jour commençoit à poindre. En l'attendant, notre héroïne se mit à rêver à ses aventures, particu-

1. Et pourtant.

lièrement à celles de cette nuit. Ce n'étoient pas véritablement les plus étranges qu'elle eût courues, mais elle en revenoit toujours à ce mari qui ne vouloit point être vu. Psyché s'enfonça si avant en ces rêveries, qu'elle en oublia ses ennuis passés, les frayeurs du jour précédent, les adieux de ses parents, et ses parents mêmes ; et là-dessus elle s'endormit. Aussitôt le songe lui représente son mari sous la forme d'un jouvenceau de quinze à seize ans, beau comme l'Amour, et qui avoit toute l'apparence d'un dieu. Transportée de joie, la belle l'embrasse : il veut s'échapper, elle crie ; mais personne n'accourt au bruit. « Qui que vous soyez, dit-elle, et vous ne sauriez être qu'un dieu, je vous tiens, ô charmant époux ! et je vous verrai tant qu'il me plaira. » L'émotion l'ayant éveillée, il ne lui demeura que le souvenir d'une illusion agréable ; et, au lieu d'un jeune mari, la pauvre Psyché ne voyant en cette chambre que des dorures, ce qui n'étoit pas ce qu'elle cherchoit, ses inquiétudes recommencèrent. Le Sommeil eut encore une fois pitié d'elle ; il la replongea dans les charmes de ses pavots[1] : et la belle acheva ainsi la première nuit de ses noces.

Comme il étoit déjà tard, les nymphes entrèrent, et la trouvèrent encore tout endormie. Pas une ne lui en demanda la raison, ni comment elle avoit passé la nuit, mais bien si elle se vouloit lever, et de quelle façon il lui plaisoit que l'on l'habillât. En disant cela, on lui montre cent sortes d'habits, la plupart très riches. Elle choisit le plus simple, se lève, se fait habiller avec précipitation, et témoigne aux nymphes une impatience de voir les raretés de ce beau séjour. On la mène donc en toutes les chambres : il n'y a point de cabinet ni d'ar-

---

1. *Adonis*, vers 224-225.

rière-cabinet qu'elle ne visite, et où elle ne trouve un nouveau sujet d'admiration. De là elle passe sur des balcons, et de ces balcons les nymphes lui font remarquer l'architecture de l'édifice, autant qu'une fille est capable de la concevoir. Elle se souvient qu'elle n'a pas assez regardé de certaines tapisseries. Elle rentre donc, comme une jeune personne qui voudroit tout voir à la fois, et qui ne sait à quoi s'attacher. Les nymphes avoient assez de peine à la suivre, l'avidité de ses yeux la faisant courir sans cesse de chambre en chambre, et considérer à la hâte les merveilles de ce palais, où, par un enchantement prophétique, ce qui n'étoit pas encore et ce qui ne devoit jamais être se rencontroit.

> On fit ses murs d'un marbre aussi blanc que l'albâtre;
> Les dedans[1] sont ornés d'un porphyre luisant.
> Ces ordres dont les Grecs nous ont fait un présent,
> Le dorique sans fard, l'élégant ionique,
> Et le corinthien superbe et magnifique,
> L'un sur l'autre placés, élèvent jusqu'aux cieux
> Ce pompeux édifice où tout charme les yeux.
> Pour servir d'ornement à ses divers étages,
> L'architecte y posa les vivantes images
> De ces objets divins, Cléopâtres, Phrynés,
> Par qui sont les héros en triomphe menés.
> Ces fameuses beautés dont la Grèce se vante,
> Celles que le Parnasse en ses fables nous chante,
> Ou de qui nos romans font de si beaux portraits,
> A l'envi sur le marbre étaloient leurs attraits.
> L'enchanteresse Armide, héroïne du Tasse,
> A côté d'Angélique[2] avoit trouvé sa place.
> On y voyoit surtout Hélène au cœur léger,
> Qui causa tant de maux pour un prince berger[3].

1. Ci-dessus, p. 31 et note 1. — 2. Héroïne de l'Arioste.
3. Dans *le Tableau*, vers 202-205 :

> J'en prends à témoin les combats

Psyché dans le milieu voit aussi sa statue,
De ces reines des cœurs pour reine reconnue :
La belle à cet aspect s'applaudit en secret,
Et n'en peut détacher ses beaux yeux qu'à regret.
Mais on lui montre encor d'autres marques de gloire :
Là ses traits sont de marbre, ailleurs ils sont d'ivoire ;
Les disciples d'Arachne[1], à l'envi des pinceaux[2],
En ont aussi formé de différents tableaux.
Dans l'un on voit les Ris divertir cette belle ;
Dans l'autre, les Amours dansent à l'entour d'elle ;
Et, sur cette autre toile, Euphrosyne et ses sœurs[3]
Ornent ses blonds cheveux de guirlandes de fleurs.
Enfin, soit aux couleurs[4], ou bien dans la sculpture,
Psyché dans mille endroits rencontre sa figure ;
Sans parler des miroirs et du cristal des eaux,
Que ses traits imprimés[5] font paroître plus beaux.

Les endroits où la belle s'arrêta le plus, ce furent les galeries. Là les raretés, les tableaux, les bustes, non de la main des Apelles et des Phidias, mais de la main même des fées[6], qui ont été les maîtresses de ces grands hommes, composoient un amas d'objets[7] qui éblouissoit la vue, et qui ne laissoit pas de lui plaire, de la charmer, de lui causer des ravissements, des extases ; en sorte que Psyché, passant d'une extrémité en une

> Qu'on vit sur la terre et sur l'onde,
> Lorsque Pâris à Ménélas
> Ota la merveille du monde.

1. Voyez *la Coupe*, vers 132 et note 4.
2. Rivalisant avec les pinceaux.
3. Les trois Grâces : Euphrosyne, Thalie et Aglaïa.
4. Peintures, tapisseries.
5. Qui s'y impriment, s'y reflètent.
6. Dans *Philémon et Baucis*, vers 119 :

> Loin, bien loin les tableaux de Zeuxis et d'Apelle !

7. Ci-dessus, p. 17 : un « amas de paroles », p. 29 : un « amas d'arbres ».

autre, demeura longtemps immobile, et parut la plus belle statue de ces lieux.

Des galeries elle repasse encore dans les chambres, afin d'en considérer les richesses, les précieux meubles, les tapisseries de toutes les sortes, et d'autres ouvrages conduits par la fille de Jupiter[1]. Surtout on voyoit une grande variété dans ces choses, et dans l'ordonnance de chaque chambre : colonnes de porphyre aux alcôves (ne vous étonnez pas de ce mot d'alcôve : c'est une invention moderne, je vous l'avoue; mais ne pouvoit-elle pas être dès lors en l'esprit des fées? et ne seroit-ce point de quelque description de ce palais que les Espagnols, les Arabes, si vous voulez, l'auroient prise[2]?); les chapiteaux de ces colonnes étoient d'airain de Corinthe pour la plupart. Ajoutez à cela les balustres d'or. Quant aux lits, ou c'étoit broderie de perles, ou c'étoit un travail si beau, que l'étoffe n'en devoit pas être considérée[3]. Je n'oublierai pas, comme on peut penser, les cabinets[4], et les tables de pierreries; vases singu-

1. Dirigés par Pallas (*les Filles de Minée*, vers 2).
2. La Fontaine se trompe, comme le remarque Walckenaer : « Les Espagnols et les Arabes n'avaient pas besoin de recourir aux fées pour imaginer les alcôves. Les anciens les connaissaient; on en pratiquait presque toujours dans les chambres à coucher de l'*hibernaculum*, ou appartement d'hiver. Le nom d'une alcôve était *zotheca*; on les construisait en bois de citron, et on les ornait de bronze et d'écailles de tortue. On a trouvé des alcôves antiques à la villa Adriani et à la villa Pompéi. » — Voyez Pline le jeune, livre II, épître xvii; Félibien, *les Plans et les Descriptions de deux des plus belles maisons de campagne de Pline le consul*, Paris, 1699, in-12, p. 22, 40, 132, etc.; *le Palais de Scaurus*, Paris, 1819, in-8°, p. 76. — Le mot *alcôve* vient du mot espagnol *alcoba*, dérivé lui-même de l'arabe *al*, le, et *kobba*, petite maison, petite chambre, petit cabinet, ou *kubbet*, voûte, tente.
3. Ne comptait pas, si belle qu'elle fût; il ne fallait avoir égard qu'au travail.
4. Les meubles ainsi nommés : tome IV, p. 10 et note 2.

liers et par leur matière, et par l'artifice de leur gravure; enfin de quoi surpasser en prix l'univers entier. Si j'entreprenois de décrire seulement la quatrième partie de ces merveilles, je me rendrois sans doute importun; car à la fin on s'ennuie de tout, et des belles choses comme du reste.

Je me contenterai donc de parler d'une tapisserie relevée d'or, laquelle on fit remarquer principalement à Psyché, non tant pour l'ouvrage, quoiqu'il fût rare, que pour le sujet. La tenture étoit composée de six pièces.

> Dans la première on voyoit un chaos,
> Masse confuse, et de qui l'assemblage
> Faisoit lutter contre l'orgueil des flots
> Des tourbillons d'une flamme volage.
>
> Non loin de là, dans un même monceau,
> L'air gémissoit sous le poids de la terre :
> Ainsi le feu, l'air, la terre, avec l'eau,
> Entretenoient une cruelle guerre.
>
> Que fait l'Amour? volant de bout en bout,
> Ce jeune enfant, sans beaucoup de mystère[1],
> En badinant vous débrouille le tout,
> Mille fois mieux qu'un sage n'eût su faire.
>
> Dans la seconde, un Cyclope amoureux,
> Pour plaire aux yeux d'une nymphe jolie[2],

---

1. Sans beaucoup de difficulté. — Rapprochez *la Chose impossible*, vers 22 :

> Commander étoit-ce un mystère?

2. Mot que rend plus gracieux sa place après le substantif qu'il qualifie : comparez « nymphe joliette » dans la note suivante.

— Dedans Paris, ville jolie....
(MAROT, tome I, p. 149.)

Aussi je les compare à ces femmes jolies....
(RÉGNIER, satire IX, vers 73.)

Se démêloit la barbe et les cheveux;
Ce qu'il n'avoit encor fait de sa vie [1].

En se moquant la nymphe s'enfuyoit :
Amour l'atteint; et l'on voyoit la belle
Qui, dans un bois, le Cyclope prioit
Qu'il l'excusât d'avoir été rebelle.

Dans la troisième, Cupidon paroissoit assis sur un char tiré par des tigres. Derrière ce char un petit Amour menoit en laisse [2] quatre grands dieux, Jupiter, Hercule, Mars et Pluton; tandis que d'autres enfants les chassoient, et les faisoient marcher à leur fantaisie. La quatrième et la cinquième représentoient en d'autres manières la puissance de Cupidon. Et dans la sixième ce dieu, quoiqu'il eût sujet d'être fier des dépouilles de l'univers, s'inclinoit devant une personne de taille parfaitement belle, et qui témoignoit à son air une très grande jeunesse. C'est tout ce qu'on en pouvoit juger, car on ne lui voyoit point le visage; et elle avoit alors la tête tournée, comme si elle eût voulu se débarrasser d'un nombre infini d'Amours qui l'environnoient. L'ouvrier [3] avoit peint le dieu dans un grand respect, tandis que les Jeux et les Ris, qu'il avoit amenés à sa suite, se moquoient de lui en cachette, et se faisoient signe du doigt que leur maître étoit attrapé. Les bordures de cette tapisserie étoient toutes pleines d'enfants qui se jouoient avec des massues, des foudres et des tridents; et l'on voyoit en beaucoup d'endroits pendre

---

1. Comparez *la Courtisane amoureuse*, vers 9-14 et les notes :
....L'un, sur un roc assis,
Chantoit aux vents ses amoureux soucis,
Et, pour charmer sa nymphe joliette,
Tailloit sa barbe, et se miroit dans l'eau, etc.

2. *En lesse*, dans nos anciens textes.
3. L'artiste : tome II, p. 386 et note 3.

pour trophées force bracelets et autres ornements de femmes.

Parmi cette diversité d'objets, rien ne plut tant à la belle que de rencontrer partout son portrait, ou bien sa statue, ou quelque autre ouvrage de cette nature. Il sembloit que ce palais fût un temple, et Psyché la déesse à qui il étoit consacré. Mais de peur que le même objet se présentant si souvent à elle ne lui devînt ennuyeux, les fées l'avoient diversifié, comme vous savez que leur imagination est féconde. Dans une chambre elle étoit représentée en amazone; dans une autre, en nymphe, en bergère, en chasseresse, en grecque, en persane, en mille façons différentes et si agréables, que cette belle eut la curiosité de les éprouver, un jour l'une, un autre jour l'autre, plus par divertissement et par jeu que pour en tirer aucun avantage, sa beauté se soutenant assez d'elle-même. Cela se passoit toujours avec beaucoup de satisfaction de sa part, force louanges de la part des nymphes, un plaisir extrême de la part du monstre, c'est-à-dire de son époux, qui avoit mille moyens de la contempler sans qu'il se montrât. Psyché se fit donc impératrice, simple bergère, ce qu'il lui plut. Ce ne fut pas sans que les nymphes lui dissent qu'elle étoit belle en toutes sortes d'habits, et sans qu'elle-même se le dît aussi. « Ah! si mon mari me voyoit parée de la sorte! » s'écrioit-elle souvent étant seule. En ce moment-là son mari la voyoit peut-être de quelque endroit d'où il ne pouvoit être vu ; et, outre le plaisir de la voir, il avoit celui d'apprendre ses plus secrètes pensées, et de lui entendre faire un souhait où l'amour avoit pour le moins autant de part que la bonne opinion de soi-même. Enfin, il ne se passa presque point de jour que Psyché ne changeât d'ajustement.

« Changer d'ajustement tous les jours! s'écria Acante ;

LIVRE PREMIER. 67

je ne voudrois point d'autre paradis pour nos dames. »
On avoua qu'il avoit raison, et il n'y en eut pas un
dans la compagnie qui ne souhaitât un pareil bonheur
à quelque femme de sa connoissance. Cette réflexion
étant faite, Polyphile reprit ainsi :

Notre héroïne passa presque tout ce premier jour à
voir le logis ; sur le soir elle s'alla promener dans les
cours et dans les jardins, d'où elle considéra quelque
temps les diverses faces de l'édifice, sa majesté, ses
enrichissements, et ses grâces, la proportion, le bel
ordre, et la correspondance de ses parties. Je vous en
ferois la description si j'étois plus savant dans l'architecture que je ne suis. A ce défaut, vous aurez recours
au palais d'Apollidon[1] ou bien à celui d'Armide[2] ; ce
m'est tout un. Quant aux jardins, voyez ceux de Falerine[3] : ils vous pourront donner quelque idée des lieux
que j'ai à décrire.

Assemblez, sans aller si loin,
Vaux[4], Liancourt[5], et leurs naïades,

1. Le château magique construit par l'enchanteur Apollidon, décrit au chapitre premier du second livre de l'*Amadis de Gaule* : voyez les *Lettres de Mme de Sévigné*, tome X, p. 206.
2. La célèbre héroïne du Tasse (ci-dessus, p. 61).
3. *El jardin de Falerina* est le titre d'une comédie « chevaleresque » de Calderon. C'est au milieu de la seconde et dernière journée qu'apparaît le jardin de Falerina, enchanteresse qui commande à toute la nature, jardin si beau

Que non pudiera el deseo
Imaginarle mejor.

4. Vaux-le-Vicomte, près de Melun, la somptueuse demeure de Foucquet : voyez ci-après, *le Songe de Vaux*.
5. Le château de Liancourt, près de Clermont (Oise), qui avait passé dans la maison de la Rochefoucauld par suite du mariage célébré, le 13 novembre 1659, entre le prince de Marcillac, fils aîné du duc de la Rochefoucauld, et Charlotte du Plessis, héritière de Liancourt et de la Roche-Guyon.

Y joignant, en cas de besoin,
Ruel[1], avecque ses cascades.
Cela fait, de tous les côtés,
Placez en ces lieux enchantés
Force jets affrontant la nue,
Des canaux à perte de vue,
Bordez-les d'orangers, de myrtes, de jasmins,
Qui soient aussi géants que les nôtres sont nains[2] :
Entassez-en des pépinières ;
Plantez-en des forêts entières,
Des forêts, où chante en tout temps
Philomèle, honneur des bocages[3],
De qui le règne, en nos ombrages,
Naît et meurt avec le printemps.
Mêlez-y les sons éclatants
De tout ce que les bois ont d'agréables chantres[4].
Chassez de ces forêts les sinistres oiseaux ;
Que les fleurs bordent leurs ruisseaux ;
Que l'Amour habite leurs antres[5].
N'y laissez entrer toutefois
Aucune hôtesse de ces bois
Qu'avec un paisible Zéphyre,
Et jamais avec un Satyre :
Point de tels amants dans ces lieux ;
Psyché s'en tiendroit offensée.
Ne les offrez point à ses yeux,
Et moins encore à sa pensée.
Qu'en ce canton délicieux
Flore et Pomone, à qui mieux mieux,
Fassent montre de leurs richesses ;
Et que ce couple de déesses
Y renouvelle ses présents
Quatre fois au moins tous les ans.
Que tout y naisse sans culture ;
Toujours fraîcheur, toujours verdure,

---

1. Ruel ou Rueil, la maison de plaisance du cardinal de Richelieu, entre Saint-Germain et Paris.
2. Ci-dessus, p. 30. — 3. Tome VI, p. 266 et note 6.
4. *Adonis*, vers 141. — 5. *La Fiancée*, vers 200-201.

Toujours l'haleine et les soupirs
D'une brigade[1] de zéphyrs.

Psyché ne se promenoit au commencement que dans les jardins, n'osant se fier aux bois, bien qu'on l'assurât qu'elle n'y rencontreroit que des Dryades, et pas un seul Faune. Avec le temps elle devint plus hardie.

Un jour que la beauté d'un ruisseau l'avoit attirée, elle se laissa conduire insensiblement aux replis de l'onde[2]. Après bien des tours, elle parvint à sa source. C'étoit une grotte assez spacieuse, où, dans un bassin taillé par les seules mains de la Nature, couloit le long d'un rocher une eau argentée, et qui, par son bruit, invitoit à un doux sommeil. Psyché ne se put tenir d'entrer dans la grotte. Comme elle en visitoit les recoins, la clarté, qui alloit toujours en diminuant, lui faillit enfin tout à coup. Il y avoit certainement de quoi avoir peur; mais elle n'en eut pas le loisir. Une voix qui lui étoit familière l'assura[3] d'abord : c'étoit celle de son époux. Il s'approcha d'elle, la fit asseoir sur un siège couvert de mousse, se mit à ses pieds; et, après lui avoir baisé la main, il lui dit, en soupirant : « Faut-il que je doive à la beauté d'un ruisseau une si agréable rencontre ? Pourquoi n'est-ce pas à l'amour? Ah! Psyché! Psyché! je vois bien que cette passion et vos jeunes ans n'ont encore guère de commerce ensemble[4]. Si vous aimiez, vous chercheriez le silence et la solitude avec plus de soin que vous ne les évitez

---

1. *Le Petit Chien*, vers 51 et note 5.
2. Aux méandres, aux sinuosités de ses rives.
3. Lui donna confiance; et non la rassura, puisqu'elle n'avait pas eu « le loisir d'avoir peur ».
4. Dans *la Clochette*, vers 32-33 :

> Le malheur fut qu'elle étoit trop jeunette,
> Et d'âge encore incapable d'aimer.

maintenant. Vous chercheriez les antres sauvages, et auriez bientôt appris que de tous les lieux où on sacrifie au dieu des amants[1], ceux qui lui plaisent le plus ce sont ceux où on peut lui sacrifier en secret : mais vous n'aimez point.

— Que voulez-vous que j'aime? répondit Psyché.

— Un mari, dit-il, que vous vous figurerez à votre mode, et à qui vous donnerez telle sorte de beauté qu'il vous plaira.

— Oui : mais, repartit la belle, je ne me rencontrerai peut-être pas avec la Nature; car il y a bien de la fantaisie en cela. J'ai ouï dire que non seulement chaque nation avoit son goût, mais chaque personne aussi. Une amazone se proposeroit un mari dont les grâces feroient trembler, un mari ressemblant à Mars; moi je m'en proposerai un semblable à l'Amour. Une personne mélancolique ne manqueroit pas de donner à ce mari un air sérieux; moi, qui suis gaie, je lui en donnerai un enjoué. Enfin, je croirai vous faire plaisir en vous attribuant une beauté délicate, et peut-être vous ferois-je tort.

— Quoi que c'en soit, dit le mari, vous n'avez pas attendu jusqu'à présent à vous forger[2] une image de votre époux : je vous prie de me dire quelle elle est.

— Vous avez dans mon esprit, poursuivit la belle, une mine aussi douce que trompeuse; tous les traits fins; l'œil riant et fort éveillé; de l'embonpoint[3] et de

---

1.   Au dieu d'amour il fut sacrifié.
              (*Les Quiproquo*, vers 152.)

2.   Le Loup déjà se forge une félicité, etc.
              (Livre I, fable v, vers 30.)

3. Dans *l'Oraison*, vers 254 et note 2 :
    Trop ni trop peu de chair et d'embonpoint.

Voyez aussi *le Tableau*, vers 96 :
    Blancheur, délicatesse, embonpoint raisonnable.

LIVRE PREMIER.

la jeunesse, on ne sauroit se tromper à ces deux points-là : mais je ne sais si vous êtes Éthiopien ou Grec ; et quand je me suis fait une idée de vous, la plus belle qu'il m'est possible, votre qualité de monstre vient tout gâter. C'est pourquoi le plus court et le meilleur, selon mon avis, c'est de permettre que je vous voie. »
Son mari lui serra la main, et lui dit avec beaucoup de douceur : « C'est une chose qui ne se peut pour des raisons que je ne saurois même vous dire. — Je ne saurois donc vous aimer », reprit-elle assez brusquement. Elle en eut regret, d'autant plus qu'elle avoit dit cela contre sa pensée : mais quoi ! la faute étoit faite. En vain elle voulut la réparer par quelques caresses : son mari avoit le cœur si serré qu'il fut un temps assez long sans pouvoir parler. Il rompit à la fin son silence par un soupir, que Psyché n'eut pas plus tôt entendu qu'elle y répondit, bien qu'avec quelque sorte de défiance. Les paroles de l'oracle lui revenoient en l'esprit. Le moyen de les accorder avec cette douceur passionnée que son époux lui faisoit paroître ? Celui qui empoisonnoit[1], qui brûloit, qui faisoit ses jeux des tortures, soupirer pour un simple mot ! Cela sembloit tout à fait étrange à notre héroïne ; et, à dire vrai, tant de tendresse en un monstre étoit une chose assez nouvelle. Des soupirs il en vint aux pleurs, et des pleurs aux plaintes. Tout cela plut extrêmement à la belle : mais, comme il disoit des choses trop pitoyables[2], elle ne put souffrir qu'il continuât, et lui mit premièrement la main sur la bouche, puis la bouche même ; et par un baiser, bien mieux qu'elle n'auroit fait avec toutes les paroles du monde, elle l'assura que, tout invisible et tout monstre qu'il vouloit être, elle ne laissoit pas de

1. Ci-dessus, p. 56 : « C'est un empoisonneur, etc. »
2. Qui excitaient trop la pitié : tome V, p. 196 et note 3.

l'aimer. Ainsi se passa l'histoire de la grotte. Il leur en arriva beaucoup de pareilles.

Notre héroïne ne perdit pas la mémoire de ce que lui avoit dit son époux[1]. Ses rêveries la menoient souvent jusqu'aux lieux les plus écartés de ce beau séjour, et faisoient si bien que la nuit la surprenoit devant qu'elle pût gagner le logis. Aussitôt son mari la venoit trouver sur un char environné de ténèbres ; et, plaçant à côté de lui notre jeune épouse, ils se promenoient au bruit des fontaines. Je laisse à penser si les protestations, les serments, les entretiens pleins de passion, se renouveloient, et de fois à autres aussi les baisers; non point de mari à femme, il n'y a rien de plus insipide, mais de maîtresse à amant[2], et, pour ainsi dire, de gens qui n'en seroient encore qu'à l'espérance.

Quelque chose manquoit pourtant à la satisfaction de Psyché. Vous voyez bien que j'entends parler de la fantaisie de son mari, c'est-à-dire de cette opiniâtreté à demeurer invisible. Toute la postérité s'en est étonnée. Pourquoi une résolution si extravagante ? il se peut trouver des personnes laides qui affectent de se montrer : la rencontre n'en est pas rare ; mais que ceux qui sont beaux se cachent, c'est un prodige dans la nature ; et peut-être n'y avoit-il que cela de monstrueux en la personne de notre époux. Après en avoir cherché la raison, voici ce que j'ai trouvé dans un manuscrit qui est venu depuis peu à ma connoissance.

Nos amants s'entretenoient à leur ordinaire, et la eune épouse, qui ne songeoit qu'aux moyens de voir son mari, ne perdoit pas une seule occasion de lui en

---

1. Page 69.
2. Dans *la Courtisane amoureuse*, vers 264-265 et note 7 :
Un tel hymen à des amours ressemble :
On est époux et galant tout ensemble.

parler. De discours en autre ils vinrent aux merveilles de ce séjour. Après que la belle eut fait une longue énumération des plaisirs qu'elle y rencontroit, disoit-elle, de tous côtés, il se trouva qu'à son compte le principal point y manquoit. Son mari ne voyoit que trop où elle avoit dessein d'en venir; mais, comme entre amants les contestations sont quelquefois bonnes à plus d'une chose, il voulut qu'elle s'expliquât, et lui demanda ce que ce pouvoit être que ce point d'une si grande importance, vu qu'il avoit donné ordre aux fées que rien ne manquât.

« Je n'ai que faire des fées pour cela, repartit la belle : voulez-vous me rendre tout à fait heureuse? je vous en enseignerai un moyen bien court : il ne faut…. Mais je vous l'ai dit tant de fois inutilement, que je n'oserois plus vous le dire.

— Non, non, reprit le mari, n'appréhendez pas de m'être importune : je veux bien que vous me traitiez comme on fait les dieux; ils prennent plaisir à se faire demander cent fois une même chose : qui vous a dit que je ne suis pas de leur naturel? »

Notre héroïne, encouragée par ces paroles, lui repartit : « Puisque vous me le permettez, je vous dirai franchement que tous vos palais, tous vos meubles, tous vos jardins, ne sauroient me récompenser d'un moment de votre présence, et vous voulez que j'en sois tout à fait privée : car je ne puis appeler présence un bien où les yeux n'ont aucune part[1].

— Quoi! je ne suis pas maintenant de corps auprès de vous, reprit le mari, et vous ne me touchez pas?

— Je vous touche, repartit-elle, et sens bien que vous avez une bouche, un nez, des yeux, un visage, tout cela proportionné comme il faut, et, selon que je

1. *Clymène*, vers 599-600.

m'imagine, assorti de traits[1] qui n'ont pas leurs pareils au monde; mais jusqu'à ce que j'en sois assurée, cette présence de corps dont vous me parlez est présence d'esprit pour moi. — Présence d'esprit! » repartit l'époux. Psyché l'empêcha de continuer, et lui dit en l'interrompant : « Apprenez-moi du moins les raisons qui vous rendent si opiniâtre.

— Je ne vous les dirai pas toutes, reprit l'époux; mais, afin de vous contenter en quelque façon, examinez la chose en vous-même; vous serez contrainte de m'avouer qu'il est à propos pour l'un et pour l'autre de demeurer en l'état où nous nous trouvons. Premièrement, tenez-vous certaine que du moment que vous n'aurez plus rien à souhaiter, vous vous ennuierez. Et comment ne vous ennuieriez-vous pas? les dieux s'ennuient bien[2]; ils sont contraints de se faire de temps en temps des sujets de desir et d'inquiétude : tant il est vrai que l'entière satisfaction et le dégoût se tiennent la main! Pour ce qui me touche, je prends un plaisir extrême à vous voir en peine; d'autant plus que votre imagination ne se forge[3] guère de monstres, j'entends d'images de ma personne, qui ne soient très agréables Et, pour vous dire une raison plus particulière, vous ne doutez pas qu'il n'y ait quelque chose en moi de surnaturel. Nécessairement je suis dieu, ou je suis démon, ou bien enchanteur. Si vous trouvez que je sois démon, vous me haïrez : et si je suis dieu, vous cesserez de m'aimer, ou du moins vous ne m'aimerez plus avec tant d'ardeur; car il s'en faut bien qu'on aime les dieux aussi violemment que les hommes. Quant au troisième,

1. ..... Et de tous charmes assortie.
(*Le Petit Chien*, vers 19.)
2. Comparez tome III, p. 243.
3. Ci-dessus, p. 70.

il y a des enchanteurs agréables : je puis être de ceux-là; et possible suis-je tous les trois ensemble. Ainsi le meilleur pour vous est l'incertitude, et qu'après la possession vous ayez toujours de quoi desirer : c'est un secret dont on ne s'étoit pas encore avisé. Demeurons-en là, si vous m'en croyez : je sais ce que c'est d'amour [1], et le dois savoir. »

Psyché se paya de ces raisons, ou, si elle ne s'en paya, elle fit semblant de s'en payer. Cependant elle inventoit mille jeux pour se divertir. Les parterres étoient dépouillés, l'herbe des prairies foulée : ce n'étoient que danses et combats de nymphes, qui se séparoient souvent en deux troupes; et, distinguées par des écharpes de fleurs, comme par des ordres de chevalerie, se jetoient ensuite tout ce que Flore leur présentoit; puis le parti victorieux dressoit un trophée, et dansoit autour, couronné d'œillets et de roses. D'autres fois Psyché se divertissoit à entendre un défi de rossignols, ou à voir un combat naval de cygnes, des tournois et des joutes de poissons. Son plus grand plaisir étoit de présenter un appât à ces animaux, et, après les avoir pris, de les rendre à leur élément. Les nymphes suivoient en cela son exemple. Il y avoit tous les soirs gageure à qui en prendroit davantage. La plus heureuse en sa pêche [2] obtenoit quelque faveur de notre héroïne; la plus malheureuse étoit condamnée à quelque peine, comme de faire un bouquet où une guirlande

---

1. Vous savez bien par votre expérience
Que c'est d'aimer.
(*Le Faucon*, vers 220-221.)

2. Ils avoient fait gageure
A qui des deux auroit plus de bonheur,
Et trouveroit la meilleure aventure
Dedans sa pêche.
(*Le Calendrier*, vers 100-103.)

à chacune de ses compagnes. Ces spectacles se terminoient par le coucher du soleil.

> Il étoit témoin de la fête,
> Paré d'un magnifique atour;
> Et, caché le reste du jour,
> Sur le soir il montroit sa tête.

Mais comment la montroit-il? environnée d'un diadème d'or et de pourpre, et avec toute la magnificence et la pompe qu'un roi des astres peut étaler.

Le logis fournissoit pareillement ses plaisirs, qui n'étoient tantôt que de simples jeux, et tantôt des divertissements plus solides. Psyché commençoit à ne plus agir en enfant. On lui racontait les amours des dieux, et les changements de forme qu'a causés cette passion[1], source de bien et de mal. Le savoir des fées avoit mis en tapisseries les malheurs de Troie, bien qu'ils ne fussent pas encore arrivés. Psyché se les faisoit expliquer. Mais voici un merveilleux effet de l'enchantement. Les hommes, comme vous savez, ignoroient alors ce bel art que nous appelons comédie; il n'étoit pas même encore dans son enfance; cependant on le fit voir à la belle dans sa plus grande perfection, et tel que Ménandre et Sophocle nous l'ont laissé. Jugez si on y épargnoit les machines, les musiques, les beaux habits, les ballets des anciens, et les nôtres. Psyché ne se contenta pas de la fable, il fallut y joindre l'histoire, et l'entretenir des diverses façons d'aimer qui sont en usage chez chaque peuple; quelles sont les beautés des Scythes, quelles celles des Indiens, et tout ce qui est contenu sur ce point dans les archives de l'univers, soit pour le passé, soit pour l'avenir, à l'exception de son aventure, qu'on lui cacha, quelque prière qu'elle fît aux

---

1. Comparez *les Filles de Minée*, vers 27.

nymphes de la lui apprendre. Enfin, sans qu'elle bougeât de son palais, toutes les affaires qu'Amour a dans les quatre parties du monde lui passèrent devant les yeux.

Que vous dirai-je davantage? on lui enseigna jusqu'aux secrets de la poésie. Cette corruptrice des cœurs acheva de gâter celui de notre héroïne, et la fit tomber dans un mal que les médecins appellent glucomorie[1], qui lui pervertit tous les sens, et la ravit comme à elle-même. Elle parloit, étant seule,

> Ainsi qu'en usent les amants
> Dans les vers et dans les romans.

Aller rêver au bord des fontaines, se plaindre aux rochers, consulter les antres sauvages : c'étoit où son mari l'attendoit. Il n'y eut chose dans la nature qu'elle n'entretînt de sa passion. « Hélas! disoit-elle aux arbres, je ne saurois graver sur votre écorce[2] que mon nom seul, car je ne sais pas celui de la personne que j'aime. » Après les arbres, elle s'adressoit aux ruisseaux : ceux-ci étoient ses principaux confidents, à cause de l'aventure que je vous ai dite[3]. S'imaginant que leur rencontre lui étoit heureuse, il n'y en eut pas un auquel elle ne s'arrêtât, jusqu'à espérer qu'elle attraperoit sur leurs bords son mari dormant, et qu'après il seroit inutile au monstre de se cacher.

Dans cette pensée, elle leur disoit à peu près les choses que je vais vous dire, et les leur disoit en vers aussi bien que moi.

> « Ruisseaux, enseignez-moi l'objet de mon amour;
> Guidez vers lui mes pas, vous dont l'onde est si pure[4];

---

1. Douce folie, tendre délire. — 2. *Adonis*, vers 137 et note 1.
3. L'aventure de la grotte : ci-dessus, p. 69.
4. C'est une imitation de l'églogue ix de Calpurnius, vers 20-24 :

Quæ colitis silvas, Dryades, quæque antra, Napææ,

Ne dormiroit-il point en ce sombre séjour,
Payant un doux tribut à votre doux murmure[1]?
En vain, pour le savoir, Psyché vous fait la cour,
En vain elle vous vient conter son aventure.
Vous n'osez déceler[2] cet ennemi du jour,
Qui rit en quelque coin du tourment que j'endure.

« Il s'envole avec l'ombre, et me laisse appeler.
Hélas! j'use au hasard de ce mot d'envoler :
Car je ne sais pas même encor s'il a des ailes.
J'ai beau suivre vos bords, et chercher en tous lieux :
Les antres seulement m'en disent des nouvelles,
Et ce que je chéris n'est pas fait pour mes yeux. »

Ne doutez point que ces peines dont parloit Psyché n'eussent leurs plaisirs : elle les passoit souvent sans s'apercevoir de la durée, je ne dirai pas des heures, mais des soleils, de sorte que l'on peut dire que ce qui manquoit à sa joie faisoit une partie des douceurs qu'elle goûtoit en aimant; mille fois heureuse si elle eût suivi les conseils de son époux, et qu'elle eût compris l'avantage et le bien que c'est de ne pas atteindre à la suprême

*Et quæ marmoreo pede, Naïades, uda secatis
Littora, purpureosque alitis per gramina flores,
Dicite, quo prato Donacen, qua forte sub umbra
Inveniam, roseis stringentem lilia palmis?*

Rapprochez l'idylle III d'André Chénier :

Fleurs, bocage sonore, et mobiles roseaux
Où murmure Zéphyre au murmure des eaux,
Parlez : le beau Mnazile est-il sous vos ombrages? etc.

et dans la *Chloé* de Gessner les lamentations de cette amante éplorée : « O nymphes, nymphes secourables, si vous veillez, prêtez l'oreille à mes plaintes. J'aime, oui j'aime, hélas! Lycas à la blonde chevelure. N'avez-vous point vu quelquefois ce jeune berger? N'avez-vous point entendu sa voix...? »

1. Ci-dessus, p. 69.
2. Déclarer. (1729.)

félicité! car, sitôt que l'on en est là, il est force[1] que l'on descende, la Fortune n'étant pas d'humeur à laisser reposer sa roue[2]. Elle est femme, et Psyché l'étoit aussi, c'est-à-dire incapable de demeurer en un même état. Notre héroïne le fit bien voir par la suite.

Son mari, qui sentoit approcher ce moment fatal, ne la venoit plus visiter avec sa gaieté ordinaire. Cela fit craindre à la jeune épouse quelque refroidissement. Pour s'en éclaircir, comme nous voulons tout savoir, jusqu'aux choses qui nous déplaisent, elle dit à son époux : « D'où vient la tristesse que je remarque depuis quelque temps dans tous vos discours? Rien ne vous manque, et vous soupirez! que feriez-vous donc si vous étiez en ma place? N'est-ce point que vous commencez à vous dégoûter? En vérité, je le crains, non pas que je sois devenue moins belle; mais, comme vous dites vous-même, je suis plus vôtre que je n'étois. Seroit-il possible, après tant de cajoleries et de serments, que j'eusse perdu votre amour? Si ce malheur-là m'est arrivé, je ne veux plus vivre. »

A peine eut-elle achevé ces paroles, que le monstre fit un soupir[3], soit qu'il fût touché des choses qu'elle avoit dites, soit qu'il eût un pressentiment de ce qui devoit arriver. Il se mit ensuite à pleurer, mais fort tendrement[4]; puis, cédant à la douleur, il se laissa mollement aller sur le sein de la jeune épouse, qui, de son côté, pour mêler ses larmes avec celles de son

1. *Mazet*, vers 56 et note 2.
2. Tome III, p. 212 et note 6 :
    Introduirai-je un Roi qu'entre ses favoris
    Elle (*la Fortune*) respecte seul, Roi qui fixe sa roue, etc.
3. Page 53.
4. Dans *Richard Minutolo*, vers 180 :
    Elle se mit à pleurer tendrement.

mari, pencha doucement la tête ; de sorte que leurs bouches se rencontrèrent, et nos amants, n'ayant pas le courage de les séparer, demeurèrent longtemps sans rien dire.

Toutes ces circonstances sont déduites au long dans le manuscrit dont je vous ai parlé tantôt. Il faut que je vous l'avoue, je ne lis jamais cet endroit que je ne me sente ému.

« En effet, dit alors Gélaste, qui n'auroit pitié de ces pauvres gens ? Perdre la parole ! il faut croire que leurs bouches s'étoient bien malheureusement rencontrées : cela me semble tout à fait digne de compassion. — Vous en rirez tant qu'il vous plaira, reprit Polyphile ; mais, pour moi, je plains deux amants de qui les caresses sont mêlées de crainte et d'inquiétude. Si, dans une ville assiégée ou dans un vaisseau menacé de la tempête, deux personnes s'embrassoient ainsi, les tiendriez-vous heureuses ? — Oui vraiment, repartit Gélaste ; car en tout ce que vous dites-là le péril est encore bien éloigné. Mais, vu l'intérêt que vous prenez à la satisfaction de ces deux époux, et la pitié que vous avez d'eux, vous ne vous hâtez guère de les tirer de ce misérable état où vous les avez laissés : ils mourront si vous ne leur rendez la parole. — Rendons-la-leur donc, » continua Polyphile.

Au sortir de cette extase, la première chose que fit Psyché, ce fut de passer sa main sur les yeux de son époux, afin de sentir s'ils étoient humides ; car elle craignoit que ce ne fût feinte. Les ayant trouvés en bon état, et comme elle les demandoit, c'est-à-dire mouillés de larmes, elle condamna ses soupçons, et fit scrupule de démentir un témoignage de passion beaucoup plus certain que toutes les assurances de bouche, serments et autres. Cela lui fit attribuer le chagrin de son mari à quelque défaut de tempérament, ou bien à des choses qui ne la regardoient point. Quant à elle, après tant de preuves, la puissance de ses appas lui sembla trop bien établie, et le monstre, trop amoureux, pour faire qu'elle craignît aucun changement.

Lui, au contraire, auroit souhaité qu'elle appréhendât; car c'étoit l'unique moyen de la rendre sage, et de mettre un frein à sa curiosité. Il lui dit beaucoup de choses sur ce sujet, moitié sérieusement, et moitié avec raillerie; à quoi Psyché repartoit fort bien, et le mari déclamoit toujours contre les femmes trop curieuses.

« Que vous êtes étrange avec votre curiosité! lui dit son épouse. Est-ce vous désobliger que de souhaiter de vous voir, puisque vous dites vous-même que vous êtes si agréable? Hé bien! quand j'aurai tâché de me satisfaire, qu'en sera-t-il? — Je vous quitterai, dit le mari. — Et moi je vous retiendrai, repartit la belle. — Mais si j'ai juré par le Styx[1]? continua son époux. — Qui est-il, ce Styx? dit notre héroïne. Je vous demanderois volontiers s'il est plus puissant que ce qu'on appelle beauté[2]. Quand il le seroit, pourriez-vous souffrir que j'errasse par l'univers, et que Psyché se plaignît d'être abandonnée de son mari sur un prétexte de curiosité, et pour ne pas manquer de parole au Styx? Je ne vous puis croire si déraisonnable. Et le scandale, et la honte....

— Il paroît bien que vous ne me connoissez pas, repartit l'époux, de m'alléguer le scandale et la honte : ce sont choses dont je ne me mets guère en peine.

1. Livre VIII, fable xx, vers 45 et note 16.
2. La beauté, dont les traits même aux dieux sont si doux....
(*Adonis*, vers 97.)

Quant à vos plaintes, qui vous écoutera? et que direz-vous? Je voudrois bien que quelqu'un des dieux fût si téméraire que de vous accorder sa protection! Voyez-vous, Psyché, ceci n'est point une raillerie : je vous aime autant que l'on peut aimer; mais ne me comptez plus pour ami dès le moment que vous m'aurez vu. Je sais bien que vous n'en parlez que par raillerie, et non pas avec un véritable dessein de me causer un tel déplaisir; cependant j'ai sujet de craindre qu'on ne vous conseille de l'entreprendre. Ce ne seront pas les nymphes : elles n'ont garde de me trahir, ni de vous rendre ce mauvais office. Leur qualité de demi-déesses les empêche d'être envieuses; puis, je les tiens toutes par des engagements trop particuliers. Défiez-vous du dehors. Il y a déjà deux personnes au pied de ce mont qui vous viennent rendre visite. Vous et moi nous nous passerions fort bien de ce témoignage de bienveillance. Je les chasserois, car elles me choquent, si le Destin, qui est maître de toutes choses, me le permettoit. Je ne vous nommerai point ces personnes. Elles vous appellent de tous côtés. S'il arrive que le Destin porte leur voix jusqu'à vous, ce que je ne saurois empêcher, ne descendez pas, laissez-les crier, et qu'elles viennent comme elles pourront. »

Là-dessus il la quitta, sans vouloir lui dire quelles personnes c'étoient, quoique la belle promît avec grands serments de ne pas les aller trouver, et encore moins de les croire.

Voilà Psyché fort embarrassée, comme vous voyez. Deux curiosités à la fois! Y a-t-il femme qui y résistât? Elle épuisa sur ce dernier point tout ce qu'elle avoit de lumières et de conjectures. « Cette visite m'étonne, disoit-elle en se promenant un peu loin des nymphes. Ne seroit-ce point mes parents? Hélas! mon mari est bien cruel d'envier à deux personnes qui n'en peuvent plus la satisfaction de me voir! Si les bonnes gens[1] vivent encore, ils ne sauroient être fort éloignés du dernier moment de leur course[2]. Quelle consolation pour eux, que d'apprendre combien je suis pourvue richement, et si, avant que d'entrer dans la tombe, ils voyoient au moins un échantillon des douceurs et des avantages dont je jouis, afin d'en emporter quelque souvenir chez les morts! Mais si ce sont eux, pourquoi mon mari se met-il en peine? Ils ne m'ont jamais inspiré que l'obéissance. Vous verrez que ce sont mes sœurs. Il ne doit pas les appréhender. Les pauvres femmes n'ont autre soin que de contenter leurs maris. O dieux! je serois ravie de les mener en tous les endroits de ce beau séjour, et surtout de leur faire voir la comédie et ma garde-robe. Elles doivent avoir des enfants, si la mort ne les a privées, depuis mon départ, de ces doux fruits de leur mariage : qu'elles seroient aises de leur reporter mille menus affiquets[3] et joyaux de prix dont je ne tiens compte, et que les nymphes et moi nous foulons aux pieds, tant ce logis en est plein! »

Ainsi raisonnoit Psyché, sans qu'il lui fût possible d'asseoir aucun jugement certain sur ces deux personnes : il y avoit même des intervalles où elle croyoit que ce pouvoient être quelques-uns de ses amants. Dans cette pensée, elle disoit quelque peu plus bas : « Ne va point en prendre l'alarme, charmant époux! laisse-les venir : je te les sacrifierai de la plus cruelle manière dont jamais femme se soit avisée; et tu en auras le plaisir, fussent-ils enfants de roi. »

1. Ci-dessus, p. 53.
2. Dans le *Poëme de la captivité de saint Malc*, vers 182 :
Vous passez sans péché cette course mortelle.
3. *Le Calendrier des Vieillards*, vers 85 et note 5.

Ces réflexions furent interrompues par le Zéphyre, qu'elle vit venir à grands pas et fort échauffé. Il s'approcha d'elle avec le respect ordinaire, lui dit que ses sœurs étoient au pied de cette montagne; qu'elles avoient plusieurs fois traversé le petit bois[1] sans qu'il leur eût été possible de passer outre, les dragons les arrêtant avec grand'frayeur; qu'au reste c'étoit pitié que de les ouïr appeler; qu'elles n'avoient tantôt plus de voix, et que les échos n'étoient occupés qu'à répéter le nom de Psyché[2]. Le pauvre Zéphyre pensoit bien faire : son maître, qui avoit défendu aux nymphes de donner ce funeste avis, ne s'étoit pas souvenu de lui en parler.

Psyché le remercia agréablement, comme toutes choses[3], et lui dit qu'on auroit peut-être besoin de son ministère. Il ne fut pas sitôt retiré que la belle, mettant à part les menaces de son époux, ne songea plus qu'aux moyens d'obtenir de lui que ses sœurs seroient enlevées comme elle à la cime de ce rocher. Elle médita une harangue pour ce sujet, ne manqua pas de s'en servir, de bien prendre son temps, et d'entremêler le tout de caresses : faites votre compte qu'elle n'omit rien de ce qui pouvoit contribuer à sa perte. Je voudrois m'être souvenu des termes de cette harangue; vous y trouveriez une éloquence, non pas véritablement d'orateur, ni aussi[4] d'une personne qui n'auroit fait toute sa vie qu'écouter.

La belle représenta, entre autres choses, que son

1. Page 54 : « un bois assez agréable, mais qui n'étoit pas de longue étendue ».

2. Les échos de ces lieux n'ont plus d'autres emplois
Que celui d'enseigner le nom d'Aure à nos bois.
(*Les Filles de Minée*, vers 231-232.)

3. Ces trois mots ne sont pas dans 1729. — 4. Mais pas non plus.

bonheur seroit imparfait tant qu'il demeureroit inconnu. A quoi bon tant d'habits superbes? Il savoit très bien qu'elle avoit de quoi s'en passer[1]; s'il avoit cru à propos de lui en faire un présent, ce devoit être plutôt pour la montre[2] que pour le besoin. Pourquoi les raretés de ce séjour, si on ne lui permettoit de s'en faire honneur? car à son égard ce n'étoit plus raretés : l'émail des parterres[3], celui des prés, et celui des pierreries, commençoient à lui être égaux; leur différence ne dépendoit plus que des yeux d'autrui. Il ne falloit pas blâmer une ambition dont elle avoit pour exemple tout ce qu'il y a de plus grand au monde. Les rois se plaisent à étaler leurs richesses, et à se montrer quelquefois avec l'éclat et la gloire dont ils jouissent. Il n'est pas jusqu'à Jupiter qui n'en fasse autant. Quant à elle, cela lui étoit interdit, bien qu'elle en eût plus de besoin qu'aucun autre : car, après les paroles de l'oracle, quelle croyance pouvoit-on avoir de l'état de sa fortune? point d'autre, sinon qu'elle vivoit enfermée dans quelque repaire, où elle se nourrissoit de la proie que lui apportoit son mari, devenue compagne des ours[4] : pourvu qu'encore ce même mari eût attendu jusque-là à la dévorer. Qu'il avoit intérêt, pour son propre honneur, de détruire

1. .... Ayant peut-être en sa personne
De quoi négliger ce point-là.
(*La Fiancée*, vers 20-21.)

2. *Richard Minutolo*, vers 222 et note 1.
3. Tome VI, p. 242 et note 4.
4. Dans *le Paysan du Danube*, vers 67 :

Nous ne converrons plus qu'avec des ours affreux.

Voyez aussi *les Filles de Minée*, vers 483 : « concitoyen des ours »; et *les Tragiques* de d'Aubigné, p. 39 :

Ils cherchoient, quand l'humain leur refuse secours,
Les bauges des sangliers et les roches des ours.

cette croyance, et qu'elle lui en parloit beaucoup plus pour lui que pour elle; quoique, à dire la vérité, il lui fût fâcheux de passer pour un objet de pitié, après avoir été un objet d'envie. Et que savoit-elle si ses parents n'en étoient point morts, ou n'en mourroient point de douleur? Si ses sœurs l'aimoient, pourquoi leur laisser ce déplaisir? Et si elles avoient d'autres sentiments, y avoit-il un meilleur moyen de les punir que de les rendre témoins de sa gloire? C'est en substance ce que dit Psyché.

Son époux lui repartit : « Voilà les meilleures raisons du monde; mais elles ne me persuaderoient pas, s'il m'étoit libre d'y résister. Vous êtes tombée justement dans les trois défauts qui ont le plus accoutumé de nuire aux personnes de votre sexe, la curiosité, la vanité, et le trop d'esprit[1]. Je ne réponds pas à vos arguments, ils sont trop subtils; et puisque vous voulez votre perte, et que le Destin la veut aussi, je vas y mettre ordre, et commander au Zéphyre de vous apporter vos sœurs. Plût au Sort qu'il les laissât tomber en chemin!

— Non, non, reprit Psyché quelque peu piquée, puisque leur visite vous déplaît tant, ne vous en mettez plus en peine : je vous aime trop pour vous vouloir obliger à ces complaisances[2]. — Vous m'aimez trop?

---

1. Dans une lettre de notre auteur au prince de Conti du 18 août 1689 : « Dieu me garde....

De maîtresse ayant trop d'esprit. »

Comparez *le Faiseur d'oreilles*, vers 12-13 :

Alix étoit fort neuve sur ce point;
Le trop d'esprit ne l'incommodoit point.

2. Rapprochez la tragédie-ballet de *Psyché*, vers 1166 et suivants :

Mes volontés suivent les vôtres :
Je n'en saurois plus avoir d'autres;

repartit l'époux; vous, Psyché, vous m'aimez trop? et comment voulez-vous que je le croie?. Sachez que les vrais amants ne se soucient que de leur amour. Que le monde parle, raisonne, croie ce qu'il voudra; qu'on les plaigne, qu'on les envie, tout leur est égal, c'est-à-dire indifférent[1]. »

Psyché l'assura qu'elle étoit dans ces sentiments, mais il falloit pardonner quelque chose à sa jeunesse, outre l'amitié qu'elle avoit toujours eue pour ses sœurs; non qu'elle insistât davantage sur la liberté de les voir. En disant qu'elle ne la demandoit pas, ses caresses la demandoient, et l'obtinrent enfin. Son époux lui dit qu'elle possédât à son aise ces sœurs si chéries; qu'afin de lui en donner le loisir, il demeureroit quelques jours sans la venir voir. Et sur ce que notre héroïne lui demanda s'il trouveroit bon qu'elle les régalât de quelques présents[2] : « Non seulement elles, lui dit l'époux, mais leur famille, leur parenté. Divertissez-les comme il vous plaira; donnez-leur diamants et perles; donnez-leur tout, puisque tout vous appartient. C'est assez pour moi que vous vous gardiez de les croire. » Psyché le promit, et ne le tint pas.

Le monstre partit et quitta sa femme plus matin que de coutume : si bien qu'y ayant encore beaucoup de chemin à faire jusqu'à l'aurore, notre héroïne en acheva

> Mais votre oracle enfin vient de me séparer
> De deux sœurs et du Roi mon père, etc.

1. Ci-dessus, p. 85.
2. Voyez *la Fiancée*, vers 768-769 et note 3 :

> Les gens qui la suivoient furent tous régalés
> De beaux présents;

et ci-dessous, p. 172. — Dans *le Roman comique* (Ire partie, chapitre v) : « Destin fut régalé de l'habit d'un voleur qu'il avoit fait rouer depuis peu. »

une partie en rêvant à la visite qu'elle étoit prête de recevoir, une autre partie en dormant. Et à son lever elle fut toute étonnée que les nymphes lui amenèrent ses sœurs. La joie de Psyché ne fut pas moindre que sa surprise : elle en donna mille marques, mille baisers, que ses sœurs reçurent au moins mal qui leur fut possible, et avec toute la dissimulation dont elles se trouvèrent capables. Déjà l'envie s'étoit emparée du cœur de ces deux personnes. « Comment! on les avoit fait attendre que leur sœur fût éveillée! Étoit-elle d'un autre sang? avoit-elle plus de mérite que ses aînées? Leur cadette être une déesse, et elles de chétives reines! La moindre chambre de ce palais valoit dix royaumes comme ceux de leurs maris! Passe encore pour des richesses, mais de la divinité, c'étoit trop. Hé quoi! les mortelles n'étoient pas dignes de la servir! on voyoit une douzaine de nymphes à l'entour d'une toilette, à l'entour d'un brodequin : mais quel brodequin! qui valoit autant que tout ce qu'elles avoient coûté en habits depuis qu'elles étoient au monde. » C'est ce qui rouloit au cœur de ces femmes, ou pour mieux dire de ces furies : je ne devrois plus[1] les appeler autrement.

Cette première entrevue se passa pourtant comme il faut, grâces à la franchise de Psyché et à la dissimulation de ses sœurs. Leur cadette ne s'habilla qu'à demi, tant il tardoit à la belle de leur montrer sa béatitude! Elle commença par le point le plus important, c'est-à-dire par les habits, et par l'attirail que le sexe traîne après lui[2]. Il étoit rangé dans des magasins dont à peine on voyoit le bout : vous savez que cet attirail est une chose infinie. Là se rencontroit avec abondance ce qui contribue non seulement à la propreté, mais à la déli-

---

1. Pas. (1729.) — 2. L'attirail des coquettes : tome IV, p. 379.

LIVRE PREMIER. 89

catesse[1] : équipage de jour et de nuit, vases et baignoires d'or ciselé, instruments du luxe; laboratoires, non pour les fards : de quoi eussent-ils servi à Psyché? Puis l'usage en étoit alors inconnu. L'artifice et le mensonge ne régnoient pas comme ils font en ce siècle-ci. On n'avoit point encore vu de ces femmes qui ont trouvé le secret de devenir vieilles à vingt ans et de paroître jeunes à soixante[2], et qui, moyennant trois ou quatre boîtes, l'une d'embonpoint, l'autre de fraîcheur, et la troisième de vermillon, font subsister leurs charmes comme elles peuvent[3]. Certainement l'Amour leur est obligé de la peine qu'elles se donnent. Les laboratoires dont il s'agit n'étoient donc que pour les parfums : il y en avoit en eaux, en essences, en poudres, en pastilles, et en mille espèces dont je ne sais pas les noms, et qui n'en eurent possible jamais. Quand tout l'empire de Flore, avec les deux Arabies, et les lieux où naît le baume, seroient distillés, on n'en feroit pas un assortiment[4] de senteurs comme celui-là. Dans un autre endroit étoient des piles de joyaux, ornements et chaînes

---

1. *Joconde*, vers 41 et note 2; *la Mandragore*, vers 139.

2. O vous dont la blancheur est souvent empruntée! etc.
(*Saint Malc*, vers 169.)

3. Ci-dessous, p. 170. — Comparez Boileau, épître IX, vers 134-136 :

La coquette tendit ses lacs tous les matins;
Et, mettant la céruse et le plâtre en usage,
Composa de sa main les fleurs de son visage;

et satire X, vers 196-200 :

Si tu veux posséder ta Lucrèce à ton tour,
Attends, discret mari, que la belle en cornette
Le soir ait étalé son teint sur la toilette,
Et dans quatre mouchoirs, de sa beauté salis,
Envoie au blanchisseur ses roses et ses lis.

4. *La Servante justifiée*, vers 28.

de pierreries, bracelets, colliers, et autres machines qui se fabriquent à Cythère. On étala les filets de perles ; on déploya les habits chamarrés[1] de diamants : il y avoit de quoi armer un million de belles de toutes pièces. Non que Psyché ne se pût passer de ces choses, comme je l'ai déjà dit[2] ; elle n'étoit pas de ces conquérantes à qui il faut un peu d'aide : mais, pour la grandeur et pour la forme, son mari le vouloit ainsi.

Ses sœurs soupiroient à la vue de ces objets : c'étoient autant de serpents qui leur rongeoient l'âme. Au sortir de cet arsenal, elles furent menées dans les chambres, puis dans les jardins ; et partout elles avaloient un nouveau poison. Une des choses qui leur causa le plus de dépit fut qu'en leur présence notre héroïne ordonna aux zéphyrs de redoubler la fraîcheur ordinaire de ce séjour, de pénétrer jusqu'au fond des bois, d'avertir les rossignols qu'ils se tinssent prêts, et que ses sœurs se promèneroient sur le soir en un tel endroit. « Il ne lui reste, se dirent les sœurs à l'oreille, que de commander aux saisons et aux éléments. »

Cependant les nymphes n'étoient pas inutiles ; elles préparoient les autres plaisirs, chacune selon son office : celles-là les collations, celles-ci la symphonie ; d'autres les divertissements de théâtre. Psyché trouva bon que ces dernières missent son aventure en comédie. On y joua les plus considérables de ses amants, à l'exception du mari, qui ne parut point sur la scène : les nymphes étoient trop bien averties pour le donner à connoître. Mais, comme il falloit une conclusion à la

---

1. Dans *la Courtisane amoureuse*, vers 42-43 :

    Force brillants sur sa robe éclatoient,
    La chamarrure avec la broderie.

2. Elle l'a dit elle-même (p. 85).

pièce, et que cette conclusion ne pouvoit être autre qu'un mariage, on fit épouser la belle par ambassadeurs; et ces ambassadeurs furent les Jeux et les Ris : mais on ne nomma point le mari.

Ce fut le premier sujet qu'eurent les deux sœurs de douter des charmes de cet époux. Elles s'étoient malicieusement informées de ses qualités, s'imaginant que ce seroit un vieux roi, qui, ne pouvant mieux, amusoit sa femme avec des bijoux. Mais Psyché leur en avoit dit des merveilles; qu'il n'étoit guère plus âgé que la plus jeune d'entre elles deux; qu'il avoit la mine d'un Mars, et pourtant beaucoup de douceur en son procédé[1]; les traits de visage agréables; galant, surtout. Elles en seroient juges elles-mêmes, non de ce voyage : il étoit absent; les affaires de son État le retenoient en une province dont elle avoit oublié le nom; au reste, qu'elles se gardassent bien d'interpréter l'oracle à la lettre : ces qualités d'incendiaire et d'empoisonneur[2] n'étoient autre chose qu'une énigme qu'elle leur expliqueroit quelque jour, quand les affaires de son époux le lui permettroient.

Les deux sœurs écoutoient ces choses avec un chagrin qui alloit jusqu'au désespoir. Il fallut pourtant se contraindre pour leur honneur, et aussi pour se conserver quelque créance en l'esprit de leur cadette : cela leur étoit nécessaire dans le dessein qu'elles avoient. Les maudites femmes s'étoient proposé de tenter toutes sortes de moyens pour engager leur sœur à se perdre, soit en lui donnant de mauvaises impressions[3] de son mari, soit en renouvelant dans son âme le souvenir d'un de ses amants.

1. *La Courtisane amoureuse*, vers 136.
2. Page 71 et note 1.
3. *L'Abbesse*, vers 130.

Huit jours se passèrent en divertissements continuels, à toujours changer : nos envieuses se gardoient bien de demander deux fois une même chose; c'eût été faire plaisir à leur sœur, qui, de son côté, les accabloit de caresses. Moins elles avoient lieu de s'ennuyer, et plus elles s'ennuyoient. Elles auroient pris congé dès le second jour, sans la curiosité de voir ce mari, qu'elles ne croyoient ni si beau ni si aimable que disoit Psyché. Beaucoup de raisons le leur faisoient juger de la sorte : premièrement les paroles de l'oracle; cette prétendue absence, qui se rencontroit justement dans le temps de leur visite; cette province dont Psyché avoit oublié le nom; l'embarras où elle étoit en parlant de son mari : elle n'en parloit qu'en hésitant, étant trop bien née et trop jeune pour pouvoir mentir avec assurance. Ses sœurs faisoient leur profit de tout. L'envie leur ouvroit les yeux : c'est un démon qui ne laisse rien échapper, et qui tire conséquence de toutes choses, aussi bien que la jalousie.

Au bout des huit jours, Psyché congédia ses aînées avec force dons et prières de revenir : qu'on ne les feroit plus attendre comme on avoit fait; qu'elle tâcheroit d'obtenir de son mari que les dragons fussent enchaînés; qu'aussitôt qu'elles seroient arrivées au pied du rocher, on les enlèveroit au sommet, soit le Zéphyre en personne, soit son haleine : elles n'auroient qu'à s'abandonner dans les airs. Les présents que leur fit Psyché furent des essences et des pierreries, force raretés à leurs maris, toutes sortes de jouets à leurs enfants; quant aux personnes dont la belle tenoit le jour, deux fioles d'un élixir capable de rajeunir la vieillesse même.

Les deux sœurs parties, et le mari revenu, Psyché lui conta tout ce qui s'étoit passé, et le reçut avec les

caresses que l'absence a coutume de produire entre
nouveaux mariés, si bien que le monstre, ne trouvant
point l'amour de sa femme diminuée ni sa curiosité
accrue, se mit en l'esprit qu'en vain il craignoit ces[1]
sœurs, et se laissa tellement persuader qu'il agréa leurs
visites, et donna les mains[2] à tout ce que voulut sa
femme sur ce sujet.

Les sœurs ne trouvèrent pas à propos de révéler ces
merveilles; c'eût été contribuer elles-mêmes à la gloire
de leur cadette. Elles dirent que leur voyage avoit été
inutile, qu'elles n'avoient point vu Psyché, mais qu'elles
espéroient la voir par le moyen d'un jeune homme appelé Zéphyre, qui tournoit sans cesse à l'entour du roc,
et qu'elles gagneroient infailliblement, pourvu qu'elles
s'en voulussent donner la peine.

Quand elles étoient seules, et qu'on ne pouvoit les
entendre, elles se plaignoient l'une à l'autre de la félicité de leur sœur[3].

« Si son mari, disoit l'une, est aussi bien fait qu'il
est riche, notre cadette se peut vanter que l'épouse de
Jupiter n'est pas si heureuse qu'elle. Pourquoi le Sort
lui a-t-il donné tant d'avantage sur nous? Méritions-nous moins que cette jeune étourdie? et n'avions-nous
pas autant de beauté et plus d'esprit qu'elle? — Je
voudrois que vous sussiez, disoit l'autre, quelle sorte
de mari j'ai épousé : il a toujours une douzaine de médecins à l'entour de sa personne[4]. Je ne sais comme il
ne les fait point coucher avec lui : car, pour me faire

---

1. Ses. (1729.) — 2. *La Mandragore*, vers 205.

3. *En orba et sæva et iniqua fortuna! Hoccine tibi complacuit ut utroque parente prognatæ, diversam sortem sustineremus?* etc. (Apulée, ibidem.) — Cet entretien des deux sœurs jalouses fait la 1re scène du IVe acte de la *Psyché* de Corneille et Molière.

4. Il est bien difficile, en lisant cette phrase, de ne pas songer à Louis XIV.

cet honneur, cela ne lui arrive que rarement[1], et par des considérations d'État; encore faut-il qu'Esculape le lui conseille. — Ma condition, continuoit la première, est pire que tout cela; car non seulement mon mari me prive des caresses qui me sont dues, mais il en fait part à d'autres personnes. Si votre époux a une douzaine de médecins à l'entour de lui, je puis dire que le mien a deux fois autant de maîtresses, qui toutes, grâces à Lucine, ont le don de fécondité. La famille royale est tantôt[2] si ample[3] qu'il y auroit de quoi faire une colonie très considérable. » C'est ainsi que nos envieuses se confirmoient dans leur mécontentement et dans leur dessein.

Un mois étoit à peine écoulé qu'elles proposèrent un second voyage. Les parents l'approuvèrent fort; les maris ne le désapprouvèrent pas : c'étoit autant de temps passé sans leurs femmes. Elles partent donc, laissent leur train[4] à l'entrée du bois, arrivent au pied du rocher sans obstacle et sans dragons. Le Zéphyre ne parut point, et ne laissa pas de les enlever.

> Ce méchant couple amenoit avec lui
> La curieuse et misérable Envie,
> Pâle démon, que le bonheur d'autrui
> Nourrit de fiel et de mélancolie.

Cela ne les rendit pas plus pesantes; au contraire, la maigreur étant inséparable de l'envie, la charge n'en fut que moindre, et elles se trouvèrent en peu d'heures

---

1. Rapprochez *le Calendrier des Vieillards*, vers 39 et suivants.
2. Bientôt : ci-dessus, p. 84.
3. Ce passage semblerait également très bien s'appliquer au grand Roi; mais rappelons qu'à cette date Lucine n'avait encore favorisé d'autre maîtresse royale que la Vallière : voyez notre tome I, p. xcvii.
4. Tome V, p. 270 et note 5.

dans le palais de leur sœur. On les y reçut si bien que leur déplaisir en augmenta de moitié.

Psyché, s'entretenant avec elles, ne se souvint pas de la manière dont elle leur avoit peint son mari la première fois[1]; et, par un défaut de mémoire où tombent ordinairement ceux qui ne disent pas la vérité, elle le fit de moitié plus jeune, d'une beauté délicate, et non plus un Mars, mais un Adonis qui ne feroit que sortir de page.

Les sœurs, étonnées de ces contradictions, ne surent d'abord qu'en juger. Tantôt elles soupçonnoient leur sœur de se railler d'elles, tantôt de leur déguiser les défauts de son mari. A la fin elles la tournèrent de tant de côtés que la pauvre épouse avoua la chose comme elle étoit[2]. Ce fut aussitôt de[3] lui glisser leur venin; mais d'une manière que Psyché ne s'en pût apercevoir. « Toute honnête femme, lui dirent-elles, se doit contenter du mari que les dieux lui ont donné, quel qu'il puisse être, et ne pas pénétrer plus avant qu'il ne plaît à ce mari. Si c'étoit toutefois un monstre que vous eussiez épousé, nous vous plaindrions; d'autant plus que vous pouvez en devenir grosse; et quel déplaisir de mettre au jour des enfants que le jour n'éclaire qu'avec horreur, et qui vous font rougir vous et la nature! — Hélas! dit la belle avec un soupir, je n'avois pas encore fait de réflexion là-dessus. » Ses sœurs, lui ayant allégué de méchantes raisons pour ne s'en pas soucier, se séparèrent un peu d'elle, afin de laisser agir leur venin.

Quand elle fut seule, toutes ses craintes, tous ses

---

1. Ci-dessus, p. 91.
2.   Elle fait tant, tourne tant son amie
    Que celle-ci lui déclare le tout.
    (*Comment l'esprit vient aux filles*, vers 107-108.)
3. Et elles aussitôt de, etc.

soupçons, lui revinrent dans la pensée. « Ah! mes sœurs, s'écria-t-elle, en quelle peine vous m'avez mise! les personnes riches souhaitent d'avoir des enfants : moi qui ne suis entourée que de pierreries, il faut que je fasse des vœux au contraire[1]. C'est être bien malheureuse que de posséder tant de trésors et appréhender la fécondité! »

Elle demeura quelque temps comme ensevelie dans cette pensée, puis recommença avec plus de véhémence qu'auparavant. « Quoi! Psyché peuplera de monstres tout l'univers! Psyché, à qui l'on a dit tant de fois qu'elle le peupleroit d'Amours et de Grâces! Non, non; je mourrai plutôt que de m'exposer davantage à un tel hasard. En arrive ce qui pourra, je veux m'éclaircir ; et si je trouve que mon mari soit tel que je l'appréhende, il peut bien se pourvoir de femme; je ne voudrois pas l'être un seul moment du plus riche monstre de la nature. »

Nos deux furies, qui ne s'étoient pas tant éloignées qu'elles ne pussent voir l'effet du poison, entendirent plus d'à demi ces paroles, et se rapprochèrent. Psyché leur déclara naïvement la résolution qu'elle avoit prise. Pour fortifier ce sentiment, les deux sœurs le combattirent; et, non contentes de le combattre, elles firent encore mille façons propres à augmenter la curiosité et l'inquiétude : elles se parloient à l'oreille, haussoient les épaules, jetoient des regards de pitié sur leur sœur.

La pauvre épouse ne put résister à tout cela. Elle les pressa à la fin d'une telle sorte, qu'après un nombre infini de précautions, elles lui dirent tout bas : « Nous voulons bien vous avertir que nous avons vu sur le point du jour un dragon dans l'air. Il voloit avec assez de

---

1. Des vœux contraires, que je souhaite tout le contraire.

peine, appuyé sur le Zéphyre, qui voloit aussi à côté de lui. Le Zéphyre l'a soutenu jusqu'à l'entrée d'une caverne effroyable; là le dragon l'a congédié, et s'est étendu sur le sable. Comme nous n'étions pas loin, nous l'avons vu se repaître de toutes sortes d'insectes[1]: vous savez que les avenues de ce palais en fourmillent. Après ce repas et un sifflement, il s'est traîné sur le ventre dans la caverne. Nous, qui étions étonnées et toutes tremblantes, nous nous sommes éloignées de cet endroit avec le moins de bruit que nous avons pu, et avons fait le tour du rocher, de peur que le dragon ne nous entendît lorsque nous vous appellerions. Nous vous avons même appelée moins haut que nous n'avions fait à la précédente visite. Aux premiers accents de notre voix, une douce haleine est venue nous enlever, sans que le Zéphyre ait paru. »

C'étoit mensonge que tout cela; cependant Psyché y ajouta foi : les personnes qui sont en peine croient volontiers ce qu'elles appréhendent. De ce moment-là notre héroïne cessa de goûter sa béatitude[2], et n'eut en l'esprit qu'un dragon imaginaire dont la pensée ne la quitta point. C'étoit, à son compte, ce digne époux que les dieux lui avoient donné, avec qui elle avoit eu des conversations si touchantes, passé des heures si agréables, goûté de si doux plaisirs. Elle ne trouvoit plus étrange qu'il appréhendât d'être vu : c'étoit judicieusement fait à lui. Il y avoit pourtant des moments où notre héroïne doutoit. Les paroles de l'oracle ne lui sembloient nullement convenir à la peinture de ce dragon. Mais voici comme elle accordoit l'un et l'autre : « Mon mari est un démon ou bien un magicien qui se fait tantôt dragon, tantôt loup, tantôt empoisonneur et

1. Ci-dessous, p. 122 et note 2.
2. Ci-dessus, p. 88, -et *passim*.

J. DE LA FONTAINE. VIII

incendiaire, mais toujours monstre. Il me fascine les yeux, et me fait accroire que je suis dans un palais, servie par des nymphes, environnée de magnificence, que j'entends des musiques, que je vois des comédies; et tout cela, songe : il n'y a rien de réel, sinon que je couche aux côtés d'un monstre ou de quelque magicien; l'un ne vaut pas mieux que l'autre. »

Le désespoir de Psyché passa si avant que ses sœurs eurent tout sujet d'en être contentes; ce que ces misérables femmes se gardèrent bien de témoigner. Au contraire, elles firent les affligées : elles prirent même à tâche de consoler leur cadette, c'est-à-dire de l'attrister encore davantage, et lui faire voir que, puisqu'elle avoit besoin qu'on la consolât, elle étoit véritablement malheureuse. Notre héroïne, ingénieuse à se tourmenter, fit ce qu'elle put pour les satisfaire. Mille pensées lui vinrent en l'esprit, et autant de résolutions différentes, dont la moins funeste étoit d'avancer ses jours, sans essayer de voir son mari. « Je m'en irai, disoit-elle, parmi les morts, avec cette satisfaction que de m'être fait violence pour lui complaire. » La curiosité fut toutefois la plus forte, outre le dépit d'avoir servi aux plaisirs d'un monstre. Comment se montrer après cela[1]? Il falloit sortir du monde, mais il en falloit sortir par une voie honorable : c'étoit de tuer celui qui se trouveroit avoir abusé de sa beauté, et se tuer elle-même après.

Psyché ne se put rien imaginer de plus à propos ni de plus expédient; elle en demeura donc là. Il ne restoit plus que de trouver les moyens de l'exécuter; c'est où la difficulté consistoit : car, premièrement, de voir son mari, il ne se pouvoit; on emportoit les flambeaux dès

1. A son amant peut-elle se montrer
   Après cela?
   (*La Mandragore*, vers 273-274.)

qu'elle étoit dans le lit; de le tuer, encore moins; il n'y avoit en ce séjour bienheureux ni poison, ni poignard, ni autre instrument de vengeance et de désespoir. Nos envieuses y pourvurent, et promirent à la pauvre épouse de lui apporter au plus tôt une lampe et un poignard : elle cacheroit l'un et l'autre jusqu'à l'heure que le Sommeil se rendoit maître de ce palais, et tenoit charmés le monstre et les nymphes; car c'étoit un des plaisirs de ce beau séjour que de bien dormir. Dans ce dessein les deux sœurs partirent.

Pendant leur absence, Psyché eut grand soin de s'affliger, et encore plus grand soin de dissimuler son affliction. Tous les artifices dont les femmes ont coutume de se servir quand elles veulent tromper leurs maris furent employés par la belle : ce n'étoient qu'embrassements et caresses, complaisances perpétuelles, protestations et serments de ne point aller contre le vouloir de son cher époux; on n'y omit rien, non seulement envers le mari, mais envers les nymphes : les plus clairvoyantes y furent trompées. Que si elle se trouvoit seule, l'inquiétude la reprenoit. Tantôt elle avoit peine à s'imaginer qu'un mari qu'à toutes sortes de marques elle avoit sujet de croire jeune et bien fait, qui avoit la peau et l'humeur si douces, le ton de voix si agréable, la conversation si charmante; qu'un mari qui aimoit sa femme et qui la traitoit comme une maîtresse[1]; qu'un mari, dis-je, qui étoit servi par des nymphes, et qui traînoit à sa suite tous les plaisirs, fût quelque magicien ou quelque dragon. Ce que la belle avoit trouvé si délicieux au toucher, et si digne de ses baisers, étoit donc la peau d'un serpent! Jamais femme s'étoit-elle trompée de la sorte? D'autres fois elle se remettoit en mémoire

---

1. Ci-dessus, p. 72 et note 2.

la pompe funèbre qui avoit servi de cérémonie à son mariage[1], les horribles hôtes de ce rocher, surtout le dragon qu'avoient vu ses sœurs, et qui, étant soutenu par le Zéphyre, ne pouvoit être autre que son mari. Cette dernière pensée l'emportoit toujours sur les autres, soit par une fatalité particulière, soit à cause que c'étoit la pire, et que notre esprit va naturellement là.

Au bout de cinq ou six jours les deux sœurs revinrent. Elles s'étoient abandonnées dans les airs comme si elles eussent voulu se laisser tomber. Un souffle agréable les avoit incontinent enlevées et portées au sommet du roc. Psyché leur demanda dès l'abord où étoient la lampe et le poignard.

> « Les voici, dit ce couple : et nous vous assurons
> De la clarté que fait la lampe ;
> Pour le poignard, il est des bons,
> Bien affilé, de bonne trempe ;
> Comme nous vous aimons, et ne négligeons rien
> Quand il s'agit de votre bien,
> Nous avons eu le soin d'empoisonner la lame :
> Tenez-vous sûre de ses coups ;
> C'est fait du monstre votre époux
> Pour peu que ce poignard l'entame. »
> A ces mots un trait de pitié
> Toucha le cœur de notre belle.
> « Je vous rends grâce, leur dit-elle,
> De tant de marques d'amitié. »

Psyché leur dit ces paroles assez froidement, ce qui leur fit craindre qu'elle n'eût changé d'avis ; mais elles reconnurent bientôt que l'esprit de leur cadette étoit toujours dans la même assiette, et que ce sentiment de pitié, dont elle n'avoit pas été la maîtresse, étoit ordinaire à ceux qui sont sur le point de faire du mal à quelqu'un.

1. Page 53.

Quand nos deux furies eurent mis leur sœur en train de se perdre, elles la quittèrent, et ne firent pas long séjour aux environs de cette montagne.

Le mari vint sur le soir, avec une mélancolie extraordinaire, et qui lui devoit être un pressentiment de ce qui se préparoit contre lui : mais les caresses de sa femme le rassurèrent. Il se coucha donc, et s'abandonna au sommeil aussitôt qu'il fut couché.

Voilà Psyché bien embarrassée. Comme on ne connoît l'importance d'une action que quand on est près de l'exécuter, elle envisagea la sienne dans ce moment-là avec ses suites les plus fâcheuses, et se trouva combattue de je ne sais combien de passions aussi contraires que violentes. L'appréhension, le dépit, la pitié, la colère, et le désespoir, la curiosité principalement, tout ce qui porte à commettre quelque forfait, et tout ce qui en détourne, s'empara du cœur de notre héroïne, et en fit la scène de cent agitations différentes. Chaque passion la tiroit à soi. Il fallut pourtant se déterminer. Ce fut en faveur de la curiosité que la belle se déclara : car, pour la colère, il lui fut impossible de l'écouter, quand elle songea qu'elle alloit tuer son mari. On n'en vient jamais à une telle extrémité sans de grands scrupules, et sans avoir beaucoup à combattre. Qu'on fasse telle mine que l'on voudra, qu'on se querelle, qu'on se sépare, qu'on proteste de se haïr, il reste toujours un levain d'amour entre deux personnes qui ont été unies si étroitement.

Ces difficultés arrêtèrent la pauvre épouse quelque peu de temps. Elle les franchit à la fin, se leva sans bruit, prit le poignard et la lampe qu'elle avoit cachés, s'en alla le plus doucement qu'il lui fut possible vers l'endroit du lit où le monstre s'étoit couché, avançant un pied, puis un autre, et prenant bien garde à les poser

par mesure, comme si elle eût marché sur des pointes
de diamants. Elle retenoit jusqu'à son haleine, et craignoit presque que ses pensées ne la décelassent. Il s'en
fallut peu qu'elle ne priât son ombre de ne point faire
de bruit en l'accompagnant.

    À pas tremblants et suspendus,
    Elle arrive enfin où repose
    Son époux aux bras étendus,
    Époux plus beau qu'aucune chose.
C'étoit aussi[1] l'Amour : son teint, par sa fraîcheur,
  Par son éclat, par sa blancheur,
Rendoit le lis jaloux, faisoit honte à la rose[2].
    Avant que de parler du teint,
    Je devois vous avoir dépeint,
    Pour aller par ordre en l'affaire,
La posture du dieu. Son col étoit penché :
C'est ainsi que le Somme en sa grotte est couché;
    Ce qu'il ne falloit pas vous taire.
Ses bras à demi nus étaloient des appas[3],
    Non d'un Hercule, ou d'un Atlas,
    D'un Pan, d'un Sylvain, ou d'un Faune,
    Ni même ceux d'une Amazone;
Mais ceux d'une Vénus à l'âge de vingt ans.
    Ses cheveux épars et flottants,
    Et que les mains de la Nature
    Avoient frisés à l'aventure,
    Celles de Flore parfumés,
Cachoient quelques attraits dignes d'être estimés;
Mais Psyché n'en étoit qu'à prendre plus facile :
Car, pour un qu'ils cachoient, elle en soupçonnoit mille;
    Leurs anneaux, leurs boucles, leurs nœuds,

---

1. C'est qu'aussi c'était.
2. Dans *le Fleuve Scamandre*, vers 57-58 et note 3 :

  La belle enfin découvre un pied dont la blancheur
    Auroit fait honte à Galatée.

3. *Adonis*, vers 530 et note 5.

LIVRE PREMIER.

> Tour à tour de Psyché reçurent tous des vœux ;
> Chacun eut part à son hommage.
> Une chose nuisit pourtant à ces cheveux :
> Ce fut la beauté du visage.
> Que vous en dirai-je? et comment
> En parler assez dignement?
> Suppléez à mon impuissance :
> Je ne vous aurois d'aujourd'hui
> Dépeint les beautés de celui
> Qui des beautés a l'intendance.
> Que dirois-je des traits où les Ris sont logés?
> De ceux que les Amours ont entre eux partagés?
> Des yeux aux brillantes merveilles,
> Qui sont les portes du desir;
> Et surtout des lèvres vermeilles,
> Qui sont les sources du plaisir[1]?

Psyché demeura comme transportée à l'aspect de son époux. Dès l'abord elle jugea bien que c'étoit l'Amour; car quel autre dieu lui auroit paru si agréable?

Ce que la beauté, la jeunesse, le divin charme qui communique à ces choses le don de plaire, ce qu'une personne faite à plaisir peut causer aux yeux de volupté, et de ravissement à l'esprit, Cupidon en ce moment-là le fit sentir à notre héroïne. Il dormoit à la manière d'un dieu, c'est-à-dire profondément, penché nonchalamment sur un oreiller, un bras sur sa tête, l'autre bras tombant sur les bords du lit, couvert à demi d'un voile de gaze, ainsi que sa mère en use, et les nymphes aussi, et quelquefois les bergères.

---

1. *Videt capitis aurei genialem cæsariem ambrosia temulentam, cervices lacteas, genasque purpureas pererrantes crinium globos, decoriter impeditos, alios antependulos, alios retropendulos : quorum splendore nimio fulgurante, jam et ipsum lumen lucernæ vacillabat. Per humeros volatilis dei pinnæ roscidæ micanti flore candicant; et quamvis alis quiescentibus, extimæ plumulæ tenellæ, ac delicatæ tremule resultantes, inquiete lasciviunt. Cæterum corpus glabellum, atque luculentum, et quale peperisse Venerem non pœniteret.* (APULÉE, *ibidem*.)

La joie de Psyché fut grande, si l'on doit appeler joie ce qui est proprement extase : encore ce mot est-il foible, et n'exprime pas la moindre partie du plaisir que reçut la belle. Elle bénit mille fois le défaut du sexe, se sut très bon gré d'être curieuse, bien fâchée de n'avoir pas contrevenu dès le premier jour aux défenses qu'on lui avoit faites, et à ses serments. Il n'y avoit pas d'apparence, selon son sens, qu'il en dût arriver de mal; au contraire, cela étoit bien, et justifioit les caresses que jusque-là elle avoit cru faire à un monstre. La pauvre femme se repentoit de ne lui en avoir pas fait davantage : elle étoit honteuse de son peu d'amour, toute prête de réparer cette faute si son mari le souhaitoit, quand même il ne le souhaiteroit pas.

Ce ne fut pas à elle peu de retenue de ne point jeter et lampe et poignard pour s'abandonner à son transport. Véritablement le poignard lui tomba des mains, mais la lampe non : elle en avoit trop affaire, et n'avoit pas encore vu tout ce qu'il y avoit à voir. Une telle commodité ne se rencontroit pas tous les jours; il s'en falloit donc servir : c'est ce qu'elle fit, sollicitée de faire cesser son plaisir par son plaisir même. Tantôt la bouche de son mari lui demandoit un baiser, et tantôt ses yeux, mais la crainte de l'éveiller l'arrêtoit tout court. Elle avoit de la peine à croire ce qu'elle voyoit, se passoit la main sur les yeux, craignant que ce ne fût songe et illusion; puis recommençoit à considérer son mari. « Dieux immortels! dit-elle en soi-même, est-ce ainsi que sont faits les monstres? Comment donc est fait ce que l'on appelle Amour? Que tu es heureuse, Psyché! Ah! divin époux! pourquoi m'as-tu refusé si longtemps la connoissance de ce bonheur? Craignois-tu que je n'en mourusse de joie? Étoit-ce pour plaire à ta mère ou à quelqu'une de tes maîtresses? car tu es trop beau pour

ne faire le personnage que de mari. Quoi ! je t'ai voulu
tuer ! quoi ! cette pensée m'est venue ! O dieux ! je
frémis d'horreur à ce souvenir. Suffisoit-il pas, cruelle
Psyché, d'exercer ta rage contre toi seule? L'univers
n'y eût rien perdu ; et sans ton époux que deviendroit-il ?
Folle que je suis ! mon mari est immortel : il n'a pas
tenu à moi qu'il ne le fût point. »

Après ces réflexions, il lui prit envie de regarder de
plus près celui qu'elle n'avoit déjà que trop vu. Elle
pencha quelque peu l'instrument fatal qui l'avoit jusque-
là servie si utilement. Il en tomba sur la cuisse de son
époux une goutte d'huile enflammée. La douleur éveilla
le dieu. Il vit la pauvre Psyché qui, toute confuse, tenoit
sa lampe ; et, ce qui fut de plus malheureux, il vit aussi
le poignard tombé près de lui.

Dispensez-moi de vous raconter le reste : vous seriez
touchés de trop de pitié au récit que je vous ferois.

> Là finit de Psyché le bonheur et la gloire[1],
> Et là votre plaisir pourroit cesser aussi.
> Ce n'est pas mon talent d'achever une histoire
>   Qui se termine ainsi.

« Ne laissez pas de continuer, dit Acante, puisque
vous nous l'avez promis : peut-être aurez-vous mieux
réussi que vous ne croyez. — Quand cela seroit, reprit
Polyphile, quelle satisfaction aurez-vous? Vous verrez
souffrir une belle ; et en pleurerez, pour peu que j'y
contribue. — Eh bien ! repartit Acante, nous pleurerons.
Voilà un grand mal pour nous ! les héros de l'antiquité
pleuroient bien. Que cela ne vous empêche pas de
continuer. La compassion a aussi ses charmes, qui ne

---

1. *Adonis*, vers 216 et note 7.

— De grâce, apprenez-moi tout l'excès de ma gloire.
(*Psyché*, tragédie-ballet, vers 1519.)

sont pas moindres que ceux du rire; je tiens même qu'ils sont plus grands, et crois qu'Ariste est de mon avis. Soyez si tendre et si émouvant que vous voudrez, nous ne vous en écouterons tous deux que plus volontiers.

— Et moi, dit Gélaste, que deviendrai-je? Dieu m'a fait la grâce de me donner des oreilles aussi bien qu'à vous. Quand Polyphile les consulteroit, et qu'il ne feroit pas tant le pathétique, la chose n'en iroit que mieux, vu la manière d'écrire qu'il a choisie. »

Le sentiment de Gélaste fut approuvé. Et Ariste, qui s'étoit tu jusque-là, dit en se tournant vers Polyphile : « Je voudrois que vous me pussiez attendrir le cœur par le récit des aventures de votre belle; je lui donnerois des larmes avec le plus grand plaisir du monde. La pitié est celui des mouvements du discours qui me plaît le plus : je le préfère de bien loin aux autres. Mais ne vous contraignez point pour cela : il est bon de s'accommoder à son sujet; mais il est encore meilleur de s'accommoder à son génie. C'est pourquoi suivez le conseil que vous a donné Gélaste.

— Il faut bien que je le suive, continua Polyphile : comment ferois-je autrement? J'ai déjà mêlé malgré moi de la gaîté parmi les endroits les plus sérieux de cette histoire ; je ne vous assure pas que tantôt je n'en mêle aussi parmi les plus tristes. C'est un défaut dont je ne me saurois corriger, quelque peine que j'y apporte[1].

— Défaut pour défaut, dit Gélaste, j'aime beaucoup mieux qu'on me fasse rire quand je dois pleurer, que si l'on me faisoit pleurer lorsque je dois rire. C'est pourquoi, encore une fois, continuez comme vous avez commencé.

---

1. Ci-dessus, p. 20-21.

— Laissons-lui reprendre haleine auparavant, dit Acante; le grand chaud étant passé, rien ne nous empêche de sortir d'ici, et de voir en nous promenant les endroits les plus agréables de ce jardin. Bien que nous les ayons vus plusieurs fois, je ne laisse pas d'en être touché, et crois qu'Ariste et Polyphile le sont aussi. Quant à Gélaste, il aimeroit mieux employer son temps autour de quelque Psyché que de converser avec des arbres et des fontaines. On pourra tantôt le satisfaire : nous nous assoirons sur l'herbe menue pour écouter Polyphile, et plaindrons les peines et les infortunes de son héroïne avec une tendresse d'autant plus grande que la présence de ces objets nous remplira l'âme d'une douce mélancolie. Quand le Soleil nous verra pleurer, ce ne sera pas un grand mal : il en voit bien d'autres par l'univers qui en font autant, non pour le malheur d'autrui, mais pour le leur propre. » Acante fut cru, et on se leva.

Au sortir de cet endroit, ils firent cinq ou six[1] pas sans rien dire. Gélaste, ennuyé de ce long silence, l'interrompit; et fronçant un peu son sourcil : « Je vous ai, dit-il, tantôt laissés mettre le plaisir du rire après celui de pleurer; trouverez-vous bon que je vous guérisse de cette erreur? Vous savez que le rire est ami de l'homme[2], et le mien particulier; m'avez-vous cru capable d'abandonner sa défense sans vous contredire le moins du monde? — Hélas! non, repartit Acante; car, quand il n'y auroit que le plaisir de contredire, vous le trouvez assez grand pour nous engager en une très longue et très opiniâtre dispute. »

1. Cinq ou six cents. (1729.)
2. Mieulx est de ris que de larmes escrire,
 Pour ce que rire est le propre de l'homme.
  (RABELAIS, aux Lecteurs, tome I, p. 2.)

Ces paroles, à quoi Gélaste ne s'attendoit point, et qui firent faire un petit éclat de risée[1], l'interdirent un peu. Il en revint aussitôt. « Vous croyez, dit-il, vous sauver par là; c'est l'ordinaire de ceux qui ont tort, et qui connoissent leur foible, de chercher des fuites : mais évitez tant que vous voudrez le combat, si faut-il que vous m'avouiez que votre proposition est absurde, et qu'il vaut mieux rire que pleurer.

— A le prendre en général comme vous faites, poursuivit Ariste, cela est vrai; mais vous falsifiez notre texte. Nous vous disons seulement que la pitié est celui des mouvements du discours que nous tenons le plus noble, le plus excellent si vous voulez : je passe encore outre, et le maintiens le plus agréable : voyez la hardiesse de ce paradoxe !

— O dieux immortels ! s'écria Gélaste, y a-t-il des gens assez fous au monde pour soutenir une opinion si extravagante ? Je ne dis pas que Sophocle et Euripide ne me divertissent pas davantage que quantité de faiseurs de comédies; mais mettez les choses en pareil degré d'excellence, quitterez-vous le plaisir de voir attraper deux vieillards par un drôle comme Phormion[2], pour aller pleurer avec la famille du roi Priam ? — Oui, encore un coup, je le quitterai, dit Ariste. — Et vous aimerez mieux, ajouta Gélaste, écouter Sylvandre faisant des plaintes, que d'entendre Hylas entretenant agréablement ses maîtresses[3]? — C'est un autre point, poursuivit Ariste; mettez les choses, comme vous dites, en pareil degré d'excellence, je vous répondrai là-

1. Dans *le roi Candaule*, vers 339 : « grand éclat de risée ».
2. C'est, on le sait, le nom d'une comédie de Térence, et du principal personnage, un parasite, qui s'entend avec un esclave fripon pour duper deux vieillards.
3. Rapprochez la tragédie de notre auteur intitulée *Astrée*, vers 201 et suivants (tome VII, p. 522).

dessus : Sylvandre, après tout, pourroit faire de telles plaintes, que vous les préféreriez vous-même aux bons mots d'Hylas[1].

— Aux bons mots d'Hylas! repartit Gélaste : pensez-vous bien à ce que vous dites? Savez-vous quel homme c'est que l'Hylas de qui nous parlons? C'est le véritable héros d'Astrée[2] : c'est un homme plus nécessaire dans le roman qu'une douzaine de Céladons[3]. — Avec cela, dit Ariste, s'il y en avoit deux, ils vous ennuieroient; et les autres, en quelque nombre qu'ils soient, ne vous ennuient point. Mais nous ne faisons qu'insister l'un et l'autre pour notre avis, sans en apporter d'autre fondement que notre avis même. Ce n'est pas là le moyen de terminer la dispute, ni de découvrir qui a tort ou qui a raison.

— Cela me fait souvenir, dit Acante, de certaines gens dont les disputes se passent entières à nier et à soutenir, et point d'autre preuve. Vous en allez avoir une pareille si vous ne vous y prenez d'autre sorte.

— C'est à quoi il faut remédier, dit Ariste; cette matière en vaut bien la peine, et nous peut fournir beaucoup de choses dignes d'être examinées. Mais, comme elles mériteroient plus de temps que nous n'en avons, je suis d'avis de ne toucher que le principal, et qu'après nous réduisions la dispute au jugement qu'on doit faire de l'ouvrage de Polyphile, afin de ne pas sortir entièrement du sujet pour lequel nous nous rencontrons ici. Voyons seulement qui établira le premier son opinion. Comme Gélaste est l'agresseur, il seroit juste

1. Voyez le roman de *l'Astrée*, Ire partie, livre 1, tome I, p. 35 (Paris, 1633, in-8°).
2. Lisez sur le berger Hylas, ce héros de *l'Astrée*, le *Cours de littérature dramatique* de Saint-Marc Girardin, tome III, p. 77-81.
3. Céladon, personnage de *l'Astrée*, comme Sylvandre et Hylas.

que ce fût lui. Néanmoins je commencerai s'il le veut.

— Non, non, dit Gélaste, je ne veux point qu'on m'accorde de privilège : vous n'êtes pas assez fort pour donner de l'avantage à votre ennemi. Je vous soutiens donc que, les choses étant égales, la plus saine partie du monde préférera toujours la comédie à la tragédie. Que dis-je, la plus saine partie du monde? mais tout le monde. Je vous demande où le goût universel d'aujourd'hui se porte : La cour, les dames, les cavaliers, les savants, le peuple, tout demande la comédie, point de plaisir que la comédie. Aussi voyons-nous qu'on se sert indifféremment de ce mot de comédie pour qualifier tous les divertissements du théâtre[1] : on n'a jamais dit : « Les tragédiens », ni : « Allons à la tragédie[2] ».

— Vous en savez mieux que moi la véritable raison, dit Ariste, et que cela vient du mot de bourgade, en grec[3]. Comme cette érudition seroit longue, et qu'aucun de nous ne l'ignore, je la laisse à part, et m'arrêterai seulement à ce que vous dites. Parce que le mot de comédie est pris abusivement pour toutes les espèces du dramatique, la comédie est préférable à la tragédie : n'est-ce pas là bien conclure? Cela fait voir seulement que la comédie est plus commune; et parce qu'elle est plus commune, je pourrois dire qu'elle touche moins les esprits.

— Voilà bien conclure à votre tour, répliqua Gélaste : le diamant est plus commun que certaines pierres; donc le diamant touche moins les yeux. Hé! mon ami! ne voyez-vous pas qu'on ne se lasse jamais de rire? On peut se lasser du jeu, de la bonne chère, des dames; mais de rire, point. Avez-vous entendu dire à qui que

1. Comparez la Bruyère, tome I, p. 139; et ci-dessus, p. 76.
2. Mais on le dit aujourd'hui.
3. De κώμη, bourgade, et de ἀείδω, je chante, je récite.

ce soit : « Il y a huit jours entiers que nous rions; je vous
« prie, pleurons aujourd'hui? »

— Vous sortez toujours, dit Ariste, de notre thèse,
et apportez des raisons si triviales, que j'en ai honte
pour vous.

— Voyez un peu l'homme difficile! reprit Gélaste.
Et vraiment, puisque vous voulez que je discoure de la
comédie et du rire en philosophe platonicien, j'y consens; faites-moi seulement la grâce de m'écouter. Le
plaisir dont nous devons faire le plus de cas est toujours
celui qui convient le mieux à notre nature; car c'est
s'unir à soi-même que de le goûter. Or y a-t-il rien qui
nous convienne mieux que le rire? Il n'est pas moins
naturel à l'homme que la raison; il lui est même particulier : vous ne trouverez aucun animal qui rie, et en
rencontrerez quelques-uns qui pleurent. Je vous défie,
tout sensible que vous êtes, de jeter des larmes aussi
grosses que celles d'un cerf qui est aux abois[1], ou du
cheval de ce pauvre prince[2] dont on voit la pompe
funèbre dans l'onzième de l'*Énéide*[3]. Tombez d'accord de ces vérités; je vous laisserai après pleurer
tant qu'il vous plaira : vous tiendrez compagnie au
cheval du pauvre Pallas, et moi je rirai avec tous les
hommes. »

La conclusion de Gélaste fit rire ses trois amis, Ariste
comme les autres; après quoi celui-ci dit : « Je vous
nie vos deux propositions, aussi bien la seconde que la
première. Quelque opinion qu'ait eue l'école jusqu'à
présent, je ne conviens pas avec elle que le rire appar-

---

1. Livre V, fable xv, vers 12.
2. Pallas.

3. .... *Post bellator equus, positis insignibus, Æthon*
It lacrimans, guttisque humectat grandibus ora.
(VIRGILE, *Énéide*, livre xi, vers 89-90.)

tienne à l'homme privativement au reste des animaux. Il faudroit entendre la langue de ces derniers pour connoître qu'ils ne rient point. Je les tiens sujets à toutes nos passions : il n'y a, pour ce point-là, de différence entre nous et eux que du plus au moins, et en la manière de s'exprimer. Quant à votre première proposition, tant s'en faut que nous devions toujours courir après les plaisirs qui nous sont les plus naturels, et que nous avons le plus à commandement, que ce n'est pas même un plaisir de posséder une chose très commune. De là vient que dans Platon l'Amour est fils de la Pauvreté[1], voulant dire que nous n'avons de passion que pour les choses qui nous manquent, et dont nous sommes nécessiteux. Ainsi le rire, qui nous est, à ce que vous dites, si familier, sera, dans la scène, le plaisir des laquais et du menu peuple; le pleurer, celui des honnêtes gens.

— Vous poussez la chose un peu trop loin, dit Acante; je ne tiens pas que le rire soit interdit aux honnêtes gens. — Je ne le tiens pas non plus, reprit Ariste. Ce que je dis n'est que pour payer Gélaste de sa monnoie. Vous savez combien nous avons ri en lisant Térence, et combien je ris en voyant les Italiens : je laisse

1. « A la naissance de Vénus, il se fit un souper où tous les dieux assistèrent, et en particulier Porus, fils du Conseil, et dieu de l'Abondance. Le repas fini, la Pauvreté étoit venue en chercher des débris, et se tenoit à la porte, d'où elle aperçut Porus endormi dans le jardin de Jupiter, après s'être rempli de nectar, parce que le vin n'étoit pas encore en usage. Pressée de son indigence, elle désira le commerce de ce dieu, et chercha les moyens de le surprendre. Elle alla donc auprès de lui : et c'est de ces deux principes si opposés que l'Amour prit naissance. » (*Le Banquet de Platon, traduit un tiers par feu M. Racine, de l'Académie françoise, et le reste par Mme de* [Rochechouart], à Paris, chez Pierre Gandouin, libraire, quai des Augustins, à la Belle Image, 1732, in-12, p. 104.)

à la porte ma raison et mon argent, et je ris après tout mon soûl. Mais que les belles tragédies ne nous donnent une volupté plus grande que celle qui vient du comique, Gélaste ne le niera pas lui-même, s'il y veut faire réflexion.

— Il faudroit, repartit froidement Gélaste, condamner à une très grosse amende ceux qui font ces tragédies dont vous nous parlez. Vous allez là pour vous réjouir, et vous y trouvez un homme qui pleure auprès d'un autre homme, et cet autre auprès d'un autre, et tous ensemble avec la comédienne qui représente Andromaque, et la comédienne avec le poète : c'est une chaîne de gens qui pleurent, comme dit votre Platon [1]. Est-ce ainsi que l'on doit contenter ceux qui vont là pour se réjouir?

— Ne dites point qu'ils y vont pour se réjouir, reprit Ariste; dites qu'ils y vont pour se divertir. Or je vous soutiens, avec le même Platon, qu'il n'y a divertissement égal à la tragédie, ni qui mène plus les esprits où il plaît au poète [2]. Le mot dont se sert Platon fait que je me figure le même poète se rendant maître de tout un peuple, et faisant aller les âmes comme des

---

1. « Ne croyez pas que vous deviez à l'art ce talent que vous avez de bien parler sur Homère. Vous le devez à je ne sais quelle vertu divine qui vous transporte, pareille à celle de la pierre nommée par Euripide magnétide, par la plupart pierre d'Héraclée : cette pierre non seulement attire les anneaux de fer, mais leur communique la propriété d'attirer comme elle d'autres anneaux; de telle sorte que l'on voit parfois une longue chaîne de morceaux de fer et d'anneaux de fer suspendus les uns aux autres; et tous tirent leur vertu de cette pierre. C'est ainsi que la Muse inspirant par elle-même les poètes, et ceux-ci communiquant à d'autres leur enthousiasme, on voit comme une chaîne d'hommes inspirés. » (*L'Ion.*)

2. Ἔστι δὲ τῆς ποιήσεως δημοτεσπέστατόν τε καὶ ψυχαγωγικώτατον ἡ τραγῳδία. (*Minos.*)

troupeaux, et comme s'il avoit en ses mains la baguette du dieu Mercure. Je vous soutiens, dis-je, que les maux d'autrui nous divertissent, c'est-à-dire qu'ils nous attachent l'esprit.

— Ils peuvent attacher le vôtre agréablement, poursuivit Gélaste, mais non pas le mien. En vérité, je vous trouve de mauvais goût. Il vous suffit que l'on vous attache l'esprit; que ce soit avec des charmes agréables ou non, avec les serpents de Tisiphone, il ne vous importe. Quand vous me feriez passer l'effet de la tragédie pour une espèce d'enchantement[1], cela feroit-il que l'effet de la comédie n'en fût un aussi? Ces deux choses étant égales, serez-vous si fou que de préférer la première à l'autre?

— Mais vous-même, reprit Ariste, osez-vous mettre en comparaison le plaisir du rire avec la pitié? la pitié, qui est un ravissement, une extase? Et comment ne le seroit-elle pas, si les larmes que nous versons pour nos propres maux sont, au sentiment d'Homère, non pas tout à fait au mien, si les larmes, dis-je, sont, au sentiment de ce divin poète, une espèce de volupté? Car en cet endroit où il fait pleurer Achille et Priam, l'un du souvenir de Patrocle, l'autre de la mort du dernier de ses enfants, il dit qu'ils se soûlent de ce plaisir; il les fait jouir du pleurer, comme si c'étoit quelque chose de délicieux[2].

— Le Ciel vous veuille envoyer beaucoup de jouissances pareilles, reprit Gélaste : je n'en serai nullement jaloux. Ces extases de la pitié n'accommodent pas un homme de mon humeur. Le rire a pour moi quelque

---

1. Dans *le Magnifique*, vers 98 :

    Il se croit être en un enchantement.

2. *Iliade*, chant XXIV, vers 509-512.

chose de plus vif et de plus sensible : enfin le rire me
rit davantage. Toute la nature est en cela de mon avis.
Allez-vous-en à la cour de Cythérée, vous y trouverez
des ris, et jamais de pleurs.

— Nous voici déjà retombés, dit Ariste, dans ces
raisons qui n'ont aucune solidité : vous êtes le plus fri-
vole défenseur de la comédie que j'aie vu depuis bien
longtemps.

— Et nous voici retombés dans le platonisme, répliqua Gélaste : demeurons-y donc, puisque cela vous
plaît tant. Je m'en vais vous dire quelque chose d'essentiel contre le pleurer, et veux vous convaincre par ce
même endroit d'Homère dont vous avez fait votre capi-
tal. Quand Achille a pleuré son soûl (par parenthèse,
je crois qu'Achille ne rioit pas de moins bon courage[1];
tout ce que font les héros, ils le font dans le suprême
degré de perfection); lorsque Achille, dis-je, s'est ras-
sasié de ce beau plaisir de verser des larmes, il dit à
Priam : « Vieillard, tu es misérable : telle est la condi-
« tion des mortels, ils passent leur vie dans les pleurs.
« Les dieux seuls sont exempts de mal, et vivent là-
« haut à leur aise, sans rien souffrir. » Que répondrez-
vous à cela?

— Je répondrai, dit Ariste, que les mortels sont mortels quand ils pleurent de leurs douleurs; mais, quand
ils pleurent des douleurs d'autrui, ce sont proprement
des dieux.

— Les dieux ne pleurent ni d'une façon ni d'une
autre, reprit Gélaste; pour le rire, c'est leur partage.
Qu'il ne soit ainsi[2] : Homère dit en un autre endroit
que, quand les bienheureux Immortels virent Vulcain
qui boitoit dans leur maison, il leur prit un rire inex-

1. De moins bon cœur : tome VII, p. 74 et note 2.
2. *Belphégor*, vers 145 et note 1.

tinguible¹. Par ce mot d'inextinguible, vous voyez qu'on ne peut trop rire ni trop longtemps; par celui de bienheureux, que la béatitude consiste au rire.

— Par ces deux mots que vous dites, reprit Ariste, je vois qu'Homère a failli, et ne vois rien autre chose. Platon l'en reprend dans son troisième de la *République*. Il le blâme de donner aux dieux un rire démesuré, et qui seroit même indigne de personnes tant soit peu considérables.

— Pourquoi voulez-vous qu'Homère ait plutôt failli que Platon? répliqua Gélaste. Mais laissons les autorités, et n'écoutons que la raison seule. Nous n'avons qu'à examiner sans prévention la comédie et la tragédie. Il arrive assez souvent que cette dernière ne nous touche point : car le bien ou le mal d'autrui ne nous touche que par rapport à nous-mêmes, et en tant que nous croyons que pareille chose nous peut arriver, l'amour-propre faisant sans cesse que l'on tourne les yeux sur soi. Or, comme la tragédie ne nous représente que des aventures extraordinaires, et qui vraisemblablement ne nous arriveront jamais, nous n'y prenons point de part, et nous sommes froids, à moins que l'ouvrage ne soit excellent, que le poète ne nous transforme, que nous ne devenions d'autres hommes par son adresse, et ne nous mettions en la place de quelque roi. Alors j'avoue que la tragédie nous touche, mais de crainte, mais de colère, mais de mouvements funestes qui nous renvoient au logis pleins des choses que nous avons vues, et incapables de tout plaisir. La comédie, n'employant que des aventures ordinaires et qui peuvent nous arriver, nous touche toujours : plus ou moins,

---

1. Ἄσβεστος (*Iliade*, chant I, vers 599). — Comparez livre XII des Fables, fable XII, variante des vers 111-114 (tome III, p. 259 et notes 62, 63).

selon son degré de perfection. Quand elle est fort bonne, elle nous fait rire. La tragédie nous attache, si vous voulez; mais la comédie nous amuse agréablement, et mène les âmes aux Champs Élysées, au lieu que vous les menez dans la demeure des malheureux. Pour preuve infaillible de ce que j'avance, prenez garde que, pour effacer les impressions que la tragédie avoit faites en nous, on lui fait souvent succéder un divertissement comique; mais de celui-ci à l'autre il n'y a point de retour[1] : ce qui vous fait voir que le suprême degré du plaisir, après quoi il n'y a plus rien, c'est la comédie. Quand on vous la donne, vous vous en retournez content et de belle humeur; quand on ne vous la donne pas, vous vous en retournez chagrin et rempli de noires idées. C'est ce qu'il y a à gagner avec les Orestes et les Œdipes, tristes fantômes qu'a évoqués le poète magicien dont vous nous avez parlé tantôt[2]. Encore serions-nous heureux s'ils excitoient le terrible[3] toutes les fois que l'on nous les fait paroître : cela vaut mieux que de s'ennuyer; mais où sont les habiles poètes qui nous dépeignent ces choses au vif ? Je ne veux pas dire que le dernier soit mort avec Euripide ou avec Sophocle; je dis seulement qu'il n'y en a guère. La difficulté n'est pas si grande dans le comique[4]; il est plus assuré de nous toucher, en ce que ses incidents sont d'une telle nature, que nous nous les appliquons à nous-mêmes plus aisément.

— Cette fois-là, dit Ariste, voilà des raisons solides,

1. Il n'y a point réciprocité : à une comédie on ne joint pas de passe-temps tragiques.
2. Sophocle : ci-dessus, p. 76.
3. La terreur.
4. Ce n'est pas l'avis de Dorante dans *la Critique de l'École des femmes* de Molière (scène VI) : voyez le tome III du Molière de notre Collection, p. 351-352 et les notes.

et qui méritent qu'on y réponde; il faut y tâcher.
Le même ennui qui nous fait languir pendant une tragédie où nous ne trouvons que de médiocres beautés, est commun à la comédie et à tous les ouvrages de l'esprit, particulièrement aux vers : je vous le prouverois aisément si c'étoit la question; mais ne s'agissant que de comparer deux choses également bonnes, chacune selon son genre, et la tragédie, à ce que vous dites vous-même, devant l'être souverainement, nous ne devons considérer la comédie que dans un pareil degré. En ce degré donc vous dites qu'on peut passer de la tragédie à la comédie; et de celle-ci à l'autre, jamais. Je vous le confesse, mais je ne tombe pas d'accord de vos conséquences, ni de la raison que vous apportez. Celle qui me semble la meilleure est que dans la tragédie nous faisons une grande contention d'âme; ainsi on nous représente ensuite quelque chose qui délasse notre cœur, et nous remet en l'état où nous étions avant le spectacle, afin que nous en puissions sortir ainsi que d'un songe[1]. Par votre propre raisonnement, vous voyez déjà que la comédie touche beaucoup moins que la tragédie. Il reste à prouver que cette dernière est beaucoup plus agréable que l'autre. Mais auparavant, de crainte que la mémoire ne m'en échappe, je vous dirai qu'il s'en faut bien que la tragédie nous renvoie chagrins et mal satisfaits, la comédie tout à fait contents[2] et de belle humeur; car, si nous apportons à la tragédie quelque sujet de tristesse qui nous soit propre, la compassion en détourne l'effet ailleurs, et nous sommes heureux de répandre pour les maux d'autrui les larmes que nous gardions pour les nôtres. La comédie, au contraire, nous faisant laisser notre mélancolie à la porte[3],

1. Tome III, p. 53. — 2. Très contents. (1729.)
3. Ci-dessus, p. 112-113.

nous la rend lorsque nous sortons. Il ne s'agit donc que du temps que nous employons au spectacle et que nous ne saurions mieux employer qu'à la pitié. Premièrement, niez-vous qu'elle soit plus noble que le rire?

— Il y a si longtemps que nous disputons, repartit Gélaste, que je ne vous veux plus rien nier.

— Et moi je vous veux prouver quelque chose, reprit Ariste; je vous veux prouver que la pitié est le mouvement le plus agréable de tous. Votre erreur provient de ce que vous confondez ce mouvement avec la douleur. Je crains celle-ci encore plus que vous ne faites : quant à l'autre, c'est un plaisir, et très grand plaisir. En voici quelques raisons nécessaires, et qui vous prouveront par conséquent que la chose est telle que je vous dis. La pitié est un mouvement charitable et généreux, une tendresse de cœur dont tout le monde se sait bon gré. Y a-t-il quelqu'un qui veuille passer pour un homme dur et impénétrable à ses traits? Or, qu'on ne fasse les choses louables avec un très grand plaisir[1], je m'en rapporte à la satisfaction intérieure des gens de bien; je m'en rapporte à vous-même, et vous demande si c'est une chose louable que de rire. Assurément ce n'en est pas une, non plus que de boire et de manger, ou de prendre quelque plaisir qui ne regarde que notre intérêt. Voilà donc déjà un plaisir qui se rencontre en la tragédie, et qui ne se rencontre pas en la comédie. Je vous en puis alléguer beaucoup d'autres. Le principal, à mon sens, c'est que nous nous mettons au-dessus des rois par la pitié que nous avons d'eux, et devenons dieux à leur égard, contemplant d'un lieu tranquille leurs embarras, leurs afflictions, leurs malheurs; ni plus ni moins que les dieux considèrent de

---

1. Page 115 : « Qu'il ne soit ainsi.... »

l'Olympe les misérables mortels. La tragédie a encore cela au-dessus de la comédie, que le style dont elle se sert est sublime; et les beautés du sublime, si nous en croyons Longin[1] et la vérité, sont bien plus grandes et ont tout un autre effet que celles du médiocre. Elles enlèvent l'âme, et se font sentir à tout le monde avec la soudaineté des éclairs. Les traits comiques, tout beaux qu'ils sont, n'ont ni la douceur de ce charme ni sa puissance. Il est de ceci comme d'une beauté excellente, et d'une autre qui a des grâces : celle-ci plaît, mais l'autre ravit[2]. Voilà proprement la différence que l'on doit mettre entre la pitié et le rire. Je vous apporterois plus de raisons que vous n'en souhaiteriez, s'il n'étoit temps de terminer la dispute. Nous sommes venus pour écouter Polyphile; c'est lui cependant qui nous écoute avec beaucoup de silence et d'attention, comme vous voyez.

— Je veux bien ne pas répliquer, dit Gélaste, et avoir cette complaisance pour lui : mais ce sera à condition que vous ne prétendrez pas m'avoir convaincu; sinon, continuons la dispute.

— Vous ne me ferez point en cela de tort, reprit Polyphile; mais vous en ferez peut-être à Acante, qui meurt d'envie de vous faire remarquer les merveilles de ce jardin. »

Acante ne s'en défendit pas trop. Il répondit toutefois à l'honnêteté de Polyphile : mais en même temps il ne laissa pas de s'écarter. Ses trois amis le suivirent. Ils s'arrêtèrent longtemps à l'endroit qu'on appelle le Fer-à-cheval, ne se pouvant lasser d'admirer cette longue suite de beautés toutes différentes qu'on découvre du haut des rampes.

1. C'est le traducteur de Longin qui parle.
2. *Adonis*, vers 77-78.

Là, dans des chars dorés, le Prince avec sa cour
Va goûter la fraîcheur sur le déclin du jour.
L'un et l'autre Soleil, unique en son espèce,
Étale aux regardants[1] sa pompe et sa richesse.
Phébus brille à l'envi du monarque françois;
On ne sait bien souvent à qui donner sa voix :
Tous deux sont pleins d'éclat et rayonnants de gloire.
Ah! si j'étois aidé des filles de Mémoire,
De quels traits j'ornerois cette comparaison!
Versailles, ce seroit le palais d'Apollon;
Les belles de la cour passeroient pour les Heures[2] :
Mais peignons seulement ces charmantes demeures.

En face d'un parterre au palais opposé
Est un amphithéâtre en rampes divisé.
La descente en est douce, et presque imperceptible;
Elles vont vers leur fin d'une pente insensible.
D'arbrisseaux toujours verts les bords en sont ornés[3];
Le myrte, par qui sont les amants couronnés[4],
Y range son feuillage en globe, en pyramide;
Tel jadis le tailloient les ministres d'Armide[5].
Au haut de chaque rampe, un sphynx aux larges flancs
Se laisse entortiller de fleurs par des enfants :
Il se joue avec eux, leur rit à sa manière,
Et ne se souvient plus de son humeur si fière.
Au bas de ce degré, Latone et ses gémeaux
De gens durs et grossiers font de vils animaux,
Les changent avec l'eau que sur eux ils répandent :
Déjà les doigts de l'un en nageoires s'étendent;
L'autre en le regardant est métamorphosé;
De l'insecte et de l'homme un autre est composé;

---

1. Tome V, p. 290 et note 1.
2. Moi, si je peins jamais Saint-Germain ou Versailles,
Les nymphes, malgré vous, danseront tout autour, etc.
(CORNEILLE, *Poésies diverses*, tome X, p. 240.)

3. *Le Fleuve Scamandre*, vers 37. — 4. *Adonis*, vers 11.
5. Dans les jardins enchantés où Armide retenait Renaud (*la Jérusalem délivrée*, chant XVI).

Son épouse le plaint d'une voix de grenouille;
Le corps est femme encor. Tel lui-même se mouille,
Se lave, et plus il croit effacer tous ces traits,
Plus l'onde contribue à les rendre parfaits.
La scène est un bassin d'une vaste étendue[1];
Sur les bords, cette engeance, insecte[2] devenue,
Tâche de lancer l'eau contre les déités.
A l'entour de ce lieu, pour comble de beautés,
Une troupe immobile et sans pieds se repose,
Nymphes, héros, et dieux de la métamorphose,
Termes[3] de qui le sort sembleroit ennuyeux
S'ils n'étoient enchantés par l'aspect de ces lieux.
Deux parterres ensuite entretiennent la vue :
Tous deux ont leurs fleurons d'herbe tendre et menue,
Tous deux ont un bassin qui lance ses trésors,
Dans le centre en aigrette, en arcs le long des bords :
L'onde sort du gosier de différents reptiles;
Là sifflent les lézards, germains des crocodiles[4];
Et là mainte tortue, apportant sa maison[5],
Allonge en vain le col pour sortir de prison.
Enfin, par une allée aussi large que belle,

1. Le bassin de Latone (composition des frères B. et G. de Marcy). — Ces grenouilles représentent des villageois de la Libye : fuyant les persécutions de Junon, et mourant de faim et de soif, Latone arriva un jour au bord d'un étang, et pria des paysans qui travaillaient à la terre de la laisser boire; irritée de leur refus, elle les changea en grenouilles.

2. Ci-dessus, p. 97. — *Insecte*, car on appelle en réalité de ce nom les animaux qui vivent encore, ou du moins paraissent vivre, après qu'ils ont été coupés en plusieurs morceaux : grenouilles, lézards, serpents.

3. *Les Filles de Minée*, vers 91 et note 1.

4. Tome II, p. 470 et note 63 :

Ces animaux, dit-il, sont germains du renard.

5. La tortue enlevée, on s'étonne partout
De voir aller en cette guise
L'animal lent et sa maison.
(Livre X, fable II, vers 21-23 et note 12.)

Voyez aussi livre XII, fable xv, vers 101.

On descend vers deux mers d'une forme nouvelle :
L'une est un rond à pans[1], l'autre est un long canal[2],
Miroirs où l'on n'a point épargné le cristal.
Au milieu du premier, Phébus sortant de l'onde,
A quitté de Téthys la demeure profonde :
En rayons infinis l'eau sort de son flambeau ;
On voit presque en vapeur se résoudre cette eau ;
Telle la chaux exhale une blanche fumée.
D'atomes de cristal une nue est formée :
Et lorsque le Soleil se trouve vis-à-vis,
Son éclat l'enrichit des couleurs de l'Iris[3].
Les coursiers de ce dieu, commençant leur carrière,
A peine ont hors de l'eau la croupe toute entière :
Cependant on les voit impatients du frein ;
Ils forment la rosée en secouant leur crin.
Phébus quitte à regret ces humides demeures[4] :
Il se plaint à Téthys de la hâte des Heures.
Elles poussent son char par leurs mains préparé[5],
Et disent que le Somme en sa grotte est rentré ;

1. Le bassin d'Apollon, vis-à-vis celui de Latone.
2. Le grand canal, qui a la forme d'une croix : voyez le *Dictionnaire historique de Paris et de ses environs*, p. 799.
3. De l'arc-en-ciel. — 4. Ci-dessus, p. 36 :
   Ce dieu, se reposant sous ces voûtes humides....
5. Comme le remarque Walckenaer, « dans le bassin d'Apollon on voit aujourd'hui ce dieu représenté en bronze tiré par quatre coursiers, et environné de Tritons, de baleines et de dauphins. Quoique ce bassin ait été refait en partie en 1737 et 1738, cependant dès l'an 1674 ce groupe figurait les mêmes choses, ainsi que le prouve la *Description sommaire du château de Versailles* par Félibien (Paris, 1674, in-12, p. 86). Il paraît que, lorsque la Fontaine écrivait, c'est-à-dire cinq ou six ans avant la publication de l'ouvrage de Félibien, ce groupe était tout différent, puisque notre auteur ne parle ni de Tritons, ni de baleines, ni de dauphins, mais de Téthys et des Heures qui poussent le char du dieu. » Vraisemblablement la Fontaine décrit ici un groupe qui n'a jamais été exécuté, et dont il n'a vu que l'esquisse. Rappelons ce qu'il dit à la fin de sa Préface : cette description « n'est pas tout à fait conforme à l'état présent des lieux ; je les ai décrits en celui où dans deux ans on les pourra voir. »

Cette figure à pans d'une place est suivie :
Mainte allée en étoile, à son centre aboutie[1],
Mène aux extrémités de ce vaste pourpris[2].
De tant d'objets divers les regards sont surpris ;
Par sentiers alignés l'œil va de part et d'autre :
Tout chemin est allée au royaume du Nostre[3].
Muses, n'oublions pas à parler du canal :
Cherchons des mots choisis pour peindre son cristal.
Qu'il soit pur, transparent ; que cette onde argentée
Loge en son moite sein[4] la blanche Galatée.
Jamais on n'a trouvé ses rives sans zéphyrs :
Flore s'y rafraîchit au vent de leurs soupirs ;
Les[5] nymphes d'alentour souvent dans les nuits sombres
S'y vont baigner en troupe à la faveur des ombres.

Les lieux que j'ai dépeints, le canal, le rond d'eau,
Parterres d'un dessin agréable et nouveau,
Amphithéâtres, jets, tous au palais répondent,
Sans que de tant d'objets les beautés se confondent.
Heureux ceux de qui l'art a ces traits inventés !
On ne connoissoit point autrefois ces beautés.
Tous parcs étoient vergers du temps de nos ancêtres,
Tous vergers son faits parcs : le savoir de ces maîtres
Change en jardins royaux ceux des simples bourgeois,
Comme en jardins de dieux il change ceux des rois.
Que ce qu'ils ont planté dure mille ans encore !
Tant qu'on aura des yeux, tant qu'on chérira Flore,
Les nymphes des jardins loueront incessamment
Cet art qui les savoit loger si richement.

1. Dans *l'Oraison*, vers 157 : « une porte aboutissante aux champs ».
2. Tome VI, p. 160 et note 2.
3. De le Nostre. Comparez Chapelain, tome II, p. 321, de ses *Lettres* : « le Lucrèce du Fèvre ». — André le Nostre, contrôleur des bâtiments et dessinateur des jardins du Roi, né en 1613, mort en 1700.
4. Ci-dessus, p. 35 : « en ce moite palais ».
5. Les 44 vers qui précèdent, depuis : « Une troupe immobile », manquent dans l'édition de 1729.

Polyphile et ensuite ses trois amis prirent là-dessus
occasion de parler de l'intelligence qui est l'âme de ces
merveilles[1], et qui fait agir tant de mains savantes pour
la satisfaction du monarque. Je ne rapporterai point les
louanges qu'on lui donna; elles furent grandes, et par
conséquent ne lui plairoient pas. Les qualités sur lesquelles nos quatre amis s'étendirent furent sa fidélité
et son zèle. On remarqua que c'est un génie qui
s'applique à tout, et ne se relâche jamais. Ses principaux soins sont de travailler pour la grandeur de son
maître; mais il ne croit pas que le reste soit indigne de
l'occuper. Rien de ce qui regarde Jupiter n'est au-dessous des ministres de sa puissance.

Nos quatre amis, étant convenus de toutes ces choses,
allèrent ensuite voir le salon et la galerie qui sont
demeurés debout après la fête qui a été tant vantée.
On a jugé à propos de les conserver, afin d'en bâtir de
plus durables sur le modèle. Tout le monde a ouï
parler des merveilles de cette fête[2], des palais devenus
jardins, et des jardins devenus palais; de la soudaineté
avec laquelle on a créé, s'il faut ainsi dire, ces choses,
et qui rendra les enchantements croyables à l'avenir.
Il n'y a point de peuple en l'Europe que la renommée
n'ait entretenu de la magnificence de ce spectacle.
Quelques personnes en ont fait la description avec
beaucoup d'élégance et d'exactitude; c'est pourquoi je

---

1. Colbert, « le Mécène de tous les arts », comme l'appelle
Voltaire dans le *Siècle de Louis XIV* (chapitre XXXIII).

2. Cette fête célèbre, qui dura du 7 mai 1664 au 13 inclusive-
ment, a été décrite dans le tome IV du Molière de notre Collection, p. 89 et suivantes : *Les Plaisirs de l'Ile enchantée, fêtes galantes et magnifiques* (pour lesquelles fut composée « la Princesse
d'Elide »). Voyez aussi le livret de la fête, *ibidem*, p. 234, la relation de Marigny, p. 251, les inscriptions des planches d'Israël
Silvestre, p. 262, etc.

ne m'arrêterai point en cet endroit : je dirai seulement que nos quatre amis s'assirent sur le gazon qui borde un ruisseau, ou plutôt une goulette[1], dont cette galerie est ornée. Les feuillages qui la couvroient, étant déjà secs et rompus en beaucoup d'endroits, laissoient entrer assez de lumière pour faire que Polyphile lût aisément : il commença donc de cette sorte le récit des malheurs de son héroïne.

1. « Petit canal, dit Furetière, taillé sur des tablettes de pierre ou de marbre, que l'on pose en pente pour le jet des eaux. De petits bassins en coquille interrompent ce canal d'espace en espace, et de ces bassins l'eau sort par bouillons ou par des chutes dans des cascades et autres endroits. » (*Dictionnaire des arts*, Paris, 1696, in-fol.)

LIVRE II.

La criminelle Psyché n'eut pas l'assurance de dire un mot[1]. Elle se pouvoit jeter à genoux devant son mari; elle lui pouvoit conter comme la chose s'étoit passée; et, si elle n'eût justifié entièrement son dessein, elle en auroit du moins rejeté la faute sur ses deux sœurs : en tout cas elle pouvoit demander pardon, prosternée aux pieds de l'Amour, les lui embrassant avec des marques de repentir, et les lui mouillant de ses larmes. Il y avoit outre cela un parti à prendre; c'étoit de relever le poignard par la pointe, et le présenter à son mari, en lui découvrant son sein, et en l'invitant de percer un cœur qui s'étoit révolté contre lui. L'étonnement et sa conscience lui ôtèrent l'usage de la parole et celui des sens : elle demeura immobile; et, baissant les yeux, elle attendit avec des transes mortelles sa destinée.

Cupidon, outré de colère, ne sentit pas la moitié du mal que la goutte d'huile lui auroit fait dans un autre temps. Il jeta quelques regards foudroyants sur la malheureuse Psyché; puis, sans lui faire seulement la grâce de lui reprocher son crime, ce dieu s'envola et le palais

[1]. Ci-dessus, p. 56.

disparut[1]. Plus de nymphes, plus de Zéphyre : la pauvre épouse se trouva seule sur le rocher[2], demi-morte, pâle, tremblante, et tellement possédée de son excessive douleur, qu'elle demeura longtemps les yeux attachés à terre sans se connoître[3], et sans prendre garde qu'elle étoit nue. Ses habits de fille étoient à ses pieds : elle avoit les yeux dessus, et ne les apercevoit pas.

Cependant l'Amour étoit demeuré dans l'air, afin de voir à quelles extrémités son épouse seroit réduite, ne voulant pas qu'elle se portât à aucune violence contre sa vie; soit que le courroux du dieu n'eût pas éteint tout à fait en lui la compassion, soit qu'il réservât Psyché à de longues peines, et à quelque chose de plus cruel que de se tuer soi-même. Il la vit tomber évanouie sur la roche dure : cela le toucha, mais non jusqu'au point de l'obliger à ne se plus souvenir de la faute de son épouse.

Psyché ne revint à soi de longtemps après. La première pensée qu'elle eut, ce fut de courir à un précipice. Là, considérant les abîmes, leur profondeur, les pointes des rocs toutes prêtes à la mettre en pièces, et levant quelquefois les yeux vers la Lune, qui l'éclairoit : « Sœur du Soleil, lui dit-elle, que l'horreur du crime ne t'empêche pas de me regarder : sois témoin du

---

1. Comparez *le Petit Chien*, vers 510; et Voltaire, *la Bégueule*, conte moral :

>.... Au même instant palais, jardins, fontaines,
> Or, diamants, émeraudes, rubis,
> Tout disparaît à ses yeux ébaubis;
> Elle ne voit que les stériles plaines
> D'un grand désert, et des rochers affreux.

2. Ci-dessus, p. 51. — « Ma fille, quelle solitude, si vous allez dans votre château! Vous serez comme Psyché sur sa montagne. » (Mme de Sévigné, lettre à Mme de Grignan du 30 décembre 1671.)

3. Se reconnaître.

désespoir d'une malheureuse; et fais-moi la grâce de raconter à celui que j'ai offensé les circonstances de mon trépas, mais ne les raconte point aux personnes dont je tiens le jour. Tu vois dans ta course des misérables : dis-moi, y en a-t-il un de qui l'infortune ne soit légère au prix de la mienne? Rochers élevés, qui serviez naguère de fondements à un palais dont j'étois maîtresse, qui auroit dit que la nature vous eût formés pour me servir maintenant à un usage si différent? »

A ces mots elle regarda encore le précipice; et en même temps la mort se montra à elle sous sa forme la plus affreuse. Plusieurs fois elle voulut s'élancer, plusieurs fois aussi un sentiment naturel l'en empêcha. « Quelles sont, dit-elle, mes destinées! J'ai quelque beauté, je suis jeune; il n'y a qu'un moment que je possédois le plus agréable de tous les dieux, et je vas mourir! Je me vas moi-même donner la mort! Faut-il que l'aurore ne se lève plus pour Psyché? Quoi! voilà les derniers instants qui me sont donnés par les Parques! Encore si ma nourrice[1] me fermoit les yeux! si je n'étois point privée de la sépulture! »

Ces irrésolutions et ces retours vers la vie, qui font la peine de ceux qui meurent, et dont les plus désespérés ne sont pas exempts, entretinrent un cruel combat dans le cœur de notre héroïne. « Douce lumière, s'écria-t-elle, qu'il est difficile de te quitter! Hélas! en quels lieux irai-je quand je me serai bannie moi-même de ta présence? Charitables filles d'enfer[2], aidez-moi à rompre les nœuds qui m'attachent; venez, venez me représenter ce que j'ai perdu. »

---

1. Tome V, p. 259 et note 2.
2. Hé bien! filles d'enfer, vos mains sont-elles prêtes?
(Racine, *Andromaque*, acte V, scène v.)

Alors elle se recueillit en elle-même ; et l'image de son malheur, étouffant enfin ce reste d'amour pour la vie, l'obligea de s'élancer avec tant de promptitude et de violence, que le Zéphyre, qui l'observoit, et qui avoit ordre de l'enlever quand le comble du désespoir l'auroit amenée à ce point, n'eut presque pas le loisir d'y apporter le remède. Psyché n'étoit plus, s'il eût attendu encore un moment. Il la retira du gouffre, et lui faisant prendre un autre chemin dans les airs que celui qu'elle avoit choisi, il l'éloigna de ces lieux funestes, et l'alla poser avec ses habits sur le bord d'un fleuve dont la rive, extraordinairement haute et fort escarpée, pouvoit passer pour un précipice encore plus horrible que le premier.

C'est l'ordinaire des malheureux d'interpréter toutes choses sinistrement. Psyché se mit en l'esprit que son époux, outré de ressentiment, ne l'avoit fait transporter sur le bord d'un fleuve qu'afin qu'elle se noyât : ce genre de mort étant plus capable de le satisfaire que l'autre, parce qu'il étoit plus lent, et par conséquent plus cruel ; peut-être même ne falloit-il pas qu'elle souillât de sang ces rochers. Savoit-elle si son mari ne les avoit point destinés à un usage tout opposé ? Ce pouvoit être une retraite amoureuse, où l'infant de Cypre, craignant sa mère, logeoit secrètement ses maîtresses, comme il y avoit logé son épouse ; car le lieu étoit écarté et inaccessible : ainsi elle auroit commis un sacrilège, si elle avoit fait servir à son désespoir ce qui ne servoit qu'aux plaisirs.

Voilà comme raisonnoit la pauvre Psyché, ingénieuse à se procurer du mal, mais bien éloignée de l'intention qu'avoit eue l'Amour, à qui cet endroit où la belle se trouvoit alors étoit venu fortuitement dans l'esprit, ou qui peut-être l'avoit laissé à la discrétion du Zéphyre.

Il vouloit la faire souffrir; tant s'en faut qu'il exigeât d'elle une mort si prompte. Dans cette pensée, il défendit au Zéphyre de la quitter, pour quelque occasion que ce fût, quand même Flore lui auroit donné un rendez-vous, tant que cette première violence eût jeté son feu.

Je me suis étonné cent fois comme le Zéphyre n'en devint pas amoureux[1]. Il est vrai que Flore a bien du mérite : puis de courir sur les pas d'un maître, et d'un maître comme l'Amour, c'eût été à lui une perfidie trop grande, et même inutile.

Ayant donc l'œil incessamment sur Psyché, et lui voyant regarder le fleuve d'une manière toute pitoyable[2], il se douta de quelque nouvelle pensée de désespoir; et, pour n'être pas surpris encore une fois, il en avertit aussitôt le dieu de ce fleuve, qui, de bonne fortune[3], tenoit sa cour à deux pas de là, et qui avoit alors auprès de lui la meilleure partie de ses nymphes.

Ce dieu étoit d'un tempérament froid, et ne se soucioit pas beaucoup d'obliger la belle ni son mari. Néanmoins, la crainte qu'il eut que les poètes ne le diffamassent si la première beauté du monde, fille de roi, et femme d'un dieu, se noyoit chez lui, et ne l'appelassent frère du Styx; cette crainte, dis-je, l'obligea de commander à ses nymphes qu'elles recueillissent Psyché, et

---

1. Rapprochez la tragédie-ballet de *Psyché* de Corneille et Molière, vers 1312-1314 :

> Zéphyre vole aux ordres qu'elle donne;
> Et son amante et lui, s'en laissant trop charmer,
> Quittent pour la servir les soins de s'entr'aimer.

— Ci-dessus, p. 56, 84, et ci-dessous, p. 172 et 231.
2. Trop pitoyable. (1729.) — Digne de pitié; p. 71 et note 2 : « il disoit des choses trop pitoyables. »
3. Par un heureux hasard.

qu'elles la portassent vers l'autre rive, qui étoit moins haute et plus agréable que celle-là, près de quelque habitation. Les nymphes lui obéirent avec beaucoup de plaisir : elles se rendirent toutes à l'endroit où étoit la belle, et se cachèrent sous le rivage.

Psyché faisoit alors des réflexions sur son aventure, ne sachant que conjecturer du dessein de son mari, ni à quelle mort se résoudre. A la fin, tirant de son cœur un profond soupir : « Eh bien! dit-elle, je finirai ma vie dans les eaux : veuillent seulement les Destins que ce supplice te soit agréable! » Aussitôt elle se précipita dans le fleuve, bien étonnée de se voir incontinent entre les bras de Cymodocé et de la gentille Naïs. Ce fut la plus heureuse rencontre du monde. Ces deux nymphes ne faisoient presque que de la quitter : car l'Amour en avoit choisi de toutes les sortes et dans tous les chœurs pour servir de filles d'honneur à notre héroïne pendant le temps bienheureux où elle avoit part aux affections et à la fortune d'un dieu.

Cette rencontre, qui devoit du moins lui apporter quelque consolation, ne lui apporta au contraire que du déplaisir. Comment se résoudre sans mourir à paroître ainsi malheureuse et abandonnée devant celles qui la servoient il n'y avoit pas plus d'une heure? Telle est la folie de l'esprit humain : les personnes nouvellement déchues de quelque état florissant fuient les gens qui les connoissent avec plus de soin qu'elles n'évitent les étrangers, et préfèrent souvent la mort au service qu'on leur peut rendre. Nous supportons le malheur, et ne saurions supporter la honte.

Je ne vous assurerai pas si ce fleuve avoit des Tritons, et ne sais pas bien si c'est la coutume des fleuves que d'en avoir. Ce que je vous puis assurer, c'est qu'aucun Triton n'approcha de notre héroïne : les seules naïades

eurent cet honneur. Elles se pressoient si fort autour
de la belle, que malaisément un Triton y eût trouvé
place. Naïs et Cymodocé la tenoient entre leurs bras,
tandis que d'abattement et de lassitude elle se laissoit aller la tête languissamment, tantôt sur l'une, tantôt sur l'autre, arrosant leur sein tour à tour avec ses
larmes.

Aussitôt qu'elle fut à bord[1], ces deux nymphes, qui
avoient été du nombre de ses favorites, comme prudentes et discrètes entre toutes les nymphes du monde,
firent signe à leurs compagnes de se retirer; et, ne
diminuant rien du respect avec lequel elles la servoient
pendant sa fortune, elles prirent ses habits des mains
du Zéphyre, qui se retira aussi, et demandèrent à Psyché si elle ne vouloit pas bien qu'elles eussent
l'honneur de l'habiller encore une fois. Psyché
se jeta à leurs pieds pour toute réponse, et les leur
baisa.

Cet abaissement excessif leur causa beaucoup de confusion et de pitié. L'Amour même en fut touché plus
que de pas une chose qui fût arrivée à notre héroïne
depuis sa disgrâce. Il ne l'avoit point quittée de vue,
recevant quelque satisfaction à l'aspect du mal qu'elle
se faisoit; car cela ne pouvoit partir que d'un bon principe. Cupidon goûtoit dans les airs ce cruel plaisir. Le
battement de ses ailes obligea Naïs et Cymodocé de
tourner la tête : elles aperçurent le dieu; et, par considération tout au moins autant que par respect, mais
principalement pour faire plaisir à la belle, elles se
retirèrent à leur tour.

« Eh bien! Psyché, dit l'Amour, que te semble de
ta fortune? Est-ce impunément que l'on veut tuer le

1. *La Fiancée du roi de Garbe*, vers 285.

maître des dieux? Il te tardoit que tu te fusses détruite[1] : te voilà contente. Tu sais comme je suis fait; tu m'as vu : mais de quoi cela te peut-il servir? Je t'avertis que tu n'es plus mon épouse[2]. »

Jusque-là la pauvre Psyché l'avoit écouté sans lever les yeux : à ce mot d'épouse elle dit : « Hélas! je suis bien éloignée de prendre cette qualité; je n'ose seulement espérer que vous me recevrez pour esclave. — Ni mon esclave non plus, reprit l'Amour; c'est de ma mère que tu l'es; je te donne à elle. Et garde-toi bien d'attenter contre ta vie[3]; je veux que tu souffres, mais je ne veux pas que tu meures; tu en serois trop tôt quitte. Que si tu as dessein de m'obliger, venge-moi de tes deux démons de sœurs; n'écoute ni considération du sang ni pitié; sacrifie-les-moi. Adieu, Psyché : la brûlure que cette lampe m'a faite ne me permet pas de t'entretenir plus longtemps. »

Ce fut bien là que l'affliction de notre héroïne reprit

---

1. Perdue : tome VII, p. 517 et note 1.

2.   L'Amour.
Hé bien, je suis le dieu le plus puissant des dieux,
Absolu sur la terre, absolu dans les cieux;
Dans les eaux, dans les airs mon pouvoir est suprême;
 En un mot je suis l'Amour même,
Qui de mes propres traits m'étois blessé pour vous;
Et sans la violence, hélas! que vous me faites,
Et qui vient de changer mon amour en courroux,
  Vous m'alliez avoir pour époux.
  Vos volontés sont satisfaites,
  Vous avez su qui vous aimiez,
Vous connoissez l'amant que vous charmiez :
  Psyché, voyez où vous en êtes.
Vous me forcez vous-même à vous quitter,
Vous me forcez vous-même à vous ôter
  Tout l'effet de votre victoire, etc.
    (*Psyché*, tragédie-ballet, vers 1528-1542.)

3. Comparez le *Poème de la captivité de saint Malc*, vers 167.

LIVRE II.   135

des forces¹. « Exécrable lampe! maudite lampe! avoir brûlé un dieu si sensible et si délicat, qui ne sauroit rien endurer! l'Amour! Pleure, pleure, Psyché; ne te repose ni jour ni nuit : cherche sur les monts et dans les vallées quelque herbe pour le guérir, et porte-la-lui. S'il ne s'étoit point tant pressé de me dire adieu, il verroit l'extrême douleur que son mal me fait, et ce lui seroit un soulagement; mais il est parti! il est parti sans me laisser aucune espérance de le revoir! »

Cependant l'aurore vint éclairer l'infortune de notre belle, et amena ce jour-là force nouveautés. Vénus, entre autres, fut avertie de ce qui étoit arrivé à Psyché. Et voyez comme les choses se rencontrent! Les médecins avoient ordonné à cette déesse de se baigner pour des chaleurs qui l'incommodoient. Elle prenoit son bain dès le point du jour; puis se recouchoit. C'étoit dans ce fleuve qu'elle se baignoit d'ordinaire, à cause de la qualité de ses eaux refroidissantes. Je pense même vous avoir dit que le dieu du fleuve en tenoit un peu². Une oie babillarde qui savoit ces choses, et qui, se trouvant cachée entre des glaïeuls, avoit vu Psyché arriver à bord³, et avoit entendu ensuite les reproches de son mari, ne manqua pas d'aller redire à Vénus toute l'aventure de point en point. Vénus ne perd point de temps; elle envoie gens de tous les côtés avec ordre de lui amener morte ou vive Psyché son esclave.

Il s'en fallut peu que ces gens ne la rencontrassent. Dès que son époux l'eut quittée, elle s'habilla, ou, pour mieux parler, elle jeta sur soi ses habits⁴ : c'étoient ceux

1.   Ce fut bien là qu'une douleur extrême
        Saisit la belle.
                (*La Courtisane amoureuse*, vers 209-210.)

2. Ci-dessus, p. 131.
3. Page 133. — 4. Ses habits lugubres. (1729.)

qu'elle avoit quittés en se mariant, habits lugubres et
commandés par l'oracle, comme vous pouvez vous en
souvenir. En cet état elle résolut d'aller par le monde,
cherchant quelque herbe pour la brûlure de son mari,
puis de le chercher lui-même. Elle n'eut pas marché
une demi-heure qu'elle crut apercevoir un peu de
fumée qui sortoit d'entre des arbres et des rochers.
C'étoit l'habitation d'un pêcheur, située au penchant
d'un mont où les chèvres même avoient de la peine à
monter. Ce mont, revêtu de chênes aussi vieux que lui,
et tout plein de rocs, présentoit aux yeux quelque
chose d'effroyable, mais de charmant. Le caprice de la
nature ayant creusé deux ou trois de ces rochers qui
étoient voisins l'un de l'autre, et leur ayant fait des
passages de communication et d'issue, l'industrie humaine avoit achevé cet ouvrage, et en avoit fait la
demeure d'un bon vieillard et de deux jeunes bergères.
Encore que Psyché, dans ces commencements, fût
timide et appréhendât la moindre rencontre, si est-ce
qu'elle avoit besoin[1] de s'enquérir en quelle contrée
elle étoit, et si on ne savoit point une composition, une
racine ou une herbe, pour la brûlure de son mari. Elle
dressa donc ses pas[2] vers le lieu où elle avoit vu cette
fumée, ne découvrant aucune habitation que celle-là,
de quelque côté que sa vue se pût étendre. Il n'y avoit
point d'autre chemin pour y aller qu'un petit sentier
tout bordé de ronces. De moyen de les détourner, elle

1. Pourtant elle avait besoin, etc. : tome V, p. 524; ci-dessus
p. 108; et *passim*.
2. Dans *Adonis*, vers 58 et note 5 :

Aux monts idaliens elle dresse son cours ;

dans les *Poésies* de Voltaire, tome XI des Œuvres, p. 103 :

Dressons mon vol aux campagnes de l'air.

n'en avoit aucun; de façon qu'à chaque pas les épines lui déchiroient son habit, quelquefois la peau, sans que d'abord elle le sentît : l'affliction suspendoit en elle les autres douleurs. A la fin, son linge, qui étoit mouillé, le froid du matin, les épines, et la rosée, commencèrent à l'incommoder. Elle se tira d'entre ces halliers le mieux qu'elle put; puis un petit pré, dont l'herbe étoit encore aussi vierge que le jour qu'elle naquit, la mena jusque sur le bord d'un torrent. C'étoit un torrent et un abîme. Un nombre infini de sources s'y précipitoient par cascades du haut du mont, puis, roulant leurs eaux entre des rochers, formoient un gazouillement à peu près semblable à celui des catadupes[1] du Nil.

Psyché, arrêtée tout court par cette barrière, et d'ailleurs extrêmement abattue tant de la douleur que du travail[2], et pour avoir passé sans dormir une nuit entière, se coucha sous des arbrisseaux que l'humidité du lieu rendoit fort touffus. Ce fut ce qui la sauva.

Deux satellites de son ennemie arrivèrent un moment après en ce même endroit. La ravine les empêcha de passer outre : ils s'arrêtèrent quelque temps à la regarder avec un si grand péril pour Psyché, que l'un d'eux marcha sur sa robe; et, croyant la belle aussi loin de lui qu'elle en étoit près, il dit à son camarade : « Nous cherchons ici inutilement; ce ne sauroient être que des oiseaux qui se réfugient dans ces lieux : nos compagnons

---

1. Des cataractes. *Catadupe* ou *catadoupe*, cataracte, καταδουπα, de κατὰ et δουπεῖν, faire du bruit. — « Le Physetere iectoit eau.... à pleins tonneaulx, comme si fussent les catadupes du Nil en Æthiopie. » (Rabelais, tome II, p. 389.) « Vous savez que mes catadoupes ou cataractes font une chute merveilleuse de toutes mes eaux de certains rochers en bas, au-dessus des plaines d'Égypte. » (Fénelon, fable xxxi, *le Nil et le Gange*.)

2. De la fatigue : tome VI, p. 319 et note 1.

seront plus heureux que nous, et je plains cette personne s'ils la rencontrent; car notre maîtresse n'est pas telle qu'on s'imagine : il semble à la voir que ce soit la même douceur; mais je vous la donne pour une femme vindicative, et aussi cruelle qu'il y en ait. On dit que Psyché lui dispute la prééminence des charmes : c'est justement le moyen de la rendre furieuse, et d'en faire une lionne à qui on a enlevé ses petits : sa concurrente[1] fera fort bien de ne pas tomber entre ses mains. »

Psyché entendit ces mots fort distinctement, et rendit grâces au hasard, qui, en lui donnant des frayeurs mortelles, lui donnoit aussi un avis qui n'étoit nullement à négliger. De[2] bonheur pour elle ces gens partirent presque aussitôt. A peine elle en étoit revenue que, sur l'autre bord de la ravine, un nouveau spectacle lui causa de l'étonnement. La vieillesse en propre personne lui apparut chargée de filets, et en habit de pêcheur : les cheveux lui pendoient sur les épaules, et la barbe sur la ceinture. Un très beau vieillard, et blanc comme un lis, mais non pas si frais, se disposoit à passer. Son front étoit plein de rides, dont la plus jeune étoit presque aussi ancienne que le déluge. Aussi Psyché le prit pour Deucalion; et, se mettant à genoux : « Père des humains, lui cria-t-elle, protégez-moi contre des ennemis qui me cherchent! »

Le vieillard ne répondit rien : la force de l'enchantement le rendit muet. Il laissa tomber ses filets, s'oubliant soi-même aussi bien que s'il eût été dans son plus bel âge, oubliant aussi le danger où il se mettroit d'être rencontré par les ennemis de la belle, s'il alloit

---

1. *Le Magnifique*, vers 41 et note 1.
2. Par : voyez p. 131; tome IV, p. 338 et note 2; et *passim*.

la prendre sur l'autre bord. Il me semble que je vois les vieillards de Troie qui se préparent à la guerre en voyant Hélène[1]. Celui-ci ne se soucioit pas de périr, pourvu qu'il contribuât à la sûreté d'une malheureuse comme la nôtre. Le besoin pressant qu'on avoit de son assistance lui fit remettre au premier loisir les exclamations ordinaires dans ces rencontres. Il passa du côté où étoit Psyché, et l'abordant de fort bonne grâce et avec respect, comme un homme qui savoit faire autre chose que de tromper les poissons[2] :

« Belle princesse, dit-il, car à vos habits c'est le moins que vous puissiez être, réservez vos adorations pour les dieux. Je suis un mortel qui ne possède que ces filets, et quelques petites commodités dont j'ai meublé deux ou trois rochers sur le penchant de ce mont. Cette retraite est à vous aussi bien qu'à moi : je ne l'ai point achetée ; c'est la nature qui l'a bâtie. Et ne craignez pas que vos ennemis vous y cherchent : s'il y a sur terre un lieu d'assurance contre[3] les poursuites des hommes, c'est celui-là : je l'éprouve depuis longtemps. »

Psyché accepta l'asile. Le vieillard la fit descendre dans la ravine, marchant devant elle, et lui enseignant à poser le pied, tantôt sur cet endroit-là, tantôt sur cet autre ; non sans péril : mais la crainte donne du courage. Si Psyché n'eût point fui Vénus, elle n'auroit jamais osé faire ce qu'elle fit.

1. Ou plutôt qui se disent qu'on peut bien souffrir pour une telle femme (*Iliade*, chant III, vers 156-157).
2. Rapprochez *le Petit Chien*, vers 296-298 :

Notre feint pèlerin traversa la ruelle
Comme un homme ayant vu d'autres gens que des saints :
Son compliment parut galant et des plus fins.

3. Assuré contre, où l'on puisse être assuré contre.

La difficulté fut de traverser le torrent qui couloit au fond. Il étoit large, creux, et rapide. « Où es-tu, Zéphyre ? « s'écria Psyché. Mais plus de Zéphyre : l'Amour lui avoit donné congé, sur l'assurance que notre héroïne n'oseroit attenter contre elle, puisqu'il le lui avoit défendu, ni faire chose qui lui déplût. En effet, elle n'avoit garde. Un pont portatif que le vieillard tiroit après soi sitôt qu'il étoit passé, suppléa à ce défaut. C'étoit un tronc à demi pourri avec deux bâtons de saule pour garde-fous. Ce tronc se posoit sur deux gros cailloux qui servoient de bordages à l'eau en cet endroit-là. Psyché passa donc et n'eut pas plus de peine à remonter qu'elle en avoit eu à descendre.

De nouveaux obstacles se présentèrent. Il falloit encore grimper, et grimper par dedans un bois si touffu, que l'ombre éternelle n'est pas plus noire. Psyché suivoit le vieillard, et le tenoit par l'habit. Après bien des peines, ils arrivèrent à une petite esplanade assez découverte et employée à divers offices ; c'étoit les jardins, la cour principale, les avant-cours, et les avenues de cette demeure. Elle fournissoit des fleurs à son maître, et un peu de fruit, et d'autres richesses du jardinage.

De là ils montèrent à l'habitation du vieillard par des degrés et par des perrons qui n'avoient point eu d'autre architecte que la nature : aussi tenoient-ils un peu du toscan[1], pour en dire la vérité. Ce palais n'avoit pour toit que cinq ou six arbres d'une prodigieuse hauteur, dont les racines cherchoient passage entre les voûtes de ces rochers.

1. Le plus simple des cinq ordres d'architecture : ci-dessus, p. 61. Voyez *les cinq rangs de l'architecture, à savoir Tuscane, Dorique, Ionique, Corinthiaque, et composée, avec instruction fondamentale et avec belles ordonnances d'architecture mises en perspective* par Jean Vredeman (Amsterdam, 1620, in-fol.).

Là deux jeunes bergères assises voyoient paître à dix pas d'elles cinq ou six chèvres, et filoient de si bonne grâce, que Psyché ne se put tenir de les admirer. Elles avoient assez de beauté pour ne se pas voir méprisées par la concurrente[1] de Vénus. La plus jeune approchoit de quatorze ans, l'autre en avoit seize. Elles saluèrent notre héroïne d'un air naïf, et pourtant fort spirituel, quoiqu'un peu de honte l'accompagnât. Mais ce qui fit principalement que Psyché crut trouver de l'esprit en elles, ce fut l'admiration qu'elles témoignèrent en la regardant. Psyché les baisa, et leur fit un petit compliment champêtre dans lequel elle les louoit de beauté[2] et de gentillesse : à quoi elles répondirent par l'incarnat qui leur monta aussitôt aux joues[3].

« Vous voyez mes petites filles, dit le vieillard à Psyché : leur mère est morte depuis six mois. Je les élève avec un aussi grand soin que si ce n'étoient pas des bergères. Le regret que j'ai, c'est que, n'ayant jamais bougé de cette montagne, elles sont incapables de vous servir. Souffrez toutefois qu'elles vous conduisent dans leur demeure : vous devez avoir besoin de repos. »

Psyché ne se fit pas presser davantage : elle s'alla mettre au lit. Les deux pucelles la déshabillèrent avec cent signes d'admiration à leur mode quand elle avoit la tête tournée, se faisant l'une à l'autre remarquer de l'œil fort innocemment les beautés qu'elles découvroient; beautés capables de leur donner de l'amour, et d'en donner, s'il faut ainsi dire, à toutes les choses du monde. Psyché avoit pris leur lit, couchée propre-

1. Page 138 et note 1.
2. *La Coupe*, vers 125.
3. *Les Rémois*, vers 163 et note 9. — La « vermeille et incarnate couleur », comme dit Brantôme (tome VIII, p. 34).

ment sous du linge jonché de roses[1]. L'odeur de ces fleurs, ou la lassitude, ou d'autres secrets dont Morphée se sert, l'assoupirent incontinent. J'ai toujours cru, et le crois encore, que le sommeil est une chose invincible. Il n'y a ni procès, ni affliction, ni amour qui tienne.

Pendant que Psyché dormoit, les bergères coururent aux fruits. On lui en fit prendre à son réveil, et un peu de lait; il n'entroit guère d'autre nourriture en ce lieu. On y vivoit à peu près comme chez les premiers humains; plus proprement, à la vérité, mais de viandes[2] que la seule nature assaisonnoit. Le vieillard couchoit en une enfonçure du rocher, sans autre tapis de pied qu'un peu de mousse étendue, et sur cette mousse l'équipage du dieu Morphée[3]. Un autre rocher plus spacieux et plus richement meublé étoit l'appartement des deux jeunes filles. Mille petits ouvrages de jonc et d'écorce tendre y tenoient lieu de tapisserie, des plumes d'oiseaux, des festons, des corbeilles remplies de fleurs. La porte du roc servoit aussi de fenêtre, comme celles de nos balcons; et, par le moyen de l'esplanade, elle découvroit un pays fort grand, diversifié, agréable : le vieillard avoit abattu les arbres qui pouvoient nuire à la vue.

Une chose m'embarrasse, c'est de vous dépeindre

1. *Le Tableau*, vers 86 et note 5.
2. *Viandes*, pour vivres, nourriture, aliments en général : comparez le *Pâté d'anguille*, vers 69 et note 2; et le tome IX du Molière de notre Collection, p. 103 et note 4. — « Notez que c est viande celeste, manger à desieuner raisins auec fouace fraische. » (RABELAIS, tome I, p. 97.) « Vous mangerez à souper non febues, non lieures, ne aultre chair, non poulpre, qu'on nomme polype, non choulx, ne aultres viandes qui pussent vos espritz animaulx troubler et obfusquer. » (*Ibidem*, tome II, p. 69-70.)
3. Quelques draps, quelques linges sans doute, pour s'envelopper et dormir : ci-dessus, ligne 1 : « ... couchée proprement sous du linge jonché de roses ».

cette porte servant aussi de fenêtre, et semblable à celles de nos balcons, en sorte que le champêtre soit conservé. Je n'ai jamais pu savoir comment cela s'étoit fait. Il suffit de dire qu'il n'y avoit rien de sauvage en cette habitation, et que tout l'étoit à l'entour.

Psyché, ayant regardé ces choses, témoigna à notre vieillard qu'elle souhaitoit de l'entretenir, et le pria de s'asseoir près d'elle. Il s'en excusa sur sa qualité de simple mortel, puis il obéit. Les deux filles se retirèrent.

« C'est en vain, dit notre héroïne, que vous me cachez votre véritable condition. Vous n'avez pas employé toute votre vie à pêcher, et parlez trop bien pour n'avoir jamais conversé qu'avec des poissons. Il est impossible que vous n'ayez vu le beau monde, et hanté les grands, si vous n'êtes vous-même d'une naissance au-dessus de ce qui paroît à mes yeux : votre procédé[1], vos discours, l'éducation de vos filles, même la propreté de cette demeure, me le font juger. Je vous prie, donnez-moi conseil. Il n'y a qu'un jour que j'étois la plus heureuse femme du monde. Mon mari étoit amoureux de moi, il me trouvoit belle : et ce mari, c'est l'Amour. Il ne veut plus que je sois sa femme : je n'ai pu seulement obtenir de lui d'être son esclave. Vous me voyez vagabonde; tout me fait peur; je tremble à la moindre haleine du vent : hier je commandois au Zéphyre. J'eus à mon coucher une centaine de nymphes des plus jolies et des plus qualifiées, qui se tinrent heureuses d'une parole que je leur dis, et qui baisèrent en me quittant le bas de ma robe. Les adorations, les délices, la comédie, rien ne me manquoit. Si j'eusse voulu qu'un plaisir fût venu des extrémités de la terre pour me trouver, j'eusse été incontinent satisfaite. Ma félicité

1. Page 91 et note 1.

étoit telle que le changement des habits et celui des
ameublements ne me touchoit plus. J'ai perdu tous ces
avantages, et les ai perdus par ma faute, et sans
espérance de les recouvrer jamais : l'Amour me hait
trop. Je ne vous demande pas si je cesserai de l'aimer,
il m'est impossible; je vous demande aussi peu si je
cesserai de vivre, ce remède m'est interdit : « Garde-toi,
« m'a dit mon mari, d'attenter contre ta vie! » Voilà
les termes où je suis réduite : il m'est défendu de me
soustraire à la peine. C'est bien le comble du désespoir
que de n'oser se désespérer. Quand je le ferai néanmoins, quelle punition[1] y a-t-il par delà la mort? Me
conseillez-vous de traîner ma vie dans des alarmes
continuelles, craignant Vénus, m'imaginant voir à tous
les moments les ministres de sa fureur? Si je tombe
entre ses mains, et je ne puis m'empêcher d'y tomber,
elle me fera mille maux. Ne vaut-il pas mieux que
j'aille en un monde où elle n'a point de pouvoir? Mon
dessein n'est pas de m'enfoncer un fer dans le sein; les
dieux me gardent de désobéir à l'Amour jusqu'à ce
point-là! mais si je refuse la nourriture, si je permets à
un aspic de décharger sur moi sa colère, si par hasard je
rencontre de l'aconit, et que j'en mette un peu sur ma
langue, est-ce un si grand crime? Tout au moins me
doit-il être permis de me laisser mourir de tristesse. »

Au nom de l'Amour le vieillard s'étoit levé. Quand la
belle eut achevé de parler, il se prosterna; et, la trai-
tant de déesse, il s'alloit jeter en des excuses qui n'eussent fini de longtemps, si Psyché ne les eût d'abord
prévenues, et ne lui eût commandé par tous les titres

---

1. Dans *l'Oraison de saint Julien*, vers 230-231 :

Quand je ferai, disoit-elle, ce tour,
Qui l'ira dire?

qu'il voudroit lui donner, soit de belle, soit de princesse, soit de déesse, de se remettre en sa place, et de dire son sentiment avec liberté; mais que pour le mieux il laissât ces qualités qui ne faisoient rien pour la consoler, et dont il étoit libéral jusques à l'excès.

Le vieillard savoit trop bien vivre pour contester de cérémonies avec l'épouse de Cupidon. S'étant donc assis : « Madame, dit-il, ou votre mari vous a communiqué l'immortalité; et, cela étant, que vous servira de vouloir mourir? ou vous êtes encore sujette à la loi commune. Or cette loi veut deux choses : l'une, véritablement que nous mourions; l'autre, que nous tâchions de conserver notre vie le plus longtemps qu'il nous est possible. Nous naissons également pour l'un et pour l'autre; et l'on peut dire que l'homme a en même temps deux mouvements opposés : il court incessamment vers la mort; il la fuit aussi incessamment. De violer cet instinct, c'est ce qui n'est pas permis. Les animaux ne le font pas. Y a-t-il rien de plus malheureux qu'un oiseau qui, ayant eu pour demeure une forêt agréable et toute la campagne des airs, se voit renfermé dans une cage d'un pied d'espace? cependant il ne se donne pas la mort; il chante, au contraire, et tâche à se divertir. Les hommes ne sont pas si sages : ils se désespèrent. Regardez combien de crimes un seul crime leur fait commettre. Premièrement, vous détruisez l'ouvrage du Ciel; et plus cet ouvrage est beau, plus le crime doit être grand : jugez donc quelle seroit votre faute[1]. En second lieu, vous vous défiez de la Providence, ce qui est un autre crime. Pouvez-vous répondre de ce qui vous arrivera? Peut-être le Ciel vous réserve-t-il un bonheur plus grand que celui que vous regrettez; peut-

---

1. De tout ce passage rapprochez *Saint Malc*, vers 315-322.

être vous réjouirez-vous bientôt du retour de votre mari, ou pour mieux dire de votre amant ; car à son dépit je le juge tel. J'ai tant vu de ces amants échappés revenir incontinent, et faire satisfaction aux personnes qui leur avoient donné sujet de se plaindre ; j'ai tant vu de malheureux, d'un autre côté, changer de condition et de sentiment, que ce seroit imprudence à vous de ne pas donner à la Fortune le loisir de tourner sa roue. Outre ces raisons générales, votre mari vous a défendu d'attenter contre votre vie. Ne me proposez point pour expédient de vous laisser mourir de tristesse : c'est un détour que votre propre conscience doit condamner. J'approuverois bien plutôt que vous vous perçassiez le sein d'un poignard. Celui-ci est un crime d'un moment, qui a le premier transport pour excuse ; l'autre est une continuation de crimes que rien ne peut excuser. Qu'il n'y ait point de punition par delà la mort, je ne pense pas qu'on vous ait enseigné cette doctrine. Croyez, Madame, qu'il y en a, et de particulièrement ordonnées contre ceux qui jettent leur âme au vent[1], et qui ne la laissent pas envoler.

— Mon père, reprit Psyché, cette dernière considération fait que je me rends ; car d'espérer le retour de mon mari, il n'y a pas d'apparence : je serai réduite à ne faire de ma vie autre chose que le chercher.

— Je ne le crois pas, dit le vieillard. J'ose vous répondre, au contraire, qu'il vous cherchera. Quelle joie alors aurez-vous ! Attendez du moins quelques jours en cette demeure. Vous pourrez vous y appliquer à la connoissance de vous-même et à l'étude de la sagesse ; vous y mènerez la vie que j'y mène depuis longtemps,

---

1.   *.... Lucemque perosi*
Projecere animas.
(VIRGILE, *Énéide*, livre VI, vers 435-436.)

et que j'y mène avec tant de tranquillité, que si Jupiter vouloit changer de condition contre moi, je le renvoyrois sans délibérer.

— Mais, comment vous êtes-vous avisé de cette retraite? repartit Psyché : ne vous serai-je point importune, si je vous prie de m'apprendre votre aventure?

— Je vous la dirai en peu de mots, reprit le vieillard. J'étois à la cour d'un roi qui se plaisoit à m'entendre, et qui m'avoit donné la charge de premier philosophe de sa maison. Outre la faveur, je ne manquois pas de biens. Ma famille ne consistoit qu'en une personne qui m'étoit fort chère : j'avois perdu mon épouse depuis longtemps; il me restoit une fille de beauté exquise, quoique infiniment au-dessous des charmes que vous possédez. Je l'élevai dans des sentiments de vertu convenables à l'état de notre fortune et à la profession que je faisois. Point de coquetterie ni d'ambition; point d'humeur austère non plus. Je voulois en faire une compagne commode pour un mari, plutôt qu'une maîtresse agréable pour des amants.

« Ses qualités la firent bientôt rechercher par tout ce qu'il y avoit d'illustre à la cour. Celui qui commandoit les armées du roi l'emporta. Le lendemain qu'il l'eut épousée, il en fut jaloux; il lui donna des espions et des gardes : pauvre esprit qui ne voyoit pas que, si la vertu ne garde une femme, en vain l'on pose des sentinelles à l'entour[1]! Ma fille auroit été longtemps malheureuse sans les hasards de la guerre. Son mari fut tué dans un combat. Il la laissa mère d'une des filles que vous voyez, et grosse de l'autre. L'affliction fut plus forte que le souvenir des mauvais traitements du défunt, et le temps fut plus fort que l'affliction[2]. Ma

1. Tomes IV, p. 369 et note 3, VII, p. 410 et note 1.
2. *Le Faucon*, vers 258.

fille reprit à la fin sa gaieté, sa douce conversation et ses charmes ; résolue pourtant de demeurer veuve, voire de mourir plutôt que de tenter un second hasard. Les amants reprirent aussi leur train ordinaire : mon logis ne désemplissoit point d'importuns ; le plus incommode de tous fut le fils du roi.

« Ma fille, à qui ces choses ne plaisoient pas, me pria de demander pour récompense de mes services qu'il me fût permis de me retirer. Cela me fut accordé. Nous nous en allâmes à une maison des champs que j'avois. A peine étions-nous partis que les amants nous suivirent[1] : ils y arrivèrent aussitôt que nous. Le peu d'espérance de s'en sauver nous obligea d'abandonner des provinces où il n'y avoit point d'asile contre l'amour, et d'en chercher un chez des peuples du voisinage. Cela fit des guerres et ne nous délivra point des amants : ceux de la contrée étoient plus persécutants que les autres. Enfin nous nous retirâmes au désert, avec peu de suite, sans équipage, n'emportant que quelques livres, afin que notre fuite fût plus secrète. La retraite que nous choisîmes étoit fort cachée ; mais ce n'étoit rien en comparaison de celle-ci. Nous y passâmes deux jours avec beaucoup de repos. Le troisième jour on sut où nous nous étions réfugiés : un amant vint nous demander le chemin ; un autre amant se mit à couvert de la pluie dans notre cabane. Nous voilà désespérés, et n'attendant de tranquillité qu'aux Champs Élysées.

« Je proposai à ma fille de se marier. Elle me pria d'attendre que l'on l'y eût condamnée sous peine du dernier supplice : encore préféreroit-elle la mort à l'hymen. Elle avouoit bien que l'importunité des amants étoit quelque chose de très fâcheux ; mais la tyrannie des

---

1. *Le Petit Chien*, vers 85-88.

méchants maris alloit au delà de tous les maux qu'on étoit capable de se figurer : que je ne me misse en peine que de moi seul; elle sauroit résister aux cajoleries que l'on lui feroit; et, si l'on venoit à la violence, ou à la nécessité du mariage, elle sauroit encore mieux mourir. Je ne la pressai pas davantage.

« Une nuit que je m'étois endormi sur cette pensée, la Philosophie m'apparut en songe. « Je veux, dit-elle, « te tirer de peine : suis-moi. » Je lui obéis. Nous traversâmes les lieux par où je vous ai conduite. Elle m'amena jusque sur le seuil de cette habitation. « Voilà, « dit-elle, le seul endroit où tu trouveras du repos. » L'image du lieu, celle du chemin, demeurèrent dans ma mémoire. Je me réveillai fort content.

« Le lendemain je contai ce songe à ma fille; et, comme nous nous promenions, je remarquai que le chemin où la Philosophie m'avoit fait entrer aboutissoit à notre cabane. Qu'est-il besoin d'un plus long récit? Nous fîmes résolution d'éprouver le reste du songe. Nous congédiâmes nos domestiques, et nous nous sauvâmes avec ces deux filles, dont la plus âgée n'avoit pas six ans; il nous fallut porter l'autre. Après les mêmes peines que vous avez eues, nous arrivâmes sous ces rochers. Ma famille s'y étant établie, je retournai prendre le peu de meubles que vous voyez, les apportant à diverses fois, et mes livres aussi. Pour ce qui nous étoit resté de bagues[1] et d'argent, il étoit déjà en lieu d'assurance[2] : nous n'en avons pas encore eu besoin. Le voisinage du fleuve nous fait subsister, sinon avec luxe et délicatesse, avec beaucoup de santé tout au moins.

1. *Bagues*, au sens ancien de ce mot, bijoux, hardes, vaisselle, etc., objets de toute sorte : voyez tome IV, p. 381, fin de la note 3.
2. De sûreté : ci-dessus, p. 139.

J'y prends du poisson que je vas vendre en une ville que ce mont vous cache, et où je ne suis connu de personne. Mon poisson n'est pas sitôt sur la place qu'il est vendu. Tous les habitants sont gens riches, de bonne chère, fort paresseux. Ils ont peine à sortir de leurs murailles ; comment viendroient-ils ici m'interrompre, si ce n'est que votre mari s'en mêle à la fin, et qu'il nous envoie des amants, soit de ce lieu-là, soit d'un autre ? les amants se font passage partout ; ce n'est pas pour rien que leur protecteur a des ailes. Ces filles, comme vous voyez, sont en âge de l'appréhender[1]. Je ne suis pourtant pas certain qu'elles prennent la chose du même biais que l'a toujours prise leur mère. Voilà, Madame, comme je suis arrivé ici. » Le vieillard finit par l'exagération de son bonheur, et par les louanges de la solitude.

« Mais, mon père, reprit Psyché, est-ce un si grand bien que cette solitude dont vous parlez ? est-il possible que vous ne vous y soyez point ennuyé, vous ni votre fille ? A quoi vous êtes-vous occupés pendant dix années ?

— A nous préparer pour une autre vie, lui répondit le vieillard : nous avons fait des réflexions sur les fautes et sur les erreurs à quoi sont sujets les hommes ; nous avons employé le temps à l'étude.

— Vous ne me persuaderez point, repartit Psyché, qu'une grandeur légitime et des plaisirs innocents ne soient préférables au train de vie que vous menez.

— La véritable grandeur, à l'égard des philosophes, lui répliqua le vieillard, est de régner sur soi-même ; et le véritable plaisir, de jouir de soi. Cela se trouve en la solitude, et ne se trouve guère autre part. Je ne vous dis pas que toutes personnes s'en accommodent ; c'est un bien pour moi, ce seroit un mal pour vous. Une per-

---

1. Rapprochez tome IV, p. 447, note 1 : « les filles battues de l'oiseau, du dieu oiseau ».

sonne que le Ciel a composée[1] avec tant de soin et avec tant d'art, doit faire honneur à son ouvrier, et régner ailleurs que dans le désert.

— Hélas! mon père, dit notre héroïne en soupirant, vous me parlez de régner, et je suis esclave de mon ennemie! Sur qui voulez-vous que je règne? Ce ne peut être ni sur mon cœur, ni sur celui de l'Amour; de régner sur d'autres, c'est une gloire que je refuse. » Là-dessus elle lui conta son histoire succinctement. Après avoir achevé : « Vous voyez, dit-elle, combien j'ai sujet de craindre Vénus. J'ai toutefois résolu de me mettre en quête de mon mari devant que le jour se passe. Sa brûlure m'inquiète trop : ne savez-vous point un secret pour le guérir sans douleur et en un moment? »

Le vieillard sourit. « J'ai, dit-il, cherché toute ma vie dans les simples, dans les compositions, dans les minéraux, et n'ai pu encore trouver de remède pour aucun mal : mais croyez-vous que les dieux en manquent? Il faut bien qu'ils en aient de bons, et de bons médecins aussi, puisque la mort ne peut rien sur eux. Ne vous mettez donc en peine que de regagner votre époux : pour cela il vous faut attendre; laissez-le dormir sur sa colère; si vous vous présentez à lui devant que le temps l'ait adoucie, vous vous mettrez au hasard d'être rebutée : ce qui vous seroit d'une très périlleuse conséquence pour l'avenir. Quand les maris se sont fâchés une fois, et qu'ils ont fait une fois les difficiles, la mutinerie[2] ne leur coûte plus rien après. »

1. Dans *le Magnifique*, vers 132-134 :

    Ne croyez pas, Monsieur,
    Que la Nature ait composé mon cœur
    De marbre dur.

2. Comparez, pour ce sens de *mutinerie*, notre tome V, p. 398 et note 4.

Psyché se rendit à cet avis, et passa huit jours en ce lieu-là sans y trouver le repos que son hôte lui promettoit. Ce n'est pas que l'entretien du vieillard et celui même des jeunes filles ne charmassent quelquefois son mal ; mais incontinent elle retournoit aux soupirs : et le vieillard lui disoit que l'affliction diminueroit sa beauté, qui étoit le seul bien qui lui restoit, et qui feroit infailliblement revenir les autres. On n'avoit point encore allégué de raison à notre héroïne qui lui plût tant. Ce n'étoit pas seulement au vieillard qu'elle parloit de sa passion : elle demandoit quelquefois conseil aux choses inanimées ; elle importunoit les arbres et les rochers. Le vieillard avoit fait[1] une longue route dans le fond du bois. Un peu de jour y venoit d'en haut. Des deux côtés de la route étoient des réduits où une belle pouvoit s'endormir sans beaucoup de témérité : les Sylvains ne fréquentoient pas cette forêt ; ils la trouvoient trop sauvage. La commodité du lieu obligea Psyché d'y faire des vers, et d'en rendre les hêtres participants[2]. Elle rappela les idées de la poésie que les nymphes lui avoient données[3]. Voici à peu près le sens de ses vers :

« Que nos plaisirs passés augmentent nos supplices !
Qu'il est dur d'éprouver, après tant de délices,
 Les cruautés du Sort !
Falloit-il être heureuse avant qu'être coupable ?
Et si de me haïr, Amour, tu fus capable,
 Pourquoi m'aimer d'abord ?

« Que ne punissois-tu mon crime par avance ?
Il est bien temps d'ôter à mes yeux ta présence
 Quand tu luis dans mon cœur !

---

1. Avait tracé, avait ouvert.
2. De les graver sur les hêtres : page 77 et note 2.
3. *Ibidem*, lignes 4-5.

Encor si j'ignorois la moitié de tes charmes!
Mais je les ai tous vus : j'ai vu toutes les armes
  Qui te rendent vainqueur.

« J'ai vu la beauté même et les grâces dormantes:
Un doux ressouvenir de cent choses charmantes
  Me suit dans les déserts.
L'image de ces biens rend mes maux cent fois pires;
Ma mémoire me dit : « Quoi! Psyché, tu respires,
  « Après ce que tu perds? »

« Cependant il faut vivre : Amour m'a fait défense
D'attenter sur des jours qu'il tient en sa puissance,
  Tout malheureux qu'ils sont.
Le cruel veut, hélas! que mes mains soient captives;
Je n'ose me soustraire aux peines excessives
  Que mes remords me font. »

C'est ainsi qu'en un bois Psyché contoit aux arbres[1]
Sa douleur, dont l'excès faisoit fendre les marbres[2]
  Habitants de ces lieux.
Rochers, qui l'écoutiez avec quelque tendresse,
Souvenez-vous des pleurs qu'au fort de sa tristesse
  Ont versés ses beaux yeux[3].

Elle n'avoit guère d'autre plaisir. Une fois pourtant la curiosité de son sexe, et la sienne propre, lui fit

---

1. Tel Adonis repense à l'heur qu'il a perdu;
 Il le conte aux forêts, etc.
   (*Adonis*, vers 221-222 et note 5.)

2. Ainsi Vénus cessa. Les rochers, à ses cris,
 Quittant leur dureté, répandirent des larmes.
   (*Ibidem*, vers 602-603.)

3. C'est la même inspiration qui a dicté à Racine la fin de ses *Stances à Parthénice*; à Lamartine son *Lac*; à Victor Hugo *la Tristesse d'Olympio*; à Alfred de Musset son apostrophe aux arbres de la forêt de Fontainebleau, dans la *Confession d'un enfant du siècle*; etc., etc.

écouter une conversation secrète des deux bergères. Le vieillard avoit permis à l'aînée de lire certaines fables amoureuses que l'on composoit alors, à peu près comme nos romans, et l'avoit défendu à la cadette, lui trouvant l'esprit trop ouvert et trop éveillé. C'est une conduite que nos mères de maintenant suivent aussi : elles défendent à leurs filles cette lecture pour les empêcher de savoir ce que c'est qu'amour; en quoi je tiens qu'elles ont tort ; et cela est même inutile, la Nature servant d'Astrée[1]. Ce qu'elles gagnent par là n'est qu'un peu de temps : encore n'en gagnent-elles point, une fille qui n'a rien lu croit qu'on n'a garde de la tromper, et est plus tôt prise. Il est de l'amour comme du jeu; c'est prudemment fait que d'en apprendre toutes les ruses, non pas pour les pratiquer, mais afin de s'en garantir[2]. Si jamais vous avez des filles, laissez-les lire[3].

Celles-ci s'entretenoient à l'écart. Psyché étoit assise à quatre pas d'elles sans qu'on la vît. La cadette dit à l'aînée : « Je vous prie, ma sœur, consolez-moi : je

---

1. *L'Astrée*, ce roman où il n'est question que d'amour, et tellement célèbre que son titre était devenu une sorte de nom commun. — Ci-dessus, p. 109.

2. Comparez le début du *Fleuve Scamandre* (vers 10-17) :

    Si, dans ces vers, j'introduis et je chante
    Certain trompeur et certaine innocente,
    C'est dans la vue et dans l'intention
    Qu'on se méfie en telle occasion.
    J'ouvre l'esprit, et rends le sexe habile
    A se garder de ces pièges divers.
    Sotte ignorance en fait trébucher mille,
    Contre une seule à qui nuiroient mes vers.

3. Notre poète dit cependant dans *la Coupe enchantée*, vers 118-119 et note 1, en parlant aussi des romans :

    .... Point de ces livres qu'une fille
    Ne lit qu'avec danger, et qui gâtent l'esprit.

ne me trouve plus belle comme je faisois. Vous semble-t-il pas que la présence de Psyché nous ait changées l'une et l'autre? J'avois du plaisir à me regarder devant qu'elle vînt; je n'y en ai plus. — Et ne vous regardez pas, dit l'aînée. — Il se faut bien regarder, reprit la cadette : comment feroit-on autrement pour s'ajuster comme il faut? Pensez-vous qu'une fille soit comme une fleur, qui sait arranger ses feuilles sans se servir de miroir? Si j'étois rencontrée de quelqu'un qui ne me trouvât pas à son gré?

— Rencontrée dans ce désert! dit l'aînée : vous me faites rire. — Je sais bien, reprit la cadette, qu'il est difficile d'y aborder; mais cela n'est pas absolument impossible. Psyché n'a point d'ailes, ni nous non plus; nous nous y rencontrons cependant. Mais, à propos de Psyché, que signifient les paroles qu'elle a gravées sur nos hêtres? pourquoi mon père l'a-t-il priée de ne me les point expliquer? d'où vient qu'elle soupire incessamment? qui est cet Amour qu'elle dit qu'elle aime?

— Il faut que ce soit son frère, repartit l'aînée. — Je gagerois bien que non, dit la jeune fille. Vous qui parlez, feriez-vous tant de façons pour un frère? — C'est donc son mari, répliqua la sœur. — Je vous entends bien, reprit la cadette; mais les maris viennent-ils au monde tout faits? ne sont-ils point quelque autre chose auparavant? Qu'étoit l'Amour à sa femme devant que de l'épouser? c'est ce que je vous demande. — Et ce que je ne vous dirai pas, répondit la sœur, car on me l'a défendu.

— Vous seriez bien étonnée, dit la jeune fille, si je le savois déjà. C'est un mot qui m'est venu dans l'esprit sans que personne me l'ait appris : devant que l'Amour fût le mari de Psyché, c'étoit son amant. — Qu'est-ce à dire amant? s'écria l'aînée; y a-t-il des amants au monde? — S'il y en a! reprit la cadette : votre cœur ne vous l'a-t-il point encore dit? il y a tantôt six mois que le mien ne me parle d'autre chose. — Petite fille, reprit sa sœur, si l'on vous entend, vous serez criée[1]. — Quel mal y a-t-il à ce que je dis? lui repartit la jeune bergère. Hé! ma chère sœur, continua-t-elle en lui jetant les deux bras au cou, apprenez-moi, je vous prie, ce qu'il y a dans vos livres[2]. — On ne le veut pas, dit l'aînée. — C'est à cause de cela, reprit la cadette, que j'ai une extrême envie de le savoir. Je me lasse d'être un enfant et une ignorante. J'ai résolu de prier mon père qu'il me mène un de ces jours à la ville; et la première fois que Psyché se parlera à elle-même, ce qui lui arrive souvent étant seule, je me cacherai pour l'entendre.

— Cela n'est pas nécessaire, » dit tout haut Psyché de l'endroit où elle étoit. Elle se leva aussitôt, et courut à nos deux bergères, qui se jetèrent à ses genoux si confuses qu'à peine purent-elles ouvrir la bouche pour lui demander pardon. Psyché les baisa, les prit par la main, et les fit asseoir à côté d'elle, puis leur parla de cette manière : « Vous n'avez rien dit qui m'offense, les belles filles. Et vous, continua-t-elle en s'adressant à la jeune sœur et en la baisant encore une fois, je vous satisferai tout à l'heure sur vos soupçons. Votre père m'avoit priée de ne le pas faire; mais, puisque ses précautions sont inutiles, et que la Nature vous en a déjà tant appris, je vous dirai qu'en effet il y a au monde un certain peuple agréable, insinuant, dont les ma-

---

1. Grondée : voyez Molière, *l'Étourdi*, vers 839 et note 4, et *l'École des femmes*, vers 1506.
2. Rapprochez *la Coupe enchantée*, scène x : « Vous lisez dans des livres, dit Lélie, et mon père y sait lire aussi. Pourquoi ne m'a-t-on pas appris à y lire? »

nières sont tout à fait douces, qui ne songe qu'à nous plaire, et nous plaît aussi; il n'a rien d'extraordinaire ni en son visage ni en sa mine; cependant nous le trouvons beau par-dessus tous les autres peuples de l'univers. Quand on en vient là, les sœurs et les frères ne sont plus rien. Ce peuple est répandu par toute la terre sous le nom d'amants. De vous dire précisément comme il est fait, c'est une chose impossible : en certains pays il est blanc, en d'autres pays il est noir. L'Amour ne dédaignoit pas d'en faire partie. Ce dieu étoit mon amant devant que de m'épouser; et ce qui vous étonneroit si vous saviez comme se gouverne le monde, c'est qu'il l'étoit même étant mon mari; mais il ne l'est plus. »

En suite de cette déclaration, Psyché leur conta son aventure bien plus au long qu'elle ne l'avoit contée au vieillard. Son récit étant achevé : « Je vous ai, dit-elle, conté ces choses afin que vous fassiez dessus des réflexions, et qu'elles vous servent pour la conduite de votre vie. Non que mes malheurs, provenant d'une cause extraordinaire, doivent être tirés à conséquence par des bergères, ni qu'ils doivent vous dégoûter d'une passion dont les peines même sont des plaisirs : comment résisteriez-vous à la puissance de mon mari? tout ce qui respire lui sacrifie. Il y a des cœurs qui s'en voudroient dispenser; ces cœurs y viennent à leur tour. J'ai vu le temps que le mien étoit du nombre : je dormois tranquillement, on ne m'entendoit point soupirer, je ne pleurois point; je n'étois pas plus heureuse que je le suis. Cette félicité languissante n'est pas une chose si souhaitable que votre père se l'imagine : les philosophes la cherchent avec un grand soin, les morts la trouvent sans nulle peine. Et ne vous arrêtez pas à ce que les poètes disent de ceux qui aiment; ils leur font passer leur plus bel-âge dans les ennuis : les ennuis d'amour ont cela de bon qu'ils n'ennuient jamais. Ce que vous avez à faire est de bien choisir, et de choisir une fois pour toutes[1] : une fille qui n'aime qu'en un endroit ne sauroit être blâmée, pourvu que l'honnêteté, la discrétion, la prudence soient conductrices[2] de cette affaire, et pourvu qu'on garde des bornes, c'est-à-dire qu'on fasse semblant d'en garder. Quand vos amours iront mal, pleurez, soupirez, désespérez-vous; je n'ai que faire de vous le dire : faites seulement que cela ne paroisse pas; quand elles iront bien, que cela paroisse encore moins, si vous ne voulez que l'envie s'en mêle, et qu'elle corrompe de son venin toute votre béatitude[3], comme vous voyez qu'il est arrivé à mon égard. J'ai cru vous rendre un fort bon office en vous donnant ces avis, et ne comprends pas la pensée de votre père. Il sait bien que vous ne demeurerez pas toujours dans cette ignorance : qu'attend-il donc? que votre propre expérience vous rende sages? Il me semble qu'il vaudroit mieux que ce fût l'expérience d'autrui, et qu'il vous permît la lecture à l'une aussi bien qu'à l'autre : je vous promets de lui en parler. »

Psyché plaidoit la cause de son époux, et peut-être sans cela n'auroit-elle pas inspiré ces sentiments aux deux jeunes filles. Les sœurs l'écoutoient comme une personne venue du ciel. Il se tint ensuite entre les trois belles un conseil secret touchant les affaires de notre héroïne.

Elle demanda aux bergères ce qu'il leur sembloit de son aventure, et quelle conduite elle avoit à tenir de là en avant. Les sœurs la prièrent de trouver bon qu'elles demeurassent dans le respect, et s'abstinssent de dire

1. Est de bien choisir une fois pour toutes. (1729.)
2. Page 58 et note 3. — 3. Page 97 et note 2.

leur sentiment : il ne leur appartenoit pas, dirent-elles, de délibérer sur la fortune d'une déesse : quel conseil pouvoit-on attendre de deux jeunes filles qui n'avoient encore vu que leur troupeau?

Notre héroïne les pressa tant que l'aînée lui dit qu'elle approuvoit ses soumissions et son repentir ; qu'elle lui conseilloit de continuer : car cela ne pouvoit lui nuire, et pouvoit extrêmement lui profiter ; qu'assurément son mari n'avoit point discontinué de l'aimer : ses reproches et le soin qu'il avoit eu d'empêcher qu'elle ne mourût, sa colère même, en étoient des témoignages infaillibles ; il vouloit, sans plus, lui faire acheter ses bonnes grâces, pour les lui rendre plus précieuses. C'étoit un second ragoût[1] dont il s'avisoit, et qui, tout considéré, n'étoit pas à beaucoup près si étrange que le premier.

La cadette fut d'un avis tout contraire, et s'emporta fort contre l'Amour. Ce dieu étoit-il raisonnable? avoit-il des yeux, de laisser languir à ses pieds la fille d'un roi, reine elle-même de la beauté, tout cela parce qu'on avoit eu la curiosité de le voir? La belle raison de quitter sa femme, et de faire un si grand bruit ! S'il eût été laid, il eût eu sujet de se fâcher ; mais étant si beau, on lui avoit fait plaisir. Bien loin que cette curiosité fût blâmable, elle méritoit d'être louée, comme ne pouvant provenir que d'excès d'amour. « Si vous m'en croyez, Madame, vous attendrez que votre mari revienne au logis. Je ne connois ni le naturel des dieux ni celui des

---

1. Tome V, p. 512 et note 4 :

    Ne vous ai-je pas ouï dire
    Que c'étoit votre grand ragoût?

Dans *l'Avare* de Molière, acte II, scène v : « Je voudrois bien savoir quel ragoût il y a à eux » ; et plus bas (*ibidem*) : « Un amant aiguilleté sera pour elle un ragoût merveilleux. »

hommes; mais je juge d'autrui par moi-même, et crois que chacun est fait à peu près de la même sorte : quand nous avons quelque différend, ma sœur et moi, si je fais la froide et l'indifférente, elle me recherche; si elle se tient sur son quant à moi[1], je vas au-devant. »

Psyché admira l'esprit de nos deux bergères, et conjectura que la cadette avoit attrapé les livres dont la bibliothèque de sa sœur étoit composée, et les avoit lus en cachette : ajoutez aux livres l'excellence du naturel, lequel, ayant été fort heureux dans la mère de ces deux filles, revivoit en l'une et en l'autre avec avantage, et n'avoit point été abâtardi par la solitude. Psyché préféra l'avis de l'aînée à celui de la cadette : elle résolut de se mettre en quête de son mari dès le lendemain.

Cette entreprise avoit quelque chose de bien hardi et de bien étrange. La fille d'un roi aller ainsi seule! car, pour être femme d'un dieu, ce n'étoit pas une qualité qui dût faire trouver de la messéance[2] en la chose : les déesses vont et viennent comme il leur plaît, et personne n'y trouve à dire[3]. La difficulté étoit plus grande à l'égard de notre héroïne : non seulement elle appréhendoit de rencontrer les satellites de son ennemie, mais tous les hommes en général. Et le moyen d'empêcher qu'on ne la reconnût d'abord? Quoique son habit fût de deuil, c'étoit aussi un habit de noces, chargé de diamants en beaucoup d'endroits, et qui avoit consumé deux années du revenu de son père. Tant de beauté en

---

1. *Joconde*, vers 175 et note 4.
2. Un manque de bienséance. — « Ce fut l'Angleterre qui nous rendit sourds à ses invitations (aux invitations du Czar) jusqu'à la messéance. » (SAINT-SIMON, tome XIV, p. 34-35.) « Il lui échappa beaucoup de messéances à son état passé et à celui qu'il avoit embrassé depuis. » (*Ibidem*, tome II, p. 29.)
3. N'y trouve rien à dire. (1729.)

une personne, et de richesses en son vêtement¹, tenteroient le premier venu. Elle espéroit véritablement que son mari préserveroit la personne, et empêcheroit que l'on n'y touchât; les diamants deviendroient ce qu'il plairoit au Destin. Quand elle n'auroit rien espéré, je crois qu'il n'en eût été autre chose². Io courut par toute la terre : on dit qu'elle étoit piquée d'une mouche³; je soupçonne fort cette mouche de ressembler à l'Amour autrement que par les ailes. Bien prit à Psyché que la mouche qui la piquoit étoit son mari : cela excusoit toutes choses.

L'aînée des deux filles lui proposa de se faire faire un autre habit dans cette ville voisine dont j'ai parlé : leur père auroit ce soin-là, si elle le jugeoit à propos. Psyché, qui voyoit que cette fille étoit d'une taille à peu près comme la sienne, aima mieux changer d'habit avec elle, et voulut que la métamorphose s'en fît sur-le-champ. C'étoit une occasion de s'acquitter envers ses hôtesses. Quelle satisfaction pour elle si le prix de ces diamants augmentoit celui de ces filles, et y faisoit mettre l'enchère par plus d'amants!

Qui se trouva empêchée? ce fut la bergère⁴. Le respect, la honte, la répugnance de recevoir ce présent, mille choses l'embarrassoient : elle appréhendoit que son père ne la blâmât. Toutes bergères qu'étoient ces filles, elles avoient du cœur, et se souvenoient de leur naissance quand il en étoit besoin. Il fallut cette fois-là

---

1. « A son vêtement », dans 1729, comme, plus haut, p. 157, ligne 3, semblable variante : « à son visage ».
2. Quand même elle n'aurait pas gardé une ombre d'espoir en la protection de l'Amour, elle se serait encore mise en route pour le chercher.
3. Le taon envoyé par Junon, et qui piquait Io sans cesse.
4. *La Gageure*, vers 77-78 et note 3. Voyez aussi *la Fiancée*, vers 236 et note 1.

que l'aînée se laissât persuader; à condition, dit-elle, que cet habit lui tiendroit lieu de dépôt.

Nos deux travesties[1] se trouvèrent en leurs nouveaux accoutrements comme si Psyché n'eût fait toute sa vie autre chose qu'être bergère, et la bergère qu'être princesse. Quand elles se présentèrent au vieillard, il eut de la peine à les reconnoître. Psyché se fit un divertissement de cette métamorphose. Elle commençoit à mieux espérer, goûtant les raisons qu'on lui apportoit.

Le lendemain, ayant trouvé le vieillard seul, elle lui parla ainsi : « Vous ne pouvez pas toujours vivre, et êtes en un âge qui vous doit faire songer à vos filles : que deviendront-elles si vous mourez?

— Je leur laisserai le Ciel pour tuteur, reprit le vieillard; puis l'aînée a de la prudence, et toutes deux ont assez d'esprit. Si la Parque me surprend, elles n'auront qu'à se retirer dans cette ville voisine : le peuple y est bon, et aura soin d'elles. Je vous confesse que le plus sûr est de prévenir la Parque. Je les conduirai moi-même en ce lieu dès que vous serez partie. C'est un lieu de félicité pour les femmes : elles y font tout ce qu'elles veulent, et cela leur fait vouloir tout ce qui est bien. Je ne crois pas que mes filles en usent autrement. S'il étoit bienséant à moi de les louer, je vous dirois que leurs inclinations sont bonnes, et que l'exemple et les leçons de leur mère ont trouvé en elles des sujets déjà disposés à la vertu. La cadette ne vous a-t-elle point semblé un peu libre?

— Ce n'est que gaieté et jeunesse, reprit Psyché : elle n'aime pas moins la gloire que son aînée. L'âge lui donnera de la retenue : la lecture lui en auroit déjà donné, si vous y aviez consenti. Au reste, servez-vous

---

1. *La Mandragore*, vers 233.

des diamants qui sont sur l'habit que j'ai laissé à vos filles : cela vous aidera peut-être à les marier. Non que leur beauté ne soit une dot plus que suffisante; mais vous savez aussi bien que moi que, quand la beauté est riche, elle est de moitié plus belle. »

Le vieillard eut trop de fierté pour un philosophe. Il ne se voulut charger de l'habit qu'à condition de n'y point toucher. Dès le même jour, tous quatre partirent de ce désert.

Quand ils eurent passé la ravine et le petit sentier bordé de ronces[1], ils se séparèrent. Le vieillard, avec ses enfants, prit le chemin de la ville, Psyché, celui que la fortune lui présenta. La peine de se quitter fut égale, et les larmes bien réciproques. Psyché embrassa cent fois les deux jeunes filles, et les assura que, si elle rentroit en grâce, elle feroit tant auprès de l'Amour qu'il les combleroit de ses biens, leur départiroit à petite mesure ses maux, justement ce qu'il en faudroit pour leur faire trouver les biens meilleurs[2]. Après le renouvellement des adieux et celui des larmes, chacun suivit son chemin : ce ne fut pas sans tourner la tête.

La famille du vieillard arriva heureusement dans le lieu où elle avoit dessein de s'établir. Je vous conterois ses aventures si je ne m'étois point prescrit des bornes plus resserrées. Peut-être qu'un jour les mémoires que j'ai recueillis tomberont entre les mains de quelqu'un qui s'exercera sur cette matière, et qui s'en acquittera

---

1. Ci-dessus, p. 136-138.

2. .... Mais qu'est-ce qu'un amour sans crainte et sans desir?
　Je vous le demande à vous-même.
　Ce sont des feux bientôt passés
Que ceux qui ne sont point dans leur cours traversés :
　Il y faut un peu de contrainte.
　　　　　(La Fiancée, vers 286-290.)

mieux que moi : maintenant je n'achèverai que l'histoire de notre héroïne.

Sitôt qu'elle eut perdu de vue ces personnes, son dessein se représenta à elle tel qu'il étoit, avec ses inconvénients, ses dangers, ses peines, dont elle n'avoit aperçu jusque-là qu'une petite partie. Il ne lui restoit de tant de trésors qu'un simple habit de bergère. Les palais où il lui falloit coucher étoient quelquefois le tronc d'un arbre, quelquefois un antre, ou une masure. Là, pour compagnie, elle rencontroit des hiboux et force serpents. Son manger croissoit sur le bord de quelque fontaine, ou pendoit aux branches des chênes, ou se trouvoit parmi celles des palmiers. Qui l'auroit vue pendant le midi, lorsque la campagne n'est qu'un désert, contrainte de s'appuyer contre la première pierre qu'elle rencontroit, et n'en pouvant plus de chaleur, de faim, et de lassitude, priant le Soleil de modérer quelque peu l'excessive ardeur de ses rayons, puis considérant la terre, et ressuscitant avec ses larmes les herbes que la canicule avoit fait mourir[1]; qui l'auroit vue, dis-je, en cet état, et ne se seroit pas fondu en pleurs[2] aussi bien qu'elle, auroit été un véritable rocher.

Deux jours se passèrent à aller de côté et d'autre, puis revenir sur ses pas, aussi peu certaine du lieu par où elle vouloit commencer sa quête que de la route qu'il falloit prendre. Le troisième, elle se souvint que l'Amour lui avoit recommandé sur toutes choses de le venger. Psyché étoit bonne : jamais elle n'auroit pu se

---

1. Tome VI, p. 296 et note 7 :
    Les larmes qu'il versoit faisoient courber les fleurs.
Comparez Malherbe, tome I, p. 161 :
    Et l'herbe du rivage, où ses larmes touchèrent,
        Perdit toutes ses fleurs.
2. Tome VI, p. 245 et note 9.

résoudre de faire du mal à ses sœurs autrement que
par un motif d'obéissance, quelque méchantes et
quelque dignes de punition qu'elles fussent. Que
si elle avoit voulu tuer son mari, ce n'étoit pas comme
son mari, mais comme dragon. Aussi ne se proposa-
t-elle point d'autre vengeance que de faire accroire à
chacune de ses sœurs séparément que l'Amour vouloit
l'épouser, ayant répudié leur cadette comme indigne
de l'honneur qu'il lui avoit fait : tromperie qui, dans
l'apparence, n'aboutissoit qu'à les faire courir l'une et
l'autre, et leur faire consumer un peu plus de temps
autour d'un miroir.

Dans cette résolution, elle se remet en chemin; et,
comme une personne de son sexe vint à passer (elle
avoit soin de se détourner des hommes), elle la pria de
lui dire par où on alloit à certains royaumes, situés en
un canton[1] qui étoit entre telle et telle contrée, enfin
où régnoient les sœurs de Psyché. Le nom de Psyché
étoit plus connu que celui de ces royaumes : ainsi cette
femme comprit par là ce que l'on lui demandoit, et enseigna à notre bergère une partie de la route qu'il falloit suivre.

A la première croisée de chemins qu'elle rencontra,
ses frayeurs se renouvelèrent. Les gens qu'avoit envoyés Vénus pour se saisir d'elle ayant rendu à leur
reine un fort mauvais compte de leur recherche, cette
déesse ne trouva point d'autre expédient que de faire
trompeter sa rivale. Le crieur des dieux est Mercure[2] :
c'est un de ses cent métiers. Vénus le prit dans sa belle
humeur, et, après s'être laissé dérober par ce dieu deux
ou trois baisers et une paire de pendants d'oreilles,
elle fit marché avec lui, moyennant lequel il se chargea

1. Page 68; et *passim*. — 2. Livre VI, fable IV, vers 2.

de crier Psyché par tous les carrefours de l'univers, et d'y faire planter des poteaux où ce placard seroit affiché :

« De par la reine de Cythère,
Soient, dans l'un et l'autre hémisphère,
Tous humains dûment avertis
Qu'elle a perdu certaine esclave blonde,
Se disant femme de son fils,
Et qui court à présent le monde.
Quiconque enseignera sa retraite à Vénus,
Comme c'est chose qui la touche,
Aura trois baisers de sa bouche;
Qui la lui livrera, quelque chose de plus[1]. »

Notre bergère rencontra donc un de ces poteaux : il y en avoit à toutes les croisées de chemins un peu fréquentés. Après six jours de travail, elle arriva au royaume de son aînée. Cette malheureuse femme savoit déjà, par le moyen des placards, ce qui étoit arrivé à sa sœur. Ce jour-là elle étoit sortie afin d'en voir un; la satisfaction qu'elle en eut fut véritablement assez grande pour mériter qu'elle la goûtât à loisir. Ainsi elle renvoya à la ville la meilleure partie de son train[2], et voulut coucher en une maison des champs où elle alloit quelquefois, située au-dessus d'une prairie fort agréable et fort étendue. Là sa joie se dilatoit, quand notre bergère passa. La maudite reine avoit voulu qu'on la laissât seule. Deux ou trois de ses officiers et autant de femmes se promenoient à cinq cents pas d'elle, et s'en-

---

1. *Nec Mercurius omisit obsequium. Nam per omnium ora populorum passim discurrens, sic mandatæ prædicationis munus exsequebatur : « Si quis a fuga retrahere, vel occultam demonstrare poterit fugitivam regis filiam, Veneris ancillam, nomine Psychen, conveniat retro metas Murtias Mercurium prædicatorem, accepturus indiciæ nomine ab ipsa Venere septem savia suavia, et unum blandientis appulsu linguæ longe mellitum. »* (APULÉE, *ibidem*, livre VI.)

2. Page 94 et note 4.

tretenoient possible de leur amour, plus attachés à ce qu'ils disoient qu'à ce que pensoit leur maîtresse.

Psyché la reconnut d'assez loin. L'autre étoit tellement occupée à se réjouir du placard que sa sœur se jeta à ses genoux devant qu'elle l'aperçût. Quelle témérité à une bergère! surprendre Sa Majesté! la retirer de ses rêveries! se jeter à ses genoux sans l'en avertir! il falloit châtier cette audacieuse. « Et qui es-tu, insolente, qui oses ainsi m'approcher?

— Hélas! Madame, je suis votre sœur, autrefois l'épouse de Cupidon, maintenant esclave, et ne sachant presque que devenir. La curiosité de voir mon mari l'a mis en telle colère qu'il m'a chassée. « Psyché, m'a-
« t-il dit, vous ne méritez pas d'être aimée d'un dieu :
« pourvoyez-vous d'époux ou d'amant, comme vous le
« jugerez à propos; car de votre vie vous n'aurez au-
« cune part à mon cœur. Si je l'avois donné à votre
« aînée, elle l'auroit conservé, et ne seroit pas tombée
« dans la faute que vous avez faite; je ne serois pas
« malade d'une brûlure qui me cause des douleurs ex-
« trêmes, et dont je ne guérirai de longtemps. Vous
« n'avez que de la beauté : j'avoue que cela fait naître
« l'amour; mais, pour le faire durer, il faut autre
« chose; il faut ce qu'a votre aînée, de l'esprit, de la
« beauté, et de la prudence. Je vous ai dit les raisons
« qui m'empêchoient de me laisser voir : votre sœur
« s'y seroit rendue; mais, pour vous, ce n'a été que
« légèreté d'esprit, contradiction, opiniâtreté. Je ne
« m'étonne plus que ma mère ait désapprouvé notre
« mariage : elle voyoit vos défauts; que je lui propose
« de trouver bon que j'épouse votre sœur, je suis cer-
« tain qu'elle l'agréera. Si je faisois cas de vous, je
« prendrois le soin moi-même de vous punir; je laisse
« cela à ma mère : elle s'en saura acquitter. Soyez son

« esclave, puisque vous ne méritez pas d'être mon
« épouse. Je vous répudie, et vous donne à elle. Votre
« emploi sera, si elle me croit, de garder certaine sorte
« d'oisons qu'elle fait nourrir dans sa ménagerie d'A-
« mathonte. Allez la trouver tout incontinent, portez-
« lui ces lettres, et passez par le royaume de votre
« aînée. Vous lui direz que je l'aime, et que, si elle
« veut m'épouser, tous ces trésors sont à elle. Je vous
« ai traitée comme une étourdie et comme un enfant :
« je la traiterai d'une autre manière, et lui permettrai
« de me voir tant qu'il lui plaira. Quelle vienne seule-
« ment, et s'abandonne à l'haleine du Zéphyre, comme
« déjà elle a fait : j'aurai soin qu'elle soit enlevée dans
« mon palais. Oubliez entièrement notre hymen : je
« ne veux pas qu'il vous en reste la moindre chose,
« non pas même cet habit que vous portez mainte-
« nant; dépouillez-le tout à l'heure, en voilà un
« autre. » Il a fallu obéir. Voilà, Madame, quel est mon
sort. »

La sœur, se croyant déjà entre les bras de l'Amour, chatouillée de ce témoignage de son mérite et de mille autres pensées agréables, ne marchanda point à se résoudre en son âme à quitter mari et enfants. Elle fit pourtant la petite bouche[1] devant Psyché; et regardant sa cadette avec un visage de matrone[2] : « Ne vous avois-je pas dit aussi, lui repartit-elle, qu'une honnête femme se devoit contenter du mari que les dieux lui avoient donné, de quelque façon qu'il fût fait[3], et ne pas péné-

---

1. Dans *le Calendrier*, vers 235-236 :

    Faire ici de la petite bouche
    Ne sert de rien.

2. De « matrone austère » (*le roi Candaule*, vers 158).
3. Ci-dessus, p. 95.

trer plus avant qu'il ne plaisoit à ce mari qu'elle pénétrât? Si vous m'eussiez crue, vous ne seriez pas vagabonde comme vous êtes. Voilà ce que c'est qu'une jeunesse inconsidérée, qui veut agir à sa tête, et qui ne croit pas conseil. Encore êtes-vous heureuse d'en être quitte à si bon marché : vous méritiez que votre mari vous fît enfermer dans une tour[1]. Or bien ne raisonnons plus sur une faute arrivée. Ce que vous avez à faire est de vous montrer le moins qu'il sera possible; et, puisque Amour veut que vous ne bougiez d'avec les oisons, ne les point quitter. Il y a même trop de somptuosité à votre habit : cela ne sent pas sa criminelle assez repentante. Coupez ces cheveux, et prenez un sac; je vous en ferai donner un : vous laisserez ici cet accoutrement. »

Psyché la remercia. « Puisque vous voulez, ajouta la faiseuse de remontrances, suivre toujours votre fantaisie, je vous abandonne, et vous laisse aller où il vous plaira. Quant aux propositions de l'Amour, nous ferons ce qu'il sera à propos de faire. » Là-dessus elle se tourna vers ses gens, et laissa Psyché, qui ne s'en soucioit pas trop, et qui voyoit bien que son aînée avoit mordu à l'hameçon; car à peine tenoit-elle à terre, n'en pouvant plus qu'elle ne fût seule pour donner un libre cours à sa joie.

Psyché, de ce même pas, s'en alla faire à son autre sœur la même ambassade. Cette sœur-ci n'avoit plus d'époux; il étoit allé en l'autre monde à grandes journées, et par un chemin plus court que celui que tiennent les gens du commun : les médecins le lui avoient enseigné. Quoiqu'il n'y eût pas plus d'un mois qu'elle étoit veuve, il y paroissoit déjà; c'est-à-dire que sa

1. Il enferme sa femme en une tour carrée.
(*La Coupe enchantée*, vers 380 et note 8.)

personne étoit en meilleur état : peut-être l'entendiez-vous d'autre sorte. Si bien que cette puînée étant de deux ans plus jeune, plus nouvelle mariée, et moins de fois mère que l'autre, le rétablissement de ses charmes[1] n'étoit pas une affaire de si longue haleine : elle pouvoit bien plus tôt et plus hardiment se présenter à l'Amour.

L'autre avoit des réparations à faire de tous les côtés : le bain y fut employé, les chimistes, les atourneuses[2]. Cela étonna le roi son mari. La galanterie croissoit à vue d'œil, les galants ne paroissoient point; il n'y avoit ni ingrédient, ni eau, ni essence, qu'on n'éprouvât[3] : mais tout cela n'étoit que plâtrer la chose. Les charmes de la pauvre femme étoient trop avant dans les chroniques du temps passé pour les rappeler si facilement.

Tandis qu'elle fait ses préparatifs, sa seconde sœur la prévient, s'en va droit à cette montagne dont nous avons tant parlé, arrive au sommet sans rencontrer de dragons. Cela lui plut fort : elle crut qu'Amour lui épargnoit ces frayeurs par un privilège particulier, tourna vers l'endroit où elle et sa sœur avoient coutume de se présenter, et, pour être enlevée plus aisément par le Zéphyre, elle se planta sur un roc qui commandoit aux abîmes de ces lieux-là.

« Amour, dit-elle, me voilà venue : notre étourdie

1. Tome II, p. 117, et ci-dessus, p. 89 et notes 2, 3. — Comparez Regnard, *la Critique du Légataire*, scène VIII : « L'on dit que c'est vous qui récrépissez toutes les vieilles du quartier »; et plus bas : « Vous avez raccommodé des visages! »
2. Tome V, p. 48, note 9.
3. Dans *la Critique de l'Homme à bonnes fortunes* du même, scène II : « Il y a sans cesse à refaire autour d'elle : tantôt c'est du blanc, tantôt c'est du rouge; tantôt c'est un gros bourgeon qu'il faut raboter; et que sais-je? cent mille brimborions. Tant y a qu'il y a toujours quelque chose à calfeutrer sur son visage. »

de cadette m'a assurée que tu me voulois épouser. Je n'attendois autre chose, et me doutois bien que tu la répudierois pour l'amour de moi; car c'est une écervelée. Regarde comme je te suis déjà obéissante. Je ne ferai pas comme a fait ma sœur Psyché. Elle a voulu à toute force te voir; moi je veux tout ce que l'on veut : montre-toi, ne te montre pas, je me tiendrai très heureuse. Si tu me caresses, tu verras comme je sais y répondre; si tu ne me caresses pas, mon défunt mari m'y a tout accoutumée. Je te ferai rire de son régime, et je t'en dirai mille choses divertissantes : tu ne t'ennuieras point avec moi. Ma sœur Psyché n'étoit qu'un enfant qui ne savoit rien; moi je suis un esprit fait. O dieux! je sens déjà une douce haleine. C'est celle de ton serviteur Zéphyre. Que ne l'as-tu envoyé lui-même? il m'auroit plus tôt enlevée; j'en serois plus tôt entre tes bras, et tu en serois plus tôt entre les miens : je prétends que tu trouves la chose égale; et, puisque tu as de l'amour, tu dois avoir aussi de l'impatience. Adieu, misérables mortelles que les hommes aiment : vous voudriez bien être aimées comme moi d'un dieu qui n'eût point de poil au menton[1] : ce n'est pas pour vous; qu'il vous suffise de m'invoquer, et je pourvoirai à vos nécessités amoureuses. »

Disant ces paroles, elle s'abandonna dans les airs à son ordinaire; et, au lieu d'être enlevée dans le palais de l'Amour, elle tomba premièrement sur une pointe de rocher, et puis sur une autre, de roc en roc : chacun d'eux emporta sa pièce[2]; ils se la renvoyoient les uns aux autres comme un jouet, de manière qu'elle arriva le plus joliment du monde au royaume de Proserpine.

1. Tome VI, p. 42 et note 3.
2. Son morceau, son lambeau.

Quelques jours après, son aînée se vint planter sur le même roc : celle-ci fit sa harangue au Zéphyre. « Amant de Flore, lui cria-t-elle, quitte tes amours, et me viens porter dans le palais de ton maître. Ne me blesse point en chemin; je suis délicate. Que si tu ne veux envoyer que ton haleine, cela suffira; aussi bien n'aimé-je pas qu'on me touche, principalement les hommes : pour l'Amour, tant qu'il lui plaira. Prends garde surtout à ne point gâter ma coiffure. » Ayant dit ces mots, elle tira un miroir de sa poche, et fut quelque temps à se regarder, raccommodant un cheveu en un endroit, puis un en un autre[1], quelquefois rien; non sans se mouiller les lèvres, et tant de façons que si l'Amour avoit été là il en auroit ri. Elle remit son miroir, accusant, le plus agréablement qu'elle put, le Zéphyre d'être un paresseux, qui ne se soucioit que de ses amours, négligeoit celles de son maître : se moquoit-il, de la laisser au soleil? Justement comme elle achevoit ces reproches, un petit Eurus qui s'étoit fortuitement égaré vint passer à quatre pas d'elle : jugez la joie. Notre prétendue fiancée se donne le branle à soi-même[2]; mais, au lieu d'aller trouver l'Amour comme elle pensoit, elle va trouver sa sœur, droit par le chemin que l'autre lui avoit tracé, sans se détourner d'un pas.

Ce sont les échos de ces rochers qui nous ont appris la mort des deux sœurs. Ils la contèrent quelque temps après au Zéphyre. Lui, incontinent, en alla porter la nouvelle au fils de Vénus, qui le régala d'un fort beau présent[3].

Psyché cependant continuoit de chercher l'Amour,

1. Puis en un autre. (1729.)
2. Se lance, se précipite elle-même. Comparez tome V, p. 418.
3. Page 87 et note 2.

toujours en son habit de bergère. Il avoit une telle grâce sur elle que, si son ennemie l'eût vue avec cet habit, elle lui en auroit donné un de déesse en la place. Les afflictions, le travail, la crainte, le peu de repos et de nourriture, avoient toutefois diminué ses appas; si bien que, sans une force de beauté extraordinaire, ce n'auroit plus été que l'ombre de cet objet qui avoit tant fait parler de lui dans le monde. Bien lui prit d'avoir des charmes à moissonner pour le temps et pour la douleur, et encore de reste pour elle. Le plus cruel de son aventure étoit les craintes qu'on lui donnoit. Tantôt elle entendoit dire que Vénus la faisoit chercher par d'autres gens; quelquefois même qu'elle étoit tombée entre les mains de son ennemie, qui, à force de tourments, l'avoit rendue méconnoissable.

Un jour elle eut une telle alarme qu'elle se jeta dans une chapelle de Cérès, comme en un asile qui de bonne fortune se présentoit. Cette chapelle étoit près d'un champ dont on venoit de couper les blés. Là les laboureurs des environs offroient tous les ans les prémices de leur récolte. Il y avoit un grand monceau de javelles[1] à l'entrée du temple. Notre bergère se prosterna devant l'image de la déesse; puis lui mit au bras un chapeau de fleurs[2], lesquelles elle venoit de cueillir en courant et sans aucun choix : c'étoit de ces fleurs qui croissent parmi les blés. Psyché avoit ouï dire aux sacrificateurs[3] de son pays qu'elles plaisoient à Cérès, et qu'une personne qui vouloit obtenir des dieux quelque chose ne devoit point entrer dans leur maison[4] les mains vides[5].

1. Tome II, p. 253 et note 4.
2.   Revenez, belles fugitives...,
      Remettez vos chapeaux de fleurs.
           (MALHERBE, tome I, p. 80; *ibidem*, p. 272.)
3. Page 53. — 4. Dans leurs maisons. (1729.)
5. Ci-dessous, p. 187.

Après son offrande, elle se remit à genoux, et fit ainsi sa prière :

« Divinité la plus nécessaire qui soit au monde, nourrice des hommes, protège-moi contre celle que je n'ai jamais offensée : souffre seulement que je me cache pour quelques jours entre les javelles qui sont à la porte de ton temple, et que je vive du blé qui en tombera. Cythérée se plaint de ce que son fils m'a voulu du bien; mais, puisqu'il ne m'en veut plus, n'est-ce pas assez de satisfaction pour elle, et assez de peine pour moi? Faut-il que la colère des dieux soit si grande[1]? S'il est vrai que la Justice se soit retirée parmi eux, ils doivent considérer l'innocence d'une personne qui leur a obéi en se mariant. Ai-je corrompu l'oracle? ai-je usé d'aucun artifice pour me faire aimer? puis-je mais si un dieu me voit? quand je m'enfermerois dans une tour, me verroit-il pas? Tant s'en faut qu'en l'épousant je crusse faire du déplaisir à sa mère, que je croyois épouser un monstre. Il s'est trouvé que c'étoit l'Amour, et que j'avois plu à ce dieu. C'est donc un crime d'être agréable! Hélas! je ne le suis plus, et ne l'ai jamais été par ma faute. Il ne se trouvera point que j'aie employé ni afféterie ni paroles ensorcelantes[2]. Vénus a encore sur le cœur l'indiscrétion[3] des mortels qui ont quitté son culte pour m'honorer. Qu'elle se plaigne donc des mortels; mais de moi, c'est une injustice. Je leur ai dit qu'ils me

---

1. *Tantæne animis cælestibus iræ?*
(VIRGILE, *Énéide*, livre I, vers 11.)

2. Pour venir à ses fins, l'amoureuse Nérie
Employa philtres et brevets,
Eut recours aux regards remplis d'afféterie, etc.
(*La Coupe*, vers 217-219.)

Voyez aussi *l'Oraison*, vers 2-9.

3. L'impudence; proprement, ici, le manque d'égards.

faisoient tort. Si les hommes sont imprudents, ce n'est pas à dire que je sois coupable. »

C'est ainsi que notre bergère se justifioit à Cérès. Soit que les déesses s'entendent, ou que celle-ci fût fâchée de ce qu'on l'avoit appelée nourrice, ou que le Ciel veuille que nos prières soient véritablement des prières, et non des apologies, celle de Psyché ne fut nullement écoutée. Cérès lui cria de la voûte de sa chapelle qu'elle se retirât au plus vite et laissât le tas de javelles comme il étoit; sinon Vénus en auroit l'avis. Pourquoi rompre en faveur d'une mortelle avec une déesse de ses amies? Vénus ne lui en avoit donné aucun sujet. Qu'on dît tout ce qu'on voudroit de sa conduite, c'étoit une bonne femme[1] qui lui avoit obligation, à la vérité, ainsi qu'à Bacchus[2]; mais elle le savoit bien reconnoître, et le publioit partout.

Ce fut beaucoup de déplaisir à Psyché de se voir exclue[3] d'un asile où elle auroit cru être mieux venue qu'en pas un autre qui fût au monde. En effet, si Cérès, bienfaisante de son naturel, et qui ne se piquoit pas de beauté, lui refusoit sa protection, il n'y avoit guère d'apparence que des déesses tant soit peu galantes et d'humeur jalouse lui accordassent la leur. D'y intéresser des dieux, c'étoit s'exposer à quelque chose de pis que la persécution de Vénus: il falloit savoir auparavant quelle sorte de reconnoissance ils exigeroient de

---

1. *Suspicit Ceres*: « *Tuis quidem lacrymosis precibus et commoveor, et opitulari cupio; sed cognatæ meæ, cum qua etiam antiquum fœdus amicitiæ colo, bonæ præterea feminæ, malam gratiam subire nequeo.* » (APULÉE, *ibidem.*)

2. Bacchus avec Cérès, de qui la compagnie
   Met Vénus en train bien souvent.
               (*Le Tableau*, vers 77-78 et note 3.)

3. Tome V, p. 356 et note 6.

la belle. Encore le plus à propos étoit-il de ne s'adresser qu'aux divinités de son sexe, tant pour empêcher la médisance que pour ne donner aucun ombrage à son mari. Junon là-dessus lui vint en l'esprit.

Psyché crut qu'y ayant quelque sorte d'émulation entre Cythérée et cette déesse, et pour le crédit et pour la beauté, la reine des dieux seroit bien aise de trouver une occasion de nuire à sa concurrente[1], suivant l'usage de la cour, et le serment que font les femmes en venant au monde.

Il ne fut pas difficile à notre bergère de trouver Junon : la jalouse femme de Jupiter descend souvent sur la terre, et vient demander aux mortels des nouvelles de son mari.

Psyché l'ayant rencontrée, lui chanta un hymne où il n'étoit fait mention que de la puissance de cette déesse; en quoi elle commit une faute : il valoit bien mieux s'étendre sur sa beauté; la louange en est tout autrement agréable. Ce sont les rois que l'on n'entretient que de leur grandeur : pour les reines, il faut les féliciter d'autre chose, qui veut bien faire. Aussi l'épouse de Cupidon fut-elle éconduite[2] encore une fois. La différence qu'il y eut fut que celle-ci[3] se passa quelque peu plus mal que la première. Car, outre les considérations de Cérès, Junon ajouta qu'il falloit punir ces mortelles à qui les dieux font l'amour, et obliger leurs galants à demeurer au logis. Que venoient-ils faire parmi les hommes? comme s'il n'y avoit pas dans le ciel assez de beauté pour eux[4]! Non qu'elle en parlât pour son inté-

---

1. Page 141 et note 1.
2. *La Gageure*, vers 226 et note 5.
3. Cette fois-ci.
4. Chez Apulée (*ibidem*), Junon repousse Psyché moins brutalement : *Quam vellem, inquit, per fidem nutum meum precibus tuis ac-*

rêt, se souciant peu de ces choses, et ne craignant du côté des charmes qui que ce fût.

La reine des dieux ne disoit pas tout : il y avoit encore une raison plus pressante que cela, comme on pourroit dire quelque étincelle de ce feu dont on n'avertit les voisins que le moins qu'on peut. Une femme judicieuse ne doit point désobliger le fils de Vénus : sait-elle si quelque jour elle n'aura point affaire de lui? Apparemment le courroux du dieu duroit encore contre Psyché : ainsi le plus sûr étoit de ne point entrer dans leurs différends.

Notre bergère, rebutée de tant de côtés, ne sut plus à qui s'adresser. Il restoit véritablement[1] Diane et Pallas; mais l'une et l'autre, ayant fait vœu de virginité, n'auroit pas les prières d'une femme pour agréables, et croiroit souiller ses oreilles en les écoutant.

Toutefois, comme Diane rendoit des oracles, la bergère crut que pour le moins cette déesse ne seroit pas si farouche que de lui en refuser un, et elle ne lui demanderoit autre chose. Aussi bien s'en rendoit-il en un lieu tout proche : ce ne seroit pas pour elle un fort grand détour. Le lieu étoit à l'entrée d'une forêt extrêmement solitaire et propre à la chasse. Diane y avoit un temple dont elle faisoit une de ses maisons de plaisir. On faisoit environ deux mille pas dans le bois; puis on rencontroit une clarière[2] qui servoit comme de parvis au temple. Il étoit petit, mais d'une fort belle architecture. Au milieu de la clarière on avoit placé un obélisque de marbre blanc, à quatre faces, posé sur autant de boules, et élevé sur un pied d'estal[3] ayant de hauteur moitié de

---

commodare! sed contra voluntatem Veneris, nurus meæ, quam filiæ sem-per dilexi loco, præstare me pudor non sinit.
1. A la vérité: p. 161, et *passim*. — 2. *Clarière*, clairière.
3. Pié d'estal (1729.)

celle de l'obélisque. Sur chaque côté du plinthe qui regardoit directement, aussi bien que les faces de la pyramide, le midi, le septentrion, le couchant et le levant, étoient entaillés ces mots :

« Qui que tu sois, qui as sacrifié à l'Amour ou à l'Hyménée, garde-toi d'entrer dans mon sanctuaire. »

Psyché, qui avoit sacrifié à l'un et à l'autre, n'osa entrer dans le temple; elle demeura à la porte, où la prêtresse lui apporta cet oracle :

« Cesse d'être errante : ce que tu cherches a des ailes; quand tu sauras comme lui marcher dans les airs tu seras heureuse. »

Ces paroles ne démentoient point l'ambiguïté et l'obscurité ordinaire des réponses que font les dieux. Psyché se tourmenta fort pour en tirer quelque sens, et n'en put venir à bout. « Que le Ciel, dit-elle, me prescrive ce qu'il voudra, il faut mourir, ou trouver l'Amour. Nous ne le saurions trouver; il faut donc mourir : allons nous livrer à notre ennemie; c'en est le moyen. Mais l'oracle m'a assurée que je serois quelque jour heureuse : allons nous jeter aux pieds de Vénus; nous la servirons, nous endurerons patiemment ses outrages; cela l'émouvra à compassion; elle nous pardonnera, nous recevra pour sa fille, fera ma paix elle-même avec son fils. »

C'étoient là les plus belles espérances du monde, et bien enchaînées, comme vous voyez : un moment de réflexion les détruisoit toutes.

Psyché se confirma toutefois dans son dessein. Elle s'informa du plus prochain temple de Cythérée, résolue, si la déesse n'y étoit présente, de s'embarquer et d'aller en Cypre. On lui dit qu'à trois ou quatre journées de là il y en avoit un fort fameux et fort fréquenté, portant pour inscription :

« A la Déesse des Grâces. »

Apparemment Vénus s'y plaisoit, et y tenoit souvent en personne son tribunal, vu les miracles qui s'y faisoient, et le grand concours de gens qui y accouroient de tous les côtés. Il y en avoit même qui se vantoient de l'y avoir vue plusieurs fois.

Notre bergère se met en chemin, plus heureuse, ce lui sembloit, que devant l'oracle : car elle savoit du moins ce qu'elle avoit envie de faire, sortiroit d'irrésolution et d'incertitude, qui sont les pires de tous les maux, pourroit voir l'Amour, n'y ayant pas d'apparence que sa mère vînt si souvent en un lieu sans l'y amener. Supposé que la pauvre épouse n'eût cette satisfaction qu'en présence d'une belle-mère qui la haïssoit, et qui, bien loin de la reconnoître pour sa bru, la traiteroit en esclave, c'étoit toujours quelque chose : les affaires pourroient changer; la compassion, la vue de la belle, son humilité, sa douceur, le peu de liberté de l'entretenir, tout cela seroit capable de rallumer le desir du dieu. En tout cas elle le verroit, et c'étoit beaucoup : toutes peines lui seroient douces, quand elles lui pourroient procurer un quart d'heure de ce plaisir.

Psyché se flattoit ainsi : pauvre infortunée qui ne songeoit pas combien les haines des femmes sont violentes! Hélas! la belle ne savoit guère ce que le Destin lui préparoit. Le cœur lui battit pourtant dès qu'elle approcha de la contrée où étoit le temple. Longtemps devant qu'on y arrivât, on respiroit un air embaumé, tant à cause des personnes qui venoient offrir des parfums à la déesse, et qui étoient parfumés eux-mêmes[1], que parce que le chemin étoit bordé d'orangers, de jasmins, de myrtes, et tout le pays parsemé de fleurs.

On découvroit le temple de loin, quoiqu'il fût situé dans une vallée; mais cette vallée étoit spacieuse, plus longue que large, ceinte de coteaux merveilleusement agréables. Ils étoient mêlés de bois, de champs, de prairies, d'habitations[2], qui se ressentoient d'un long calme. Vénus avoit obtenu de Mars une sauve-garde pour tous ces lieux. Les animaux même ne s'y faisoient point la guerre : jamais de loups; jamais d'autres pièges que ceux que l'Amour fait tendre. Dès qu'on avoit atteint l'âge de discernement, on se faisoit enregistrer dans la confrérie de ce dieu : les filles à douze ans, les garçons à quinze[3]. Il y en avoit à qui l'amour venoit devant la raison. S'il se rencontroit une indifférente, on en purgeoit le pays; sa famille étoit séquestrée pour un certain temps : le clergé de la déesse avoit soin de purifier le canton[4] où ce prodige étoit survenu. Voilà quant aux mœurs et au gouvernement du pays. Il abondoit en oiseaux de joli plumage. Quelques tourterelles s'y rencontroient; on en comptoit jusqu'à trois espèces : tourterelles oiseaux, tourterelles nymphes, et tourterelles bergères. La seconde espèce étoit rare.

Au milieu de la vallée couloit un canal de même longueur que la plaine, large comme un fleuve, et

1. On sait que *personne* était autrefois souvent suivi du masculin, comme signifiant l'homme et la femme tout ensemble.
2. Paul Lacroix, dans ses *Recherches sur les fables de la Fontaine* (Paris, 1875, in-8°, p. xviii), croit reconnaître dans ce paysage les environs de Château-Thierry. Mais ne peut-on objecter que la description s'appliquerait aussi bien à mille autres endroits?
3. Voyez tome VI, p. 8 et note 7.
4. Page 165 et note 1.

d'une eau si transparente qu'un atome se fût vu au fond; en un mot, vrai cristal fondu. Force nymphes et force sirènes s'y jouoient; on les prenoit à la main. Les personnes riches avoient coutume de s'embarquer sur ce canal, qui les conduisoit jusqu'aux degrés du parvis. Ils louoient je ne sais combien d'Amours; qui plus, qui moins, selon la charge qu'avoit le vaisseau; chaque Amour avoit son cygne, qu'il atteloit à la barque; et, monté dessus, il le conduisoit avec un ruban. Deux autres nacelles suivoient : l'une chargée de musique[1], l'autre de bijoux et d'oranges douces. Ainsi s'en alloit la barque fort gaiement.

De chaque côté du canal s'étendoit une prairie verte comme fine émeraude, et bordée d'ombrages délicieux.

Il n'y avoit point d'autres chemins : ceux-là étoient tellement fréquentés que Psyché jugea à propos de ne marcher que de nuit. Sur le point du jour elle arriva à un lieu nommé « les deux Sépultures ». Je vous en dirai la raison, parce que l'origine du temple en dépend.

Un roi de Lydie, appelé Philocharès, pria autrefois les Grecs de lui donner femme. Il ne lui importoit de quelle naissance, pourvu que la beauté s'y trouvât : une fille est noble quand elle est belle. Ses ambassadeurs disoient que leur prince avoit le goût extrêmement délicat.

On lui envoya deux jeunes filles : l'une s'appeloit Myrtis, l'autre Megano. Celle-ci étoit fort grande, de belle taille, les traits de visage très beaux, et si bien proportionnés qu'on n'y trouvoit que reprendre; l'esprit fort doux; avec cela, son esprit, sa beauté,

---

1. Comparez *le Menteur* de Corneille (acte I, scène v).

sa taille, sa personne, ne touchoit point[1], faute de Vénus[2] qui donnât le sel à ces choses. Myrtis, au contraire, excelloit en ce point-là. Elle n'avoit pas une beauté si parfaite que Megano : même un médiocre critique y auroit trouvé matière de s'exercer. En récompense, il n'y avoit si petit endroit sur elle qui n'eût sa Vénus, et plutôt deux qu'une[3], outre celle qui animoit tout le corps en général[4]. Aussi le roi la préféra-t-il à

1. « Comme l'on sait, le secret de plaire ne consiste pas toujours en l'ajustement, ni même en la régularité; il faut du piquant et de l'agréable, si l'on veut toucher. Combien voyons-nous de ces beautés régulières qui ne touchent point, et dont personne n'est amoureux? » (Préface de la deuxième partie des *Contes*, tome IV, p. 147.) — Comparez Hamilton, *Mémoires du comte de Grammont*, chapitre IX : « Mme Robarts brilloit en ce temps-là. Sa beauté frappoit d'abord; cependant, avec tout l'éclat des plus vives couleurs, avec tout celui de la jeunesse, avec tout ce qui rend une femme ragoûtante, elle ne touchoit pas. »

— Elle a, dit-on, cette bouche et ces yeux
Par qui d'Amour Psyché devint maîtresse;
Elle a d'Hébé le souris gracieux,
La taille libre, et l'air d'une déesse....
Finalement il ne lui manque rien,
Fors un seul point. — Et quoi? — Le don de plaire.
(J.-B. Rousseau, *Épigrammes*, I, xi.)

2. De grâce, de charme : voyez le Dictionnaire de Richelet, et la citation qu'il fait de Gilles Boileau.

— Où sont ces deux beaux yeux? que sont-ils devenus?
Où sont tant de beautés, d'Amours et de Vénus,
Qui régnoient dans sa vue, etc....?
(Regnier, *Plainte*, vers 17-19.)

3. En mille endroits nichoit l'Amour.
(*Le Tableau*, vers 98.)

4. « .... Un charme secret étoit répandu sur toute sa personne : elle n'étoit point belle comme Vénus, mais elle étoit ravissante comme elle; tous ses traits n'étoient point réguliers, mais ils enchantoient tous ensemble; vous n'y trouviez point ce qu'on admire, mais ce qui pique, etc. » (Montesquieu, *le Temple de Gnide*, IVe chant.)

Megano, et voulut qu'on la nommât Aphrodisée, tant à cause de ce charme, que parce que le nom de Myrtis sentoit sa bergère, ou sa nymphe au plus, et ne sonnoit pas assez pour une reine.

Les gens de sa cour, afin de plaire à leur prince, appelèrent Megano, Anaphrodite. Elle en conçut un tel déplaisir qu'elle mourut peu de temps après. Le roi la fit enterrer honorablement.

Aphrodisée vécut fort longtemps, et toujours heureuse, possédant le cœur de son mari tout entier : on lui en offrit beaucoup d'autres qu'elle refusa. Comme les Grâces étoient cause de son bonheur, elle se crut obligée à quelque reconnoissance envers leur déesse, et persuada à son mari de lui faire bâtir un temple, disant que c'étoit un vœu qu'elle avoit fait.

Philocharès approuva la chose : il y consuma tout ce qu'il avoit de richesses ; puis ses sujets y contribuèrent. La dévotion fut si grande que les femmes consentirent que l'on vendît leurs colliers, et, n'en ayant plus, elles suivirent l'exemple de Rhodopé[1].

Myrtis eut la satisfaction de voir, avant que de mourir, le parachèvement de son vœu. Elle ordonna par son testament qu'on lui bâtît un tombeau le plus près du temple qu'il se pourroit, hors du parvis toutefois, joignant[2] le chemin le plus fréquenté. Là ses cendres seroient enfermées, et son aventure écrite à l'endroit le plus en vue.

Philocharès, qui lui survécut, exécuta cette volonté.

---

1. Elles se prostituèrent pour avoir de l'argent. — Rhodope, Rhodopé, ou Rhodopis, la célèbre courtisane grecque, qui avait fait construire, disait-on, la troisième pyramide avec les immenses richesses qu'elle avait amassées. Hérodote a réfuté ce conte : voyez notre tome I, p. 51 et note 2.

2. Dans *le Berceau*, vers 100 : « Joignant le lit du maître ».

Il fit élever à son épouse un mausolée digne d'elle et de lui aussi; car son cœur y devoit tenir compagnie à celui d'Aphrodisée. Et, pour rendre plus célèbre la mémoire de cette chose, et la gloire de Myrtis plus grande, on transporta en ce lieu les cendres de Megano. Elles furent mises dans un tombeau presque aussi superbe que le premier, sur l'autre côté du chemin : les deux sépulcres se regardoient. On voyoit Myrtis sur le sien, entourée d'Amours qui lui accommodoient le corps et la tête sur des carreaux. Megano, de l'autre part, se voyoit couchée sur le côté, un bras sous sa tête, versant des larmes, en la posture où elle étoit morte. Sur la bordure[1] du mausolée où reposoit la reine des Lydiens, ces mots se lisoient :

« Ici repose Myrtis, qui parvint[2] à la royauté par ses charmes, et qui en acquit le surnom d'Aphrodisée. »

A l'une des faces, qui regardoit le chemin, ces autres paroles étoient :

« Vous qui allez visiter ce temple, arrêtez un peu, et écoutez-moi. De simple bergère que j'étois née, je me suis vue reine. Ce qui m'a procuré ce bien, ce n'est pas tant la beauté que ce sont les grâces. J'ai plu, et cela suffit. C'est ce que j'avois à vous dire. Honorez ma tombe de quelques fleurs; et pour récompense, veuille la déesse des Grâces que vous plaisiez! »

Sur la bordure de l'autre tombe étoient ces paroles :

« Ici sont les cendres de Megano, qui ne put gagner le cœur qu'elle contestoit[3], quoiqu'elle eût une beauté accomplie. »

1. Livre XII, fable xxiv, vers 61. — 2. Qui vint. (1729.)
3. Qu'elle disputait (*les Filles de Minée*, vers 283).

A la face du tombeau ces autres paroles se rencontroient :

« Si les rois ne m'ont aimée, ce n'est pas que je ne fusse assez belle pour mériter que les dieux m'aimassent; mais je n'étois pas, dit-on, assez jolie. Cela se peut-il? Oui, cela se peut, et si bien qu'on me préféra ma compagne. Elle en acquit le surnom d'Aphrodisée, moi celui d'Anaphrodite. J'en suis morte de déplaisir. Adieu, passant; je ne te retiens pas davantage. Sois plus heureux que je n'ai été, et ne te mets point en peine de donner des larmes à ma mémoire. Si je n'ai fait la joie de personne, du moins ne veux-je troubler la joie de personne aussi. »

Psyché ne laissa pas de pleurer. « Megano, dit-elle, je ne comprends rien à ton aventure. Je veux que Myrtis eût des grâces : n'est-ce pas en avoir aussi que d'être belle comme tu étois? Adieu, Megano : ne refuse point mes larmes, je suis accoutumée d'en verser. » Elle alla ensuite jeter des fleurs sur la tombe d'Aphrodisée.

Cette cérémonie étant faite, le jour se trouva assez grand pour lui faire considérer le temple à son aise. L'architecture en étoit exquise, et avoit autant de grâce que de majesté. L'architecte s'étoit servi de l'ordre ionique à cause de son élégance. De tout cela il résultoit une Vénus[1] que je ne saurois vous dépeindre. Le frontispice répondoit merveilleusement bien au corps. Sur le tympan du fronton se voyoit la naissance de Cythérée en figures de haut relief. Elle étoit assise dans une conque, en l'état d'une personne qui viendroit de se baigner, et qui ne feroit que sortir de l'eau. Une des

---

1. Page 182 et note 2.

Grâces lui épreignoit[1] les cheveux encore tout mouillés ;
une autre tenoit des habits tout prêts pour les lui vêtir
dès que la troisième auroit achevé de l'essuyer. La déesse
regardoit son fils, qui menaçoit déjà l'univers d'une de
ses flèches. Deux sirènes tiroient la conque ; mais, comme
cette machine étoit grande, le Zéphyre la poussoit un
peu. Des légions de Jeux et de Ris se promenoient dans
les airs ; car Vénus naquit avec tout son équipage, toute
grande, toute formée, toute prête à recevoir de l'amour
et à en donner. Les gens de Paphos[2] se voyoient de loin
sur la rive, tendant les mains, les levant[3] au ciel, et ravis
d'admiration. Les colonnes et l'entablement étoient d'un
marbre plus blanc qu'albâtre. Sur la frise une table de
marbre noir portoit pour inscription du temple :

« A la Déesse des Grâces. »

Deux enfants à demi couchés sur l'architrave laissoient pendre à des cordons une médaille à deux têtes :
c'étoient celles des fondateurs. A l'entour de la médaille
on voyait écrit :

« Philocharès et Myrtis Aphrodisée, son épouse, ont
dédié ce temple à Vénus. »

Sur chaque base des deux colonnes les plus proches
de la porte, étoient entaillés ces mots : « Ouvrage de
Lysimante », nom de l'architecte apparemment.

Avant que d'entrer dans le temple, je vous dirai un mot
du parvis. C'étoient des portiques ou galeries basses ;
et au-dessus des appartements fort superbes, chambres
dorées, cabinets et bains ; enfin mille lieux où ceux

---

1. Pour les sécher.
2. *Adonis*, vers 49 et note 4.
3. *Tendans, levans*, dans l'édition originale, selon l'usage presque constant de la Fontaine.

LIVRE II.   187

qui apportoient de l'argent trouvoient de quoi l'employer ; ceux qui n'en apportoient point, on les renvoyoit[1].

Psyché, voyant ces merveilles, ne se put tenir de soupirer : elle se souvint du palais dont elle avoit été la maîtresse.

Le dedans du temple étoit orné à proportion. Je ne m'arrêterai pas à vous le décrire : c'est assez que vous sachiez que toutes sortes de vœux, dont toutes sortes de personnes s'étoient acquittées, s'y voyoient en des chapelles particulières, pour éviter la confusion, et ne rien cacher de l'architecture du temple. Là quelques auteurs avoient envoyé des offrandes[2] pour reconnoissance de la Vénus[3] que leur avoit départie le Ciel : ils étoient en petit nombre. Les autres arts, comme la peinture et ses sœurs, en fournissoient beaucoup davantage. Mais la multitude venoit des belles et de leurs amants : l'un pour des faveurs secrètes, l'autre pour un mariage, celle-ci pour avoir enlevé un amant à cette autre-là. Une certaine Callinicé, qui s'étoit maintenue jusqu'à soixante ans bien avec les Grâces, et encore mieux avec les Plaisirs, avoit donné une lampe de vermeil doré, et la peinture de ses amours. Je ne vous aurois jamais spécifié ces dons : il s'en trouvoit même de capitaines, dont les exploits, comme dit le bon Amyot, avoient cette grâce de soudaineté qui les rendoit encore plus agréables.

1. Ci-dessus, p. 173 : « Une personne qui vouloit obtenir des dieux quelque chose ne devoit point entrer dans leur maison les mains vides. »
2. Sur l'usage des ex-voto, des offrandes aux dieux, leur origine, leur signification, voyez l'ouvrage de M. Reisch intitulé *Griechische Weihgeschenke* (Vienne, 1890, in-8°), et l'article *Donaria* publié par M. Homolle dans le Dictionnaire de M. Saglio.
3. De l'esprit, de l'agrément : p. 185 ; et tome VII, p. 8.

L'architecture du tabernacle n'étoit guère plus ornée que celle du temple, afin de garder la proportion, et de crainte aussi que la vue, étant dissipée par une quantité d'ornements, ne s'en arrêtât d'autant moins à considérer l'image de la déesse, laquelle étoit véritablement un chef-d'œuvre. Quelques envieux ont dit que Praxitèle avoit pris la sienne sur le modèle de celle-là[1]. On l'avoit placée dans une niche de marbre noir, entre des colonnes de cette même couleur; ce qui la rendoit plus blanche, et faisoit un bel effet à la vue.

A l'un des côtés du sanctuaire on avoit élevé un trône où Vénus, à demi couchée sur des coussins de senteurs, recevoit, quand elle venoit en ce temple, les adorations des mortels, et distribuoit ses grâces ainsi que bon lui sembloit. On ouvroit le temple assez matin, afin que le peuple fût écoulé quand les personnes qualifiées entreroient.

Cela ne servit de rien cette journée-là; car dès que Psyché parut, on s'assembla autour d'elle. On crut que c'étoit Vénus, qui pour quelque dessein caché ou pour se rendre plus familière, peut-être aussi par galanterie, avoit un habit de simple bergère. Au bruit de cette merveille, les plus paresseux accoururent incontinent.

La pauvre Psyché s'alla placer dans un coin du temple, honteuse et confuse de tant d'honneurs dont elle avoit grand sujet de craindre la suite, et ne pouvoit pourtant s'empêcher d'y prendre plaisir. Elle rougissoit à chaque moment, se détournoit quelquefois le visage, témoignoit qu'elle eût bien voulu faire sa prière : tout cela en vain; elle fut contrainte de dire qui elle étoit. Quelques-uns la crurent; d'autres persistèrent dans l'opinion qu'ils avoient.

1. Pour la Vénus de Praxitèle à Cnide, « Vénus entièrement nue », voyez notre tome IV, p. 114, note 1.

La foule étoit tellement grande autour d'elle que, quand Vénus arriva, cette déesse eut de la peine à passer. On l'avoit déjà avertie de cette aventure ; ce qui la fit accourir le visage en feu comme une Mégère, et non plus la reine des Grâces, mais des Furies. Toutefois, de peur de sédition, elle se contint. Ses gardes lui ayant fait faire passage, elle s'alla placer sur son trône, où elle écouta quelques suppliants avec assez de distraction.

La meilleure partie des hommes étoit demeurée auprès de Psyché avec les femmes les moins jolies, ou qui étoient sans prétention et sans intérêt. Les autres avoient pris d'abord le parti de la déesse, étant de la politique, parmi les personnes de ce sexe qui se sont mises sur le bon pied, de faire la guerre aux survenantes[1], comme à celles qui leur ôtent, pour ainsi dire, le pain de la main. Je ne saurois vous assurer bien précisément si elles tiennent cette coutume-là des auteurs, ou si les auteurs la tiennent d'elles[2].

Notre bergère n'osant approcher, la déesse la fit venir. Une foule d'hommes l'accompagna ; et la chose ressembloit plutôt à un triomphe qu'à un hommage. La pauvre Psyché n'étoit nullement coupable de ces honneurs : au contraire, si on l'eût crue, on ne l'auroit pas regardée ; elle faisoit, de sa part, tout ce qu'une suppliante doit faire. La présence de Vénus lui avoit fait oublier sa harangue. Il est vrai qu'elle n'en eut pas besoin ; car, dès que Vénus la vit, à peine lui donna-t-elle le loisir de se prosterner : elle descendit de son trône. « Je vous veux, dit-elle, entendre en particulier : venez à Paphos, je vous donnerai place en mon char. »

Psyché se défia de cette douceur ; mais quoi ! il n'étoit

---

1. Tome IV, p. 245 et note 2.
2. Tome III, p. 84 et note 20.

plus temps de délibérer; et puis c'étoit à Paphos principalement qu'elle espéroit revoir son époux.

De crainte qu'elle n'échappât, Vénus la fit sortir avec elle; les hommes donnant mille bénédictions à leurs deux déesses, et une partie des femmes disant entre elles : « C'est encore trop que d'en avoir une : établissons parmi nous une république où les vœux, les adorations, les services, les biens d'Amour, seront en commun. Si Psyché s'en vient encore une fois amuser les gens qui nous serviront à quelque chose, et qu'elle prétende réunir ainsi tous les cœurs sous une même domination, il nous la faut lapider. » On se moqua des républicaines, et on souhaita bon voyage à notre bergère.

Cythérée la fit monter effectivement sur son char; mais ce fut avec trois divinités de sa suite peu gracieuses : il y a de toutes sortes de gens à la cour. Ces divinités étoient la Colère, la Jalousie, et l'Envie : monstres sortis de l'abîme, impitoyables licteurs qui ne marchoient point sans leurs fouets, et dont la vue seule étoit un supplice. Vénus s'en alla par un autre endroit.

Quand Psyché se vit dans les airs, en si mauvaise compagnie que celle-là, un tremblement la saisit, ses cheveux se hérissèrent, la voix lui demeura au gosier[1]. Elle fut longtemps sans pouvoir parler, immobile, changée en pierre, et plutôt statue que personne véritablement animée[2] : on l'auroit crue morte, sans quelques soupirs qui lui échappèrent. Les diverses peines des condamnés lui passèrent devant les yeux; son imagi-

---

1. .... *Steteruntque comæ et vox faucibus hæsit.*
(VIRGILE, *Énéide*, livre II, vers 774.)

2. Pinucio, plus froid qu'une statue,
Resta sans pouls, sans voix, sans mouvement.
(*Le Berceau*, vers 168-169.)

nation les lui figura encore plus cruelles qu'elles ne sont : il n'y en eut point que la crainte ne lui fît souffrir par avance. Enfin, se jetant aux pieds de ces trois furies : « Si quelque pitié, dit-elle, loge en vos cœurs, ne me faites pas languir davantage : dites-moi à quel tourment je suis condamnée. Ne vous auroit-on point donné ordre de me jeter dans la mer ? Je vous en épargnerai la peine, si vous voulez, et m'y précipiterai moi-même. » Les trois filles de l'Achéron ne lui répondirent rien, et se contentèrent de la regarder de travers.

Elle étoit encore à leurs genoux lorsque le char s'abattit. Il posa sa charge en un désert, dans l'arrière-cour d'un palais que Vénus avoit fait bâtir entre deux montagnes, à mi-chemin d'Amathonte et de Paphos. Quand Cythérée étoit lasse des embarras de sa cour, elle se retiroit en ce lieu avec cinq ou six de ses confidentes. Là, qui que ce soit ne l'alloit voir. Des médisants disent toutefois que quelques amis particuliers avoient la clef du jardin.

Vénus étoit déjà arrivée quand le char parut. Les trois satellites menèrent Psyché dans la chambre où la déesse se rajustoit. Cette même crainte qui avoit fait oublier à notre bergère la harangue qu'elle avoit faite, lui en rafraîchit la mémoire. Bien que les grandes passions troublent l'esprit, il n'y a rien qui rende éloquent comme elles.

Notre infortunée se prosterna à quatre pas de la déesse, et lui parla de la sorte : « Reine des Amours et des Grâces, voici cette malheureuse esclave que vous cherchez. Je ne vous demande pour récompense de l'avoir livrée[1] que la permission de vous regarder. Si ce n'est point sacrilège à une misérable mortelle comme

---

1. De m'être livrée à vous.

je suis de jeter les yeux sur Vénus, et de raisonner sur les charmes d'une déesse, je trouve que l'aveuglement des hommes est bien grand d'estimer en moi de médiocres appas, après que les vôtres leur ont paru. Je me suis opposée inutilement à cette folie : ils m'ont rendu des honneurs que j'ai refusés, et que je ne méritois pas.

« Votre fils s'est laissé prévenir en ma faveur par les rapports fabuleux qu'on lui a faits. Les Destins m'ont donnée à lui sans me demander mon consentement. En tout cela j'ai failli, puisque vous me jugez coupable. Je devois cacher des traits qui étoient cause de tant d'erreurs, je devois les défigurer ; il falloit mourir, puisque vous m'aviez en aversion : je ne l'ai pas fait. Ordonnez-moi des punitions si sévères que vous voudrez, je les souffrirai sans murmure : trop heureuse si je vois votre divine bouche s'ouvrir pour prononcer l'arrêt de ma destinée !

— Oui, Psyché, repartit Vénus, je vous en donnerai le plaisir. Votre feinte humilité ne me touche point. Il falloit avoir ces sentiments et dire ces choses devant que vous fussiez en ma puissance. Lorsque vous étiez à couvert des atteintes de ma colère, votre miroir vous disoit qu'il n'y avoit rien à voir après vous : maintenant que vous me craignez, vous me trouvez belle. Nous verrons bientôt qui remportera l'avantage. Ma beauté ne sauroit périr, et la vôtre dépend de moi : je la détruirai quand il me plaira. Commençons par ce corps d'albâtre dont mon fils a publié les merveilles, et qu'il appelle le temple de la blancheur. Prenez vos scions[1], filles de la Nuit[2], et me l'empourprez si bien que cette

---

1. Vos verges.
2. Les Euménides, autrement appelées Furies ou Érinnyes, filles de l'Achéron et de la Nuit : Alecton, Mégère, et Tisiphone ; ou plutôt la Colère, la Jalousie, et l'Envie (ci-dessus, p. 190).

blancheur ne trouve pas même un asile en son propre temple. »

A cet ordre si cruel Psyché devint pâle, et tomba aux pieds de la déesse, sans donner aucune marque de vie. Cythérée se sentit émue; mais quelque démon s'opposa à ce mouvement de pitié, et la fit sortir.

Dès qu'elle fut hors, les ministres de sa vengeance[1] prirent des branches de myrte; et, se bouchant les oreilles ainsi que les yeux, elles déchirèrent l'habit de notre bergère : innocent habit, hélas! celle qui l'avoit donné lui croyoit procurer un sort que tout le monde envieroit. Psyché ne reprit ses sens qu'aux premières atteintes de la douleur. Le vallon retentit des cris qu'elle fut contrainte de faire : jamais les échos n'avoient répété de si pitoyables accents. Il n'y eut aucun endroit d'épargné dans tout ce beau corps, qui devant ces moments-là se pouvoit dire en effet le temple de la blancheur : elle y régnoit avec un éclat que je ne saurois vous dépeindre.

> Là les lis lui servoient de trône et d'oreillers;
> Des escadrons d'Amours, chez Psyché familiers,
>   Furent chassés de cet asile.
>   Le pleurer[2] leur fut inutile :
> Rien ne put attendrir les trois filles d'enfer;
> Leurs cœurs furent d'acier, leurs mains furent de fer[3].
> La belle eut beau souffrir : il fallut que ses peines
> Allassent jusqu'au point que les sœurs inhumaines

---

1. Page 56 et note 1.
2. Tome II, p. 287; ci-dessus, p. 112; et *passim*.
3. C'est l'Inquiétude et la Tristesse, deux des servantes de Vénus, qui, chez Apulée, torturent la pauvre Psyché : « *Ubi, inquit, Sollicitudo et Tristities, ancillæ meæ?* » *Quibus invocatis torquendam tradidit eam. At illæ sequentes herile præceptum Psychen misellam flagellis afflictam, et cæteris tormentis excruciatam, iterum dominæ conspectui reddunt.* (Ibidem.)

Craignirent que Clothon[1] ne survînt à son tour.
    Ah! trop impitoyable Amour!
En quels lieux étois-tu? dis, cruel! dis, barbare!
C'est toi, c'est ton plaisir qui causa sa douleur :
Oui, tigre[2]! c'est toi seul qui t'en dois dire auteur;
Psyché n'eût rien souffert sans ton courroux bizarre.
Le bruit de ses clameurs s'est au loin répandu;
    Et tu n'en as rien entendu!
Pendant tous ses tourments, tu dormois, je le gage;
    Car ta brûlure n'étoit rien :
La belle en a souffert mille fois davantage
    Sans l'avoir mérité si bien.
Tu devois venir voir empourprer cet albâtre;
Il falloit amener une troupe de Ris :
Des souffrances d'un corps dont tu fus idolâtre
    Vous vous seriez tous divertis.

Hélas! Amour, j'ai tort : tu répandis des larmes
Quand tu sus de Psyché la peine et le tourment;
Et tu lui fis trouver un baume pour ses charmes
    Qui la guérit en un moment.

Telle fut la première peine que Psyché souffrit. Quand Cythérée fut de retour, elle la trouva étendue sur les tapis dont cette chambre étoit ornée, prête d'expirer, et n'en pouvant plus. La pauvre Psyché fit un effort pour se lever, et tâcha de contenir ses sanglots. Cythérée lui commanda de baiser les cruelles mains qui l'avoient mise en cet état. Elle obéit sans tarder, et ne témoigna nulle répugnance. Comme le dessein de la déesse n'étoit pas de la faire mourir si tôt, elle la laissa guérir.

Parmi les servantes de Vénus il y en avoit une qui trahissoit sa maîtresse, et qui alloit redire à l'Amour le

---

1. La Mort, sous la forme de Clothon. Comme nous l'avons dit (tome VI, p. 161), ce n'est pas Clothon, c'est Atropos qui coupait le fil des destinées humaines.
2. Tome V, p. 31 et note 2.

traitement que l'on faisoit à Psyché, et les travaux qu'on lui imposoit. L'Amour ne manquoit pas d'y pourvoir. Cette fois-là il lui envoya un baume[1] excellent par celle qui étoit de l'intelligence[2], avec ordre de ne point dire de quelle part, de peur que Psyché ne crût que son mari étoit apaisé, et qu'elle n'en tirât des conséquences trop avantageuses. Le dieu n'étoit pas encore guéri de sa brûlure, et tenoit le lit. L'opération de son baume irrita Vénus, à l'insu de qui la chose se conduisoit, et qui, ne sachant à quoi imputer ce miracle, résolut de se défaire de Psyché par une autre voie.

Sous l'une des deux montagnes qui couvroient à droite et à gauche cette maison, étoit une voûte aussi ancienne que l'univers. Là sourdoit une eau qui avoit la propriété de rajeunir : c'est ce qu'on appelle encore aujourd'hui la fontaine de Jouvence. Dans les premiers temps du monde il étoit libre à tous les mortels d'y aller puiser. L'abus qu'ils firent ce de trésor obligea les dieux de leur en ôter l'usage. Pluton, prince des lieux souterrains, commit à la garde de cette eau un dragon énorme. Il ne dormoit point, et dévoroit ceux qui étoient si téméraires que d'en approcher. Quelques femmes se hasardoient, aimant mieux mourir que de prolonger une carrière où il n'y avoit plus ni beaux jours ni amants pour elles.

Cinq ou six jours étant écoulés, Cythérée dit à son esclave : « Va-t-en tout à l'heure à la fontaine de Jouvence, et m'en rapporte une cruchée d'eau. Ce n'est pas pour moi, comme tu peux croire, mais pour deux ou trois de mes amies qui en ont besoin. Si tu reviens sans apporter de cette eau, je te ferai encore souffrir le même supplice que tu as souffert. »

1. Ci-dessus, p. 194.
2. Comparez *Ragotin*, acte V, scène xii, vers 1269 et note 1.

Cette suivante, dont j'ai parlé, qui étoit aux gages de Cupidon, l'alla avertir. Il lui commanda de dire à Psyché que le moyen d'endormir le monstre étoit de lui chanter quelques longs récits qui lui plussent premièrement, et puis l'ennuyassent; et sitôt qu'il dormiroit, qu'elle puisât de l'eau hardiment[1].

Psyché s'en va donc avec sa cruche. On n'osoit approcher de l'antre de plus de vingt pas. L'horrible concierge de ce palais en occupoit la plupart du temps l'entrée. Il avoit l'adresse de couler sa queue entre des brossailles[2], en sorte qu'elle ne paroissoit point; puis, aussitôt que quelque animal venoit à passer, fût-ce un cerf, un cheval, un bœuf, le monstre la ramenoit en plusieurs retours, et en entortilloit les jambes de l'animal avec tant de soudaineté et de force qu'il le faisoit trébucher[3], se jetoit dessus, puis s'en repaissoit. Peu de voyageurs s'y trouvoient surpris : l'endroit étoit plus connu et plus diffamé[4] que le voisinage de Scylle et Charybde. Lorsque Psyché alla à cette fontaine, le monstre se réjouissoit au soleil, qui tantôt doroit ses écailles, tantôt les faisoit paroître de cent couleurs.

Psyché, qui savoit quelle distance il falloit laisser entre lui et elle, car il ne pouvoit s'étendre fort loin, le Sort l'ayant attaché avec des chaînes de diamant, Psyché, dis-je, ne s'effraya pas beaucoup : elle étoit

---

1. Dans tous les contes cités par M. Cosquin (p. 360 et suivantes de ses *Contes populaires lorrains*), et rappelés par nous (ci-dessus, p. 8), il y a un premier service rendu par le héros ou l'héroïne aux objets et aux animaux qui s'en montrent reconnaissants, tandis que dans la *Psyché* de la Fontaine, c'est l'intervention constante de Cupidon qui met à son service les choses et les bêtes.
2. *Brossailles*, ancienne orthographe : *broussailles*.
3. Tomber : tome VI, p. 14. — Sa queue lui servait de lasso.
4. Par cent cruels repas cet antre diffamé....
(*Saint Malc*, vers 451 et note 10.)

accoutumée à voir des dragons. Elle cacha le mieux qu'il lui fut possible sa cruche, et commença mélodieusement ce récit :

« Dragon, gentil dragon à la gorge béante,
    Je suis messagère des dieux :
    Ils m'ont envoyée en ces lieux
T'annoncer que bientôt une jeune serpente [1],
Et qui change au soleil de couleur comme toi,
    Viendra partager ton emploi [2];
Tu te dois ennuyer à faire cette vie:
    Amour t'envoyra compagnie.
Dragon, gentil dragon, que te dirai-je encor
    Qui te chatouille et qui te plaise?
    Ton dos reluit comme fin or [3];
    Tes yeux sont flambants [4] comme braise;
Tu te peux rajeunir sans dépouiller ta peau.
Quelle félicité d'avoir chez toi cette eau!
Si tu veux t'enrichir, permets que l'on y puise;
Quelque tribut qu'il faille, il te sera porté :
    J'en sais qui, pour avoir cette commodité,
    Donneront jusqu'à leur chemise. »

Psyché chanta beaucoup d'autres choses qui n'avoient aucune suite, et que les oiseaux de ces lieux ne purent par conséquent retenir, ni nous les apprendre. Le dragon l'écouta d'abord avec un très grand plaisir. A la fin il commença à bâiller, et puis s'endormit. Psyché prend vite l'occasion : il falloit passer entre le dragon et l'un

---

1. Même féminin dans *les Cent Nouvelles nouvelles*, p. 182; et chez Marot, tomes II, p. 77, III, p. 210 :
    La grand' serpente au pole arctique empraincte.
2. Dans *le Fleuve Scamandre*, vers 67 :
    .... Partager avec vous un aussi digne emploi.
3. Ci-dessus, p. 181 : « comme fine émeraude ».
4. Page 38 :
    Les coursiers de Phébus aux flambantes narines.

des bords de l'entrée : à peine y avoit-il assez de place pour une personne. Peu s'en fallut que la belle, de frayeur qu'elle eut, ne laissât tomber sa cruche; ce qui eût été pire que la goutte d'huile. Ce dormeur-ci n'étoit pas fait comme l'autre : son courroux et ses remontrances, c'étoit de mettre les gens en pièces. Notre héroïne vint à bout de son entreprise par un grand bonheur. Elle emplit sa cruche, et s'en retourna triomphante[1].

Vénus se douta que quelque puissance divine l'avoit assistée. De savoir laquelle, c'étoit le point[2]. Son fils ne bougeoit du lit. Jupiter ni aucun des dieux n'auroit laissé Psyché dans cet esclavage; les déesses seroient les dernières à la secourir. « Ne t'imagine pas en être quitte, lui dit Vénus : je te ferai des commandements si difficiles que tu manqueras à quelqu'un; et pour châtiment tu endureras la mort. Va me quérir de la laine de ces moutons qui paissent au delà du fleuve; je m'en veux faire faire un habit. »

C'étoient les moutons du Soleil[3]; tous avoient des cornes, furieux au dernier point, et qui poursuivoient les loups. Leur laine étoit d'un couleur[4] de feu si vif qu'il éblouissoit la vue. Ils paissoient alors de l'autre côté d'une rivière extrêmement large et profonde, qui

1. C'est un aigle chez Apulée, *supremi Jovis regalis ales* (ibidem), qui, voulant honorer Cupidon en venant au secours de son épouse, passe au milieu des dragons et va puiser l'eau à la source ténébreuse.
2. L'important : tome IV, p. 48; et *passim*.
3. Rapprochez, dans la mythologie indoue, les vaches d'Indra, le taureau-soleil, appelées *usriyas*, c'est-à-dire rouges, lumineuses, éblouissantes, comme les moutons dont parle notre poète; dans la mythologie grecque, les bœufs sacrés d'Apollon, que déroba un jour Mercure, les troupeaux célestes, béliers et agneaux couleur de feu, chèvres étincelantes, et surtout les chevaux vomissant la flamme, qui personnifiaient ses rayons.
4. Ci-dessus, p. 28 : « le couleur de rose »

traversoit le vallon à mille pas ou peu plus[1] de ce château.

De bonne fortune[2] pour notre belle, Junon et Cérès vinrent voir Vénus dans le moment qu'elle venoit de donner cet ordre. Elles lui avoient déjà rendu deux autres visites depuis la maladie de son fils, et avoient aussi vu l'Amour. Cette dernière visite empêcha Vénus de prendre garde à ce qui se passeroit, et donna une facilité à notre héroïne d'exécuter ce commandement. Sans cela il auroit été impossible, n'y ayant ni pont, ni bateau, ni gondole, sur la rivière.

Cette suivante, qui étoit de l'intelligence[3], dit à Psyché : « Nous avons ici des cygnes que les Amours ont dressés à nous servir de gondoles : j'en prendrai un; nous traverserons la rivière par ce moyen. Il faut que je vous tienne compagnie, pour une raison que je vas vous dire : c'est que ces moutons sont gardés par deux jeunes enfants sylvains qui commencent déjà à courir après les bergères et après les nymphes. Je passerai la première[4], et amuserai les deux jeunes faunes, qui ne manqueront pas de me poursuivre sans autre dessein que de folâtrer; car ils me connoissent, et savent que j'appartiens à Vénus : au pis aller j'en serai quitte pour deux baisers; vous passerez cependant. — Jusque-là voilà qui va bien, repartit Psyché; mais comment approcherai-je des moutons? me connoissent-ils aussi? savent-ils que j'appartiens à Vénus? — Vous prendrez de leur laine parmi les ronces, répliqua cette suivante; ils y en laissent quand elle est mûre et qu'elle commence à tomber :

1. Ou un peu plus.
2. Page 131.
3. Page 195 et note 2.
4.   Je passerai, si tu veux, la première.
(*Mazet*, vers 144.)

tout ce canton-là en est plein. » Comme la chose avoit été concertée, elle réussit. Seulement, au lieu des deux baisers que l'on avoit dit, il en coûta quatre.

Pendant que notre bergère et sa compagne exécutent leur entreprise, Vénus prie les deux déesses de sonder les sentiments de son fils. « Il semble, à l'entendre, leur dit-elle, qu'il soit fort en colère contre Psyché; cependant il ne laisse pas sous main de lui donner assistance; au moins y a-t-il lieu de le croire. Vous m'êtes amies toutes deux, détournez-le de cette amour : représentez-lui le devoir d'un fils; dites-lui qu'il se fait tort. Il s'ouvrira bien plutôt à vous qu'il ne feroit à sa mère. »

Junon et Cérès promirent de s'y employer. Elles allèrent voir le malade. Il ne les satisfit point, et leur cacha le plus qu'il put sa pensée. Toutefois, autant qu'elles purent conjecturer, cette passion lui tenoit encore au cœur. Même il se plaignit de ce qu'on prétendoit le gouverner ainsi qu'un enfant. Lui un enfant! on ne considéroit donc pas qu'il terrassoit les Hercules, et qu'il n'avoit jamais eu d'autres toupies que leurs cœurs. « Après cela, disoit-il, on me tiendra encore en tutelle! on croira me contenter de moulinets et de papillons, moi qui suis le dispensateur d'un bien près de qui la gloire et les richesses sont des poupées[1]! C'est bien le moins que je puisse faire que de retenir ma part de cette félicité-là! Je ne me marierai pas, moi qui en marie tant d'autres! »

Les déesses entrèrent en ses sentiments, et retournèrent dire à Vénus comme leur légation[2] s'étoit passée. « Nous vous conseillons en amies, ajoutèrent-elles, de laisser agir votre fils comme il lui plaira : il est désor-

---

1. Comparez l'opéra de *Daphné*, vers 193-198 et note 3.
2. *Belphégor*, vers 64.

mais en âge de se conduire. — Qu'il épouse Hébé, repartit Vénus; qu'il choisisse parmi les Muses, parmi les Grâces, parmi les Heures; je le veux bien. — Vous moquez-vous? dit Junon. Voudriez-vous donner à votre fils une de vos suivantes pour femme? et encore Hébé qui nous sert à boire? Pour les Muses, ce n'est pas le fait de l'Amour qu'une précieuse[1]; elle le feroit enrager. La beauté des Heures est fort journalière : il ne s'en accommodera pas non plus. — Mais enfin, répliqua Vénus, toutes ces personnes sont des déesses, et Psyché est simple mortelle. N'est-ce pas un parti bien avantageux pour mon fils que la cadette d'un roi de qui les États tourneroient dans la basse-cour de ce château? — Ne méprisez pas tant Psyché, dit Cérès : vous pourriez pis faire que de la prendre pour votre bru. La beauté est rare parmi les dieux; les richesses et la puissance ne le sont pas. J'ai bien voyagé, comme vous savez[2]; mais je n'ai point vu de personne si accomplie. » Junon fut contrainte d'avouer qu'elle avoit raison; et toutes deux conseillèrent Cythérée de pourvoir son fils. Quel plaisir quand elle tiendroit entre les bras un petit Amour qui ressembleroit à son père! Vénus demeura piquée de ce propos-là : le rouge lui monta au front. « Cela vous siéroit mieux qu'à moi, reprit-elle assez brusquement. Je me suis regardée tout ce matin, mais il ne m'a point semblé que j'eusse encore l'air d'une aïeule. » Ces mots ne demeurèrent pas sans réponse; et les trois amies se séparèrent en se querellant.

Cérès et Junon étant montées sur leurs chars, Vénus

1. Tomes II, p. 118, VII, p. 170 et note 1.
2. Sur les voyages de Cérès à la recherche de sa fille Proserpine, voyez les Hymnes homériques, IV, vers 43-50; Callimaque, VIII; Apollodore, I, V; Ovide, les *Métamorphoses*, livre V, vers 462-550, les *Fastes*, livre IV, vers 455-575; etc.

alla faire des remontrances à son fils; et le regardant
avec un air dédaigneux :

« Il vous sied bien, lui dit-elle, de vouloir vous marier, vous qui ne cherchez que le plaisir! Depuis quand
vous est venue, dites-moi, une si sage pensée? Voyez,
je vous prie, l'homme de bien et le personnage grave et
retiré que voilà! Sans mentir, je voudrois vous avoir vu
père de famille pour un peu de temps : comment vous
y prendriez-vous? Songez, songez à vous acquitter de
votre emploi, et soyez le dieu des amants : la qualité
d'époux ne vous convient pas. Vous êtes accablé d'affaires de tous côtés, l'empire d'Amour va en décadence;
tout languit; rien ne se conclut : et vous consumez le
temps en des propositions inutiles de mariage! Il y a
tantôt trois mois que vous êtes au lit, plus malade de
fantaisie que d'une brûlure. Certes, vous avez été blessé
dans une occasion bien glorieuse pour vous! Le bel honneur, lorsque l'on dira que votre femme aura été cause
de cet accident! Si c'étoit une maîtresse, je ne dis pas.
Quoi! vous m'amènerez ici une matrone qui sera neuf
mois de l'année à toujours se plaindre! Je la traînerai
au bal avec moi? Savez-vous ce qu'il y a? ou renoncez
à Psyché; ou je ne veux plus que vous passiez pour
mon fils. Vous croyez peut-être que je ne puis faire un
autre Amour, et que j'ai oublié la manière dont on les
fait : je veux bien que vous sachiez que j'en ferai un
quand il me plaira. Oui, j'en ferai un, plus joli que vous
mille fois, et lui remettrai entre les mains votre empire.
Qu'on me donne tout à l'heure cet arc et ces flèches,
et tout l'attirail dont je vous ai équipé; aussi bien vous
est-il inutile désormais : je vous le rendrai quand vous
serez sage. »

L'Amour se mit à pleurer; et prenant les mains de sa
mère, il les lui baisa. Ce n'étoit pas encore parler

comme il faut. Elle fit tout son possible pour l'obliger à donner parole qu'il renonceroit à Psyché : ce qu'il ne voulut jamais faire. Cythérée sortit en le menaçant.

Pour achever le chagrin de cette déesse, Psyché arriva avec un paquet de laine aussi pesant qu'elle. Les choses s'étoient passées de ce côté-là avec beaucoup de succès. Le cygne avoit merveilleusement bien fait son devoir, et les deux sylvains le leur : devoir de courir, et rien davantage ; hormis qu'ils dansèrent quelques chansons[1] avec la suivante, lui dérobèrent quelques baisers, lui donnèrent quelques brins de thym et de marjolaine[2], et peut-être la cotte verte[3]; le tout avec la plus grande honnêteté du monde. Psyché cependant faisoit sa main[4]. Pas un des moutons ne s'écarta du troupeau pour venir à elle. Les ronces se laissèrent ôter leurs belles robes sans la piquer une seule fois. Psyché repassa la première.

A son retour, Cythérée lui demanda comme elle avoit fait pour traverser la rivière. Psyché répondit qu'il n'en avoit pas été besoin, et que le vent avoit envoyé des flocons de laine de son côté. « Je ne croyois pas, reprit Cythérée, que la chose fût si facile : je me suis trompée dans mes mesures, je le vois bien ; la nuit nous suggérera quelque chose de meilleur. »

Le fils de Vénus, qui ne songeoit à autre chose qu'à tirer Psyché de tous ces dangers, et qui n'attendoit peut-être pour se raccommoder avec elle que sa guérison et le retour de ses forces, avoit remandé premièrement le Zéphyre, et fait venir dans le voisinage une fée qui

---

1. Dans *Adonis*, vers 157 et note 1 : « Ils dansoient aux chansons. »
2. « Bouquets de thym et pots de marjolaine » (*la Jument*, vers 52 et note 4).
3. Voyez *Je vous prends sans verd*, vers 47 et note 6.
4. Ramassait la laine (*Joconde*, vers 169).

faisoit parler les pierres. Rien ne lui étoit impossible : elle se moquoit du Destin, disposoit des vents et des astres, et faisoit aller le monde à sa fantaisie[1].

Cythérée ne savoit pas qu'elle fût venue. Quant au Zéphyre, elle l'aperçut, et ne douta nullement que ce ne fût lui qui eût assisté Psyché. Mais s'étant la nuit avisée d'un commandement qu'elle croyoit hors de toute possibilité, elle dit le lendemain à son fils : « L'agent général de vos affaires n'est pas loin de ce château; vous lui avez défendu de s'écarter : je vous défie tous tant que vous êtes. Vous serez habiles gens l'un et l'autre si vous empêchez que votre belle ne succombe au commandement que je lui ferai aujourd'hui. »

En disant ces mots, elle fit venir Psyché, lui ordonna de la suivre, et la mena dans la basse-cour du château. Là, sous une espèce de halle, étoient entassés pêle-mêle quatre différentes sortes de grain, lesquels[2] on avoit donnés à la déesse pour la nourriture de ses pigeons. Ce n'étoit pas proprement un tas, mais une montagne. Il occupoit toute la largeur du magasin, et touchoit le faîte. Cythérée dit à Psyché : « Je ne veux dorénavant nourrir mes pigeons que de mil ou de froment pur : c'est pourquoi sépare ces quatre sortes de grain; fais-en quatre tas aux quatre coins du monceau, un tas de chacune espèce. Je m'en vas à Amathonte pour quelques affaires de plaisir : je reviendrai sur le soir. Si à mon retour je ne trouve la tâche faite, et qu'il y ait seule-

---

1. Car Nérie eut à ses gages
Les intendants des orages,
Et tint le Destin lié :
Les Zéphyrs étoient ses pages;
Quant à ses valets de pied,
C'étoient Messieurs les Borées, etc.
(*La Coupe enchantée*, vers 184-189.)

2. Tel est bien le texte de nos anciennes éditions : *de grain, lesquels*.

ment un grain de mêlé, je t'abandonnerai aux ministres de ma vengeance¹. » A ces mots elle monte sur son char, et laisse Psyché désespérée. En effet, ce commandement étoit un travail, non pas d'Hercule, mais de démon.

Sitôt que l'Amour le sut, il en envoya² avertir la fée, qui, par ses suffumigations, par ses cercles, par ses paroles³, contraignit tout ce qu'il y avoit de fourmis au monde d'accourir à l'entour du tas, autant celles qui habitoient aux extrémités de la terre que celles du voisinage. Il y eut telle fourmi qui fit ce jour-là quatre mille lieues. C'étoit un plaisir que d'en voir des hordes et des caravanes arriver de tous les côtés⁴.

Il en vient des climats où commande l'Aurore,
De ceux que ceint Téthys, et l'Océan encore;
L'Indien dégarnit toutes ses régions;
Le Garamante⁵ envoie aussi ses légions;
Il en part du couchant des nations entières;
Le nord ni le midi n'ont plus de fourmilières;
Il semble qu'on en ait épuisé l'univers.
Les chemins en sont noirs, les champs en sont couverts;
Maint vieux chêne en fournit des cohortes nombreuses;
Il n'est arbre mangé qui sous ses voûtes creuses
Souffre que de ce peuple il reste un seul essaim :
Tout déloge; et la terre en tire de son sein.

L'éthiopique gent⁶ arrive, et se partage;
On crée en chaque troupe un maître de l'ouvrage⁷ :
Il a l'œil sur sa bande; aucun n'ose faillir.
On entend un bruit sourd; le mont semble bouillir;
Déjà son tour décroît, sa hauteur diminue.
A la soudaineté l'ordre aussi contribue :

1. Ci-dessus, p. 193 et note 1. — 2. Il envoya. (1729.)
3. Page 174 et note 2. — 4. De tous côtés. (1729.)
5. Peuple de Mauritanie, au sud-est de la Numidie.
6. Tome III, p. 31 et note 12. — 7. Tome II, p. 467.

Chacun a son emploi parmi les travailleurs.
L'un sépare le grain que l'autre emporte ailleurs ;
Le monceau disparoît ainsi que par machine[1].
Quatre tas différents réparent sa ruine[2] :
De blé, riche présent qu'à l'homme ont fait les cieux[3];
De mil, pour les pigeons manger délicieux ;
De seigle, au goût aigret ; d'orge rafraîchissante,
Qui donne aux gens du nord la cervoise engraissante.
Telles l'on démolit les maisons quelquefois :
La pierre est mise à part ; à part se met le bois ;
On voit comme fourmis gens autour de l'ouvrage ;
En son être premier[4] retourne l'assemblage :
Là sont des tas confus de marbres non gravés,
Et là les ornements qui se sont conservés.

Les fourmis s'en retournèrent aussi vite qu'elles étoient venues, et n'attendirent pas le remerciement. « Vivez heureuses, leur dit Psyché : je vous souhaite des magasins qui ne désemplissent jamais. Si c'est un plaisir de se tourmenter pour les biens du monde, tourmentez-vous, et vivez heureuses. »

Quand Vénus fut de retour, et qu'elle aperçut les quatre monceaux, son étonnement ne fut pas petit ; son chagrin fut encore plus grand. On n'osoit approcher d'elle, ni seulement la regarder. Il n'y eut ni Amours ni Grâces qui ne s'enfuissent. « Quoi ! dit Cythérée en elle-même, une esclave me résistera ! je lui fournirai tous les jours une nouvelle matière de triompher ! Et

1. Voyez tome VI, p. 297 et note 3.
2. *Ruunt aliæ superque aliæ sepedum populorum undæ, summoque studio singulæ granatim totum digerunt acervum, separatimque distributis dissitisque generibus, e conspectu perniciter abeunt.* (Apulée, *ibidem*.)
3. Le blé, riche présent de la blonde Cérès.
(Livre IX, fable xi, vers 7.)
4. Ils reprendroient tous deux leur premier être.
(*Belphégor*, vers 200.)

qui craindra désormais Vénus? qui adorera sa puissance? car, pour la beauté, je n'en parle plus; c'est Psyché qui en est déesse. O Destins, que vous ai-je fait? Junon s'est vengée d'Io et de beaucoup d'autres; il n'est femme qui ne se venge : Cythérée seule se voit privée de ce doux plaisir! si faut-il que j'en vienne à bout. Vous n'êtes pas encore à la fin, Psyché; mon fils vous fait tort; plus il s'opiniâtre à vous protéger, plus je m'opiniâtrerai à vous perdre. »

Cette résolution n'eut pas tout l'effet que Vénus s'étoit promis. A deux jours de là elle fit appeler Psyché; et, dissimulant son dépit : « Puisque rien ne vous est impossible, lui dit-elle, vous irez bien au royaume de Proserpine. Et n'espérez pas m'échapper quand vous serez hors d'ici : en quelque lieu de la terre que vous soyez, je vous trouverai. Si vous voulez toutefois ne point revenir des enfers, j'en suis très contente. Vous ferez mes compliments à la reine de ces lieux-là, et vous lui direz que je la prie de me donner une boëte de son fard; j'en ai besoin, comme vous voyez : la maladie de mon fils m'a toute changée. Rapportez-moi, sans tarder, ce que l'on vous aura donné, et n'y touchez point. »

Psyché partit tout à l'heure[1]. On ne la laissa parler à qui que ce soit. Elle alla trouver la fée que son mari avoit fait venir : cette fée étoit dans le voisinage, sans que personne en sût rien. De peur de soupçon, elle ne tint pas long discours à notre héroïne. Seulement elle lui dit : « Vous voyez d'ici une vieille tour; allez-y tout droit, et entrez dedans : vous y apprendrez ce qu'il vous faut faire. N'appréhendez point les ronces qui bouchent la porte; elles se détourneront d'elles-mêmes. »

1. Tout à l'instant (tome V, p. 475 et note 6).

Psyché remercie la fée, et s'en va au vieux bâtiment. Entrée qu'elle fut, la tour lui parla. « Bonjour, Psyché, lui dit-elle; que votre voyage vous soit heureux! Ce m'est un très grand honneur de vous recevoir en mes murs : jamais rien de si charmant n'y étoit entré. Je sais le sujet qui vous amène. Plusieurs chemins conduisent aux enfers[1]; n'en prenez aucun de ceux qu'on prend d'ordinaire. Descendez dans cette cave que vous voyez, et garnissez-vous auparavant de ce qui est à vos pieds : ce panier à anse vous aidera à le porter. »

Psyché baissa aussitôt la vue[2]; et, comme le faîte de la tour étoit découvert, elle vit à terre une lampe, six boules de cire, un gros paquet de ficelle, un panier, avec deux deniers.

« Vous avez besoin de toutes ces choses, poursuivit la tour. Que la profondeur de cette cave ne vous effraye point, quoique vous ayez près de mille marches à descendre : cette lampe vous aidera. Vous suivrez à sa lueur un chemin voûté qui est dans le fond, et qui vous conduira jusqu'au bord du Styx. Il vous faudra donner à Caron un de ces deniers pour le passage, aussi bien en revenant qu'en allant. C'est un vieillard qui n'a aucune considération pour les belles, et qui ne vous laissera pas monter dans sa barque sans payer le droit. Le fleuve passé, vous rencontrerez un âne boiteux et n'en pouvant plus de vieillesse, avec un misérable qui le chassera. Celui-ci vous priera de lui donner, par pitié, un peu de ficelle, si vous en avez dans votre panier, afin de lier certains paquets dont son âne sera chargé. Gardez-vous de lui accorder ce qu'il vous de-

---

1. Ci-dessous, p. 210 :
Le royaume des morts a plus d'une avenue.
2. Les yeux (tome V, p. 418 et note 3).

mandera. C'est un piège que vous tend Vénus. Vous avez besoin de votre ficelle à une autre chose ; car vous entrerez incontinent dans un labyrinthe dont les routes sont fort aisées à tenir en allant; mais, quand on en revient, il est impossible de les démêler : ce que vous ferez toutefois par le moyen de cette ficelle. La porte de deçà du labyrinthe n'a point de portier; celle de delà en a un : c'est un chien qui a trois gueules[1], plus grand qu'un ours. Il discerne, à l'odorat, les morts d'avec les vivants; car il se rencontre des personnes qui ont affaire aussi bien que vous en ces lieux. Le portier laisse passer les premiers, et étrangle les autres devant qu'ils passent. Vous lui empâterez ses trois gueules en lui jetant dans chacune une de vos boules de cire, autant au retour. Elles auront aussi la force de l'endormir. Dès que vous serez sortie du labyrinthe, deux démons des Champs Élysées viendront au-devant de vous, et vous conduiront jusqu'au trône de Proserpine. Adieu, charmante Psyché : que votre voyage vous soit heureux ! »

Psyché remercie la tour, prend le panier avec l'équipage, descend dans la cave; et, pour abréger, elle arrive saine et sauve au delà du labyrinthe, malgré les spectres qui se présentèrent sur son passage.

Il ne sera pas hors de propos de vous dire qu'elle vit sur les bords[2] du Styx gens de tous états arrivant de tous les côtés. Il y avoit dans la barque, lorsque la belle passa, un roi, un philosophe, un général d'armée, je ne sais combien de soldats, avec quelques femmes. Le roi se mit à pleurer de ce qu'il lui falloit quitter un séjour où étoient de si beaux objets. Le philosophe, au contraire, loua les dieux de ce qu'il en étoit sorti avant que de

1. Cerbère.
2. Sur le bord. (1729.)

voir un objet si capable de le séduire, et dont il pouvoit alors approcher sans aucun péril[1]. Les soldats disputèrent entre eux à qui s'assoiroit le plus près d'elle, sans aucun respect du roi, ni aucune crainte du général, qui n'avoit pas son bâton de commandement. La chose alloit à se battre et à renverser la nacelle, si Caron n'eût mis le holà à coups d'aviron. Les femmes environnèrent Psyché, et se consolèrent des avantages qu'elles avoient perdus, voyant que notre héroïne en perdoit bien d'autres : car elle ne dit à personne qu'elle fût vivante. Son habit étonna pourtant la compagnie, tous les autres n'ayant qu'un drap.

Aussitôt qu'elle fut sortie du labyrinthe, les deux démons l'abordèrent, et lui firent voir les singularités de ces lieux. Elles sont tellement étranges que j'ai besoin d'un style extraordinaire pour vous les décrire.

Polyphile se tut à ces mots ; et, après quelques moments de silence, il reprit d'un ton moins familier :

Le royaume des morts a plus d'une avenue :
Il n'est route qui soit aux humains si connue.
Des quatre coins du monde on se rend aux enfers ;
Tisiphone les tient incessamment ouverts.
La faim, le désespoir, les douleurs, le long âge,
Mènent par tous endroits à ce triste passage ;
Et, quand il est franchi, les filles du Destin
Filent aux habitants une nuit sans matin[2].
Orphée a toutefois mérité par sa lyre

---

1. Dans *la Matrone d'Éphèse*, vers 136-137 :
Voulez-vous emporter vos appas chez les morts?
Que vous servira-t-il d'en être regardée?

2. *Soles occidere et redire possunt :*
Nobis, quum semel occidit brevis lux,
Nox est perpetua una dormienda.
(CATULLE, v, vers 4-6.)

LIVRE II.

De voir impunément le ténébreux empire.
Psyché par ses appas obtint même faveur :
Pluton sentit pour elle un moment de ferveur ;
Proserpine craignit de se voir détrônée,
Et la boëte de fard à l'instant fut donnée.

L'esclave de Vénus, sans guide et sans secours,
Arriva dans les lieux où le Styx fait son cours.
Sa cruelle ennemie eut soin que le Cerbère
Lui lançât des regards enflammés de colère.
Par les monstres d'enfer rien ne fut épargné ;
Elle vit ce qu'en ont tant d'auteurs enseigné[1].
Mille spectres hideux, les Hydres, les Harpies,
Les triples Géryons, les mânes des Tityes[2],
Présentoient à ses yeux maint fantôme trompeur
Dont le corps retournoit aussitôt en vapeur.
Les cantons destinés aux ombres criminelles,
Leurs cris, leur désespoir[3], leurs douleurs éternelles,
Tout l'attirail qui suit tôt ou tard les méchants,
La remplirent de crainte et d'horreur pour ces champs.
Là, sur un pont d'airain, l'orgueilleux Salmonée,
Triste chef d'une troupe aux tourments condamnée,
S'efforçoit de passer en des lieux moins cruels,
Et partout rencontroit des feux continuels.
Tantale aux eaux du Styx portoit en vain sa bouche,
Toujours proche d'un bien que jamais il ne touche ;
Et Sisyphe en sueur essayoit vainement
D'arrêter son rocher pour le moins un moment.
Là les sœurs de Psyché[4] dans l'importune glace
D'un miroir que sans cesse elles avoient en face,

---

1. Tant d'auteurs en effet. Comparez, sans parler des anciens, pour cette description du Tartare, Baïf, le tiers livre des Poëmes (tome II des OEuvres, p. 125-127) ; l'acte V de la tragédie-ballet de *Psyché*; Fénelon, *Télémaque*, livre XIV ; etc., etc.
2. Horace, livre II, ode XIV, vers 5-8.
3. Leurs désespoirs. (1729.)
4. Vos envieuses sœurs, après nous descendues,
   Pour vous perdre se sont perdues;
   Et l'une et l'autre tour à tour,

Revoyoient leur cadette heureuse, et dans les bras,
Non d'un monstre effrayant, mais d'un dieu plein d'ap-
En quelque lieu qu'allât cette engeance maudite, [pas.
Le miroir se plaçoit toujours à l'opposite.
Pour les tirer d'erreur, leur cadette accourut;
Mais ce couple s'enfuit sitôt qu'elle parut.
Non loin d'elles Psyché vit l'immortelle tâche
Où les cinquante sœurs s'exercent sans relâche :
La belle les plaignit, et ne put sans frémir
Voir tant de malheureux occupés à gémir[1].
Chacun trouvoit sa peine au plus haut point montée :
Ixion souhaitoit le sort de Prométhée;
Tantale eût consenti, pour assouvir sa faim,
Que Pluton le livrât à des flammes sans fin.
En un lieu séparé l'on voit ceux de qui l'âme
A violé les droits de l'amoureuse flamme,
Offensé Cupidon, méprisé ses autels,
Refusé le tribut qu'il impose aux mortels[2].
Là souffre un monde entier d'ingrates, de coquettes;
Là Mégère punit les langues indiscrètes,
Surtout ceux qui, tachés du plus noir des forfaits,
Se sont vantés d'un bien qu'on ne leur fit jamais[3];
Par de cruels vautours l'inhumaine est rongée;
Dans un fleuve glacé la volage est plongée;
Et l'insensible expie en des lieux embrasés,
Aux yeux de ses amants, les maux qu'elle a causés[4];
Ministres, confidents, domestiques perfides,
Y lassent sous les fouets le bras des Euménides.

> Pour le prix d'un conseil qui leur coûte la vie,
> A côté d'Ixion, à côté de Titye,
> Souffre tantôt la roue, et tantôt le vautour.
> L'Amour, par les Zéphyrs, s'est fait prompte justice
> De leur envenimée et jalouse malice....
> 			(*Psyché*, tragédie-ballet, acte V, scène II.)

1. *Saint Malc*, vers 513 et note 6.
2. Tome III, p. 335-336.
3. *Le Gascon puni*, vers 1-5.
4. Rapprochez la fable de *Daphnis et Alcimadure*, vers 79-80 :
    Tout l'Érèbe entendit cette belle homicide, etc.

Près d'eux sont les auteurs de maint hymen forcé,
L'amant chiche¹, et la dame au cœur intéressé²;
La troupe des censeurs, peuple à l'amour rebelle;
Ceux enfin dont les vers ont noirci quelque belle.

Vénus avoit obligé Mercure, par ses caresses, de prier, de la part de cette déesse, toutes les puissances d'enfer d'effrayer tellement son ennemie par la vue de ces fantômes et de ces supplices, qu'elle en mourût d'appréhension, et mourût si bien, que la chose fût sans retour, et qu'il ne restât plus de cette beauté qu'une ombre légère. « Après quoi, disoit Cythérée, je permets à mon fils d'en être amoureux et de l'aller trouver aux enfers pour lui renouveler ses caresses. »

Cupidon ne manqua pas d'y pourvoir; et, dès que Psyché eut passé le labyrinthe, il la fit conduire, comme je crois vous avoir dit³, par deux démons des Champs Élysées : ceux-là ne sont pas méchants. Ils la rassurèrent, et lui apprirent quels étoient les crimes de ceux qu'elle voyoit tourmentés. La belle en demeura toute consolée, n'y trouvant rien qui eût du rapport à son aventure. Après tout, la faute qu'elle avoit commise ne méritoit pas une telle punition. Si la curiosité rendoit les gens malheureux jusqu'en l'autre monde, il n'y auroit pas d'avantage à être femme.

En passant auprès des Champs Élysées, comme le nombre des bienheureux a de tout temps été fort petit, Psyché n'eut pas de peine à y remarquer ceux qui jusqu'alors avoient fait valoir la puissance de son époux, gens du Parnasse pour la plupart. Ils étoient sous de

---

1. *Le Faucon*, vers 1-2.
2. *A Femme avare Galant escroc*, vers 25. — *L'Héritier ridicule ou la Dame intéressée* est le titre d'une comédie de Scarron (Paris, 1650, in-4°).
3. Pages 209 et 210.

beaux ombrages, se récitant les uns aux autres leurs poésies, et se donnant des louanges continuelles sans se lasser.

Enfin la belle fut amenée devant le tribunal de Pluton. Toute la cour de ce dieu demeura surprise : depuis Proserpine ils ne se souvenoient point d'avoir vu d'objet qui leur eût touché le cœur, que celui-là seul. Proserpine même en eut de la jalousie[1]; car son mari regardoit déjà la belle d'une autre sorte qu'il n'a coutume de faire ceux qui approchent de son tribunal, et il ne tenoit pas à lui qu'il ne se défît de cet air terrible qui fait partie de son apanage. Surtout il y avoit du plaisir à voir Rhadamanthe se radoucir. Pluton fit cesser pour quelques moments les souffrances et les plaintes des malheureux, afin que Psyché eût une audience[2] plus favorable.

Voici à peu près comme elle parla[3], adressant sa voix tantôt à Pluton et à Proserpine conjointement, tantôt à cette déesse seule :

« Vous sous qui tout fléchit, déités dont les lois
Traitent également les bergers et les rois,
Ni le desir de voir, ni celui d'être vue,
Ne me font visiter une cour inconnue :
J'ai trop appris, hélas! par mes propres malheurs,
Combien de tels plaisirs engendrent de douleurs.
Vous voyez devant vous l'esclave infortunée

---

1. Ci-dessus, p. 211 :
Proserpine craignit de se voir détrônée.
2. Tome IV, p. 448 et note 7.
3. Ce discours n'est pas chez Apulée; et l'entrevue de Psyché avec Proserpine est résumée en ces quelques mots : *Domum Proserpinæ penetrat. Nec offerentis hospitæ sedile delicatum, vel cibum beatum amplexa, sed ante pedes ejus residens humilis, cibario pane contenta, Veneream pertulit legationem.* (Ibidem.)

Qu'à des larmes sans fin Vénus a condamnée. [ferts :
C'est peu pour son courroux des maux que j'ai souf-
Il faut chercher encore un fard jusqu'aux enfers.
Reine de ces climats, faites qu'on me le donne;
Il porte votre nom; et c'est ce qui m'étonne.
Ne vous offensez point, déesse aux traits si doux :
On s'aperçoit assez qu'il n'est pas fait pour vous.
Plaire sans fard est chose aux déesses facile;
A qui ne peut vieillir cet art est inutile.
C'est moi qui dois tâcher, en l'état où je suis,
A réparer le tort[1] que m'ont fait les ennuis;
Mais j'ai quitté le soin d'une beauté fatale.
La nature souvent n'est que trop libérale;
Plût au Sort que mes traits, à présent sans éclat,
N'eussent jamais paru que dans ce triste état!
Mes sœurs les envioient : que mes sœurs étoient folles
D'abord je me repus d'espérances frivoles;
Enfin l'Amour m'aima; je l'aimai sans le voir.
Je le vis, il s'enfuit, rien ne put l'émouvoir;
Il me précipita du comble de la gloire :
Souvenirs de ces temps, sortez de ma mémoire.
Chacun sait ce qui suit. Maintenant dans ces lieux
Je viens pour obtenir un fard si précieux.
Je n'en mérite pas la faveur singulière;
Mais le nom de l'Amour se joint à ma prière.
Vous connoissez ce dieu : qui ne le connoît pas?
S'il descend pour vous plaire au fond de ces climats,
D'une boëte de fard récompensez sa femme :
Ainsi durent chez vous les douceurs de sa flamme!
Ainsi votre bonheur puisse rendre envieux
Celui qui pour sa part eut l'empire des cieux! »

Cette harangue eut tout le succès que Psyché pouvoit souhaiter. Il n'y eut ni démon ni ombre qui ne compatît au malheur de cette affligée, et qui ne blamât Vénus. La pitié entra, pour la première fois, au cœur des Furies; et ceux qui avoient tant de sujet de se

---

1. Le dommage (la Courtisane amoureuse, vers 145).

plaindre eux-mêmes mirent à part le sentiment de leurs propres maux, pour plaindre l'épouse de Cupidon. Pluton fut sur le point de lui offrir une retraite dans ses États; mais c'est un asile où les malheureux n'ont recours que le plus tard qu'il leur est possible. Proserpine empêcha ce coup : la jalousie la possédoit tellement que, sans considérer qu'une ombre seroit incapable de lui nuire, elle recommanda instamment aux Parques de ne pas trancher à l'étourdie les jours de cette personne, et de prendre si bien leurs mesures qu'on ne la revît aux enfers que vieille et ridée. Puis, sans tarder davantage, elle mit entre les mains de Psyché une boëte bien fermée, avec défense de l'ouvrir, et avec charge d'assurer Vénus de son amitié. Pour Pluton, il ne put voir sans déplaisir le départ de notre héroïne, et le présent qu'on lui faisoit. « Souvenez-vous, lui dit-il, de ce qu'il vous a coûté d'être curieuse. Allez, et n'accusez pas Pluton de votre destin. »

Tant que le pays des morts continua, la boëte fut en assurance, Psyché n'avoit garde d'y toucher : elle appréhendoit que, parmi un si grand nombre de gens qui n'avoient que faire, il n'y en eût qui observassent ses actions.

Aussitôt qu'elle eut atteint notre monde, et que, se trouvant sous ce conduit souterrain, elle crut n'avoir pour témoins que les pierres qui le soutenoient, la voilà tentée à son ordinaire. Elle eut envie de savoir quel étoit ce fard dont Proserpine l'avoit chargée. Le moyen de s'en empêcher? Elle seroit femme, et laisseroit échapper une telle occasion de se satisfaire ! A qui le diroient ces pierres? Possible personne qu'elle n'étoit descendu sous cette voûte depuis qu'on l'avoit bâtie. Puis ce n'étoit pas une simple curiosité qui la poussoit; c'étoit un desir naturel et bien innocent de remédier au déchet[1] où étoient tombés ses appas. Les ennuis, le hâle, mille autres choses l'avoient tellement changée, qu'elle ne se connoissoit plus elle-même. Il falloit abandonner les prétentions qui lui restoient sur le cœur de son mari, ou bien réparer[2] ces pertes par quelque moyen. Où en trouveroit-elle un meilleur que celui qu'elle avoit en sa puissance, que de s'appliquer un peu de ce fard qu'elle portoit à Vénus[3]? Non qu'elle eût dessein d'en abuser, ni de plaire à d'autres qu'à son mari; les dieux le savoient : pourvu seulement qu'elle imposât à l'Amour, cela suffiroit. Tout artifice est permis quand il s'agit de regagner un époux. Si Vénus l'avoit crue si simple que de n'oser toucher à ce fard, elle s'étoit fort trompée : mais, qu'elle y touchât ou non, Cythérée l'en soupçonneroit toujours; ainsi il lui seroit inutile de s'abstenir.

Psyché raisonna si bien, qu'elle s'attira un nouveau malheur. Une certaine appréhension toutefois la retenoit : elle regardoit la boëte, y portoit la main, puis l'en retiroit, et l'y reportoit aussitôt. Après un combat qui fut assez long, la victoire demeura, selon sa coutume, à cette malheureuse curiosité. Psyché ouvrit la boëte en tremblant, et à peine l'eut-elle ouverte qu'il en sortit une vapeur fuligineuse, une fumée noire et pénétrante qui se répandit en moins d'un moment par tout le visage de notre héroïne, et sur une partie de son sein[4]. L'impression qu'elle y fit fut si violente que

1. Tome VII, p. 155 et note 4.
2. Ci-dessus, p. 170 : « L'autre avoit des réparations à faire de tous les côtés. »
3. Dans la tragédie-ballet de *Psyché*, vers 1816-1826 :

.... En dérober un peu seroit-ce un si grand crime?

4. Chez Apulée (*ibidem*), c'est le sommeil qui sort de la boîte :
.... *Mente capitur temeraria curiositate.* « *Et ecce, inquit, inepta ego di-*

Psyché soupçonna d'abord quelque sinistre accident, d'autant plus qu'il ne restoit dans la boëte qu'une noirceur qui la teignoit toute.

Psyché alarmée, et se doutant presque de ce qui lui étoit arrivé, se hâta de sortir de cette cave, impatiente de rencontrer quelque fontaine, dans laquelle elle pût apprendre l'état où cette vapeur l'avoit mise. Quand elle fut dans la tour, et qu'elle se présenta à la porte, les épines qui la bouchoient, et qui s'étoient d'elles-mêmes détournées pour laisser passer Psyché la première fois, ne la reconnoissant plus, l'arrêtèrent. La tour fut contrainte de lui demander son nom. Notre infortunée le lui dit en soupirant. « Quoi! c'est vous, Psyché! Qui vous a teint le visage de cette sorte? Allez vite vous laver, et gardez bien de vous présenter en cet état à votre mari. » Psyché court à un ruisseau qui n'étoit pas loin, le cœur lui battant de telle manière que l'haleine lui manquoit à chaque pas. Enfin elle arriva sur le bord de ce ruisseau, et, s'étant penchée, elle y aperçut la plus belle More du monde. Elle n'avoit ni le nez ni la bouche comme l'ont celles que nous voyons, mais enfin c'étoit une More. Psyché, étonnée, tourna la tête pour voir si quelque Africaine ne se regardoit point derrière elle. N'ayant vu personne, et certaine de son malheur, les genoux commencèrent à lui faillir, les bras lui tombèrent. Elle essaya toutefois inutilement d'effacer cette noirceur avec l'onde.

Après s'être lavée longtemps sans rien avancer : « O

viae formositatis gerula, quae ne tantillum quidem indidem mihi delibo, vel sic illi amatori meo formoso placitura. » Et cum dicto reserat pyxidem. Nec quidquam ibi rerum, nec formositas ulla, sed infernus somnus ac vere stygius : qui statim coöperculo revelatus, invadit eam, crassaque soporis nebula cunctis ejus membris perfunditur, et in ipso vestigio ipsaque semita collapsam possidet. Et jacebat immobilis, et nihil aliud quam dormiens cadaver.

Destins, s'écria-t-elle, me condamnez-vous à perdre aussi la beauté? Cythérée, Cythérée, quelle satisfaction vous attend! Quand je me présenterai parmi vos esclaves, elles me rebuteront; je serai le déshonneur de votre cour. Qu'ai-je fait qui méritât une telle honte? ne vous suffisoit-il pas que j'eusse perdu mes parents, mon mari, les richesses, la liberté, sans perdre encore l'unique bien avec lequel les femmes se consolent de tous malheurs? Quoi! ne pouviez-vous attendre que les années vous vengeassent? c'est une chose si tôt passée que la beauté des mortelles! la mélancolie seroit venue au secours du temps. Mais j'ai tort de vous accuser, c'est moi seule qui suis la cause de mon infortune; c'est cette curiosité incorrigible qui, non contente de m'avoir ôté les bonnes grâces de votre fils, m'ôte aussi le moyen de les regagner. Hélas! ce sera ce fils le premier qui me regardera avec horreur, et qui me fuira. Je l'ai cherché par tout l'univers, et j'appréhende de le trouver. Quoi! mon mari me fuira! mon mari qui me trouvoit si charmante! Non, non, Vénus, vous n'aurez pas ce plaisir, et, puisqu'il m'est défendu d'avancer mes jours, je me retirerai dans quelque désert où personne ne me verra; j'achèverai mes destins parmi les serpents et parmi les loups : il s'en trouvera quelqu'un d'assez pitoyable[1] pour me dévorer. »

Dans ce dessein elle court à une forêt voisine, s'enfonce dans le plus profond, choisit pour principale retraite un antre effroyable. Là son occupation est de soupirer et de répandre des larmes : ses joues s'aplatissent, ses yeux se cavent[2]; ce n'étoit plus celle de qui Vénus étoit devenue jalouse : il y avoit au monde telle mortelle qui l'auroit regardée sans envie.

1. Assez sensible à la pitié (*les Lunettes*, vers 130).
2. *Joconde*, vers 142.

L'Amour commençoit alors à sortir; et, comme il étoit guéri de sa colère aussi bien que de sa brûlure, il ne songeoit plus qu'à Psyché. Psyché devoit faire son unique joie; il devoit quitter ses temples pour servir Psyché : résolutions d'un nouvel amant. Les maris ont de ces retours, mais ils les font peu durer. Ce mari-ci ne se proposoit plus de fin dans sa passion, ni dans le bon traitement qu'il avoit résolu de faire à sa femme. Son dessein étoit de se jeter à ses pieds, de lui demander pardon, de lui protester qu'il ne retomberoit jamais en de telles bizarreries. Tant que la journée duroit il s'entretenoit de ces choses; la nuit venue, il continuoit, et continuoit encore pendant son sommeil. Aussitôt que l'aurore commençoit à poindre, il la prioit de lui ramener Psyché; car la fée l'avoit assuré qu'elle reviendroit des enfers. Dès que le soleil étoit levé, notre époux quittoit le lit, afin d'éviter les visites de sa mère, et s'alloit promener dans le bois où la belle Éthiopienne[1] avoit choisi sa retraite : il le trouvoit propre à entretenir les rêveries d'un amant.

Un jour Psyché s'étoit endormie à l'entrée de sa caverne. Elle était couchée sur le côté, le visage tourné vers la terre, son mouchoir dessus, et encore un bras sur le mouchoir pour plus grande précaution, et pour s'empêcher plus assurément d'être vue. Si elle eût pu s'envelopper de ténèbres, elle l'auroit fait. L'autre bras étoit couché le long de la cuisse; il n'avoit pas la même rondeur qu'autrefois : le moyen qu'une personne qui ne vivoit que de fruits sauvages, et laquelle ne mangeoit rien qui ne fût mouillé de ses pleurs, eût de l'embonpoint? La délicatesse et la blancheur y étoient toujours.

L'Amour l'aperçut de loin : il sentit un tressaillement

[1]. *Éthiopienne*, à cause de la fumée « noire et pénétrante » qui s'était répandue sur son visage.

qui lui dit que cette personne étoit. Psyché. Plus il approchoit, et plus il se confirmoit dans ce sentiment; car quelle autre qu'elle auroit eu une taille si bien formée? Quand il se trouva assez près pour considérer le bras et la main, il n'en douta plus : non que la maigreur ne l'arrêtât; mais il jugeoit bien qu'une personne affligée ne pouvoit être en meilleur état. La surprise de ce dieu ne fut pas petite; pour sa joie, je vous la laisse à imaginer. Un amant que nos romanciers auroient fait seroit demeuré deux heures à considérer l'objet de sa passion sans l'oser toucher, ni seulement interrompre son sommeil : l'Amour s'y prit d'une autre manière. Il s'agenouilla d'abord auprès de Psyché, et lui souleva une main, laquelle il étendit sur la sienne; puis, usant de l'autorité d'un dieu et de celle d'un mari, il y imprima deux baisers.

Psyché étoit si fort abattue qu'elle s'éveilla seulement au second baiser. Dès qu'elle aperçut l'Amour, elle se leva, s'enfuit dans son antre, s'alla cacher à l'endroit le plus profond, tellement émue qu'elle ne savoit à quoi se résoudre. L'état où elle avoit vu le dieu, cette posture de suppliant, ce baiser dont la chaleur lui faisoit connoître que c'étoit un véritable baiser d'amour, et non un baiser de simple galanterie, tout cela l'enhardissoit : mais de se montrer ainsi noire et défigurée à celui dont elle vouloit regagner le cœur, il n'y avoit pas d'apparence.

Cependant l'Amour s'étoit approché de la caverne; et, repensant à l'ébène de cette personne qu'il avoit vue, il croyoit s'être trompé, et se vouloit quelque mal d'avoir pris une Éthiopienne pour son épouse. Quand il fut dans l'antre : « Belle More, lui cria-t-il, vous ne savez guère ce que je suis, de me fuir ainsi; ma rencontre ne fait pas peur. Dites-moi ce que vous cherchez

dans ces provinces; peu de gens y viennent que pour
aimer : si c'est là ce qui vous amène, j'ai de quoi vous
satisfaire. Avez-vous besoin d'un amant? je suis le dieu
qui les fais. Quoi! vous dédaignez de me répondre!
vous me fuyez! — Hélas! dit Psyché, je ne vous fuis
point; j'ôte seulement de devant vos yeux un objet que
j'appréhende que vous ne fuyiez vous-même. »
 Cette voix si douce, si agréable, et autrefois familière
au fils de Vénus, fut aussitôt reconnue de lui. Il courut au
coin où s'étoit réfugiée son épouse. « Quoi! c'est vous!
dit-il, quoi! ma chère Psyché, c'est vous! » Aussitôt il
se jeta aux pieds de la belle. « J'ai failli, continua-t-il
en les embrassant : mon caprice est cause qu'une personne innocente, qu'une personne qui étoit née pour ne
connoître que les plaisirs, a souffert des peines que les
coupables ne souffrent point : et je n'ai pas renversé le
ciel et la terre pour l'empêcher! je n'ai pas ramené le
chaos au monde! je ne me suis pas donné la mort, tout
dieu que je suis! Ah! Psyché, que vous avez de sujets
de me détester! Il faut que je meure et que j'en trouve
les moyens, quelque impossible que soit la chose[1]. »
 Psyché chercha une de ses mains pour la lui baiser.
L'Amour s'en douta; et se relevant : « Ah! s'écria-t-il,
que vous ajoutez de douceur à vos autres charmes! Je
sais les sentiments que vous avez eus; toute la nature
me les a dits : il ne vous est pas échappé un seul mot
de plainte contre ce monstre qui étoit indigne de votre
amour. » Et comme elle lui avoit trouvé la main : « Non,
poursuivit-il, ne m'accordez point de telles faveurs; je
n'en suis pas digne : je ne demande pour toute grâce
que quelque punition que vous m'imposiez vous-même.
Ma Psyché, ma chère Psyché, dites-moi, à quoi me

---

1. Tome VII, p. 241 et note 3, 267, 270; etc.

condamnez-vous ? — Je vous condamne à être aimé de votre Psyché éternellement, dit notre héroïne, car que vous l'aimiez, elle auroit tort de vous en prier : elle n'est plus belle. »

Ces paroles furent prononcées avec un ton de voix si touchant que l'Amour ne put retenir ses larmes. Il noya de pleurs l'une des mains de Psyché; et, pressant cette main entre les siennes, il se tut longtemps, et par ce silence il s'exprima mieux que s'il eût parlé : les torrents de larmes firent ce que ceux de paroles n'auroient su faire. Psyché, charmée de cette éloquence, y répondit comme une personne qui en savoit tous les traits. Et considérez, je vous prie, ce que c'est d'aimer[1] : le couple d'amants le mieux d'accord et le plus passionné qu'il y eût au monde employoit l'occasion à verser des pleurs et à pousser des soupirs. Amants heureux, il n'y a que vous qui connoissiez le plaisir[2] !

A cette exclamation, Polyphile, tout transporté, laissa tomber l'écrit qu'il tenoit; et Acante, se souvenant de quelque chose, fit un soupir. Gélaste leur dit avec un souris moqueur : « Courage, Messieurs les amants ! voilà qui est bien, et vous faites votre devoir. Oh! les gens heureux, et trois fois heureux que vous êtes! Moi, misérable! je ne saurois soupirer après le plaisir de verser des pleurs. » Puis, ramassant le papier de Polyphile : « Tenez, lui dit-il, voilà votre écrit; achevez Psyché, et remettez-vous. » Polyphile reprit son cahier, et continua ainsi :

Cette conversation de larmes devint à la fin con-

---

1.   Vous savez bien par votre expérience
     Que c'est d'aimer.
                    (*Le Faucon*, vers 220-221.)

2. Comparez *la Courtisane amoureuse*, vers 294-297 et note 6.

versation de baisers : je passe légèrement cet endroit.
L'Amour pria son épouse de sortir de l'antre, afin qu'il
apprît le changement qui étoit survenu en son visage,
et pour y apporter remède s'il se pouvoit. Psyché lui
dit en riant : « Vous m'avez refusé, s'il vous en souvient, la satisfaction de vous voir lorsque je vous l'ai
demandée ; je vous pourrois rendre la pareille à bien
meilleur droit, et avec bien plus de raison que vous
n'en aviez ; mais j'aime mieux me détruire[1] dans votre
esprit que de ne pas vous complaire. Aussi bien faut-il
que vous cherchiez un remède à la passion qui vous
occupe : elle vous met mal avec votre mère, et vous
fait abandonner le soin des mortels et la conduite de
votre empire. » En disant ces mots, elle lui donna la
main pour le mener hors de l'antre.

L'Amour se plaignit de la pensée qu'elle avoit, et lui
jura par le Styx[2] qu'il l'aimeroit éternellement, blanche
ou noire, belle ou non belle ; car ce n'étoit pas seulement son corps qui le rendoit amoureux, c'étoit son
esprit, et son âme par-dessus tout.

Quand ils furent sortis de l'antre, et que l'Amour
eut jeté les yeux sur son épouse, il recula trois ou
quatre pas, tout surpris et tout étonné. « Je vous l'avois
bien promis[3], lui dit-elle, que cette vue seroit un remède pour votre amour : je ne m'en plains pas, et n'y
trouve point d'injustice. La plupart des femmes prennent le Ciel à témoin quand cela arrive : elles disent
qu'on doit les aimer pour elles, et non pas pour le
plaisir de les voir ; qu'elles n'ont point d'obligation à
ceux qui cherchent seulement à se satisfaire ; que cette
sorte de passion qui n'a pour objet que ce qui touche

1. Ci-dessus, p. 134 et note 1.
2. Page 81. — 3. Je vous l'avois promis. (1729.)

les sens ne doit point entrer dans une belle âme, et est indigne qu'on y réponde ; c'est aimer comme aiment les animaux, au lieu qu'il faudroit aimer comme les esprits détachés des corps[1]. Les vrais amants, les amants qui méritent que l'on les aime, se mettent le plus qu'ils peuvent dans cet état : ils s'affranchissent de la tyrannie du temps, ils se rendent indépendants du hasard et de la malignité des astres ; tandis que les autres sont toujours en transe, soit pour le caprice de la fortune, soit pour celui des saisons. Quand ils n'auroient rien à craindre de ce côté-là, les années leur font une guerre continuelle, il n'y a pas un moment au jour qui ne détruise quelque chose de leur plaisir : c'est une nécessité qu'il aille toujours en diminuant ; et d'autres raisons très belles et très peu persuasives. Je n'en veux opposer qu'une à ces femmes. Leur beauté et leur jeunesse ont fait naître la passion que l'on a pour elles, il est naturel que le contraire l'anéantisse. Je ne vous demande donc plus d'amour ; ayez seulement de l'amitié, ou, si je n'en suis pas digne, quelque peu de compassion. Il est de la qualité d'un dieu comme vous d'avoir pour esclaves des personnes de mon sexe : faites-moi la grâce que j'en sois une. »

L'Amour trouva sa femme plus belle après ce discours qu'il ne l'avoit encore trouvée. Il se jeta à son col. « Vous ne m'avez, lui repartit-il, demandé que de l'amitié, je vous promets de l'amour. Et consolez-vous ; il vous reste plus de beauté que n'en ont toutes les mortelles ensemble. Il est vrai que votre visage a changé de teint, mais il n'a nullement changé de traits : et ne comptez-vous pour rien le reste du corps ? Qu'avez-vous perdu de lis et d'albâtre à comparaison de ce qui vous en est demeuré ? Allons voir Vénus. Cet avantage

1. Du corps. (1729.)

qu'elle vient de remporter, quoi qu'il soit petit, la rendra contente, et nous réconciliera les uns et les autres : sinon j'aurai recours à Jupiter, et je le prierai de vous rendre votre vrai teint. Si cela dépendoit de moi, vous seriez déjà ce que vous étiez lorsque vous me rendîtes amoureux : ce seroit ici le plus beau moment de vos jours ; mais un dieu ne sauroit défaire ce qu'un autre dieu a fait[1] ; il n'y a que Jupiter à qui ce privilège soit accordé. S'il ne vous rend tous vos lis[2], sans qu'il y en ait un seul de perdu, je ferai périr la race des animaux et des hommes. Que feront les dieux après cela? Pour les roses, c'est mon affaire ; et pour l'embonpoint, la joie le ramènera. Ce n'est pas encore assez, je veux que l'Olympe vous reconnoisse pour mon épouse. »

Psyché se fût jetée à ses pieds, si elle n'eût su comme on doit agir avec l'Amour. Elle se contenta donc de lui dire en rougissant : « Si je pouvois être votre femme sans être blanche, cela seroit bien plus court et bien plus certain.

— Ce point-là vous est assuré, repartit l'Amour ; je l'ai juré par le Styx : mais je veux que vous soyez blanche. Allons nous présenter à Vénus. »

Psyché se laissa conduire, bien qu'elle eût beaucoup de répugnance à se montrer, et peu d'espérance de réussir. La soumission aux volontés de son époux lui fermoit les yeux : elle se seroit résolue, pour lui complaire, à des choses plus difficiles. Pendant le chemin elle lui conta les principales aventures de son voyage, la merveille de cette tour qui lui avoit donné des adresses ; l'Achéron, le Styx, l'âne boîteux, le labyrinthe, et les trois gueules de son portier ; les fantômes qu'elle avoit vus, la cour de Pluton et de Proserpine ;

---

1. *Les Filles de Minée*, vers 556-558.
2. Tomes V, p. 190, VII, p. 262, ci-dessus, p. 193, etc.

enfin son retour, et sa curiosité qu'elle-même jugeoit
très digne d'être punie.

Elle achevoit son récit quand ils arrivèrent à ce château qui étoit à mi-chemin de Paphos et d'Amathonte[1].
Vénus se promenoit dans le parc. On lui alla dire de
la part d'Amour qu'il avoit une Africaine assez bien
faite à lui présenter : elle en pourroit faire une quatrième Grâce, non seulement brune comme les autres,
mais toute noire.

Cythérée rêvoit alors à sa jalousie; à la passion dont
son fils étoit malade, et qui, tout considéré, n'étoit pas
un crime; aux peines à quoi elle avoit condamné la
pauvre Psyché, peines très cruelles, et qui lui faisoient
à elle-même pitié. Outre cela l'absence de son ennemie
avoit laissé refroidir sa colère, de façon que rien ne
l'empêchoit plus de se rendre à la raison. Elle étoit
dans le moment le plus favorable qu'on eût pu choisir
pour accommoder les choses.

Cependant toute la cour de Vénus étoit accourue
pour voir ce miracle, cette nouvelle façon de More:
c'étoit à qui la regarderoit de plus près. Quelque étonnement que sa vue causât, on y prenoit du plaisir; et
on auroit bien donné demi-douzaine de blanches pour
cette noire. Au reste, soit que la couleur eût changé
son air, soit qu'il y eût de l'enchantement, personne
ne se souvint d'avoir rien vu qui lui ressemblât. Les
Jeux et les Ris firent connoissance avec elle d'abord
sans se la remettre[2], admirant les grâces de sa personne,
sa taille, ses traits, et disant tout haut que la couleur
n'y faisoit rien. Néanmoins ce visage d'Éthiopienne

---

1. Page 191 : «.... Quand Cythérée étoit lasse des embarras de
sa cour, elle se retiroit en ce lieu avec cinq ou six de ses confidentes. Là, qui que ce soit ne l'alloit voir. »
2. Sans la reconnaître.

enté sur[1] un corps de Grecque sembloit quelque chose de fort étrange. Toute cette cour la considéroit comme un très beau monstre, et très digne d'être aimé. Les uns assuroient qu'elle étoit fille d'un blanc et d'une noire ; les autres, d'un noir et d'une blanche.

Quand elle fut à quatre pas de Vénus, elle mit un genou en terre. « Charmante reine de la beauté, lui dit-elle, c'est votre esclave qui revient des lieux où vous l'avez envoyée. »

Tout le monde la reconnut aussitôt. On demeura fort surpris. Les Jeux et les Ris, qui sont un peuple assez étourdi, eurent de la discrétion cette fois-là, et dissimulèrent leur joie de peur d'irriter Vénus contre leur nouvelle maîtresse. Vous ne sauriez croire combien elle étoit aimée dans cette cour. La plupart des gens avoient résolu de se cantonner[2], à moins que Cythérée ne la traitât mieux.

Psyché remarqua fort bien les mouvements que sa présence excitoit dans le fond des cœurs, et qui paroissoient même sur les visages : mais elle n'en témoigna rien, et continua de cette sorte : « Proserpine m'a donné charge de vous faire ses compliments, et de vous assurer de la continuation de son amitié. Elle m'a mis entre les mains une boête que j'ai ouverte, bien que vous m'eussiez défendu de l'ouvrir. Je n'oserois vous prier de me pardonner, et me viens soumettre à la peine que ma curiosité a méritée. »

Vénus, jetant les yeux sur Psyché, ne sentit pas tout le plaisir et la joie que sa jalousie lui avoit promise. Un mouvement de compassion l'empêcha de jouir de sa

---

1. Ce sont morceaux de rochers
   Entés les uns sur les autres.
(Lettre de la Fontaine à sa femme du 19 septembre 1663.)

2. De rester à l'écart, de bouder.

vengeance et de la victoire qu'elle remportoit, si bien que, passant d'une extrémité en une autre, à la manière des femmes, elle se mit à pleurer, releva elle-même notre héroïne, puis l'embrassa. « Je me rends, dit-elle, Psyché, oubliez le mal que je vous ai fait. Si c'est effacer les sujets de haine que vous avez contre moi, et vous faire une satisfaction assez grande que de vous recevoir pour ma fille, je veux bien que vous la soyez. Montrez-vous meilleure que Vénus, aussi bien que vous êtes déjà plus belle; ne soyez pas si vindicative que je l'ai été, et allez changer d'habit. Toutefois, ajouta-t-elle, vous avez besoin de repos. » Puis, se tournant vers les Grâces : « Mettez-la au bain qu'on a préparé pour moi, et faites-la reposer ensuite : je l'irai voir en son lit. »

La déesse n'y manqua pas, et voulut que notre héroïne couchât avec elle cette nuit-là; non pour l'ôter à son fils : mais on résolut de célébrer un nouvel hymen, et d'attendre que notre belle eût repris son teint. Vénus consentit qu'il lui fût rendu; même qu'un brevet de déesse lui fût donné[1], si tout cela se pouvoit obtenir de Jupiter.

L'Amour ne perd point de temps, et, pendant que sa mère étoit en belle humeur, il s'en va trouver le roi des dieux. Jupiter, qui avoit appris l'histoire de ses amours, lui en demanda des nouvelles; comme il se portoit de sa brûlure; pourquoi il abandonnoit les affaires de son état. L'Amour répondit succinctement à ces questions, et vint au sujet qui l'amenoit.

« Mon fils, lui dit Jupiter en l'embrassant, vous ne trouverez plus d'Éthiopienne chez votre mère : le teint de Psyché est aussi blanc que jamais il fut; j'ai fait ce

---

1. *Le Tableau*, vers 151.

miracle dès le moment que vous m'avez témoigné le souhaiter. Quant à l'autre point, le rang que vous demandez pour votre épouse n'est pas une chose si aisée à accorder qu'il vous semble. Nous n'avons parmi nous que trop de déesses. C'est une nécessité qu'il y ait du bruit où il y a tant de femmes. La beauté de votre épouse étant telle que vous dites, ce sera des sujets de jalousie et de querelles, lesquelles je ne viendrai jamais à bout d'apaiser. Il ne faudra plus que je songe à mon office de foudroyant; j'en aurai assez de celui de médiateur pour le reste de mes jours. Mais ce n'est pas ce qui m'arrête le plus. Dès que Psyché sera déesse, il lui faudra des temples aussi bien qu'aux autres[1]. L'augmentation de ce culte nous diminuera notre portion[2]. Déjà nous nous morfondons sur nos autels, tant ils sont froids et mal encensés[3]. Cette qualité de dieu deviendra à la fin si commune que les mortels ne se mettront plus en peine de l'honorer.

— Que vous importe? reprit l'Amour : votre félicité dépend-elle du culte des hommes? Qu'ils vous négligent, qu'ils vous oublient, ne vivez-vous pas ici heureux et tranquille, dormant les trois quarts du temps, laissant aller les choses du monde comme elles peuvent, tonnant et grêlant lorsque la fantaisie vous en vient? Vous savez combien quelquefois nous nous ennuyons[4] : jamais la compagnie n'est bonne s'il n'y a

1. Alcithoé, l'aînée, ayant pris ses fuseaux,
Dit aux autres : « Quoi donc! toujours des dieux nouveaux
L'Olympe ne peut plus contenir tant de têtes,
Ni l'an fournir de jours assez pour tant de fêtes. »
(*Les Filles de Minée*, vers 11-14.)

2. Livre IV, fable VIII, vers 14 : « la pitance du dieu ».
3. Tome VII, p. 174.
4. Ci-dessus, p. 74 : « Et comment ne vous ennuieriez-vous pas? les dieux s'ennuient bien. »

des femmes qui soient aimables. Cybèle est vieille ; Junon, de mauvaise humeur ; Cérès sent sa divinité de province, et n'a nullement l'air de la cour ; Minerve est toujours armée ; Diane nous rompt la tête avec sa trompe : on pourroit faire quelque chose d'assez bon de ces deux dernières ; mais elles sont si farouches qu'on ne leur oseroit dire un mot de galanterie. Pomone est ennemie de l'oisiveté, et a toujours les mains rudes. Flore est agréable, je le confesse ; mais son soin l'attache plus à la terre qu'à ces demeures. L'Aurore[1] se lève de trop grand matin, on ne sait ce qu'elle devient tout le reste de la journée. Il n'y a que ma mère qui nous réjouisse ; encore a-t-elle toujours quelque affaire qui la détourne, et demeure une partie de l'année à Paphos, Cythère, ou Amathonte. Comme Psyché n'a aucun domaine, elle ne bougera de l'Olympe. Vous verrez que sa beauté ne sera pas un petit ornement pour votre cour. Ne craignez point que les autres ne lui portent envie : il y a trop d'inégalité entre ses charmes et les leurs. La plus intéressée, c'est ma mère, qui y consent. »

Jupiter se rendit à ces raisons, et accorda à l'Amour ce qu'il demandoit : il témoigna qu'il apportoit son consentement à l'apothéose par une petite inclination de tête qui ébranla légèrement l'univers[2], et le fit trembler seulement une demi-heure.

Aussitôt l'Amour fit mettre les cygnes à son char, descendit en terre, et trouva sa mère qui elle-même faisoit office de Grâce autour de Psyché ; non sans lui donner mille louanges et presque autant de baisers. Toute cette cour prit le chemin de l'Olympe, les Grâces se promettant bien de danser aux noces.

1. « La matineuse Aurore » (*Ragotin,* vers 553).
2. Tome VI, p. 155 et note 4.

Je n'en décrirai point la cérémonie, non plus que celle de l'apothéose. Je décrirai encore moins les plaisirs de nos époux : il n'y a qu'eux seuls qui pussent être capables de les exprimer. Ces plaisirs leur eurent bientôt donné un doux gage de leur amour, une fille qui attira les dieux et les hommes dès qu'on la vit[1]. On lui a bâti des temples sous le nom de la Volupté.

> O douce Volupté, sans qui, dès notre enfance,
> Le vivre[2] et le mourir nous deviendroient égaux;
> Aimant universel de tous les animaux[3],
> Que tu sais attirer avecque violence!
>   Par toi tout se meut ici-bas.
>   C'est pour toi, c'est pour tes appas,
>   Que nous courons après la peine :
>   Il n'est soldat, ni capitaine,
> Ni ministre d'État, ni prince, ni sujet,
> Qui ne t'ait pour unique objet.
> Nous autres nourrissons[4], si, pour fruit de nos veilles,
> Un bruit délicieux ne charmoit nos oreilles,
> Si nous ne nous sentions chatouillés de ce son,
>   Ferions-nous un mot de chanson?
> Ce qu'on appelle gloire en termes magnifiques,
> Ce qui servoit de prix dans les jeux olympiques,
> N'est que toi proprement, divine Volupté.
> Et le plaisir des sens n'est-il de rien compté?
>   Pour quoi sont faits les dons de Flore,
>   Le Soleil couchant et l'Aurore,
>   Pomone et ses mets délicats,
>   Bacchus, l'âme des bons repas,
>   Les forêts, les eaux, les prairies,
>   Mères des douces rêveries?

---

1. *Sic rite Psyche convenit in manum Cupidinis; et nascitur illis maturo partu filia, quam Voluptatem nominamus.* (APULÉE, *ibidem*.)
2. Comparez tome V, p. 560; et *passim*.
3. Voyez Lucrèce, livres II, vers 172, 258, IV, vers 1204, etc.
4. Du Parnasse.

Pour quoi tant de beaux arts, qui tous sont tes enfants ?
Mais pour quoi les Chloris aux appas triomphants,
    Que pour maintenir ton commerce ?
J'entends innocemment : sur son propre desir
    Quelque rigueur que l'on exerce,
    Encore y prend-on du plaisir.

Volupté, Volupté, qui fus jadis maîtresse
    Du plus bel esprit[1] de la Grèce,
Ne me dédaigne pas, viens-t'en loger chez moi ;
    Tu n'y seras pas sans emploi :
J'aime le jeu, l'amour, les livres, la musique[2],
La ville et la campagne, enfin tout ; il n'est rien
    Qui ne me soit souverain bien,
Jusqu'au sombre plaisir d'un cœur mélancolique[3].
Viens donc ; et de ce bien, ô douce Volupté,
Veux-tu savoir au vrai la mesure certaine ?
Il m'en faut tout au moins un siècle bien compté ;
    Car trente ans, ce n'est pas la peine.

Polyphile cessa de lire. Il n'avoit pas cru pouvoir mieux finir que par l'hymne de la Volupté, dont le dessein ne déplut pas tout à fait à ses trois amis.

Après quelques courtes réflexions sur les principaux endroits de l'ouvrage : « Ne voyez-vous pas, dit Ariste, que ce qui vous a donné le plus de plaisir, ce sont les endroits où Polyphile a tâché d'exciter en vous la compassion ?

— Ce que vous dites est fort vrai, repartit Acante ;

---

1. Épicure.
2. « J'aime un beau jour, des fontaines claires, l'aspect des montagnes, l'étendue d'une grande plaine, de belles forêts...; j'aime encore tout ce qui touche plus particulièrement les sens : la musique, les fleurs, etc. » (OEuvres du sieur Théophile, Rouen, 1632, in-4°, seconde partie, p. 14.)
3. Page 26 : « .... Polyphile lui ressembloit en cela ; mais on peut dire que celui-ci aimoit toutes choses. » Voyez aussi tome III, p. 308 et note 21.

mais je vous prie de considérer ce gris de lin, ce couleur[1] d'aurore, cet orangé, et surtout ce pourpre, qui environnent le roi des astres. » En effet, il y avoit très longtemps que le soir ne s'étoit trouvé si beau. Le Soleil avoit pris son char le plus éclatant et ses habits les plus magnifiques[2].

> Il sembloit qu'il se fût paré
> Pour plaire aux filles de Nérée[3];
> Dans un nuage bigarré
> Il se coucha cette soirée.
> L'air étoit peint de cent couleurs :
> Jamais parterre plein de fleurs
> N'eut tant de sortes de muances[4].
> Aucune vapeur ne gâtoit,
> Par ses malignes influences,
> Le plaisir qu'Acante goûtoit.

On lui donna le loisir de considérer les dernières beautés du jour : puis, la lune étant en son plein, nos voyageurs et le cocher qui les conduisoit la voulurent bien pour leur guide.

1. Ci-dessus, p. 198.
2. Page 76 :
   Il étoit témoin de la fête,
   Paré d'un magnifique atour, etc.
3. Les Néréides, ou nymphes de la mer.
4. Tel est le texte de l'édition originale et de celle de 1729. — Chez Baïf, tome II, p. 197 : « tant de soudaines muances ». Forme populaire (du latin *mutatio*), aujourd'hui passée d'usage. Rapprochez les anciens exemples que cite Littré.

FIN DE PSYCHÉ.

FRAGMENTS
DU
SONGE DE VAUX

NOTICE.

C'est le neuvième et dernier de ces fragments qui fut publié le premier, à la suite des *Contes et Nouvelles en vers* (Paris, 1665[1], Amsterdam, 1667 et 1669, Paris, 1669, in-12).

Les 1ᵉʳ, 11ᵉ et 111ᵉ fragments parurent dans le recueil intitulé : *Fables nouvelles et autres poésies de M. de la Fontaine* (Paris, Denys Thierry, 1671, in-12); les fragments iv, v, vi, vii et viii, dans le tome I des *Œuvres diverses* (1729).

Nous n'avons rien à ajouter à ce qui a été dit aux pages lvii-lix de notre tome I, au sujet de la composition de cet ouvrage[2] entrepris sans doute à la fin de l'année 1658, et pour lequel les architectes, les dessinateurs, peintres, sculpteurs, les jardiniers même, qui avaient collaboré à l'embellissement et à la célébrité de Vaux-le-Vicomte, Louis le Vau, Charles le Brun, Israël Silvestre, André le Nostre, etc., remirent à la Fontaine, comme il nous l'apprend lui-même dans une lettre à sa femme du 12 septembre 1663, des mémoires sur la décoration des appartements, le luxe des jardins et des jets d'eau, les différents desseins de peinture et de sculpture, le choix et l'ordre des statues, les ornements des fontaines et des bosquets.

Nous renvoyons à une description qui se trouve dans la *Clélie* de Mlle de Scudéry (cinquième et dernière partie, livre iii, tome X, p. 1099-1142, de l'édition de 1661, in-12), description où la terre de Vaux est désignée sous le nom de Valterre, et Foucquet peint sous celui de Cléonime. Voyez aussi, sur la

---

1. Voyez notre tome IV, p. 11 et note 2.
2. Comparez Walckenaer, *Histoire de la vie et des ouvrages de la Fontaine*, tome I, p. 32-36; Paul Lacroix, *Recherches sur les fables*, p. xi-xiii; et la lettre de notre poète à Maucroix, du 22 août 1661, sur la fête donnée à Louis XIV par le surintendant.

beauté, les magnificences de ce domaine, le *Recueil des défenses de M. Fouquet* (s. l. 1665, in-18), tome III, p. 134-138; le *Dictionnaire historique de la Ville de Paris et de ses environs* (Paris, 1779, in-4°), tome IV, p. 776-777; *le Château de Vaux-le-Vicomte*, dessiné et gravé par Rodolphe Pfnor, accompagné d'un texte historique et descriptif par Anatole France (Paris, 1888, in-fol.); et *les Amateurs de l'ancienne France, le surintendant Foucquet*, par Edmond Bonnaffé (Paris, 1882, in-4°).

Dans une lettre de Racine à la Fontaine, datée d'Usez, 4 juillet 1662, et où il regrette Paris et « tout le beau pays d'alentour », les lieux qu'il fréquentait avec son ami, nous lisons ces jolis vers :

> Tantôt Fontainebleau les voit (*les Muses*)
> Le long de ses belles cascades;
> Tantôt Vincennes les reçoit
> A l'ombre de ses palissades.
>
> Elles vont souvent sur les eaux
> Ou de la Marne, ou de la Seine;
> Elles étoient toujours à Vaux,
> Et ne l'ont pas quitté sans peine.

AVERTISSEMENT[1].

Parmi les ouvrages dont ce recueil est composé, le lecteur verra trois fragments d'une description de Vaux, laquelle j'entrepris de faire il y a environ douze ans. J'y consumai près de trois années. Il est depuis arrivé des choses[2] qui m'ont empêché de continuer. Je reprendrois ce dessein si j'avois quelque espérance qu'il réussît, et qu'un tel ouvrage pût plaire aux gens d'aujourd'hui ; car la poésie lyrique ni l'héroïque[3], qui doivent y régner, ne sont plus en vogue comme elles étoient alors. J'expose donc au public trois morceaux de cette description. Ce sont des échantillons de l'un et de l'autre style : que j'aie bien fait ou non de les employer tous deux dans un même poème, je m'en dois remettre au goût du lecteur plutôt qu'aux raisons que j'en pourrois dire. Selon le jugement qu'on fera de ces trois morceaux, je me résoudrai : si la chose plaît, j'ai dessein de continuer ; sinon, je n'y perdrai pas de temps davantage. Le temps est chose de peu de prix quand on ne s'en sert pas mieux que je fais ; mais, puisque j'ai résolu de m'en servir, je dois reconnoître qu'à mon égard la saison de le ménager est tantôt venue.

Passons à ce qu'il est nécessaire qu'on sache pour

1. Cet avertissement est en tête du recueil de 1671 cité dans la notice, entre l'Épître au duc de Guise et l'extrait du Privilège.
2. La disgrâce et la condamnation de Foucquet.
3. Ci-dessus, p. 20 et note 1.

l'intelligence de ces fragments. Je ne la saurois donner au lecteur sans exposer à ses yeux presque tout le plan de l'ouvrage. C'est ce que je m'en vas faire, moins succinctement à la vérité que je ne voudrois, mais utilement pour moi ; car, par ce moyen, j'apprendrai le sentiment du public, aussi bien sur l'invention et sur la conduite de mon poëme en gros, que sur l'exécution de chaque endroit en détail, et sur l'effet que le tout ensemble pourra produire.

Comme les jardins de Vaux étoient tout nouveau[1] plantés, je ne les pouvois décrire en cet état, à moins que je n'en donnasse une idée peu agréable, et qui, au bout de vingt ans, auroit été sans doute peu ressemblante[2]. Il falloit donc prévenir le temps ; cela ne se pouvoit faire que par trois moyens : l'enchantement, la prophétie, et le songe. Les deux premiers ne me plaisoient pas ; car, pour les amener avec quelque grâce[3], je me serois engagé dans un dessein de trop d'étendue : l'accessoire auroit été plus considérable que le principal. D'ailleurs il ne faut[4] avoir recours au miracle que quand la nature est impuissante pour nous servir. Ce n'est pas qu'un songe soit si suivi, ni même si long que le mien sera ; mais il est permis de passer le cours ordinaire dans ces rencontres ; et j'avois pour me dé-

---

1. Nouvellement : ci-dessus, p. 54 et note 2.

2. Foucquet avait, dès l'année 1640, commencé à embellir sa terre de Vaux (à 4 kilomètres nord-est de Melun) ; mais ce n'est qu'en 1653 qu'il entreprit d'exécuter les plans qui en firent un magnifique et presque royal séjour. Les jardins, plantés par le Nostre, furent le premier ouvrage important par lequel ce dernier se fit connaître. — Comparez ce que notre poëte dit, à la fin de sa Préface de *Psyché*, des jardins de Versailles (p. 24).

3. Nous en célébrerons avecque plus de grâce...
(*Poëme du Quinquina*, chant 1, vers 307.)

4. Il ne faut point. (1729.)

fendre, outre le *Roman de la Rose*[1], le *Songe de Poliphile*[2], et celui même *de Scipion*[3].

Je feins donc qu'en une nuit du printemps m'étant endormi, je m'imagine que je vas trouver le Sommeil, et le prie que par son moyen je puisse voir Vaux en songe : il commande aussitôt à ses ministres de me le montrer. Voilà le sujet du premier fragment.

A peine les Songes ont commencé de me représenter Vaux que tout ce qui s'offre à mes sens me semble réel; j'oublie le dieu du sommeil, et les démons qui l'entourent; j'oublie enfin que je songe. Les cours du château de Vaux me paroissent jonchées de fleurs; je découvre de tous les côtés l'appareil d'une grande cérémonie : j'en demande la raison à deux guides qui me conduisent. L'un d'eux me dit qu'en creusant les fondements de cette maison on avoit trouvé, sous des voûtes fort anciennes, une table de porphyre, et sur cette table un écrin plein de pierreries, qu'un certain sage, nommé Zirzimir, fils du soudan Zarzafiel, avoit autrefois laissé à un druide de nos provinces. Au milieu de ces pierreries, un diamant d'une beauté extraordinaire, et taillé en cœur, se faisoit d'abord remarquer;

---

1. Le célèbre poème allégorique de Guillaume de Lorris et de Jean de Meung.
2. Le « Songe de Poliphile », ou l'*Hypnerotomachia di Poliphilo* du dominicain Francesco Colonna (Venise, 1499, in-fol.), traduit, ou plutôt imité, sous ce titre : *Hypnerotomachie, ou Discours du Songe de Poliphile, deduisant comme Amour le combat à l'occasion de Polia* (Paris, 1546, in-fol.). *Poliphile* veut dire dans cet ouvrage amant de Polia. — Voyez *Quelques mots sur le Songe de Poliphile*, par Benjamin Fillon (Paris, 1879, in-4°); et l'Introduction de Cl. Popelin à sa traduction de l'*Hypnerotomachia* (Paris, 1883, in-8°).
3. Dans le livre VI du traité de la *République* de Cicéron. Le Scipion que Cicéron y met en scène est Scipion Émilien ou le second Africain. De ce morceau d'éloquence, commenté par Macrobe, Métastase a tiré une cantate (*il Sogno di Scipione*).

et, sur les bords d'un compartiment qui le séparoit d'avec les autres joyaux, se lisoit en lettres d'or cette devise, que l'on n'avoit pu entendre :

Je suis constant, quoique j'en aime deux.

On avoit porté à Oronte[1] l'écrin ouvert, et au même état qu'il s'étoit trouvé. Il l'avoit laissé fermer en le maniant, sans que depuis il eût été possible de le rouvrir, tant la force de l'enchantement étoit grande. Sur le couvercle de cet écrin se voyoit le portrait du Roi, et autour étoit écrit : *Soit donné à la plus savante des fées.* Sous l'écrin cette prophétie étoit gravée :

Quand celle-là qui plus vaut qu'on la prise
En fait de charme, et plus a de pouvoir,
Aux assistants, dans Vaux en mainte guise
De son bel art aura fait apparoir[2],
Lors s'ouvrira l'écrin de forme exquise
Que Zirzimir forgea par grand savoir,
Et l'on verra le sens de la devise
Qu'aucun mortel n'aura jamais su voir.

Pour satisfaire à l'intention du mage[3], et pour l'accomplissement de la prophétie, mais plus encore pour attirer les maîtresses de tous les arts, et leur donner par ce moyen l'occasion d'embellir la maison de Vaux, Oronte avoit fait publier que tout ce qu'il y avoit de savantes fées dans le monde pouvoient venir contester le prix proposé ; et ce prix étoit le portrait du Roi, qui seroit donné par des juges, sur les raisons que chacune apporteroit pour prouver les charmes et l'excellence de son art. Plusieurs étoient accourues ; mais, la plupart ne pouvant contribuer aux beautés de Vaux, et, par

---

1. Foucquet : voyez aussi ci-dessous, l'Élégie 1.
2. Terme exact de procédure : *faire apparoir de son bon droit.*
3. Du magicien : tome VI, p. 190 ; du sage : ci-dessus, p. 241.

AVERTISSEMENT.

conséquent, le prix n'étant pas pour elles apparemment, la plupart, dis-je, persuadées que la prophétie ne les regardoit en aucune sorte, s'étoient retirées. Il n'en étoit demeuré que quatre, l'Architecture, la Peinture, l'Intendante du jardinage, et la Poésie : je les appelle Palatiane, Apellanire, Hortésie, et Calliopée[1]. Le lendemain ce grand différend se devoit juger en la présence d'Oronte et de force demi-dieux[2]. Voilà ce que l'un de mes deux guides me dit, et le sujet du second fragment : il contient les harangues des quatre fées[3].

Et, pour égayer mon poème, et le rendre plus agréable (car une longue suite de descriptions historiques seroit une chose fort ennuyeuse), je les voulois entremêler d'épisodes d'un caractère galant[4]: Il y en a trois d'achevés : l'aventure d'un écureuil[5], celle d'un cygne prêt à mourir, celle d'un saumon et d'un esturgeon qui avoient été présentés vifs à Oronte. Cette dernière aventure fait le sujet de mon troisième fragment.

Le reste de ce recueil contient des ouvrages que j'ai composés en divers temps sur divers sujets[6]. S'ils ne plaisent par leur bonté, leur variété suppléera peut-être à ce qui leur manque d'ailleurs.

1. Palatiane et Hortésie sont des noms parlants. Apellanire est sans doute dérivé du nom d'Apelles. Pour Calliopée, la Poésie, comparez tomes I, p. 129, VII, p. 164.
2. Tome III, p. 276 et note 14.
3. Nous n'aurons ni la fin du différend ni le mot de l'énigme.
4. De galanteries : tome IV, p. 9 et note 3.
5. Cette « aventure » manque dans les Fragments. Elle était peut-être trop cruellement en désaccord avec la fortune de celui qui avait pris pour devise : *Quo non ascendam*, et, dans ses armes, un écureuil.
6. Ce recueil de 1671 a en effet beaucoup de variété comme l'on sait : fables, épîtres, odes, épigrammes, etc. Les pièces qui s'y trouvent sont réparties dans les différents volumes de notre édition.

Des pièces suivantes[1], les trois premières sont des fragments de la description de Vaux, laquelle j'ai fait venir en un songe, à l'exemple d'autres sujets que l'on a ainsi traités. Ce n'est pas ici le lieu ni l'occasion de faire savoir les raisons que j'en ai eues. L'Avertissement les contient : il est nécessaire de le lire pour bien entendre ces trois morceaux, et pour pouvoir tirer de leur lecture quelque sorte de plaisir. Le premier est le commencement de l'ouvrage. Le lecteur, si bon lui semble, peut croire que l'Aminte[2] dont j'y parle représente une personne particulière; si bon lui semble, que c'est la beauté des femmes en général; s'il lui plaît même, que c'est celle de toutes sortes d'objets. Ces trois explications sont libres. Ceux qui cherchent en tout du mystère, et qui veulent que cette sorte de poème ait un sens allégorique, ne manqueront pas de recourir aux deux dernières. Quant à moi je ne trouverai pas mauvais qu'on s'imagine que cette Aminte est telle ou telle personne : cela rend la chose plus passionnée, et ne la rend pas moins héroïque[3].

1. Cet avant-propos précède immédiatement *le Songe de Vaux* dans le recueil de 1671. — Il est intitulé « Autre avertissement » dans le texte de 1729.
2. Voyez tome VI, p. 226 et note 3; et ci-dessus, p. 29.
3. Page 239.

FRAGMENTS
DU
SONGE DE VAUX.

I

Acante s'étant endormi une nuit du printemps[1], songea qu'il étoit allé trouver le Sommeil, pour le prier que, par son moyen, il pût voir le palais de Vaux avec ses jardins : ce que le Sommeil lui accorda, commandant aux Songes de les lui montrer.

    Lorsque l'an se renouvelle,
    En cette aimable saison
    Où Flore amène avec elle
    Les Zéphyrs sur l'horizon,
    Une nuit que le Silence
    Charmoit tout par sa présence[2],
    Je conjurai le Sommeil
    De suspendre mon réveil
    Bien loin par delà l'aurore.
    Le Sommeil n'y manqua pas;
    Et je dormirois encore,
    Sans Aminte et ses appas.
Cette fière beauté, qui s'érige un trophée

---

1. Ci-dessus, p. 241.
2. Ci-dessous, p. 247 et note 2. — Notre poète a exprimé une idée contraire au livre I de *Psyché* (p. 55) :

    La Nuit vient sur un char conduit par le Silence;
    Il amène avec lui la crainte en l'univers.

LE SONGE DE VAUX.

Du cruel souvenir de mes vœux impuissants,
Souffrit que cette nuit les charmes de Morphée
Aussi bien que les siens régnassent sur mes sens[1].

Il me fit voir en songe un palais magnifique,
Des grottes, des canaux, un superbe portique,
　　Des lieux que pour leurs beautés
　　J'aurois pu croire enchantés,
　　Si Vaux n'étoit point au monde :
　　Ils étoient tels qu'au Soleil
　　Ne s'offre au sortir de l'onde
　　Rien que Vaux qui soit pareil.

C'étoit aussi cette maison magnifique, avec ses accompagnements et ses jardins, lesquels Silvestre m'avoit montrés[2], et que ma mémoire conservoit avec un grand

[1]. Dans *la Courtisane amoureuse*, vers 237 :
　　　　(Il) feint qu'il cède aux charmes de Morphée.

[2]. Nous avons quatorze vues de Vaux, décrites par L.-E. Faucheux, sous le n° CCCXI (p. 292-294) du *Catalogue raisonné de toutes les estampes qui forment l'œuvre d'Israël Silvestre, précédé d'une notice sur sa vie* (Paris, 1857, in-8°) :
　I. Plan de Vavx le Vicomte.
　II. Veve de Vavx le Vicomte dv costé de l'entrée.
　III. Veve et perspective de Vavx le Vicomte dv costé dv Iardin.
　IV. Veve et perspective dv Iardin de Vavx le Vicomte.
　V. Veve et perspective dv chasteav de Vavx par le costé.
　VI. Veve du chasteav de Vavx par le costé.
　VII. Avtre veve dv Iardin de Vavx.
　VIII. Veve et perspective dv parterre des flevrs.
　IX. Veve et perspective de la fontaine de la covronne et dv parterre de Vavx.
　X. Veve de la fontaine de la covronne de Vavx.
　XI. Veve et perspective des cascades de Vavx.
　XII. Veve et perspective des petites cascades de Vavx.
　XIII. Veve et perspective de la grotte et d'vne partie dv canal. (Le canal avait 500 toises de long.)
　XIV. Veve des petites cascades de Vavx.
Silvestre, pour ces estampes, fut aidé par trois collaborateurs : Adam Perelle, Nicolas Perelle, et le Pautre (*ibidem*, p. 29).

soin, comme étant les plus précieuses pièces de son trésor. Ce fut sur ce fondement que le Songe éleva son frêle édifice, et tâcha de me faire voir les choses en leur plus grande perfection. Il choisit pour cela tout ce qu'il y avoit de plus beau dans ses magasins; et, afin que mon plaisir durât davantage, il voulut que cette apparition fût mêlée d'aventures très remarquables. Je vis des plantes, je vis des marbres, je vis des cristaux liquides[1], je vis des animaux et des hommes. Au commencement de mon songe il m'arriva une chose qui m'étoit arrivée plusieurs autres fois, et qui arrive souvent à chacun; c'est qu'une partie des objets sur la pensée desquels je venois de m'endormir me repassa d'abord en l'esprit. Je m'imaginai que j'étois allé trouver le Sommeil, pour le prier de me montrer Vaux, dont on m'avoit dit des choses presque incroyables. Le logis du dieu est au fond d'un bois où le Silence et la Solitude font leur séjour[2] : c'est un antre que la Nature a taillé de ses propres mains, et dont elle a fortifié toutes les avenues contre la clarté et le bruit.

> Sous les lambris moussus de ce sombre palais,
> Écho ne répond point, et semble être assoupie :
> La molle Oisiveté[3], sur le seuil accroupie,
> N'en bouge nuit et jour, et fait qu'aux environs
> Jamais le chant des coqs, ni le bruit des clairons,
> Ne viennent au travail inviter la Nature;
> Un ruisseau coule auprès, et forme un doux murmure.
> Les simples dédiés au dieu de ce séjour
> Sont les seules moissons qu'on cultive à l'entour :
> De leurs fleurs en tout temps sa demeure est semée.

1. Ci-dessus, p. 41.
2. Forêts, s'écrioit-il, retraites du Silence, etc.
   (*Saint Malc*, vers 105 et note 7.)
3. Tome VI, p. 248 et note 3.

Il a presque toujours la paupière fermée :
Je le trouvai dormant sur un lit de pavots ;
Les Songes l'entouroient sans troubler son repos ;
De fantômes divers une cour mensongère,
Vains et frêles enfants d'une vapeur légère,
Troupe qui sait charmer le plus profond ennui,
Prête aux ordres du dieu, voloit autour de lui.
Là, cent figures d'air en leurs moules gardées,
Là, des biens et des maux les légères idées,
Prévenant nos destins[1], trompant notre desir,
Formoient des magasins[2] de peine ou de plaisir.
Je regardois sortir et rentrer ces merveilles[3] :
Telles vont au butin les nombreuses abeilles ;
Et tel, dans un État de fourmis composé,
Le peuple rentre et sort en cent parts divisé[4].
Confus, je m'écriai : « Toi que chacun réclame,
Sommeil, je ne viens pas t'implorer dans ma flamme ;
Conte à d'autres que moi ces mensonges charmants
Dont tu flattes les vœux des crédules amants[5] ;
Les merveilles de Vaux me tiendront lieu d'Aminte :
Fais que par ces démons[6] leur beauté me soit peinte.
Tu sais que j'ai toujours honoré tes autels ;
Je t'offre plus d'encens que pas un des mortels :
Doux Sommeil, rends-toi donc à ma juste prière. »
A ces mots, je lui vis entr'ouvrir la paupière ;
Et, refermant les yeux presque au même moment[7] :
« Contentez ce mortel », dit-il languissamment.
Tout ce peuple obéit sans tarder davantage :

1. Nous offrant l'image de l'avenir qui nous est réservé.
2. Page 247.
3. Ces fantasmagories, ces êtres merveilleux, surnaturels.
4. Page 206 et note 1.
5. *Adonis*, vers 218-220 et note 3.
6. Ces fantômes, ces génies.
7. A ce triste discours, qu'un long soupir achève,
   La Mollesse, en pleurant, sur un bras se relève,
   Ouvre un œil languissant, et, d'une foible voix,
   Laisse tomber ces mots, etc.
   (Boileau, *le Lutrin*, chant II, vers 117-120.)

Des merveilles de Vaux ils m'offrirent l'image ;
Comme marbres taillés leur troupe s'entassa ;
En colonne aussitôt celui-ci se plaça ;
Celui-là chapiteau vint s'offrir à ma vue ;
L'un se fit pié d'estal[1], l'autre se fit statue :
Artisans qui peu chers, mais qui prompts et subtils,
N'ont besoin pour bâtir de marbre ni d'outils,
Font croître en un moment des fleurs et des ombrages,
Et, sans l'aide du temps, composent leurs ouvrages.

II

Les vers suivants ne sont pas de la description de Vaux : je les envoyai à une personne qui en vouloit voir de moi, et lui envoyai en même temps le fragment qui suit. Comme ces vers y peuvent servir d'argument en quelque façon, j'ai cru qu'il ne seroit pas hors de propos de les mettre en tête.

Ariste[2], vous voulez voir des vers de ma main,
Vous qui du chantre grec ainsi que du romain
Pourriez nous étaler les beautés et les grâces,
Et qui nous invitez à marcher sur leurs traces.
Vous ne trouverez point chez moi cet heureux art
Qui cache ce qu'il est, et ressemble au hasard[3] :
Je n'ai point ce beau tour, ce charme inexprimable
Qui rend le dieu des vers sur tous autres aimable :

1. Ci-dessus, p. *177* et note 3.
2. Sans doute, ici, Pellisson. Premier commis et secrétaire de Foucquet, il écrivit, après leur commune disgrâce, les trois placets, restés célèbres, en faveur de son maître. Il faisait aussi des vers, et composa même un Discours sur Homère qu'il lut chez le président de Lamoignon dans un cercle de beaux esprits.
3. Mais si ! on n'a peut-être jamais mieux caractérisé le génie de la Fontaine qu'il ne le fait ici lui-même.

250   LE SONGE DE VAUX.

C'est ce qu'il faut avoir, si l'on veut être admis
Parmi ceux qu'Apollon compte entre ses amis.
Homère épand toujours ses dons avec largesse[1];
Virgile à ses trésors sait joindre la sagesse[2] :
Mes vers vous pourroient-ils donner quelque plaisir,
Lorsque l'antiquité vous en offre à choisir?
Je ne l'espère pas; et cependant ma Muse
N'aura jamais pour vous de secret ni d'excuse;
Ce que vous souhaitez il faut vous l'accorder :
C'est à moi d'obéir, à vous de commander.
Je vous présente donc quelques traits de ma lyre :
Elle les a dans Vaux répétés au Zéphyre.
J'y fais parler quatre arts fameux dans l'univers,
Les palais, les tableaux, les jardins, et les vers[3].
Ces arts vantent ici tour à tour leurs merveilles;
Je soupire en songeant au sujet de mes veilles.
Vous m'entendez, Ariste, et d'un cœur généreux
Vous plaignez comme moi le sort d'un malheureux[4];
Il déplut à son roi; ses amis disparurent;
Mille vœux contre lui dans l'abord concoururent :
Malgré tout ce torrent, je lui donnai des pleurs;
J'accoutumai chacun à plaindre ses malheurs.
Jadis en sa faveur j'assemblai quatre fées;
Il voulut que ma main leur dressât des trophées :
OEuvre long[5], et qu'alors jeune encor[6] j'entrepris.
Écoutez ces quatre arts, et décidez du prix.

L'Architecture, la Peinture, le Jardinage, et la Poésie, haranguent les juges[7] et contestent le prix proposé.

1. Ainsi qu'un grand fleuve qui porte avec lui la prospérité.
2. La modération, la retenue.
3. Page 243 et note 1.
4. Toutes les pièces où il est question chez la Fontaine de Foucquet disgrâcié contiennent cette épithète placée avec un art qui la rend plus touchante dans sa simplicité.
5. Tome III, p. 198 et note 10.
6. « Jeune encore », puisque Foucquet, comme nous l'avons dit, entreprit dès 1653 les travaux de Vaux-le-Vicomte.
7. Leurs juges. (1729.)

. . . .
. . . .

Un riche balustre faisoit la séparation de la chambre d'avec l'alcôve[1]; l'estrade en étoit au moins élevée d'un pied, ce qui donnoit encore plus d'éclat à cette action[2]. Là, sur des tapis de Perse, on avoit placé les sièges des demi-dieux[3]; ceux des juges y étoient aussi, mais à part, et un peu éloignés de la compagnie. Hors de l'alcôve étoient assises l'une près de l'autre les quatre fées. Ariste, Gélaste[4], et moi, nous étions debout vis-à-vis d'elles. On tira au sort pour savoir en quel rang elles parleroient. Ce fut à Palatiane de haranguer la première : elle se leva donc, et, après s'être approchée du balustre, elle se retourna à demi devers ses rivales, et leur adressant sa voix, elle commença de cette sorte :

« Quoi! par vous ces honneurs sont aussi contestés?
Vous prétendez le prix qu'on doit à mes beautés?
Ingrates, deviez-vous en avoir la pensée? »

A ce mot d'ingrates[5] toutes se levèrent et témoignèrent avoir quelque chose à dire; mais les juges, pour éviter la confusion, ayant ordonné qu'elles ne s'interromproient point, Palatiane continua en ces termes :

« Juges, pardonnez-moi cette plainte forcée;
Je sais qu'en suppliant il falloit commencer :
C'est à vous que ma voix se devoit adresser;
Mais le dépit m'emporte, et, puisqu'il faut tout dire,
Enfin voilà le fruit, trop vaine Apellanire,
Dont vous reconnoissez mes bienfaits aujourd'hui.

1. Renfoncement, élevé d'une marche ou deux, qui sert ici de scène, de théâtre : ci-dessus, p. 63 et note 2.
2. A cette représentation. — 3. Page 243, et *passim*.
4. Ariste désigne ici Pellisson; et Gélaste Molière, ou plutôt Chapelle : voyez ci-dessus, le début de *Psyché*.
5. A ces mots d'ingrates. (1729.)

Contre les aquilons mon art vous sert d'appui :
N'en ayez point de honte ; en sauvant votre ouvrage,
J'oblige aussi les dieux dont vous tracez l'image.
Hé bien ! vous la tracez, mais imparfaitement ;
Et moi je leur bâtis un second firmament.
Ce que je dis pour vous, je le dis pour les autres ;
Tout ce qu'ont fait dans Vaux les le Bruns, les le Nos-
Jets, cascades, canaux, et plafonds si charmants,[tres,
Tout cela tient de moi ses plus beaux ornements.
Contempler les efforts de quelque main savante,
Juger d'une peinture, ou muette, ou parlante,
Admirer d'Apollon les pinceaux ou la voix,
Errer dans un jardin, s'égarer dans un bois,
Se coucher sur des fleurs, respirer leur haleine,
Ecouter en rêvant le bruit d'une fontaine[1],
Ou celui d'un ruisseau roulant sur des cailloux[2],
Tout cela, je l'avoue, a des charmes bien doux ;
Mais enfin on s'en passe, et je suis nécessaire :
Ce fut le seul besoin qui d'abord me fit plaire[3].
Les antres se trouvoient des humains habités[4] ;
Avec les animaux ils formoient des cités :
Je bâtis des maisons, je composai des villes.
On ne vouloit alors que de simples asiles ;
Sur la nécessité se régloient les souhaits ;
Aujourd'hui que l'on veut de superbes palais,
Je contente chacun en plus d'une manière :

1. Comparez tome III, p. 120-122. — *Prope rivum somnus in herba* (HORACE, livre I, épître XIV, vers 35).

2. Et quelquefois assis sur le bord des fontaines,
Tandis que cent cailloux, luttant à chaque bond,
Suivoient les longs replis du cristal vagabond, etc.
(*Adonis*, vers 148-150.)

3. Nos besoins proprement en font leur apanage (*des arts*) :
Les arts sont les enfants de la nécessité.
(*Poëme du Quinquina*, chant II, vers 208-209.)

4. Dans le *Poëme de la captivité de saint Malc*, vers 11-12 :

Ces antres écartés,
Des favoris du Ciel autrefois habités.

Des cinq ordres divers[1] la grâce singulière
Fait voir comme il me plaît l'éclat, la majesté,
Ou les charmes divins de la simplicité.
Je ne doute donc point qu'en présence d'Oronte
Je n'obtienne le prix, vous n'emportiez la honte :
Confuses, vous allez recevoir cette loi,
Si c'est honte pour vous d'être moindres que moi.
Tant d'œuvres, dont je rends les savants idolâtres,
Colosses, monuments, cirques, amphithéâtres,
Mille temples par moi bâtis en mille lieux,
Les demeures des rois, celles même des dieux,
Rome, et tout l'univers, pour mon art sollicite.
Juges, accordez-moi le prix que je mérite ;
Car on n'auroit pas droit d'y vouloir parvenir,
Si de la faveur seule il falloit l'obtenir. »

Peu de temps après qu'elle eut cessé de parler, elle retourna s'asseoir. Sa fierté et le caractère de sa harangue n'avoient pas déplu : je le remarquai au visage des assistants. Les seules fées témoignoient beaucoup d'indignation, et secouoient la tête à chacune de ses raisons ; je vis même l'heure qu'Apellanire l'interromproit. Pour moi, ce qui me toucha le plus de son discours, ce fut l'épilogue. Apellanire, qui devoit parler la seconde, prit la place que l'autre venoit de quitter, et puis elle commença ainsi sa harangue :

« Juges, si j'ai souffert des reproches frivoles,
Ce n'est point pour manquer de droit ni de paroles :
Le respect seulement a retenu ma voix.
Palatiane veut vous imposer des lois ;
Les honneurs ne sont faits que pour ses mains savantes ;
Ce seroit trop pour nous que d'être ses suivantes.
Elle m'appelle ingrate, et pense m'ébranler ;
Mais qui l'est de nous deux, puisqu'il en faut parler ?
Sans tous ses ornements, serois-je pas la même ?

1. Page 140 et note 1.

Et quant à sa beauté, qui lui semble suprême,
Bien souvent sans la mienne on n'y penseroit pas;
Seule je sais donner du lustre à ses appas.
Contre les aquilons elle m'est nécessaire :
Il n'est point de couvert qui n'en pût autant faire.
Où va-t-elle chercher les premiers des humains?
Quels chefs-d'œuvres alors sont sortis de ses mains?
Qu'importe qu'elle serve aux dieux même d'asile?
Car il ne s'agit pas d'être la plus utile ;
C'est assez de causer le plaisir seulement,
Pour satisfaire aux lois de cet enchantement ;
En termes assez clairs la chose est exprimée :
« Soit donné, dit le mage[1], à la plus grande fée. »
En est-il de plus grande, ayant tout bien pesé,
Que celle par qui l'œil est sans cesse abusé?
A de simples couleurs mon art plein de magie
Sait donner du relief, de l'âme, et de la vie :
Ce n'est rien qu'une toile, on pense voir des corps.
J'évoque, quand je veux, les absents et les morts;
Quand je veux, avec l'art je confonds la nature :
De deux peintres fameux qui ne sait l'imposture?
Pour preuve du savoir dont se vantoient leurs mains,
L'un trompa les oiseaux, et l'autre les humains[2].

1. Ci-dessus, p. 242.
2. « On dit que Parasius présenta le collet, en faict de peinture, à Zeuxis; auquel combat Zeuxis produisit sur l'eschaffaut ung tableau de raisins peintz si au vif que les oyseaux les venoyent becquer sur l'eschaffaut mesme. Au contraire Parasius apporta ung linceul peint si au naturel que Zeuxis, se glorifiant des becquades que les oyseaux auoyent données à ses raisins, dit tout haut, comme par mocquerie, qu'il estoit temps d'oster le linceul pour voir quelle piece Parasius auoit apportée. Mais cognoissant par aprez que ce n'estoit que peinture, et se trouuant confus, usa neantmoins d'une grande honnesteté à ceder le prix à Parasius, disant qu'il auoit bien eu le moyen de tromper les oyseaux, mais que Parasius auoit faict d'auantage de l'auoir trompé luy mesme qui s'estimoit consommé en l'art de peinture. On dit aussi que Zeuxis fit du depuis ung garçon portant une glaine de raisins : et, voyant que les oyseaux y venoyent becquer, vint contre son tableau bien fasché, blasmant son ouurage mesme, d'une grande

Je transporte les yeux aux confins de la terre :
Il n'est événement ni d'amour, ni de guerre,
Que mon art n'ait enfin appris à tous les yeux.
Les mystères profonds des enfers et des cieux
Sont par moi révélés, par moi l'œil les découvre ;
Que la porte du jour se ferme, ou qu'elle s'ouvre,
Que le soleil nous quitte, ou qu'il vienne nous voir,
Qu'il forme un beau matin, qu'il nous montre un beau
J'en sais représenter les images brillantes. [soir,
Mon art s'étend sur tout ; c'est par mes mains savantes
Que les champs, les déserts, les bois, et les cités,
Vont en d'autres climats étaler leurs beautés.
Je fais qu'avec plaisir on peut voir des naufrages,
Et les malheurs de Troie ont plu dans mes ouvrages :
Tout y rit, tout y charme ; on y voit sans horreur
Le pâle Désespoir, la sanglante Fureur [1],
L'inhumaine Clothon qui marche sur leurs traces [2] ;
Jugez avec quels traits je sais peindre les Grâces.
Dans les maux de l'absence on cherche mon secours :
Je console un amant privé de ses amours ;
Chacun par mon moyen possède sa cruelle.
Si vous avez jamais adoré quelque belle
(Et je n'en doute point, les sages ont aimé),
Vous savez ce que peut un portrait animé :
Dans les cœurs les plus froids il entretient des flammes.
Je pourrois vous prier par celui de vos dames ;

sincerité, confessant qu'il auoit mieux faict les raisins que le garçon ; car si le garçon eust esté faict entierement selon le naturel, les oyseaux eussent craint de venir becquer les raisins. » (*L'Histoire du Monde*, de C. Pline second, traduction d'Ant. du Pinet, Lyon 1566, in-fol.; livre XXXV, chapitre x, tome II, p. 642-643.)

1. Dans *le Fleuve Scamandre*, vers 30 : « Ces champs où couroient la Fureur et l'Audace ».

2. Il n'est point de serpent, ni de monstre odieux,
Qui par l'art imité ne puisse plaire aux yeux :
D'un pinceau délicat l'artifice agréable
Du plus affreux objet fait un objet aimable.
(BOILEAU, *Art poétique*, chant III, vers 1-4.)

En faveur de ses traits, qui n'obtiendroit le prix?
Mais c'est assez de Vaux pour toucher vos esprits :
Voyez, et puis jugez; je ne veux autre grâce. »

Les raisons de cette seconde me semblèrent encore plus pressantes que celles de la première; surtout ce qu'elle dit de l'intention du mage fit beaucoup d'effet. Il s'éleva là-dessus un secret murmure, qui lui donna quelque espérance de la victoire; et le chagrin qu'en ce moment-là témoignèrent les autres fées fit une partie de sa joie, aussi bien que la satisfaction qui parut sur le visage des écoutants[1]. Palatiane ne jugeant pas à propos de laisser plus longtemps dans les esprits une impression si favorable pour sa rivale, se leva encore une fois, et, de la place où elle étoit, elle représenta aux juges que, si l'art de la peinture trompoit les yeux, celui de l'architecture leur faisoit voir des merveilles bien plus étonnantes. Tel pouvoit-on appeler le puissant effort des machines qu'elle inventoit; telle, la pesanteur des colosses élevés comme par enchantement; tels, tous ces ouvrages hardis dont l'imagination se trouve effrayée; tels, enfin, ces amas de pierres qui font croire que l'Égypte a été peuplée de géants, et qui ont épuisé les forces de plusieurs millions d'hommes, aussi bien que les trésors d'une longue suite de rois. Palatiane ayant ainsi répliqué, ces deux fées reprirent leur place; et, incontinent après, Hortésie, dont le tour étoit venu, approcha des juges, mais avec un abord si doux qu'auparavant qu'elle ouvrît la bouche ils demeurèrent plus d'à demi persuadés, et ils eurent beaucoup de peine à ne se pas laisser corrompre aux charmes même de son silence. Voici les propres paroles de sa harangue :

« J'ignore l'art de bien parler,

1. Ci-dessus, p. 41 et note 3.

Et n'employrai pour tout langage
Que ces moments qu'on voit couler
Parmi des fleurs et de l'ombrage.
Là luit un soleil tout nouveau;
L'air est plus pur, le jour plus beau;
Les nuits sont douces et tranquilles;
Et ces agréables séjours
Chassent le soin[1], hôte des villes,
Et la crainte, hôtesse des cours.

« Mes appas sont les alcyons
Par qui l'on voit cesser l'orage
Que le souffle des passions
A fait naître dans un courage[2];
Seule, j'arrête ses transports :
La raison fait de vains efforts
Pour en calmer la violence;
Et, si rien s'oppose à leur cours,
C'est la douceur de mon silence,
Plus que la force du discours.

« Mes dons ont occupé les mains
D'un empereur[3] sur tous habile,
Et le plus sage des humains
Vint chez moi chercher un asile;
Charles[4], d'un semblable dessein
Se venant jeter dans mon sein,
Fit voir qu'il étoit plus qu'un homme :
L'un d'eux pour mes ombrages verts
A quitté l'empire de Rome,
L'autre celui de l'univers[5].

« Ils étoient las des vains projets
De conquérir d'autres provinces;

1. Les soucis, la tristesse : p. 38, et tome **VI**, p. 28 et note 2.
2. Dans un cœur : p. 115 et note 1.
3. Dioclétian. (Note de la Fontaine.)
4. Charles-Quint. (Note de la Fontaine.)
5. L'expression est exagérée; mais le poète pense ici à l'ancien et au nouveau monde.

Que s'ils se firent mes sujets,
De mes sujets je fais des princes.
Tel, égalant le sort des rois,
Aristée[1] erroit autrefois
Dans les vallons de Thessalie,
Et tel, de mets non achetés,
Vivoit sous les murs d'OEbalie[2]
Un amateur de mes beautés.

« Libre de soins, exempt d'ennuis,
Il ne manquoit d'aucunes choses :
Il détachoit les premiers fruits,
Il cueilloit les premières roses;
Et quand le Ciel armé de vents
Arrêtoit le cours des torrents
Et leur donnoit un frein de glace[3],
Ses jardins remplis d'arbres verts
Conservoient encore leur grâce,
Malgré la rigueur des hivers.

« Je promets un bonheur pareil
A qui voudra suivre mes charmes ;
Leur douceur lui garde un sommeil
Qui ne craindra point les alarmes.
Il bornera tous ses desirs
Dans le seul retour des zéphyrs ;

---

1. Virgile, *Géorgiques*, livre IV, vers 371 et suivants.
2. *Namque sub OEbaliæ, etc.* Virg., *Géorg.*, IV (note de la Fontaine) : voyez notre tome III, p. 304 et note 4. — Comparez le *Poème du Quinquina*, chant I, vers 120.
3.   Quand l'hiver, accourant du blanc sommet des monts,
     Vient mettre un frein de glace à leurs pas vagabonds,
     Ils (*les fleuves*) luttent vainement, leurs ondes sont esclaves.
                    (ANDRÉ CHÉNIER, *Élégies*, I, XI.)

Rapprochez Virgile, *Géorgiques*, livre IV, vers 136, Horace, livre I, ode IX, vers 3-4, Lucrèce, livre VI, vers 530-531, Ovide, *Métamorphoses*, livre I, vers 282, Properce, livre IV, élégie III, vers 47-48, Ronsard, *Odes*, IV, XXI :

     Tousiours la glace eternelle
     Des fleuues ne bride le cours.

LE SONGE DE VAUX.

Et, fuyant la foule importune,
Il verra du fond de ses bois
Les courtisans de la fortune
Devenus esclaves des rois.

« J'embellis les fruits et les fleurs :
Je sais parer Pomone et Flore;
C'est pour moi que coulent les pleurs
Qu'en se levant verse l'Aurore[1].
Les vergers, les parcs, les jardins,
De mon savoir et de mes mains
Tiennent leurs grâces nonpareilles;
Là j'ai des prés, là j'ai des bois;
Et j'ai partout tant de merveilles
Que l'on s'égare dans leur choix.

« Je donne au liquide cristal[2]
Plus de cent formes différentes,
Et le mets tantôt en canal,
Tantôt en beautés jaillissantes;
On le voit souvent par degrés
Tomber à flots précipités;
Sur des glacis je fais qu'il roule,
Et qu'il bouillonne en d'autres lieux;
Parfois il dort, parfois il coule,
Et toujours il charme les yeux.

« Je ne finirois de longtemps
Si j'exprimois toutes ces choses :
On auroit plus tôt au printemps
Compté les œillets et les roses.
Sans m'écarter loin de ces bois,
Souvenez-vous combien de fois
Vous avez cherché leurs ombrages :

---

1. Et vous, charmantes fleurs,
    Douces filles des pleurs
    De la naissante Aurore.
                    (*Galatée*, vers 13-15 et note 1.)

2. Ci-dessus, p 247.

Pourriez-vous bien m'ôter le prix,
Après avoir par mes ouvrages
Si souvent charmé vos esprits? »

Le discours d'Hortésie acheva de gagner tous les assistants : Oronte et les demi-dieux se regardèrent comme ravis; les juges n'en firent pas moins. Hortésie considéroit tous ces signes extérieurs avec la joie que l'on peut penser, quand Apellanire, ayant parlé tout bas quelque peu de temps aux deux fées qui étoient près d'elle, déploya une toile que les plis de sa robe tenoient cachée, et, la montrant de la main aux juges, elle s'écria du lieu où elle étoit :

« Juges, attendez un moment,
Et voyez quelle est cette fée
Qui de son visage charmant
Devant Oronte fait trophée :
En voilà les traits éclatants;
Elle étoit telle avant que le printemps
Lui rendît ses cheveux avec ses autres charmes.
Lorsque les jours sont inconstants,
Elle n'est jamais sans alarmes. »

Après ces paroles, elle alla jusque dans l'alcôve[1] présenter aux juges la toile qu'elle tenoit déployée, et leur dit que c'étoit le portrait d'Hortésie, qu'elle avoit fait depuis quelques mois. Ils en demeurèrent étonnés; et, jetant la vue sur Hortésie, ils la tournèrent ensuite sur sa peinture. La meilleure partie de ses grâces y sembloit éteinte, il n'y avoit ni roses, ni lis[2] sur son teint; tout y étoit languissant et à demi mort; on ne voyoit que de la neige et des glaçons où on avoit vu les plus florissantes marques de la jeunesse. Les juges auroient

1. Page 251 et note 1.
2. Page 226 et note 2.

soupçonné la fidélité du portrait, s'ils ne se fussent souvenus d'avoir vu Hortésie en cet état-là. Chacun commença de douter qu'on voulût accorder le prix à une beauté si frêle et si journalière[1] : elle-même abandonna sa propre défense et ne sut que répondre sur ce reproche. Si bien qu'Apellanire s'en retournoit toute triomphante, lorsque Palatiane lui dit : « N'insultez point à une beauté qui craint tout, à ce que vous dites. Si elle languit tous les ans, elle reprend aussi tous les ans de nouvelles forces; quant à vous, qu'est-il demeuré de ce qu'ont fait autrefois vos Apelles et vos Zeuxis, que le nom de leurs ouvrages, et les choses incroyables que l'on en dit? Les miens vivent plus de siècles que les vôtres ne sauroient vivre d'années. » Apellanire ne s'étonna point, et se douta bien que Palatiane elle-même se verroit bientôt confondue. Cela ne manqua pas d'arriver.

Ce fut par Calliopée.
« Montrez-moi, dit cette fée,
Quelque chose de plus vieux
Que la chronique immortelle
De ces murs pour qui les dieux
Eurent dix ans de querelle[2].

« Bien que par les flots amers
On aille au delà des mers
Voir encor vos pyramides,
J'ai laissé des monuments
Et plus beaux et plus solides
Que ces vastes bâtiments.

« Mes mains ont fait des ouvrages
Qui verront les derniers âges
Sans jamais se ruiner :

1. Ci-dessus, p. 201 : « La beauté des Heures est fort journalière. »
2. L'*Iliade*.

LE SONGE DE VAUX.

Le temps a beau les combattre[1];
L'eau ne les sauroit miner,
Le vent ne peut les abattre.

« Sans moi tant d'œuvres fameux,
Ignorés de nos neveux,
Périroient sous la poussière :
Au Parnasse seulement
On emploie une matière
Qui dure éternellement[2].

« Si l'on conserve les noms,
Ce doit être par mes sons,
Et non point par vos machines :
Un jour, un jour l'univers
Cherchera sous vos ruines
Ceux qui vivront dans mes vers. »

Aussitôt elle s'approcha du balustre[3], et, laissant Palatiane toute confuse, elle adoucit quelque peu sa voix, et parla ainsi :

« Juges, vous le savez, et dans tout cet empire
Mon charme est plus connu que l'air qu'on y respire;
C'est le seul entretien que l'on prise aujourd'hui :
Pour comble de bonheur, Alcandre[4] en est l'appui.
Je n'en dirai pas plus, de peur que sa puissance
N'oblige vos esprits à quelque déférence.

1. Horat. *Car.*, III[a], od. 30 (note de la Fontaine) : voyez tome III, p. 274 et note 6.
2. Malherbe, tome I, p. 108. — 3. Ci-dessus, p. 251.
4. Louis XIV. Il est ainsi nommé dans beaucoup de romans et autres écrits de l'époque. Rapprochez un madrigal *pour le Roi* (tome V *M.-L.*, p. 32) :
Que dites-vous du cœur d'Alcandre ?
les opuscules intitulés : *les Conquêtes amoureuses du grand Alcandre dans les Pays-Bas, avec les Intrigues de sa cour*, par Sandras de Courtilz (Cologne, 1684, in-12); *le grand Alcandre frustré, ou les derniers efforts de l'amour et de la vertu*, par le même (la Haye,

[a] Et non IV (4), comme la Fontaine l'a écrit par erreur.

Vous jugez bien pourtant quelle est une beauté
Qui possède son cœur, et qui l'a mérité;
Mais, sans vous prévenir par les traits du bien dire,
Je répondrai par ordre et cela doit suffire.
On diroit que ces arts méritent tous le prix.
Chaque fée a sans doute ébranlé les esprits;
Toutes semblent d'abord terminer la querelle;
La première a fait voir le besoin qu'on a d'elle;
Si j'ai de son discours marqué les plus beaux traits,
Elle loge les dieux, et moi je les ai faits[1].
Ce mot est un peu vain, et pourtant véritable :
Ceux qui se font servir le nectar à leur table,
Sous le nom de héros ont mérité mes vers;
Je les ai déclarés maîtres de l'univers.
O vous qui m'écoutez, troupe noble et choisie,
Ainsi qu'eux quelque jour vous vivrez d'ambrosie[2];
Mais Alcandre lui-même auroit beau l'espérer,
S'il n'imploroit mon art pour la lui préparer.
Ce point tout seul devroit me donner gain de cause :
Rendre un homme immortel sans doute est quelque
Apellanire peut par ses savantes mains   [chose;
L'exposer pour un temps aux regards des humains :
Pour moi, je lui bâtis un temple en leur mémoire[3];
Mais un temple plus beau, sans marbre et sans ivoire,
Que ceux où d'autres arts, avec tous leurs efforts,
De l'univers entier épuisent les trésors.
Par le second discours on voit que la Peinture
Se vante de tenir école d'imposture,
Comme si de cet art les prestiges puissants
Pouvoient seuls rappeler les morts et les absents[4]!
Ce sont pour moi des jeux : on ne lit point Homère,
Sans que tantôt Achille à l'âme si colère[5],

1696, in-12); etc. — C'est aussi le nom que Malherbe (tome I, p. 151 et suivantes), et bien d'autres donnent à Henri IV. On connaît les Amours du grand Alcandre (Paris, 1652, in-4°).
1. Tome VII, p. 167 et note 3. — 2. Ci-dessus, p. 57 et note 3.
3. Au sujet de ces « temples » imaginaires, élevés par les poètes, comparez tome III, p. 274 et note 7.
4. Ci-dessus, p. 254. — 5. Tome III, p. 248 et note 4.

Tantôt Agamemnon au front majestueux,
Le bien-disant Ulysse, Ajax l'impétueux[1],
Et maint autre héros offre aux yeux son image.
Je les fais tous parler, c'est encor davantage :
La Peinture après tout n'a droit que sur les corps;
Il n'appartient qu'à moi de montrer les ressorts
Qui font mouvoir une âme, et la rendent visible;
Seule j'expose aux sens ce qui n'est pas sensible,
Et, des mêmes couleurs qu'on peint la vérité,
Je leur expose encor ce qui n'a point été.
Si pour faire un portrait Apellanire excelle,
On m'y trouve du moins aussi savante qu'elle;
Mais je fais plus encore, et j'enseigne aux amants
A fléchir leurs amours en peignant leurs tourments.
Les charmes qu'Hortésie épand sous ses ombrages
Sont plus beaux dans mes vers qu'en ses propres ouvra-
Elle embellit les fleurs de traits moins éclatants : [ges
C'est chez moi qu'il faut voir les trésors du printemps.
Enfin, j'imite tout par mon savoir suprême;
Je peins, quand il me plaît, la Peinture elle-même.
Oui, beaux-arts, quand je veux, j'étale vos attraits :
Pouvez-vous exprimer le moindre de mes traits?
Si donc j'ai mis les dieux au-dessus de l'envie,
Si je donne aux mortels une seconde vie,
Si maint œuvre de moi, solide autant que beau[2],
Peut tirer un héros de la nuit du tombeau,
Si, mort en ses neveux, dans mes vers il respire,
Si je le rends présent bien mieux qu'Apellanire,
Si de Palatiane, au prix de mes efforts,
Les monuments ne sont ni durables, ni forts,
Si souvent Hortésie est peinte en mes ouvrages,
Et si je fais parler ses fleurs et ses ombrages,
Juges, qu'attendez-vous? et pourquoi consulter?
Quel art peut mieux que moi cet écrin mériter?
Ce n'est point sa valeur où[3] j'ai voulu prétendre

1. Tome III, p. 113 et note 23.
2. Ci-dessus, p. 250 et 262.
3. A laquelle.

Je n'ai considéré que le portrait d'Alcandre[1].
On sait que les trésors me touchent rarement:
Mes veilles n'ont pour but que l'honneur seulement ;
Gardez ce diamant dont le prix est extrême;
Je serai riche assez pourvu qu'Alcandre m'aime. »

La harangue de Calliopée produisit un merveilleux changement dans les esprits. Les autres fées l'avoient bien prévu; car, auparavant que l'on s'assemblât, elles demandèrent qu'il fût défendu de se servir des traits de la rhétorique : que cela n'étoit pas sans exemple ; qu'une pareille défense s'étoit observée longtemps dans Athènes, parce que les orateurs faisoient prendre de telles résolutions que bon leur sembloit ; et qu'enfin le métier de leur rivale étant de séduire, il n'étoit pas juste qu'elle eût cet avantage sur elles. Mais, comme il étoit question de charmes, ces juges leur représentèrent qu'ils ne voyoient pas pourquoi ceux de l'Éloquence dussent être exclus, et que leur propre requête leur faisoit tort, parce qu'il sembloit qu'elles donnassent déjà gain de cause à leur concurrente. Ainsi chacune employa tous les artifices dont elle se put aviser.

Après que l'applaudissement qu'on donna à la harangue de Calliopée fut un peu cessé, Apellanire, comme la seule qui pouvoit avoir quelque chose de commun avec elle, et comme celle aussi qui jusque-là croyoit avoir la meilleure part à l'écrin, prit la parole, et avoua que les charmes de sa rivale étoient à la vérité fort puissants ; mais en quoi cela pouvoit-il regarder la maison de Vaux ? au lieu que tout y brilloit des enrichissements qu'elle avoit trouvés. Combien de plafonds qui surpas-

---

1. Comme la Fontaine l'a dit dans son Avertissement, l'écrin, plein de pierreries, qui devait être donné « à la plus savante des fées », contenait « un diamant d'une beauté extraordinaire », et sur le couvercle le portrait du Roi.

soient non seulement tout ce qu'on avoit jamais fait en ce genre, mais aussi l'imagination même des regardants ! Combien d'ornements judicieux, agréables, et bien inventés ! Étoit-il possible qu'en la présence de ces merveilles on adjugeât le prix à quelque autre qu'elle ? Quand elle eut fini, Calliopée tomba d'accord de ce dernier point, et rendit un pareil témoignage à la vérité. « Mais se peut-il faire que vous ignoriez, ajouta-t-elle en s'adressant à Apellanire, ce que mon art a de commun avec Vaux? La dernière main n'y sera que quand mes louanges l'y auront mise; et vous-même, ne devriez-vous pas consentir que j'eusse l'écrin, comme le plus digne prix de la gloire que mes ouvrages vous ont donnée? »

Je demandai tout bas à Gélaste ce que cela vouloit dire. Il me répondit que plusieurs personnes avoient déjà fait la description de quelques endroits de ce beau séjour; surtout qu'il m'en vouloit montrer une du salon, laquelle on ne pouvoit assez estimer[1].

Cette contestation des deux fées, et le souvenir de ce que les autres avoient dit, embarrassèrent les juges de telle sorte qu'ils se parlèrent près d'un quart d'heure sans rien résoudre. Cependant le reste de la compagnie s'entretenoit aussi de cette action[2], au moins il me le sembla; car les uns et les autres parloient trop bas, et nous étions trop éloignés pour en rien entendre. Enfin les juges ordonnèrent pour tout résultat[3] que, puisque les choses étoient tellement égales, ces quatre fées feroient paroître sur le champ quelque échantillon de leur art, afin qu'on sût laquelle de toutes étoit la plus savante dans la magie. Cela fut prononcé par l'un des

1. Une description de Félibien sans doute : voyez ci-dessous, p. 277, note 2.
2. Page 251.
3. Tome III, p. 271 et note 10.

trois juges : chacun témoigna en être content. Aussi étoit-ce une nouvelle occasion de plaisir. Oronte lui-même sembla l'approuver par un léger mouvement de tête. Il se fit ensuite un fort grand silence, les esprits étant demeurés comme suspendus, dans l'attente d'autres merveilles.

III

C'est assez de ces deux échantillons pour consulter le public sur ce qu'il y a de sérieux dans mon songe; il faut maintenant que je le consulte sur ce qu'il y a de galant; et, selon le jugement qu'il fera de l'un et de l'autre, je me réglerai, si je continue cet ouvrage. Le lecteur saura, pour l'intelligence du fragment qui suit, qu'un saumon et un esturgeon, qui apparemment suivoient un bateau de sel[1], furent pris dans la rivière de Seine. On les présenta vifs à M. F....[2], qui les fit mettre en un fort grand carré d'eau, où je les trouvai pleins de santé et de vie quand je commençai ma description. Je m'imagine donc, dans mon songe, que ce sont deux ambassadeurs envoyés à M. F.... par le dieu Neptune, pour lui offrir de sa part tous les trésors de l'empire maritime, des morceaux pétrefiés[3], du corail de toutes sortes, des conques, afin que M. F.... pût faire embellir certains rochers qui sont dans un avant-corps d'architecture, vis-à-vis de la cascade de Vaux.

1. Servant aux transports par eau de la gabelle.
2. *Fouquet*, en toutes lettres, dans les *OEuvres diverses* de 1729.
3. Pétrifiés. (*Ibidem.*) — Ci-dessus, p. 34.

Je feins aussi qu'un de ces poissons (c'est l'esturgeon) me parle par truchement[1], et me conte son aventure et celle de son camarade, avec l'origine et le motif de leur députation.

AVENTURE D'UN SAUMON ET D'UN ESTURGEON.

. . . .

Me promenant vers un carré d'eau qui est au-dessus d'une cascade, j'aperçus un saumon et un esturgeon s'approchant du bord, comme s'ils eussent voulu me parler. Cela me surprit tout à fait; car je ne croyois pas que la rivière d'Anqueuil[2] entretînt commerce avec l'Océan. Je demandai donc à ces animaux pour quel sujet et par quel motif ils avoient quitté leur patrie. L'esturgeon me répondit par un truchement :

« Cela vous semble nouveau
Que des poissons, qui nagent en grande eau,
S'en aillent si loin se faire
Une prison volontaire,
Et renoncent pour elle à leur pays natal,
Quand la prison seroit un palais de cristal.
En effet, il n'est personne
Qui d'abord ne s'en étonne;
Car ce n'est pas la faim qui nous a fait sortir
Du lieu de notre naissance;
Sans nous vanter, et sans mentir,
Nous y trouvions en abondance
De quoi soûler nos appétits :
Si les gros nous mangeoient, nous mangions les petits,
Ainsi que l'on fait en France[3];

---

1. Tome VII, p. 229 et note 2.
2. Petit cours d'eau qui arrose Vaux.
3. Rapprochez les vers 26-29 de la fable vi du livre X (tome III, p. 38 et note 19).

Et pour ne pas tenir votre esprit en balance,
    Je vais vous dire la raison
Qui nous a fait choisir cette aimable prison
    Qu'avec moi ce saumon habite.
Un jour, nous promenant sur le dos d'Amphitrite,
    Nous aperçûmes deux marchands
A qui le fier Borée, auteur de maint orage,
    Avoit fait faire au milieu de nos champs[1]
    Un cruel et piteux naufrage.
Tout en nageant, ils imploroient le dieu
    De l'humide et vaste lieu,
    Le priant d'être sensible
    Au sort qu'ils alloient courir,
    Et faisoient tout leur possible
    Afin de ne pas mourir.
    Le dieu les poussa sur l'heure
Vers un rocher dont il fait sa demeure ;
    Et là d'abord il leur dit :
« Pauvres humains qui vous fiez à l'onde,
    « Que cherchez-vous en notre monde ? »
    Un des marchands répondit :
    « Monarque de l'eau salée,
« Dans une région de ces flots reculée
« Est un lieu nommé Vaux, gloire de l'univers ;
« Son nom vole déjà dans cent climats divers :
« Oronte y fait bâtir un palais magnifique,
    « Où règne l'ordre ionique
    « Avec beaucoup d'agrément.
    « On a placé justement
    « Vis-à-vis du bâtiment
    « Deux grottes, dont la structure
    « Est de telle architecture
    « Qu'elle plaît sans ornement.
« Nous cherchions toutefois sur l'humide élément
    « Les conques les plus exquises,
    « Et du corail de toutes guises :
« Mais les vents, ennemis du plaisir de nos yeux,

---

1. De la plaine liquide.

« Par des complots odieux
« Ont traversé¹ nos voyages :
« Dites-leur qu'ils soient plus sages,
« Et respectent désormais
« Oronte et tous ses palais. »
Téthys de ce récit sembla toute ravie ;
    Et, la harangue finie,
Nous fûmes envoyés par le maître des vents
Pour offrir de sa part, en termes obligeants,
Au possesseur de Vaux, Oronte son intime,
Ce que dans ses pays on voit de raretés,
Ambre, nacre, corail, marbre, diversités,
Enfin tous les trésors de la cour maritime.
    Après cent périls évités,
Nageant de mer en fleuve, et de fleuve en rivière,
    Non loin d'ici, d'une adroite manière,
    Par des pêcheurs nous fûmes arrêtés,
    Et par bonheur chez Oronte portés.
    Là je lui fis ma petite harangue,
        Petite certainement,
        Car c'étoit en notre langue,
        Laconique extrêmement.
        On l'apprend fort aisément :
        Venez nous voir seulement
        Au fond du moite élément,
Vous saurez, comme nous, parler en un moment.
    Pour achever notre histoire,
    Monsieur Courtois², si j'ai bonne mémoire,

---

1. Contrarié.
      Ce sont des feux bientôt passés
    Que ceux qui ne sont point dans leur cours traversés.
        (*La Fiancée du roi de Garbe*, vers 288-289.)

2. Domestique de confiance de Foucquet, comme nous l'apprend ce passage d'un mémoire rédigé par le surintendant en prévision de son emprisonnement : « La première chose donc qu'il faudroit tenter seroit que ma mère, ma femme, ceux de mes frères qui seroient en liberté, le marquis de Charrost et mes autres parents proches, fissent par prières et sollicitations tout ce qu'ils pourroient : premièrement pour me faire avoir un valet

Avec mon compagnon m'a logé dans ces lieux ;
Quant à moi, j'ai bonne envie
De n'en bouger de ma vie :
On y voit souvent les yeux
De l'adorable Sylvie[1]. »

IV

COMME SYLVIE HONORA DE SA PRÉSENCE LES DERNIÈRES CHANSONS D'UN CYGNE QUI SE MOUROIT, ET DES AVENTURES DU CYGNE[2].

J'eusse continué mes plaintes, si le son d'un luth ne les eût interrompues. Comme j'aime extrêmement l'harmonie, je quittai le lieu où j'étois pour aller du côté que le son se faisoit entendre. Lycidas me suivit ; et, lui ayant demandé ce que ce pouvoit être, il me dit que Sylvie, ayant appris qu'un cygne de Vaux s'en alloit mourir, avoit envoyé quérir Lambert[3] en diligence, afin de faire comparaison de son chant avec celui de ce

avec moi ; et ce valet, s'ils en avoient le choix, seroit Vattel ; si on ne pouvoit l'obtenir, on tenteroit pour Long-Champs, sinon pour Courtois ou la Vallée[a]. » (Copie figurée de l'écrit trouvé dans le cabinet appelé *secret* de la maison de M. Foucquet à Saint-Mandé ; Bibliothèque nationale, Imprimés, recueil Thoisy, Droit public et civil, tome XCIII, in-fol., fol. 314.)

1. Mme Foucquet : voyez le fragment qui suit.
2. Comme nous l'avons dit dans la notice, ce fragment et les suivants, jusqu'au neuvième exclusivement, n'ont été imprimés qu'en 1729, dans les *Œuvres diverses*, tome I, p. 320-346.
3. Sur ce célèbre musicien, voyez tome III, p. 128 et note 20.

[a] En marge on lit : « Ce la Vallée est le valet de chambre qui sert M. Fouquet à Vincennes. »

pauvre cygne. « Ce n'est pas, ajouta Lycidas, que tous les cygnes chantent en mourant[1]. Bien que cette tradition soit fort ancienne parmi les poètes, on en peut douter sans impiété, aussi bien que de plusieurs autres articles de leur croyance. Afin de t'expliquer ceci, tu as lu sans doute que Jupiter emprunta autrefois le corps d'un cygne pour approcher plus facilement de Lède[2]; et parce que, lui ayant chanté son amour sous cette figure, elle en fut touchée, et que Jupiter reprit incontinent la forme de dieu, il ordonna, en mémoire de cette aventure, qu'autant de fois que l'âme du cygne où il avoit logé passeroit d'un animal de la même espèce en quelque autre corps, cet animal chanteroit si mélodieusement que chacun en seroit charmé. Or, je m'imagine que, quelque ancien poète en ayant entendu chanter un, cela a donné lieu à l'opinion qui est répandue dans leurs livres pour tous les autres. »

Tandis que Lycidas m'entretenoit de la sorte, nous vîmes arriver Sylvie, accompagnée des Grâces et d'un très grand nombre d'Amours de toutes les manières. Elle s'assit dans un fauteuil, sur les bords du canal où étoit le cygne; et aussitôt Lambert, ayant accordé son téorbe[3], chanta un air de sa façon qui étoit admirablement beau; et le chanta si bien, qu'il mérita d'être loué de Sylvie, et fut ensuite abandonné aux louanges de tous ceux qui étoient présents. L'un l'appeloit Orphée;

---

1. Sur le chant, plus ou moins mélodieux, du cygne, comparez la fable XII du livre III (tome I, p. 236 et note 7).
2. Léda.
3. Téorbe, théorbe, tuorbe ou tiorbe, instrument de musique, inventé au commencement du seizième siècle par un Italien du nom de Bardella. « Le téorbe est plus grand que le luth, et a deux têtes, l'une pour les cordes qui se doigtent sur le manche, l'autre pour les grosses cordes qui servent pour les basses et qui se pincent à vide. » (Fétis, *Dictionnaire de musique*, p. 425.)

l'autre, Amphion[1] : il y en eut même qui s'étonnèrent
de ce qu'Oronte, voulant faire bâtir un palais, n'avoit
pas fait marché avec lui, disant que les pierres se seroient
venues ranger d'elles-mêmes au son de sa voix, sans
qu'il eût été besoin de tant de bras et de machines.
Enfin on crut que le cygne n'oseroit chanter après lui.
Il chanta toutefois, et chanta véritablement assez bien ;
mais, outre que c'étoit en une langue qu'on n'entendoit
point, il fut jugé de beaucoup inférieur à Lambert ; et
Sylvie, ne jugeant pas à propos de le voir mourir, se fut
promener d'un autre côté.

Chacun la suivit, hormis Lycidas et moi. Si bien
qu'étant demeurés seuls, je le remis sur le discours qu'il
avoit quitté, et lui demandai s'il étoit possible que le
cygne eût été autre chose qu'il n'étoit, et s'il seroit
encore autre chose dorénavant. « Pour te faire entendre
tout ce mystère, me répondit-il, il faut que je le prenne
d'un peu plus haut. » Et, après avoir toussé trois ou
quatre fois, il commença de cette sorte :

« Ce que tu vois d'animaux et d'humains
Troque sans cesse, et devient autre chose ;
Toute âme passe en différentes mains :
Telle est la loi de la métempsycose,
Que le Sort tient en ses livres enclose ;
Car ici-bas il aime à tout changer,
Selon qu'il veut nos esprits héberger.
L'âme, d'habit bien ou mal assortie,
D'un roi se vêt en sortant d'un berger,
Puis d'un berger, étant du roi sortie.

« Je le sais d'Apollon, vrai trésor de doctrine,
Berger, devin[2], architecte, et chanteur,
Et docteur
En médecine ;

1. Horace, *aux Pisons*, vers 391-396.
2. Tome VII, p. 167 et

Tantôt portant le jour en différents quartiers,
Tantôt faisant des vers en l'honneur de Sylvie.
Je ne m'étonne pas, ayant trop de métiers,
S'il a peine à gagner sa vie[1].

« Il m'a donc dit ce matin,
Venant voir notre malade :
« Ce pauvre cygne achève son destin ;
« Ne lui donnez plus rien qu'un petit[2] de panade ;
« Car il est mort autant vaut.   [flatte?
« J'entends mort selon vous, que sert-il qu'on vous
— Comment, Monsieur, ai-je dit aussitôt,
« Ne remuer ni pied ni patte
« N'est pas, selon vous-même, être mort comme il faut ?
— Non, » m'a-t-il répondu : puis, faisant une pause,
Il m'a déduit au long cette métempsycose ;
Or voici comme va la chose.

« Sans user de fiction,
Ce cygne étoit Amphion
Qui bâtit Thèbe au doux son de sa lyre.
On ne m'a pas voulu dire
Ce qu'il étoit avant ce jour ;
C'est un trop grand secret : il te doit donc suffire
Que son âme a depuis animé tour à tour
Des corps mâles et femelles,
Des plus beaux et des plus belles ;
Des animaux fort jolis,
Mignons, bien faits, et polis ;
De fort aimables personnes,

---

1. Dans le *Poème du Quinquina*, chant 1, vers 35 et suivants :
Un des dieux fut touché du malheur des humains ;
C'est celui qui pour nous sans cesse ouvre les mains ;
C'est Phébus Apollon. De lui vient la lumière,
La chaleur qui descend au sein de notre mère,
Les simples, leur emploi, la musique, les vers, etc.

2. Un peu : voyez nos divers Lexiques.

—   .... Ce ne fut pas pour un petit
Qu'il en devint tout interdit.
(SCARRON, *le Virgile travesti*, livre 1.)

LE SONGE DE VAUX.

  Bien faites, douces, mignonnes·
  Point de nains, point d'avortons;
  Peu de loups, force moutons;
  Certain oiseau qui caquette,
  Un héros, une coquette;
  Un amant qui de tristesse
  La tête en quatre se fendit;
  Un autre qui se pendit
  A la porte de sa maîtresse;
  Des philosophes, des badins[1];
  Deux ou trois jeunes blondins;
  Cinq ou six beautés insignes
  Ayant de beaux cheveux blonds,
  Et les cous non pas si longs
    Que des cygnes,
  Mais aussi blancs, sans mentir.
  Enfin cette âme, au partir[2]
Du corps d'une beauté qui chantoit comme un ange,
En entrant dans ce cygne eut une peur étrange,
  Croyant avoir pour maison
    Un oison;
  Sans se souvenir à l'heure[3]
  D'une semblable demeure
  Où jadis le roi des dieux,
Pour loger avec elle ayant quitté les cieux,
Se fit blanc comme un cygne, et donna dans la vue[4]
  De Lède aux yeux si charmants.
  Comment s'en fût souvenue
  L'âme au bout de deux mille ans?
  Et comment de chaque aventure
  Se pourra-t-elle souvenir,
  Ne devant pas si tôt finir,
   A ce qu'Apollon assure?
  Elle doit, ce dit-il, entrer auparavant

---

1. Tome IV, p. 497 et note 4.
2. Tome I, p. 220; et *passim*.
3. A l'instant : p. 207 et note 1.
4. Tome IV, p. 306 et note 4.

LE SONGE DE VAUX.

> Au corps[1] du premier enfant
> Que fera certaine belle,
> Que Philis[2] pour le présent
> On appelle.
> Mais quand le cygne mourra,
> L'enfant, pourra-t-on dire, encor fait ne sera :
> En ce cas l'âme au plus vite,
> En attendant que ce gîte
> Se rencontre en son chemin,
> Peut loger dans des corps qui, dès le lendemain,
> Dans six mois, dans une année,
> Verront leur fin terminée.
> Voilà ce qu'il m'en a dit :
> Qu'on en fasse son profit.

— Cela me suffit, dis-je à Lycidas; mais le dieu que vous me donnez pour caution de votre métempsycose auroit-il bien pris la peine de visiter un cygne malade?— Comment! repartit Lycidas moitié en colère, y a-t-il quelque chose dans Vaux dont Apollon ne doive avoir soin? Sais-tu qu'il a fait résolution de demander à Oronte le même emploi qu'il eut autrefois chez Admète[3]? Car, pour t'en parler franchement,

> « Il est las des vains travaux,
> Il se rit des beaux ouvrages,
> Et veut par monts et par vaux,
> Dans nos prés, sur nos rivages,
> Garder les moutons de Vaux;
> Car on y gagne gros gages :
> Aucun labeur n'y manque de guerdon[4].
> Ce ne sont point les murs du roi Laomédon
> Qui voulut pour néant, si j'ai bonne mémoire,
> Bâtir ces murs détruits par un décret fatal :

1. Tome VI, p. 109. — 2. *Ibidem*, p. 89 et note 3.
3. *Pavit et Admeti tauros formosus Apollo.*
(TIBULLE, livre II, élégie III, vers 11.)
4. Récompense, salaire : tome V, p. 530 et note 5.

C'étoit un roi qui payoit mal[1];
Il n'est pas le seul en l'histoire.

« Enfin Apollon a juré de ne plus faire de vers que quand Oronte et Sylvie le souhaiteront. Il gouvernera leurs troupeaux; il sera contrôleur de leurs bâtiments; il conduira la main de nos peintres, de nos statuaires, de nos sculpteurs; il t'inspirera toi-même, si tu écris pour plaire au héros ou à l'héroïne, et non autrement. » Je souris là-dessus, et je priai Lycidas de me mener en des lieux où je pusse voir encore d'autres merveilles.

V

ACANTE, AU SORTIR DE L'APOTHÉOSE D'HERCULE[2], EST MENÉ DANS UNE CHAMBRE OÙ LES MUSES LUI APPAROISSENT.

Mes conducteurs se lassant de me répondre sur tout, et voyant qu'ils n'étoient pas sortis d'une question

---

1. Laomédon, père de Priam, avait refusé de donner à Apollon et à Neptune qui, sur sa prière, avaient relevé les murs de Troie, la somme d'argent qu'il leur avait promise.

2. Il a été fait allusion ci-dessus, p. 166, à deux lettres in-4° de Félibien publiées sans titre, sans nom d'auteur et sans date, vers 1660, et où se trouve une description détaillée des salles du château de Vaux. Ces lettres en supposent une antérieure qui n'a jamais existé. — Dans cette *Apothéose d'Hercule*, Hercule, c'est Foucquet lui-même, et le tableau rappelait sa devise : *Quo non ascendam ?* « Le peintre (le Brun), voulant faire voir son véritable héros victorieux de ses passions, il le représente sous la figure d'Hercule montant au ciel. Les deux chevaux qui tirent son chariot signifient les deux principales passions de l'homme, car le noir signifie la haine et l'alezan l'amour. » (Deuxième lettre de Félibien, p. 5.)

que je les faisois rentrer dans une autre, me tirèrent de ce lieu-là malgré que j'en eusse, et me firent passer dans une chambre voisine, dont les peintures et les divers ornements me parurent encore plus riches que ceux qui venoient de nous arrêter. Il y avoit un alcôve[1] à l'opposite des fenêtres : le haut de la chambre étoit à l'italienne, et formoit une espèce de voûte ouverte par le milieu, où l'on voyoit un tableau qui représentoit plusieurs figures s'élevant au ciel. Aux quatre coins de la voûte étoient comme quatre chœurs de musique, composés chacun de deux Muses si bien peintes que je crus voir ces déesses en propre personne. J'y fus moi-même trompé, moi qui ne bouge de l'Hélicon. Ce lieu où je les trouvois, bien différent de leur séjour ordinaire, fit que je ne me pus empêcher de leur dire :

« Quoi ? je vous trouve ici, mes divines maîtresses !
De vos monts écartés vous cessez d'être hôtesses !
Quel charme ont eu pour vous les lambris que je vois ?
Vous aimiez, disoit-on, le silence des bois[2] ;
Qui vous a fait quitter cette humeur solitaire ?
D'où vient que les palais commencent à vous plaire ?
J'avois beau vous chercher sur les bords d'un ruisseau.
Mais quelle fête cause un luxe si nouveau ?
Pourquoi vous vêtez-vous de robes éclatantes ?
Muses, qu'avez-vous fait de ces jupes volantes
Avec quoi dans les bois, sans jamais vous lasser,
Parmi la cour de Faune[3] on vous voyoit danser[4] ?
Un si grand changement a de quoi me confondre. »
Pas une des neuf Sœurs ne daigna me répondre.

« Oronte, dit Ariste, occupe leurs esprits :
Tantôt dans les forêts, tantôt sous les lambris,

---

1. Ci-dessus, p. 251 et note 1. — 2. Tome VI, p. 238 et note 6.
3. Tome III, p. 135 et note 9.
4. ..... En jupe dessous les feuillées
    Dansant au silence des bois.
                    (MALHERBE, tome I, p. 209.)

Elles font résonner sa gloire et son mérite.
Voyez comme pour lui Melpomène médite[1];
Thalie en est jalouse, et ses paisibles sons
Valent bien quelquefois les tragiques chansons.
Toutes deux au héros ont consacré leurs veilles :
Elles n'ont ni beautés, ni grâces, ni merveilles,
Que pour le divertir leur art ne mette au jour;
Et chacune a pour but de lui plaire à son tour.
Melpomène pour lui peint les vertus romaines;
L'autre imite toujours les actions humaines;
Ces couronnes, ce masque, expriment leurs emplois,
Présentent à ses yeux ou le peuple ou les rois.
La scène, lui montrant les héros ses semblables,
Évoque leurs esprits enterrés sous les fables,
Des climats de l'histoire en fait souvent venir,
Et se va chez les morts de spectacles fournir. »

(*Il y a ici une lacune de quatre pages dans le manuscrit de l'auteur.*)

Pendant cela je considérois toute la chambre; et, entre les deux objets[2], celui des Muses me remplissoit l'âme d'une douceur que je ne saurois exprimer. Elle étoit telle que celle que j'ai quelques fois ressentie, me voyant au milieu de ces déesses, sous le plus bel ombrage de l'Hélicon, favorisé comme à l'envi de toute la troupe. J'étois ravi de les voir si fort en honneur, et tellement considérées[3] chez Oronte qu'on les avoit logées dans l'une des plus belles chambres de son palais. Ce n'est pas qu'il y eût rien en cela qui me surprit, et qu'elles

1. Corneille, tome VI, p. 121-129.
2. Le second était sans doute décrit dans les pages perdues.
3. Félibien s'étend avec complaisance sur les robes magnifiques, sur les riches manteaux des Muses : « Clio, ajoute-t-il, est représentée avec des ailes, tandis que les autres n'en ont pas, parce qu'étant les gardiennes de cette maison elles y doivent demeurer toujours pour chanter sans cesse les louanges de celui qui leur a donné une si belle retraite. » (Première lettre, p. 12.)

ne m'eussent entretenu dès auparavant de l'estime que
ce héros avoit pour elles ; mais elles ne m'avoient point
encore dit qu'il leur en eût donné cette marque : je té-
moignai la joie que j'en avois à mes conducteurs. Ariste,
qui croyoit être obligé de faire les honneurs de la maison, me dit qu'elles méritoient bien cet appartement.
« Nous ne savons pas, ajouta-t-il, si nous n'aurons point
quelque jour besoin d'elles. Après tout, elles sont filles
de Jupiter : nous ne voudrions, pour quoi que ce fût,
qu'elles s'allassent plaindre de nous en plein consistoire[1]
des dieux. Vous n'avez jamais vu qu'on se soit repenti
de l'accueil avec lequel on les a reçues. N'ont-elles pas
fait de leur part[2] tout ce qu'elles ont pu pour plaire à
Oronte?

« Leur troupe, en sa faveur pleine d'un doux ennui,
Quand tout dort ici-bas, travaille encor pour lui :
Il semble que le peintre ait eu cette pensée.
Voyez l'autre plafond où la Nuit est tracée :
Cette divinité, digne de vos autels,
Et qui même en dormant fait du bien aux mortels,
Par de calmes vapeurs mollement soutenue,
La tête sur son bras, et son bras sur la nue,
Laisse tomber des fleurs, et ne les répand pas :
Fleurs que les seuls Zéphyrs font voler sur leurs pas.
Ces pavots qu'ici-bas pour leur suc on renomme,
Tout fraîchement cueillis dans les jardins du Somme,
Sont moitié dans les airs, et moitié dans sa main :
Moisson plus que toute autre utile au genre humain.
Qu'elle est belle à mes yeux cette Nuit endormie!
Sans doute de l'Amour son âme est ennemie;
Et ce frais embonpoint[3] sur son teint sans pareil

1. Tome VI, p. 93. — 2. De leur côté : p. 189.
3. Fut allégué d'autre part à la cour
   Que plus la dame étoit cruelle,
  Plus elle avoit d'embonpoint et d'attraits, etc.
   (Imitation des *Arrests d'amours*, tome V *M.-L.*, p. 58.)

Marque un fard appliqué par les mains du Sommeil[1].
Avec tous ses appas, l'aimable enchanteresse
Laisse souvent veiller les peuples du Permesse ;
Cent doctes nourrissons surmontent son effort.
— Hélas ! dis-je, pour moi je n'ai rien fait encor[2] ;
Je ne suis qu'écoutant parmi tant de merveilles :
Me sera-t-il permis d'y joindre aussi mes veilles ?
Quand aurai-je ma part d'un si doux entretien ?
Veillez, Muses, veillez : le sujet le vaut bien. »

VI

DANSE DE L'AMOUR

Je dormois d'un profond sommeil, et, en dormant, il me sembla que je me promenois à Mainsy,[3] qui n'est pas loin de Vaux ; et que, dans un pré bordé de saules, j'apercevois Cythérée, l'Amour et les Grâces, avec les plus belles nymphes des environs, dansant au clair de la lune[4]. L'assemblée me parut fort belle ; et le bal fort bien éclairé : un million d'étoiles servoient de lustres. Pour les violons, je n'y en entendis pas un : c'étoit aux chansons que l'on dansoit[5]. J'arrivai sur le point que l'Amour commença ces paroles :

« L'autre jour deux belles

1. *Clymène*, vers 588-590.
2. Rien publié du moins, sauf sa version de l'*Eunuque* de Térence.
3. Village tout proche de Vaux : quelques bouquets d'arbres subsistent encore, dernier vestige du parc de Mainsy ou Maincy.
4. *Jam Cytherea choros ducit Venus, imminente luna :*
   Junctæque Nymphis Gratiæ decentes
   Alterno terram quatiunt pede.
   (Horace, livre I, ode IV, vers 5-7.)
5. Ci-dessus, p. 203 et note 1.

Tout haut se vantoient
Que, malgré mes ailes,
Elles me prendroient.
Gageant que non, je perdis,
Car l'une m'eut bientôt pris.

« Aminte et Sylvie,
Ce sont leurs beaux noms :
Le Ciel porte envie
A mille beaux dons,
A mille rares trésors
Qu'ont leur esprit et leur corps.

« Tout mortel de l'une
Craint les blonds cheveux.
De sa tresse brune
L'autre fait des nœuds[1]
Par qui les dieux attachés
Se trouvent fort empêchés[2].

« Sylvie a la gloire
De m'avoir dompté,
Et cette victoire
A fort peu coûté :
La belle n'eut seulement
Qu'à se montrer un moment.

« Autour de ses charmes
Me voyant voler,
Vénus toute en larmes
Eut beau m'appeler :
Celui qui brûle les dieux
Se brûle à de si beaux yeux.

« Leur éclat extrême
A su m'enflammer.

1. Comparez, dans la lettre à Mme la duchesse de Bouillon du mois de juin 1671, l' « aimable et vive princesse,
A pied blanc et mignon, à brune et longue tresse. »

2. Page 161 : « Qui se trouva empêchée? »

Le Sort veut que j'aime,
Moi qui fais aimer;
On m'entend plaindre à mon tour,
Et l'Amour a de l'amour[1]. »

Ainsi dans la danse
Cupidon pleuroit,
Et tout en cadence
Parfois soupiroit,
Priant tout bas les Zéphyrs
D'aller porter ses soupirs[2].

VII

ACANTE SE PROMÈNE À LA CASCADE, ET LES SINGULIÈRES
FAVEURS QU'IL Y REÇUT DU SOMMEIL.

Après que les Grâces se furent retirées, je me trouvai en état de continuer mes promenades, et d'achever de voir les raretés de ce beau séjour : il me fut pourtant impossible de quitter si tôt un endroit où il m'étoit arrivé des choses si étonnantes. J'y passai donc tout le reste de la nuit, repensant tantôt à la chanson de l'Amour, tantôt aux beautés de Vénus et à celles des Nymphes, et rappelant en ma mémoire leurs paroles, leurs actions, toutes les circonstances de l'aventure. Enfin je dis adieu à ces prés, et sortis du parc de Mainsy, non point par le chemin qui m'y avoit amené : j'en pris un autre, que je crus me devoir conduire en des lieux où je trouverois des beautés nouvelles. Cependant la Nuit avoit reployé partie de ses voiles, et s'en alloit les

1. Page 42. — 2. Page 38 et note 1.

étendre chez d'autres peuples. Quelques rayons s'apercevoient déjà vers l'orient.

> Les premiers traits du jour sortant du sein de l'onde
> Commençoient d'émailler les bords de notre monde;
> Sur le sommet des monts l'ombre s'éclaircissoit;
> Aux portes du matin la clarté paroissoit;
> De sa robe d'hymen l'Aurore étoit vêtue :
> Jamais telle à Céphale elle n'est apparue[1].
> Je voyois sur son char éclater les rubis,
> Sur son teint le cinabre, et l'or sur ses habits :
> D'un vase de vermeil elle épanchoit des roses.

Qui n'eût jugé qu'elle s'étoit fardée tout exprès dans le dessein de me débaucher du service que j'ai voué au dieu du sommeil? Les hôtes des bois, qui avoient chanté toute la nuit pour me plaire, n'étant pas encore éveillés, je crus qu'il étoit de mon devoir de saluer en leur place ce beau séjour; ce que je fis par cette chanson :

> Fontaines, jaillissez;
> Herbe tendre, croissez
> Le long de ces rivages;
> Venez, petits oiseaux,
> Accorder vos ramages
> Au doux bruit de leurs eaux[2].

> Vous vous levez trop tard;
> L'Aurore est sur son char,
> Et s'en vient voir ma belle :
> Oiseaux, chantez pour moi;
> Le dieu d'amour m'appelle,
> Je ne sais pas pourquoi.

Tandis que je faisois résonner ainsi les échos, le soleil s'approchoit très sensiblement de notre hémisphère,

1. *Les Filles de Minée*, vers 181 et suivants.
2. Même couplet dans *Galatée* (acte I, scène 1), sauf le premier vers qui est remplacé par celui-ci :

> Brillantes fleurs, naissez.

et me découvroit, les unes après les autres, toutes les beautés du canton où mes pas s'étoient adressés.

Dans la plus large de ces allées, j'aperçois de loin une nymphe, ce me sembloit, couchée sous un arbre, en la posture d'une personne qui dort. J'étois tellement accoutumé à la vue des divinités, que, sans m'effrayer en aucune sorte de la rencontre de celle-ci, je résolus de m'approcher d'elle : mais, à la première démarche, un battement de cœur me présagea quelque chose d'extraordinaire. Je ne sais quelle émotion, dont je ne pouvois deviner la cause, me courut par toutes les veines. Et quand je fus assez près de ce rare objet pour le reconnoître, je trouvai que c'étoit Aminte, sur qui le Sommeil avoit répandu le plus doux charme de ses pavots[1]. Certes, mon étonnement ne fut pas petit, mais ma joie fut encore plus grande. Cette belle nymphe étoit couchée[2] sur des plantes de violettes ; sa tête à demi penchée sur un de ses bras, et l'autre étendu le long de sa jupe. Ses manches, qui s'étoient un peu retroussées par la situation que le sommeil lui avoit fait prendre, me découvroient à moitié ces bras si polis. Je ne sus à laquelle de leurs beautés donner l'avantage[3], à leur forme ou à leur blancheur, bien que cette dernière fît honte à l'albâtre[4]. Ce ne fut pas le seul trésor

1. Ci-dessus, p. 60.
2. Rapprochez, pour toute cette description, la comédie de *Clymène*, vers 586 et suivants.
3. Tout prêt à faire choix de la bouche ou du sein, etc.
(*La Fiancée du roi de Garbe*, vers 628 et note 5.)
4. Tome VII, p. 262 et note 2, et ci-dessus, p. 102.
— ....Dedans elle (*la bouche*) des dents le double rang se range
Qui blanches feroient honte à l'albastre, à l'iuoire.
(Jodelle, tome II, p. 28.)
Sous un cou blanc qui fait honte à l'albâtre....
(Voltaire, tome XI, p. 20.)

que je découvris en cette merveilleuse personne. Les Zéphyrs avoient détourné de dessus son sein une partie du linomple[1] qui le couvroit, et s'y jouoient quelquefois parmi les ondes de ses cheveux. Quelquefois aussi, comme s'ils eussent voulu m'obliger, il les repoussoient. Je laisse à penser si mes yeux surent profiter de leur insolence : c'étoit même une faveur singulière de pouvoir goûter ces plaisirs sans manquer au respect. Je n'entreprendrai de décrire ni la blancheur ni les autres merveilles de ce beau sein, ni l'admirable proportion de la gorge, qu'il étoit aisé de remarquer malgré le linomple, et qu'une respiration douce contraignoit parfois de s'enfler. Encore moins ferai-je la description du visage; car que pourrois-je dire qui approchât de la délicatesse des traits, de la fraîcheur du teint, et de son éclat? En vain j'emploierois tout ce qu'il y a de lis et de roses; en vain je chercherois des comparaisons jusque dans les astres[2] : tout cela est foible, et ne peut représenter qu'imparfaitement les charmes de cette beauté divine[3]. Je les considérai longtemps avec des transports qui ne peuvent s'imaginer que par ceux qui aiment. Encore est-ce peu de dire transports; car, si ce n'étoit véritable enchantement, c'étoit au moins quelque chose qui en avoit l'apparence : il sembloit que mon âme fût accourue toute entière dans mes yeux. Je ne songeai plus ni

---

1. *Linomple* ou *linon*, toile fort claire, faite de lin fin.
2. Ci-dessus, p. 44.
3. *Ibidem.* — Comparez Scarron, épître burlesque à Mlle de Saint-Maigrin, vers 33-38 :

> .... Ériger en divinité
> Quelque merveilleuse beauté,
> Lui donner des lis et des roses,
> Et cent mille autres belles choses
> Que les poètes libéraux
> Donnent aux dames par quintaux.

à cascades ni à fontaines ; et comme, au commencement de mon songe, j'avois oublié Aminte pour Vaux, il m'arriva en échange d'oublier Vaux pour Aminte, dans ce moment. Tandis que mes yeux étoient occupés à un exercice si agréable, je ne sais quel démon (le dois-je appeler bon ou mauvais?), je ne sais, dis-je, quel démon me mit en l'esprit qu'il n'étoit pas juste que tout le plaisir fût pour eux ; que ma bouche méritoit bien d'en avoir sa part ; enfin, qu'un baiser cueilli sur celle d'Aminte devoit être une chose infiniment douce, et aussi douce que pas une de ces délices dont l'Amour récompense ceux qui le servent fidèlement. D'un autre côté, la raison me représentoit que c'étoit se mettre au hasard de fâcher Aminte, et que, l'éveillant, je détruirois mon plaisir moi-même[1]. Ces dernières considérations furent les plus fortes : le respect et la crainte ne m'abandonnèrent point dans cette occasion périlleuse.

Enfin un rossignol éveilla la belle, qui, s'étant levée avec précipitation, me regarda d'un œil de colère, et voulut s'enfuir sans daigner me dire aucune chose. Je crois que l'étonnement et la honte lui fermoient la bouche, car elle s'aperçut incontinent du désordre que les Zéphyrs avoient fait autour de son sein. Je la retins par la jupe ; et, après avoir fléchi un genou : « Je ne sais pas, dis-je, en quoi mes yeux peuvent vous avoir offensée ; il n'y a que vous au monde qui vouliez défendre jusqu'aux regards. Les dieux, qui savent le plaisir que j'ai à vous contempler, m'en ont donné des commodités[2] que je n'avois point encore eues : aurois-je négligé cette faveur? Encore n'en ai-je pas tiré tout l'avantage que je pouvois : il m'étoit aisé de cueillir un baiser sur vos yeux et sur votre bouche.

1. Comparez ci-dessus, p. 221. — 2. Tome IV, p. 40 et 45.

« Ces lèvres où les cieux ont mis tant de merveilles
  Auroient pu m'excuser ;
Et tout autre que moi, les voyant si vermeilles,
  Eût voulu les baiser.

« Pour voir de ce bel œil briller toutes les armes,
  On l'auroit éveillé ;
Je n'ai point cru l'Amour, le Sommeil, et vos charmes,
  Qui me l'ont conseillé.

« Pourquoi donc voulez-vous m'ôter votre présence ?
  Attendez un moment ;
Car enfin je prétends mériter récompense,
  Et non pas châtiment.

« Que je sache du moins quelle heureuse aventure
  Vous amène en ces lieux :
L'art y brille partout ; cependant la nature
  Est plus belle en vos yeux.

« Flore, au prix des appas de vos lèvres écloses,
  N'a rien que de commun :
Telle n'est la beauté ni la fraîcheur des roses,
  Ni même leur parfum.

« Le soleil peint les fleurs, en la saison nouvelle,
  De traits moins éclatants,
Et votre bouche, Aminte, efface la plus belle
  Des filles du Printemps.

« Mais n'avez-vous point vu dans Vaux une merveille,
Qui fait, ainsi que vous, admirer son pouvoir ?
Si vous ne l'avez vue, Acante vous conseille
  De ne point partir sans la voir.

— Vous voulez, dit Aminte, parler de Sylvie. — C'est elle-même que j'entends, » répondis-je. Aminte rasséréna aussitôt son visage. « Rendez grâces, me dit-elle, au souvenir de cette incomparable personne, et relevez-vous ; car, non seulement je vous pardonne en sa considération, mais je veux bien aussi vous apprendre le sujet de mon voyage. On vous aura dit infailliblement ce qu'Oronte a fait publier touchant un écrin qui se doit donner aujourd'hui en sa présence : c'est à la plus grande fée de l'univers qu'on l'adjuge. J'ai cru que le charme dont je me sers étoit assez puissant pour mériter une telle gloire; et, dans cet espoir, je suis accourue des climats où il est particulièrement reconnu. D'abord je n'ai pas voulu me déclarer, ni me mettre sur les rangs, comme ont fait les autres : mon dessein a été d'attendre que la cérémonie fût commencée, et de surprendre les juges et toute l'assistance par ma beauté. Mais, après avoir examiné les paroles d'une prophétie qui doit être la règle du différend, j'ai jugé qu'elles regardoient seulement les merveilles que l'art produit : or vous savez que je ne mets point d'art en usage. Il y en a bien un pour se faire aimer; il y en a un aussi pour paroître belle; mais ces sortes d'arts ne sont pratiqués que par des beautés médiocres : jamais la mienne n'en eut besoin. Si bien que de me présenter inutilement, vous ne me le conseilleriez pas, outre que le charme qui est en Sylvie m'en empêche. Je ne l'avois point encore vue qu'hier; et, comme elle se promenoit dans ces jardins, je l'aperçus d'un endroit où j'étois cachée. J'en devins d'abord amoureuse, et dis en moi-même : « Ou il ne s'agit pas ici de ce charme qui est « particulièrement fait pour les cœurs, ou, s'il en est « question, c'est à Sylvie que le prix est dû. De façon « ou d'autre, il est inutile à moi de le disputer. » J'avois donc fait résolution de m'en retourner dès aujourd'hui; et, si vous aviez attendu encore quelques moments, je crois que vous ne m'auriez pas rencontrée. »

Je combattis longtemps les raisons d'Aminte, sans pouvoir lui persuader qu'elle demeurât, et que, si elle ne vouloit demander le prix, tout au moins elle fît dans

Vaux quelque épreuve de ses appas, puisque l'occasion en étoit si belle, et qu'il y avoit tant de gloire à acquérir. « Ce n'est pas, ajoutai-je, que rien m'empêche de vous suivre dès à présent, ni le desir de voir toutes les merveilles de ce séjour, ni celui d'assister à un jugement si célèbre. Que si je veux vous accompagner, c'est moins pour ma satisfaction que parce que vous êtes en des lieux éloignés de votre demeure. — Je ne suis pas venue seule, repartit-elle; ma compagnie doit être dans ces jardins, et assez près du lieu où nous sommes : ainsi je me passerai de vous aisément. Néanmoins, comme je ne serai pas fâchée de savoir à laquelle des quatre fées le prix sera adjugé, soyez présent à cette action[1], et me la venez tantôt raconter : je vous attendrai dans Mainsy[2]. »

Je trouvai une bonté si extraordinaire dans le procédé[3] d'Aminte, que je crus pouvoir cette fois l'entretenir sérieusement de ma passion. Je lui demandai donc si elle seroit toujours insensible. « Hé quoi! me répondit-elle, osez-vous renouveler un propos que je vous ai défendu sur toutes choses de me tenir? Je n'avois pas voulu jusque-là vous dire franchement ma pensée; mais, puisque vous m'en donnez sujet, sachez que l'Amour est un hôte trop dangereux pour me résoudre à le recevoir.

« Acante, voulez-vous que je verse des larmes[4],
Et soupire à mon tour,
Et, lasse d'être belle, abandonne mes charmes
Aux tourments de l'Amour?
Il détruit l'enbonpoint[5], et rend la couleur blême;

---

1. Ci-dessus, p. 266. — 2. Page 281 et note 3.
3. Page 143 et note 1.
4. Rapprochez de ce couplet les vers 103-123 de *Clymène*.
5. Page 280 et note 3.

Il donne du souci.
J'aime trop mes appas, je m'aime trop moi-même
Pour vous aimer aussi.

— Hélas! repris-je, que ne vous êtes-vous contentée de le penser, sans me le dire si ouvertement? Au moins me devriez-vous laisser la liberté de me plaindre; car enfin, puisque vous êtes tellement confirmée dans la résolution de ne point aimer, qu'appréhendez-vous de tous mes propos? — J'y suis véritablement confirmée, répondit Aminte; mais je ne ferai que bien de me défier de moi-même. Je vous ai dit que l'Amour étoit un dangereux hôte; mais je ne vous ai pas dit que ce ne fût un hôte agréable, malgré toutes les peines qu'il peut causer. J'ai encore une meilleure raison pour ne le pas loger en mon cœur[1], que toutes celles que je vous ai dites. — Quelle seroit-elle, cette raison? dis-je en soupirant; y en peut-il avoir d'assez bonnes? — C'est, reprit Aminte, qu'il n'est pas toujours bienséant à notre sexe d'avoir de l'amour. Voilà le plus grand obstacle que vous ayez, et peut-être que j'aie aussi. — Ah! lui dis-je, ne faites point passer une erreur pour une raison. — C'est une erreur, je vous l'avoue, repartit Aminte; mais elle a pris racine dans les esprits, et je n'entreprendrai pas la première de la réformer. C'est pourquoi contentez-vous, si vous le pouvez, de mon amitié, et de mon estime par conséquent; car jamais l'une ne va sans l'autre. Je vous ai dit cent fois les moyens de les acquérir, et ne vous ai point dit, si j'en ai mémoire, qu'il fût besoin pour cela de me regarder si attentivement quand je dormirai. Mais je demeure

---

1. Tome V, p. 186, et p. 189:
Comme on n'eût cru qu'Amour se fût logé
En cœur si fier....

avec vous plus longtemps que je n'avois résolu ; il faut
que j'aille chercher les personnes que j'ai quittées : ne
me suivez point, et que je ne vous voie d'aujourd'hui
qu'après la cérémonie. »

A ces mots, elle s'en alla ; et je la suivis seulement
des yeux, ne croyant pas que cela fût compris encore
dans la défense. J'étois même fort satisfait des dernières
choses qu'elle avoit dites : soit qu'elles vinssent de son
mouvement, soit que quelque dieu les lui eût fait dire.
En m'entretenant de cette pensée, je descendis vers la
tête du canal, où je trouvai Ariste et Gélaste qui me
cherchoient. Ils s'étonnèrent de ce que j'avois voulu
passer la nuit au serein : je leur dis que de ma vie je
n'en avois eu une meilleure. Là-dessus, je commençai
de leur raconter ce qui m'étoit arrivé depuis que je les
avois quittés ; et, bien que j'abrégeasse mon récit, il
nous fournit d'entretien[1] jusqu'au château.

VIII

NEPTUNE À SES TRITONS.

. . . .
. . . .

« Vous savez tous l'alliance qui est entre Oronte et
votre monarque : aussi ne suis-je point fâché que d'autres divinités contribuent au plaisir d'un héros si chéri
du Ciel. Je considère sans jalousie toutes les statues que

1. Servit d'entretien : tome IV, p. 234 et note 1.

Minerve lui a données. Apollon, qui s'est fait architecte, aussi bien que moi, pour un roi avaricieux et ingrat[1], n'a pas eu mauvaise raison de se faire peindre pour un héros très reconnoissant et très libéral. Je ne lui envie pas sa fortune; et c'est la seule émulation qui est cause que je vous assemble. Il ne faut pas que vous souffriez que le palais où nous sommes[2] donne moins de plaisir aux yeux que cet autre qui le regarde. On peut dire, à la vérité, que les avenues de celui-ci sont si belles, qu'il seroit bien malaisé d'y rien ajouter; on peut dire aussi que sa face a je ne sais quoi de grand et de noble : mais les niches qu'on y a faites n'étant encore remplies que par des rochers tout secs, je crois que s'il en sortoit de l'eau, cela seroit un grand ornement. Que quelqu'un de vous y travaille; et, s'il réussit, je lui donnerai pour récompense la plus belle des Néréides.

— Grand roi, dit un Triton, qui par droit d'héritage
Avez de l'océan les plaines en partage,
Et qui voulez dans Vaux un empire fonder,
C'est à nous d'obéir, à vous de commander[3];
Rien ne semble impossible alors qu'on veut vous plaire :
Pour moi je vous dirai ce que l'art me suggère.
A garder vos trésors des monstres destinés,
Et par les mains du Sort sous ce mont enchaînés,
Veillent sur le cristal en des grottes profondes :
Lâchons ces animaux venus de divers mondes;
Je les dompterai tous, et de nuire empêchés
Par des liens de bronze ils seront attachés;
Mon art en ornera ces rochers et ces niches
Pour qui vous réservez vos trésors les plus riches. »

Le conseil plut au dieu du liquide univers.

1. Ci-dessus, p. 276-277 : Laomédon.
2. La grotte surmontée de la statue de Neptune.
3. Page 250.

D'un seul coup de trident cent cachots sont ouverts :
On voit sortir en foule un amas de reptiles,
Dragons, monstres marins, lézards, et crocodiles,
Hydres à sept gosiers, escadrons de serpents,
La gent aux ailes d'or, et les peuples rampants,
Limas[1] aux dos armés, écrevisses cornues,
Des formes d'animaux aux mortels inconnues,
A peine ils sont sortis de leurs antres obscurs
Qu'ils font bruire le mont, se lancent à ses murs,
Et remettroient partout le chaos en peu d'heures,
Sans la fatale main qui règle leurs demeures ;
Sous un roc, par son ordre, un limas s'établit,
Et de son vaste corps tout un antre remplit.

Quand le sage Triton les vit tous en leur place,
Avec jus de corail, quintessence de glace,
Et gorgone dissoute en cristal du Mainsi[2],
Il arrosa ce peuple aussitôt endurci.
Chacun d'eux toutefois conserve sa figure ;
Chacun, sans s'émouvoir, siffle, gronde, murmure,
Fait que de son fracas tout le mont retentit,
Et pense avoir encor le gosier trop petit.
On diroit que parfois l'escadron se mutine,
Enivré du nectar d'une source divine ;
Il pousse l'onde au ciel, il la darde aux passants,
Semble garder ces lieux en charmes si puissants,
Et défendre l'accès des beautés qu'il nous montre :
L'eau se croise, se joint, s'écarte, se rencontre,
Se rompt, se précipite au travers des rochers,
Et fait comme alambics distiller leurs planchers[3].

1. Limas ou limaces.
2. On sait que les trois Gorgones, Méduse, Euryale et Sthényo, avaient la faculté de transformer en pierres ceux qui les regardaient. En termes d'alchimie, le mot *gorgone* signifie la fixation qui s'obtient par l'élixir parfait.
3. Ces trois derniers vers sont presque textuellement au livre 1 de *Psyché* (ci-dessus, p. 41).

IX

LES AMOURS DE MARS ET DE VÉNUS [1].

Gélaste montre à Acante une tapisserie où sont représentées les amours de Mars et de Vénus, et lui parle ainsi :

« Vous devez avoir lu qu'autrefois le dieu Mars,
Blessé par Cupidon d'une flèche dorée,
Après avoir dompté les plus fermes remparts,
    Mit le camp devant Cythérée.
Le siège ne fut pas de fort longue durée :
    A peine Mars se présenta,
    Que la belle parlementa [2].

« Dans les formes pourtant il entreprit l'affaire,
    Par tous moyens tâcha de plaire ;
De son ajustement prit d'abord un grand soin.

---

1. Ci-dessus, p. 237. — Rapprochez de cet épisode mythologique l'*Odyssée* d'Homère, chant VIII, vers 266-366 ; l'*Art d'aimer* d'Ovide, livre II, vers 561-592, et les *Métamorphoses*, livre IV, vers 171-189 ; Athénée, I, 12, et XII, 1 ; le *Roman de la Rose*, vers 14512-14544, 14845-14870, et 18841-18910 ; l'Arioste, *Roland furieux*, chant XV, strophe 56 ; du Bellay, *l'Olive*, IX (tome I, p. 85), et Ode *au seigneur des Essars* (tome II, p. 45-48) ; le *Discours du lacis*, Paris, 1598, in-12 (Recueil de poésies françoises, tome VIII, p. 165-166) ; Tabarin, tome II, p. 51-52 ; Regnard, *les Souhaits*, scènes VI-IX ; Montesquieu, *le Temple de Gnide*, 1ᵉʳ chant ; J.-B. Rousseau, cantate XI, *les Filets de Vulcain* ; Voltaire, *Lettre de M. de la Visclède à M. le secrétaire perpétuel de l'académie de Pau*, où ce fragment est transcrit, et *le Dimanche ou les Filles de Minée*, vers 89-126 ; *le Filet de Vulcain, ou les Amours de Mars et de Vénus*, par le comte de Mirabeau (Paris, 1780, in-8°), imitation abrégée de Pallavicini, *Rete di Vulcano* (Venise 1744, in-8°) ; *les Amours de Mars et de Vénus*, poème (Paris, 1796, in-64) ; etc., etc.

2. Comparez, pour ces images de guerre, tome VI, p. 26 et note 2.

Considérez-le en ce coin,
Qui quitte sa mine fière ;
Il se fait attacher son plus riche harnois :
Quand ce seroit pour des jours de tournois,
On ne le verroit pas vêtu d'autre manière.
L'éclat de ses habits fait honte à l'œil du jour[1] ;
Sans cela, fît-on mordre aux géants la poussière,
Il est bien malaisé de rien faire[2] en amour.

« En peu de temps Mars emporta la dame :
Il la gagna peut-être en lui contant sa flamme ;
Peut-être conta-t-il ses sièges, ses combats,
Parla de contrescarpe, et cent autres merveilles
Que les femmes n'entendent pas,
Et dont pourtant les mots sont doux à leurs oreilles[3].

« Voyez combien Vénus, en ces lieux écartés,
Aux yeux de ce guerrier étale de beautés !
Quels longs baisers ! La gloire a bien des charmes ;
Mais Mars en la servant ignore ces douceurs.
Son harnois est sur l'herbe : Amour pour toutes armes
Veut des soupirs et des larmes :
C'est ce qui triomphe des cœurs.

« Phébus pour la déesse avoit même dessein,
Et, charmé de l'espoir d'une telle conquête,
Couvoit plus de feux dans son sein
Qu'on n'en voyoit à l'entour de sa tête[4].
C'étoit un dieu pourvu de cent charmes divers ;
Il étoit beau ; mais il faisoit des vers,
Avoit un peu trop de doctrine,
Et, qui pis est, savoit la médecine[5].
Or, soyez sûr qu'en amours,

---

1. Au soleil : tome V, p. 587 et note 8.
2. De rien frire. (1669 Amsterdam.)
3. Rapprochez *le Menteur* de Corneille, acte I, scène VI, vers 332-344 ; *les Précieuses ridicules* de Molière, scène XI ; etc.
4. Brûlé de plus de feux que je n'en allumai....
(RACINE, *Andromaque*, vers 320.)
5. Page 273.

Entre l'homme d'épée et l'homme de science,
Les dames au premier inclineront toujours,
Et toujours le plumet[1] aura la préférence :
Ce fut donc le guerrier qu'on aima mieux choisir.
    Phébus, outré de déplaisir,
      Apprit à Vulcan ce mystère;
Et dans le fond d'un bois voisin de son séjour
Lui fit voir avec Mars la reine de Cythère,
Qui n'avoient en ces lieux pour témoins que l'Amour[2].

« La peine de Vulcan se voit représentée,
  Et l'on ne diroit pas que les traits en sont feints :
  Il demeure immobile, et son âme agitée
Roule mille pensers qu'en ses yeux on voit peints :
      Son marteau lui tombe des mains ;
Il a martel en tête, et ne sait que résoudre,
    Frappé comme d'un coup de foudre.
    Le voici dans cet autre endroit
    Qui querelle et qui bat sa femme.
Voyez-vous ce galant qui les montre du doigt?
Au palais de Vénus il s'en alloit tout droit,
Espérant y trouver le sujet qui l'enflamme.
La dame d'un[3] logis, quand elle fait l'amour,
Met le tapis chez elle[4] à toutes les coquettes.

1. L'homme d'épée, l'homme de guerre : mot très usité autrefois en ce sens.

—   Je ne prétends souffrir près d'elle
        Ni gros partisan, ni plumet,
        Ni robe, ni petit collet.
      (LE NOBLE, *les deux Arlequins*, acte I, scène 1.)

2. *Adonis*, vers 141. — 3. Du (1665, 3ᵉ recueil).
4. Reçoit chez elle, invite, mais invite avec empressement, reçoit à bras ouverts.

—   Encor si, suivant la méthode,
      De nos bons maris à la mode,
      Vous vouliez, sans être jaloux,
Complaisant à la dame, à ses galants commode,
Les voir et recevoir à bras ouverts chez vous,
    Leur donner le tapis, du vin frais....
      (LE NOBLE, *les deux Arlequins*, ibidem.)

Dieu sait si les galants lui font aussi la cour !
Ce ne sont que jeux et fleurettes,
Plaisants devis et chansonnettes :
Mille bons mots, sans compter les bons tours,
Font que sans s'ennuyer chacun passe les jours.
Celle que vous voyez apportoit une lyre,
Ne songeant qu'à se réjouir ;
Mais Vénus pour le coup ne la sauroit ouïr ;
Elle est trop empêchée[1] et chacun se retire.
Le vacarme que fait Vulcan
A mis l'alarme au camp[2].

« Mais, avec tout ce bruit, que gagne le pauvre homme ?
Quand les cœurs ont goûté des délices d'Amour,
Ils iroient plutôt jusqu'à Rome
Que de s'en passer un seul jour.
Sur un lit de repos voyez Mars et sa dame :
Quand l'hymen les joindroit de son nœud le plus fort,
Que l'un fût le mari, que l'autre fût la femme,
On ne pourroit entre eux voir un plus bel accord[3].
Considérez plus bas les trois Grâces pleurantes :
La maîtresse a failli, l'on punit les suivantes ;
Vulcan veut tout chasser. Mais quels dragons veillants
Pourroient contre tant d'assaillants
Garder une toison si chère ?
Il accuse sur tous l'enfant qui fait aimer ;

Comparez chez Brantôme (tome III, p. 84) l'expression : « mettre a nappe ».

1. Page 282. — 2. Tome I, p. 173.
3.   *Belli fera mœnera Mavors*
Armipotens regit, in gremium qui sæpe tuum se
Rejicit, æterno devictus volnere amoris...;
Pascit amore avidos, inhians in te, Dea, visus ;
Eque tuo pendet resupini spiritus ore.
(LUCRÈCE, livre I, vers 33-38.)

.... C'était Vénus, mais Vénus amoureuse,
Telle qu'elle est quand, les cheveux épars,
Les yeux noyés dans sa langueur heureuse,
Entre ses bras elle attend le dieu Mars.
(VOLTAIRE, à la fin du conte : *Ce qui plaît aux dames*.)

LE SONGE DE VAUX.

Et, se prenant au fils des péchés de la mère,
Menace Cupidon de le faire enfermer.

« Ce n'est pas tout : plein d'un dépit extrême,
Le voilà qui se plaint au monarque des dieux,
Et de ce qu'il devroit se cacher à soi-même
Importune sans cesse et la terre et les cieux.
L'adultère Jupin, d'un ris malicieux,
Lui dit que ce malheur est pure fantaisie,
Et que de s'en troubler les esprits sont bien fous.
Plaise au Ciel que jamais je n'entre en jalousie!
Car c'est le plus grand mal, et le moins plaint de tous[1].

« Que fait Vulcan? car pour se voir vengé,
Encor faut-il qu'il fasse quelque chose.
Un rets d'acier par ses mains est forgé[2].
Ce fut Momus[3] qui, je pense, en fut cause :
Avec ce rets le galant lui propose
D'envelopper nos amants bien et beau.
L'enclume sonne, et maint coup de marteau,
Dont maint chaînon l'un à l'autre s'assemble,
Prépare aux dieux un spectacle nouveau
De deux amants qui reposent ensemble.

« Les noires Sœurs apprêtèrent le lit ;

---

1. Tome V, p. 508 et note 7.
2.   Avea la rete gia fatta Vulcano
   Di sottil fil d'acciar ; ma con tal arte
   Che saria stata ogni fatica in vano
   Per ismagliarne la piu debil parte ; .
   Ed era quella che gia pedi e mano
   Avea legati a Venere ad a Marte.
   La fe' il geloso, e non ad altro effetto,
   Che per pigliargli insieme ambi nel letto.
         (L'Arioste, *Orlando furioso*, chant xv, strophe 56.)
   .... C'est toy, Amour, qui voles en ce point,
   Tout à l'entour, et par dedans ces retz
   Que tu as faicts d'art plus laborieux
   Que ceulx auxquels iadis furent serrez
   Ta doulce mere et le dieu furieux.
         (Du Bellay, *l'Olive*, stance ix, tome I, p. 85)
3. Tome VII, p. 188 et note 1.

LE SONGE DE VAUX.

Et nos amants trouvant l'heure opportune,
Sous le réseau pris en flagrant délit,
De s'échapper n'eurent puissance aucune[1].
Vulcan fait lors éclater sa rancune :
Tout en clopant le vieillard éclopé[2]
Semond[3] les dieux, jusqu'au plus occupé[4],
Grands et petits, et toute la séquelle.
Demandez-moi qui fut bien attrapé?
Ce fut, je crois, le galant et la belle. »

. . . .
. . . .

Cet ouvrage est demeuré imparfait pour de secrètes raisons; et, par malheur, ce qui y manque est l'endroit le plus important : je veux dire les réflexions que firent les dieux, même les déesses, sur une si plaisante aventure. Quand j'aurai repris l'idée et le caractère de cette pièce, je l'achèverai[5]. Cependant, comme le dessein de ce recueil[6] a été fait à plusieurs reprises, je me suis souvenu d'une ballade[7] qui pourra encore trouver sa place parmi ces contes, puisqu'elle en contient un en

---

1. .... Mars se réveille au bruit, aussi bien que sa belle :
   Ce dieu très éhonté ne se dérangea pas;
   Il tint, sans s'étonner, Vénus entre ses bras,
   Lui donnant cent baisers qui sont rendus par elle.
   Tous les dieux à Vulcain firent leur compliment;
   Le père de Vénus en rit longtemps lui-même.
   On vanta du lacet l'admirable instrument,
   Et chacun dit : « Bonhomme, attrapez-nous de même. »
   (VOLTAIRE, *le Dimanche ou les Filles de Minée*, vers 119-126.)

2. Tome III, p. 259.
   — Tout en grondant le Cyclope irrité.
   (1665, second et troisième recueil.)

3. Appelle : voyez tomes I, p. 387, IV, p. 259.
4. L'Amour.
5. Le recueil de 1669 Amsterdam n'a pas ce qui suit.
6. *Contes et Nouvelles en vers* : ci-dessus, p. 237.
7. Celle dont le refrain est :
   Je me plais aux livres d'amour.

quelque façon. Je l'abandonne donc, ainsi que le reste, au jugement du public. Si l'on trouve qu'elle soit hors de son lieu, et qu'il y ait du manquement en cela, je prie le lecteur de l'excuser, avec les autres fautes que j'aurai faites.

FIN DES FRAGMENTS DU SONGE DE VAUX.

OPUSCULES EN PROSE

OPUSCULES EN PROSE

REMERCIEMENT DU SIEUR DE LA FONTAINE
A L'ACADÉMIE FRANÇOISE[1].

Nous renvoyons pour ce *Remerciement* aux nombreux détails qui sont donnés dans l'*Histoire de la Fontaine*, par Walckenaer, tome II, p. 26-38, et dans la Notice biographique qui est en tête de notre tome I, p. cxxiii-cxxx, et nous contentons de transcrire ici deux extraits des *Nouvelles de la République des Lettres*, relatifs à la réception de la Fontaine et à l'obstacle qu'y apportèrent quelque temps ses contes :

« .... On y voit, dit Bayle[2], au commencement (de l'opéra d'*Amadis*[3]) quelques vers de M. de la Fontaine à la louange de Sa Majesté[4]. On a publié ailleurs une ballade qu'il a adressée au même prince[5], où il touche en passant la raison pourquoi l'Académie françoise refuse de l'agréger. Il devoit remplir la place que la mort de M. Colbert a laissée vacante dans ce corps illustre; mais quelqu'un ayant représenté qu'il ne seroit pas de la bienséance qu'une Compagnie où il y a tant de personnes graves et mitrées reçût un poëte qui a publié tant de contes impudiques, on a sursis son installation. »

1. La Fontaine fut reçu le 2 mai 1684, en remplacement de Colbert, mort le 6 septembre 1683.
2. Avril 1684.
3. Par Quinault et Lulli, représenté le 15 janvier 1684.
4. Tome V *M.-L.*, p. 146-147.
5. Celle dont le refrain est :

      L'événement n'en peut être qu'heureux.

Deux mois après[1], il écrit : « S'il y a de l'effronterie et de la saleté (chez les historiens burlesques des aventures de galanterie), c'est principalement dans la chose même, et beaucoup plus que dans les paroles qui l'expriment : comme on peut voir dans les contes de M. de la Fontaine. Nous avons dit, dans nos Nouvelles du mois d'avril, que ces contes avoient été cause qu'on avoit sursis sa réception dans l'Académie françoise. Présentement nous disons que cet obstacle a été levé; on a bien vu que ce genre de poésie n'empêchoit pas qu'il ne fût très honnête homme. »

Voyez aussi, *ibidem*, juillet 1684, le récit de sa réception; et, dans un volume intitulé : *A travers les papiers de Huet*, par L. Pélissier (Paris, 1889, in-8°), « la Réception de la Fontaine à l'Académie (lettre de Ch. Perrault à Huet) ».

Ce Remerciement fut publié pour la première fois dans les *Ouvrages de prose et de poésie des sieurs de Maucroix et de la Fontaine* (Paris, 1685, tome I, p. 262-275). A « Remerciement », qui est le mot propre, on substitua le titre de « Discours » quand on le réimprima dans les *OEuvres diverses* de 1729 (tome III, p. 307-313).

MESSIEURS,

Je vous supplie d'ajouter encore une grâce à celle que vous m'avez faite : c'est de ne point attendre de moi un remerciement proportionné à la grandeur de votre bienfait. Ce n'est pas que je n'en aie une extrême reconnoissance; mais il y a de certaines choses que l'on sent mieux qu'on ne les exprime : et bien que chacun soit éloquent dans sa passion[2]; il est de la mienne comme de ces vases qui, étant trop pleins, ne permettent pas à la liqueur de sortir. Vous voyez, Messieurs, par mon ingénuité, et par le peu d'art dont j'accompagne ce que je dis, que c'est le cœur qui vous remercie, et non pas l'esprit.

1. Juin 1684.
2. Comparez Corneille, *Discours de réception à l'Académie* (tome X, p. 407-408).

En effet, ma joie ne seroit pas raisonnable si elle pouvoit être plus modérée. Vous me recevez en un corps où non seulement on apprend à arranger les paroles; on y apprend aussi les paroles mêmes, leur vrai usage, toute leur beauté et leur force. Vous déclarez le caractère de chacune, étant, pour ainsi dire, nommés afin de régler les limites de la poésie et de la prose, aussi bien que ceux[1] de la conversation et des livres. Vous savez, Messieurs, également bien la langue des dieux[2] et celle des hommes. J'élèverois au-dessus de toutes choses ces deux talents, sans un troisième qui les surpasse; c'est le langage de la piété, qui, tout excellent qu'il est, ne laisse pas de vous être familier. Les deux autres langues ne devroient être que les servantes de celle-ci. Je devrois l'avoir apprise en vos compositions, où elle éclate avec tant de majesté et de grâces. Vous me l'enseignerez beaucoup mieux lorsque vous joindrez la conversation aux préceptes.

Après tous ces avantages, il ne se faut pas étonner si vous exercez une autorité souveraine dans la république des lettres. Quelques applaudissements que les plus heureuses productions de l'esprit aient remportés, on ne s'assure point de leur prix, si votre approbation ne confirme celle du public. Vos jugements ne ressemblent pas à ceux du sénat de la vieille Rome : on en appeloit au peuple; en France le peuple ne juge point après vous : il se soumet sans réplique à vos sentiments. Cette jurisdiction si respectée, c'est votre mérite qui l'a

---

1. *Ceux*, et non *celles*, dans l'édition originale et dans 1729, se rapportant à *limites* : ce mot, que presque tous les dictionnaires du XVIIe siècle font féminin, était encore employé quelquefois au masculin. Voyez le Dictionnaire de Furetière ; les *Observations sur la langue françoise* de Ménage (1672), p. 134 : « Noms de genre douteux »; et le *Lexique de Corneille*.

2. La poésie : tome VI, p. 233 et note 3.

établie; ce sont les ouvrages que vous donnez au public, et qui sont autant de parfaits modèles pour tous les genres d'écrire, pour tous les styles.

On ne sauroit mieux représenter le génie de la nation, que par ce dieu qui savoit paroître sous mille formes : l'esprit des François est un véritable Protée; vous lui enseignez à pratiquer ses[1] enchantements, soit qu'il se présente sous la figure d'un poète ou sous celle d'un orateur; soit qu'il ait pour but ou de plaire ou de profiter, d'émouvoir les cœurs et sur le théâtre et dans la tribune : enfin, quoi qu'il fasse, il ne peut mieux faire que de s'instruire dans votre école. Je ne sais qu'un point qu'il n'ait pu encore atteindre parfaitement : ce sont les louanges d'un prince qui joint aux titres de victorieux et d'auguste celui de Protecteur des Sciences et des Belles-Lettres. Ce sujet, Messieurs, est au-dessus des paroles; il faut que vous-mêmes vous l'avouïez. Vous avez beau enrichir la langue de nouveaux trésors, je n'en trouve point qui soient du prix des actions de notre monarque. Quelle gloire me sera-ce donc de partager avec vous la protection particulière d'un roi que non seulement les académies, mais les républiques, les royaumes mêmes, demandent pour protecteur et pour maître!

Quand l'Académie françoise commença de naître, il ne sembloit pas que l'on pût ajouter du lustre à celui que le cardinal de Richelieu lui donna[2]. C'étoit un ministre redoutable aux rois : il avoit doublement triomphé de l'hérésie, et par la persuasion et par la force; il avoit détruit ses principaux fondements, et se proposoit de

---

1. Ces. (1729.)
2. Ce « cardinal qui tiendra plus de place dans l'histoire que trente papes ». (Lettre de la Fontaine à sa femme du 12 septembre 1663.)

renverser ceux de cette grandeur qui ne se promettoit pas moins que l'empire de tout le monde, je veux dire, de la monarchie d'Espagne[1]. Quand il n'auroit remporté de son ministère que la gloire d'un tel projet, ce seroit encore beaucoup; il alla plus loin : il sut ménager des associations et des ligues contre le colosse qu'il vouloit que l'on abattît. Il lui donna des atteintes[2] qui l'ébranlèrent : mais ce dessein dans la suite n'en fut que plus malaisé à exécuter; car la jalousie et la crainte firent tourner contre nous ces mêmes armes; et ce que nous avions entrepris avec l'aide des autres princes, il a fallu que Louis le Grand l'ait achevé malgré eux.

Après la mort de votre premier Protecteur, vous lui fîtes succéder un chancelier[3] consommé dans les affaires

1. Corneille, *Discours de réception à l'Académie* (tome X, p. 410).
2. Tome VI, p. 259 et note 8; et ci-dessus, p. 193.
3. Pierre Séguier, chancelier de France, né à Paris le 29 mai 1588, mort à Saint-Germain-en-Laye le 28 janvier 1672. Il fut le second protecteur de l'Académie françoise[a] : « Lorsque le Cardinal fut mort, l'Académie, qui s'assembloit chez M. Séguier, qui s'y est assemblée jusqu'à sa mort, et qui connoissoit ses talents admirables, le fit son protecteur, qualité que Louis le Grand n'a pas dédaigné de joindre à celle de roi de France et de Navarre, comme on le voit dans les jetons qui se donnent à l'Académie tous les jours qu'elle s'assemble. Il étoit aussi Protecteur de l'Académie royale de Peinture et Sculpture, et de tous les savants auxquels il procuroit des grâces du Roi, et leur en faisoit de très considérables de son propre fonds. Il n'y avoit point, de son temps, aucun particulier qui eût une plus belle bibliothèque que la sienne, toujours ouverte à toutes les personnes de mérite qui desiroient la voir et même en profiter. » (*Les Hommes illustres qui ont paru en France pendant ce siècle*, par M. Perrault, de l'Académie françoise, Paris, 1697, in-fol., tome I, p. 30.) Voyez aussi l'*Histoire de l'Académie françoise*, par Pellisson, Paris, 1729, in-4°, p. 74-78, et p. 176 et suivantes; le Discours

[a] Protecteurs : le cardinal de Richelieu, jusqu'en 1642; Séguier, de 1642 à 1672; Louis XIV, de 1672 à 1715. (En tête de la liste des membres de l'Académie, p. 371 de l'*Histoire de l'Académie*, par Pellisson.)

aussi bien que dans les lois; amateur des lettres, grand personnage, et de qui l'esprit a conservé sa vigueur jusques aux[1] derniers moments, quelques attaques que la Fortune, qui en veut toujours aux grands hommes, lui eût données[2].

Enfin notre prince a mis cette Compagnie en un si haut point, que les personnes les plus élevées tiennent à honneur d'être de ce corps. Moi, qui vous en fais le remerciement, je n'y puis paroître sans vous faire regretter celui à qui je succède dans cette place[3], homme dont le nom ne mourra jamais, infatigable[4] ministre qui a mérité si longtemps[5] les bonnes grâces de son maître : combien dignement s'est-il acquitté de tous les emplois qui lui ont été confiés ! combien de fidélité, de lumières, d'exactitude, de vigilance ! Il aimoit les lettres et les savants[6], et les a favorisés autant qu'il a pu.

J'en dirois beaucoup davantage s'il ne me falloit passer au monarque qui nous honore aujourd'hui de sa protection particulière : tout le monde sait de quel poids elle est : n'a-t-elle pas fait restituer des États dans le fond du nord dès la moindre instance que notre prince

---

de réception de la Bruyère à l'Académie, tome II, p. 466-467; etc.

1. Jusqu'aux. (1729.)

2. Il garda les sceaux jusqu'à sa mort, mais ils lui avaient été enlevés en 1650 et en 1652; ils lui furent rendus en 1656.

3. Colbert : voyez tome VI, p. 351, note 2.

4. Seul, il dirigeait la maison du Roi et les beaux-arts, les finances, l'agriculture et le commerce, les travaux publics, et, à partir de 1669, la marine.

5. 1661-1683.

6. Colbert créa, en 1663, l'Académie des Inscriptions et Belles-Lettres; en 1666, celle des Sciences et l'Académie de Musique; établit à Rome, en 1667, une École des Beaux-Arts pour les élèves récompensés par l'Académie de Peinture de Paris; fonda le Cabinet des Médailles et l'École des Jeunes de langue; augmenta la Bibliothèque royale, etc.

en a faite? Le nom de Louis ne tient-il pas lieu à nos alliés de légions et de flottes? Quelques-uns se sont étonnés qu'il ait bien voulu recevoir de vous le même titre[1] que des souverains tiendroient à honneur qu'il eût reçu d'eux; mais pour moi je m'étonnerois s'il l'eût refusé : y a-t-il rien de trop élevé pour les lettres? Alexandre ne considéroit-il pas son précepteur[2] comme une des principales personnes de son État? Ne s'est-il pas mis en quelque façon à côté de Diogène[3]? N'avoit-il pas toujours un *Homère* dans sa cassette? Je sais bien que c'est quelque chose de plus considérable d'être l'arbitre de l'Europe que celui d'une partie de la Grèce; mais ni l'Europe ni tout le monde ne reconnoît rien que l'on doive mettre au-dessus des lettres.

Je n'entreprends ni ce parallèle, ni tout l'éloge de Louis le Grand; il me faudroit beaucoup plus de temps que vous n'avez coutume d'en accorder, et beaucoup plus de capacité que je n'en ai. Comment représenterois-je en détail un nombre infini de vertus morales et politiques : le bon ordre en tout, la sagesse, la fermeté, le zèle de la religion et de la justice, le secret et la prévoyance, l'art de vaincre, celui de savoir user de la victoire, et la modération qui suit ces deux choses si rarement : enfin ce qui fait un parfait monarque? Tout cela accompagné de majesté et des grâces de la personne; car ce point y entre comme les autres : c'est celui qui a le plus contribué à donner au monde ses premiers maîtres. Notre prince ne fait rien qui ne soit orné de grâces, soit qu'il donne, soit qu'il refuse; car, outre qu'il ne refuse que quand il le doit, c'est d'une manière qui adoucit le chagrin de n'avoir pas obtenu

1. Protecteur des Sciences et des Belles-Lettres (p. 308).
2. Aristote : ci-dessous, p. 320.
3. En lui parlant.

ce qu'on lui demande. S'il m'est permis de descendre jusqu'à moi, contre les préceptes de la rhétorique qui veulent que l'oraison aille toujours en croissant[1], un simple clin d'œil m'a renvoyé, je ne dirai pas satisfait, mais plus que comblé.

C'est à vous, Messieurs, que je dois laisser faire un si digne éloge. On diroit que la Providence a réservé pour le règne de Louis le Grand des hommes capables de célébrer les actions de ce prince : car, bien que tant de victoires l'assurent de l'immortalité, ne craignons point de le dire, les Muses ne sont point inutiles à la réputation des héros. Quelle obligation Trajan n'a-t-il pas à Pline le Jeune? Les oraisons[2] pour Ligarius[3] et pour Marcellus[4] ne font-elles pas encore à présent honneur à la clémence de Jules César? pour ne rien dire d'Achille et d'Énée, qu'on n'a allégués que trop de fois comme redevables à Virgile et à Homère de tout ce bruit qu'ils font dans le monde depuis tant d'années.

Quand Louis le Grand seroit né en un siècle rude et grossier, il ne laisseroit pas d'être vrai qu'il auroit

---

1. Quintilien, *Institution oratoire*, livre VIII, chapitres III et IV; et *passim*.
2. De Cicéron.
3. Ligarius, un des partisans qui, après Pharsale, avaient renouvelé la guerre en Afrique. Ses frères s'étaient adressés à la générosité de César : mais César, se rangeant du côté de Tubéron, ennemi personnel de Ligarius, décida que la cause serait plaidée au Forum et qu'il la jugerait lui-même. Cicéron fit acquitter son client.
4. Le consul Marcellus, qui s'était déclaré contre César, et, après Pharsale, s'était retiré à Mitylène, dans l'île de Lesbos. Il permit qu'on fît des démarches pour son rappel, que César accorda aux instances du Sénat. Transporté de joie, Cicéron, qui, depuis la guerre civile, s'était condamné au silence, adressa au dictateur un discours d'actions de grâce.

réduit l'hérésie aux derniers abois[1]; accru l'héritage de ses pères; replanté les bornes de notre ancienne domination; réprimé la manie des duels si funestes à ce royaume, et dont la fureur a souvent rendu la paix presque aussi sanglante que la guerre; protégé ses alliés, et tenu inviolablement sa parole : ce que peu de rois ont accoutumé de faire. Cependant il seroit à craindre que le temps, qui peut tout sur les affaires humaines, ne diminuât au moins l'éclat de tant de merveilles, s'il n'avoit pas la force de les étouffer : vos plumes savantes les garantiront de cette injure[2]; la postérité, instruite par vos écrits, admirera aussi bien que nous un prince qui ne peut être assez admiré.

Quand je considère toutes ces choses, je suis excité de prendre la lyre pour les chanter; mais la connoissance de ma foiblesse me retient. Il ne seroit pas juste de déshonorer une si belle vie par des chansons[3] grossières comme les miennes : je me contenterai, Messieurs, de goûter la douceur des vôtres, s'il m'est impossible de les imiter. La seule chose dont je puis répondre, c'est de ne manquer jamais pour vous ni de respect ni de gratitude[4].

1. Comparez l'épître à *Bonrepaus*, tome III *M.-L.*, p. 377. — On sait que l'Académie mit au concours de poésie la *Révocation de l'édit de Nantes*. Fontenelle remporta le prix.
2. Ci-dessus, p. 262-263.
3. Par des chants : tome VI, p. 237, et ci-dessus, p. 232, 279.
4. Ce fut l'abbé de la Chambre, directeur de l'Académie, qui répondit à ce Remerciement[a]. Après avoir loué chez la Fontaine « un génie aisé, facile, plein de délicatesse et de naïveté, quelque chose d'original, et qui, dans sa simplicité apparente et sous un air négligé, renferme de grands trésors et de grandes beautés »; il crut devoir lui faire ainsi la leçon,

[a] Discours prononcé au Louvre, le 2 mai 1684, par M. l'abbé de la Chambre, directeur de l'Académie françoise à la réception du sieur de la Fontaine, en la place de feu M. Colbert, ministre et secrétaire d'État.

d'une manière assez déplacée, même pour l'époque : « .... Ne comptez donc pour rien, Monsieur, tout ce que vous avez fait par le passé. Le Louvre vous inspirera de plus belles choses, de plus nobles et de plus grandes idées, que n'auroit jamais fait le Parnasse. Songez jour et nuit que vous allez dorénavant travailler sous les yeux d'un Prince qui s'informera du progrès que vous ferez dans le chemin de la vertu, et qui ne vous considérera qu'autant que vous y aspirerez de la bonne sorte. Songez que ces mêmes paroles que vous venez de prononcer et que nous insérerons dans nos Registres, plus vous avez pris peine à les polir et à les choisir, plus elles vous condamneroient un jour si vos actions se trouvoient contraires, si vous ne preniez à tâche de joindre la pureté des mœurs à la doctrine, la pureté du cœur et de l'esprit à la pureté du style et du langage, qui n'est rien, à le bien prendre, sans l'autre. » — Comparez le [second] *Discours à Mme de la Sablière* (tome V *M.-L.*, p. 153), que notre poète lut à la fin de cette séance, et qui pourrait servir de réponse à cette admonestation sévère.: lui-même y déplore les égarements de sa vie passée, mais avec une convenance et un tact qu'on aurait voulu rencontrer aussi dans les paroles de l'abbé de la Chambre.

COMPARAISON D'ALEXANDRE,
DE CÉSAR, ET DE MONSIEUR LE PRINCE[1],

A MGR LE PRINCE DE CONTI[2].

Cette pièce fut publiée sans date dans les *OEuvres posthumes* de 1696, p. 1, puis, avec la date de 1684, dans les *OEuvres diverses* de 1729, tome II, p. 62. Dans ce dernier recueil elle est rangée parmi les Lettres et commence par le mot « Monseigneur ».

Voyez Walckenaer, *Histoire de la Fontaine*, tome II, p. 93; notre tome I, p. cl-cli; et comparez Montaigne, livre II, chapitre XXXVI, *Des plus excellens Hommes* (tome III, p. 131-134); et Saint-Évremond, *OEuvres mêlées*, tome II, p. 429-435.

Sans une indisposition qui me retient, j'aurois été à Chantilly pour m'acquitter de mes très humbles devoirs envers Votre Altesse Sérénissime. Ce que je puis faire à Paris est de chercher dans les ouvrages des anciens, et parmi les nôtres, quelque chose qui vous puisse plaire, et qui mérite d'entrer dans les contestations de Monsieur le Prince. Elles sont fort vives, et font honneur aux sujets qu'elles veulent bien agiter. Il n'ignore rien, non plus que vous. Il aime extrêmement la dispute, et n'a jamais tant d'esprit que quand il a tort. Autrefois la Fortune ne l'auroit pas bien servi, si elle ne lui avoit opposé des ennemis en nombre supérieur, et des difficultés presque insurmontables. Aujourd'hui il n'est point plus content que lorsqu'on le peut combattre avec une foule d'autorités, de raisonnements, et d'exemples;

1. Louis II de Bourbon-Condé, surnommé le grand Condé.
2. Louis-Armand, prince de Conti, neveu du précédent.

c'est là qu'il triomphe. Il prend la Victoire et la Raison à la gorge pour les mettre de son côté[1]. Voilà l'homme le plus extraordinaire qui ait jamais mérité d'être mis au nombre des dieux. Vous voulez bien, Monseigneur, que je me serve pour un peu de temps de ces termes : ils sont d'une langue qui convient merveilleusement bien à tout ce qui regarde Monsieur le Prince. On prépare son apothéose au Parnasse; mais, comme il n'est nullement à propos de se hâter de mourir pour se voir bientôt placé dans le rang des Immortels, Monsieur le Prince laissera passer encore un nombre d'années avant le temps de sa déification; car de son vivant il auroit de la peine à y consentir. C'est proprement de lui qu'on peut dire :

Cui male si palpere, recalcitrat undique tutus[2]*!*

1. Comme le remarque Walckenaer, ces expressions : « Il n'a jamais tant d'esprit que quand il a tort.... Il prend la Victoire et la Raison à la gorge, etc. », renferment des leçons données avec autant de réserve que de finesse, et se trouvent bien éclaircies par le passage suivant des *Mémoires* de Louis Racine sur la vie de son père : « Le grand Condé.... rassembloit souvent à Chantilly les gens de lettres, et se plaisoit à s'entretenir avec eux de leurs ouvrages, dont il étoit bon juge. Lorsque, dans ces conversations littéraires, il soutenoit une bonne cause, il parloit avec beaucoup de grâce et de douceur; mais quand il en soutenoit une mauvaise, il ne falloit pas le contredire; sa vivacité devenoit si grande qu'on voyoit bien qu'il étoit dangereux de lui disputer la victoire. Le feu de ses yeux étonna une fois si fort Boileau, dans une dispute de cette nature, qu'il céda par prudence, et dit tout bas à son voisin : « Dorénavant, je serai toujours de l'avis de Monsieur « le Prince quand il aura tort. » (*Mémoires sur la vie de Jean Racine*, Lausanne, 1747, in-12, p. 102-103.)

2. Horace, livre II, satire I, vers 20. — Rapprochez ce passage de Bossuet, dans l'Oraison funèbre de Monsieur le Prince : « Si les autres (les autres que la Reine, au nom du jeune Roi) osoient le louer, il repoussoit leurs louanges comme des offenses; et, indocile à la flatterie, il en craignoit jusqu'à l'apparence. »

Si faut-il[1] que je le mette en parallèle avec quelque César ou quelque Alexandre. Je ne serai pas le premier qui aura tenté un pareil dessein ; c'est à moi de lui donner une forme toute nouvelle. Il ne sera pas dit que Monsieur le Prince me liera la langue, comme il a lié les bras à des millions d'hommes. Je pourrois aussi le comparer à Achille. Une ferme résolution de ne point céder, l'amour des combats, la valeur, y sont tout entiers des deux côtés. Ils se ressembloient assez quand Monsieur le Prince étoit jeune ; à présent l'épithète de *pied léger* feroit clocher quelque peu la comparaison[2]. Puis j'ai réservé le caractère d'Achille pour Votre Altesse Sérénissime ; et je crois qu'en temps et lieu l'opiniâtreté et la véhémence ne vous manqueront non plus qu'à ce Grec, non plus qu'à votre oncle, si vous voulez. Je me restreins donc à César et à Alexandre : mais, pour les mieux comparer à Monsieur le Prince, il faut que je les compare auparavant l'un à l'autre[3].

Il y a des gens qui ont trouvé quelque chose de surnaturel et de divin dans Alexandre. Je suis bien de leur avis ; car, sans recourir aux fables que l'on a cru être obligé de chercher touchant le secret de sa naissance, afin de justifier une telle opinion, je vois un enfant qui n'a rien que d'homme, ou, pour mieux dire, de jeune dieu. Il ne veut pas envoyer aux jeux olympiques, et dédaigne de remporter un honneur que célébroient tous les poètes, et que recherchoient des rois mêmes.

Il ne faisoit guère plus d'état de la puissance de son père, ni de la sagesse de ses conseils, quoique ce père fût habile homme, et qu'il entendît à merveille ses inté-

---

1. Pourtant il faut : p. 136 et note 1, 207 ; et *passim*.
2. Allusion discrète à la goutte de Monsieur le Prince.
3. Voyez leurs *Vies parallèles* dans Plutarque. Il est probable que c'est là que la Fontaine a, comme il disait, fait son fonds.

rêts. Cependant son fils se moquoit de lui. Ne vous semble-t-il pas, Monseigneur, que vous voyez Jupiter qui fait croire à Saturne que c'est un vieux radoteur, et qui le chasse du ciel? Alexandre ensuite se propose de détruire le roi de Perse avec trente mille hommes de pied seulement et cinq mille hommes de cheval, quarante mille écus pour tout fonds. Il ne faisoit pourtant point ces choses en étourdi, et étoit très bien instruit des difficultés de cette entreprise, des fatigues et des périls qu'il lui faudroit essuyer, et de mille obstacles presque invincibles; le tout pour la gloire, et principalement pour être loué des Athéniens. Il le dit lui-même au passage d'une rivière : « O Athéniens, pourriez-vous bien croire combien de travaux j'endure pour être loué de vous? » Et puis, que Monsieur le Prince aille condamner l'amour des louanges! Je sais ce qu'il me dira : « On ne les apprête plus aussi bien qu'on faisoit alors. » En effet, les batailles qu'il a gagnées, et tous ses autres exploits, nous ont fourni une matière assez ample. L'avons-nous loué comme les Athéniens auroient fait? Que César aussi n'ait été plus ambitieux en sa plus grande jeunesse, on le peut juger par ses premières démarches. Elles tendoient toutes à brouiller l'État, à se rendre chef de parti, à se faire des amis de toutes sortes de gens, jusqu'à les servir dans leurs passions et dans leurs débauches. Il eût mieux aimé être le premier dans un petit village, que d'être le second à Rome : je ne dis cela qu'après lui, et ce fut sans exagérer et de l'abondance du cœur qu'il le dit. S'il eut tort ou s'il eut raison, j'en fais juge Monsieur le Prince. Pour procéder avec ordre dans mon ouvrage, je considérerai premièrement l'adolescence de ces héros, puis le temps de leurs expéditions militaires, et enfin les dernières années de leur vie.

J'ai déjà parlé de l'adolescence de César et de celle d'Alexandre[1], et j'ai particulièrement attribué à ce dernier le surnaturel et le divin, c'est-à-dire le merveilleux. Mais comment appellera-t-on ce trait-ci, qui est de César? En sa plus grande jeunesse il fut pris par des corsaires. Tant qu'il demeura leur prisonnier, il leur parla comme s'il eût été leur maître. Il les menaça de les faire pendre; au moindre bruit qu'ils faisoient, il leur envoyoit dire qu'ils se tussent, et ne l'empêchassent point de dormir. Ils lui demandèrent douze mille écus de rançon, il leur en donna trente mille; et, étant sorti de leurs mains, il défit leur flotte, se saisit d'eux, et les fit pendre en effet. Il y a plus de merveilleux en cela qu'en aucune chose qu'Alexandre ait faite jusqu'à l'âge de vingt ans. Je ne saurois toutefois m'empêcher de reconnoître en la jeunesse de ce prince, et dans son enfance même, ce surnaturel et ce divin qui l'eût fait tirer du nombre des hommes, sans en excepter César ni Monsieur le Prince; en quoi, si on y veut prendre garde, je donne plus de louange[2] à ceux-ci : car, quelle merveille y a-t-il que la fortune et l'opinion des hommes ayant résolu d'en mettre un au-dessus de tous les autres, il profite de ces faveurs, et y contribue du sien? Mais de parvenir, sans ces avantages, aux degrés de gloire où César et Monsieur le Prince sont parvenus, c'est ce que j'admire, et plus encore en Monsieur le Prince que dans le Romain. Il y a plus loin de l'état où Monsieur le Prince s'est vu dans sa première jeunesse; il y a, dis-je, plus loin de cet état à la bataille de Rocroi, et de la bataille de Rocroi à celle de Lens, que de la réputation où étoit César quand il commença d'avoir une

1. Page 317.
2. De louanges. (1729.)

puissante cabale et d'être suspect aux Romains, à la charge de dictateur.

Pour comparer ces trois personnages selon l'ordre que je me suis imposé[1], ils ont fait voir au sortir de leur enfance beaucoup de vivacité, de hardiesse, et d'esprit; mais, Monsieur le Prince n'ayant eu aucune occasion d'éclater avant la bataille de Rocroi, quiconque écrira sa vie (plût à Dieu qu'il m'en crût capable!), quiconque, dis-je, écrira sa vie, ne la commencera que par cet endroit[2]; et ainsi les compétiteurs que je lui donne l'emporteront à l'égard du premier temps. Ce que je trouve de singulier, c'est que tous trois ont eu du savoir, et que la lecture les a occupés plus qu'elle n'a coutume de faire de gens[3] de leur sorte. Outre le savoir, César eut de l'éloquence. Alexandre et Monsieur le Prince se sont peu souciés de porter cet avantage aussi haut que Jules César a fait. Alexandre l'a méprisé, lui qui avoit Aristote pour précepteur, et qui étoit fils d'un père fort éloquent. Il vouloit tout emporter de force, et eût cru se faire tort s'il se fût servi d'insinuations; mais je crains fort que Monsieur le Prince ne tienne un peu de lui de ce côté-là. Cependant il est toujours beau de pouvoir régner sur les esprits : cette sorte de domination n'est au-dessous d'aucun prince, quelque grand qu'il soit. Je ne veux pas dire qu'Alexandre ni Monsieur le Prince aient entièrement négligé le soin des paroles : je dis, sans plus, qu'ils ne les ont pas considérées comme un ornement en la personne d'aucun héros; en un mot, je dis que, selon toutes les dispositions du monde, il n'a tenu qu'à Alexandre d'être éloquent, et il n'a pas voulu l'être. Il se peut faire que la jalousie d'Aristote

1. Ci-dessus, p. 318.
2. Comme Bossuet dans son oraison funèbre.
3. Des gens. (1729.)

contre les habiles gens de son temps, ou plutôt les harangues des orateurs contre Philippe et contre Alexandre même, aient rendu cet art odieux à ce jeune prince. Jules César n'a nullement négligé cette partie : c'est par là qu'il s'est rendu recommandable avant que d'avoir acquis aucune réputation par les armes; et ceux qui s'appliqueront à la lecture de ses *Commentaires* s'étonneront qu'il ait cultivé sa langue avec tant de soin. On dit qu'il en a composé des livres[1]; c'est peut-être pousser trop loin une semblable occupation. Je dirai, par parenthèse, que Jules César a écrit ses *Commentaires* comme si c'étoit un autre que lui qui les eût écrits, et qu'il n'eût pas raconté ses propres guerres; plus louable encore que Thucydide, qui ne laisse découvrir à personne s'il est d'Athènes ou s'il est de Lacédémone : car il est plus malaisé de cacher l'amour que l'on a pour soi que celui que l'on a pour sa patrie. Les Mémoires de *** et ceux de M. de Bassompierre[2] sont bien éloignés du caractère de ceux de Jules César. Enfin ce Romain a excellé en trois choses principales, la politique, l'art militaire, et l'art de bien

1. Voyez les fragments de ses œuvres perdues au tome IV du *Cæsar* de la collection Lemaire.
2. François de Bassompierre, maréchal de France, né le 12 avril 1579, mort le 12 octobre 1646. Il a composé des *Mémoires* (Cologne, 1665, in-12), et des *Remarques sur les Vies des rois Henri IV et Louis XIII*, de Dupleix (Paris, 1665, in-12). « Bassompierre, au jugement d'Anquetil, ne discute point les faits et ne pèse point les circonstances; il dit les choses comme il les a vues, et il les a vues comme il était affecté. On peut conclure de ses ouvrages qu'un courtisan en proie à ses haines, à ses amitiés et à ses préventions, écrirait bien mal l'histoire. » Voyez *l'Intrigue du cabinet sous Henri IV et Louis XIII* (Paris, 1780, in-12), tome I, p. xxvii-xxviii; et dans la Collection des Mémoires relatifs à l'histoire de France, l'avertissement de Petitot aux *Mémoires de Bassompierre*.

dire. Il a même plaidé des causes. Cela ne lui étoit pas plus séant qu'à notre Hercule gaulois[1] de se servir du discours aussi bien que d'une massue. On le peint avec des chaînes qui lui sortent de la bouche, comme s'il eût entraîné les hommes par ses paroles. C'est un équipage qui m'a étonné plus d'une fois; et, si Votre Altesse y veut faire réflexion, je crois qu'elle s'en étonnera aussi. Je ne me serois jamais avisé de proposer à l'éloquence un dieu comme Hercule, et encore moins un Gaulois : ce sont des disconvenances qui me donnent envie de chercher ce qui en est répandu dans les livres.

Pour revenir à mon parallèle, le merveilleux d'Alexandre dans sa jeunesse n'exclut pas celui de César, et encore moins celui de Monsieur le Prince, lequel je fais consister en ce que d'abord le talent qu'il a pour la guerre s'est fait connoître[2]. Les habiles gens de ce métier, à voir comme il s'y prenoit, ont jugé par là de ce qu'il a fait depuis; je l'ai ouï dire à quelqu'un d'eux, et plus d'une fois. Je laisserai pourtant Alexandre en possession du privilège que tout le monde lui attribue : car d'entreprendre à vingt ans la conquête de l'Asie avec aussi peu de troupes qu'il en avoit[3], et ne vouloir démordre d'aucune chose, cela ressemble assez à Achille; aussi se proposoit-il de l'imiter. César hésita beaucoup davantage dans l'entreprise de se rendre maître de Rome, quoiqu'il disposât de quantité d'excellentes troupes, qu'elles lui fussent affectionnées à un point qu'il en pouvoit tout attendre, et qu'il eût déjà gagné un nom-

---

1. Tome II, p. 231 et note 13. — Rapprochez Rabelais, tome II, p. 251, Saint-Gelais, tome II, p. 151, du Bellay, tome II, p. 454, Jodelle, tome II, p. 164, 294, etc.
2. Comparez Corneille, *Épître de Rodogune* (tome IV, p. 411-412); et la Bruyère, *du Mérite personnel* (tome I, p. 162).
3. Ci-dessus, p. 318.

bre infini de batailles. Il fit des propositions d'accommodement, ayant un parti formé, et sachant[1] qu'au bruit de sa marche chacun s'enfuyoit de Rome. Alexandre, dénué de ces avantages, n'eût pas marchandé pour passer le Rubicon ; et c'est en partie cette hardiesse qui lui a fait attribuer le surnaturel et le merveilleux. Cette qualité n'éclate pas moins dans les premières actions de Monsieur le Prince. Véritablement il s'est rencontré des occasions où il n'a pas tant donné à la fortune[2] que le prince de Macédoine. Celui-ci a entrepris beaucoup de choses qui sembloient au-dessus de son pouvoir, et en est venu à bout ; et Monsieur le Prince est louable de n'avoir pas toujours entrepris tout ce qu'il pouvoit. Je ne parle point des occasions particulières que la guerre lui a fournies ; comme il n'en étoit pas toujours le maître, on n'a rien à lui imputer sur ce sujet.

À l'égard de ses deux rivaux, il seroit à souhaiter que leurs projets eussent été aussi légitimes qu'ils ont été bien conduits. Alexandre avoit un prétexte assez honnête quand il passa dans la Perse : il vouloit venger les Grecs, et contenir les barbares. Mais qui l'obligea de passer aux Indes, qu'une ambition insatiable ? Pourquoi troubler le repos d'un nation qui ne lui en avoit donné aucun sujet, et qui faisoit un meilleur usage que lui des bienfaits de la nature ? Encore n'a-t-il pas détruit sa patrie, ce que l'on reproche à César.

Je m'amuse ici à balancer le droit et le tort que ces conquérants ont eu, comme si c'étoit de ces choses-là qu'il s'agit entre des gens de leur caractère. On ne regarde pas s'ils sont justes, on regarde s'ils sont habiles, c'est assez même qu'ils soient heureux : on les loue alors. Quand le succès manque à quelqu'une de leurs

1. Quoiqu'il eût..., et quoiqu'il sût. — 2. Au hasard.

entreprises, tout le reste a beau s'y trouver, le peuple le blâme sans l'examiner, et les sages l'examinent à la rigueur. Ces réflexions m'ont écarté du merveilleux que je donne à Alexandre, et dont je ne prive pas les deux autres; en sorte pourtant que je penche un peu plus vers la Macédoine[1] que vers le Romain; sauf le jugement que Votre Altesse en fera, car le merveilleux vous est familier, et mille fois plus connu qu'à nous autres poètes, encore que nous nous piquions de l'employer dans nos poèmes.

Si on me demande auquel des trois je prétends donner jusque-là la préférence, je dirai que, dès l'abord, mon intention n'a été que de prononcer entre ceux qui ne sont plus. On en peut parler comme on veut : ce sont les gens du monde les plus commodes[2]. Pour les vivants, il faut prendre garde avec eux à ce que l'on dit. Que si par hasard (comme toutes choses peuvent arriver) j'allois mettre Monsieur le Prince au-dessus des autres, je lui attirerois trop d'envie, et offenserois la délicatesse qu'il a sur le fait des panégyriques[3]. De le faire marcher le dernier, il en auroit du dépit. Je ne lui dirai jamais en face : « Vous êtes plus grand qu'Alexandre »; et lui dirai encore moins : « Alexandre doit être mis au-dessus de vous. » Le plus sûr est de laisser la chose indécise à son égard. Mon avis est donc que la jeunesse d'Alexandre a quelque chose de plus héroïque que celle de Jules César. Véritablement, si dans les premières années de celui-ci tout ressembloit à cette hauteur avec laquelle

1. Vers le Macédonien. (1729.)
2. Et la Fontaine nous a prévenus que Monsieur le Prince ne l'était guère.
3. « ....Si vous en présentiez de pareilles (louanges) à Monsieur le Prince, je crois qu'il y retrouveroit le goût qu'il avoit uniquement autrefois pour celles de Voiture. » (MME DE SÉVIGNÉ, lettre du 27 juin 1678 à Bussy Rabutin, tome V, p. 456.)

il traita les corsaires qui l'avoient pris[1], je lui donnerois
le premier rang : cela n'étant pas, je me laisse emporter au surnaturel que l'on attribue à l'autre.

Il se peut faire que dans la suite je balancerai davantage. Alexandre agit d'abord pour de plus grands intérêts. Toute la terre y prend part. Il n'est pas jusques à l'Écriture sainte qui n'en fasse mention, et qui ne représente le monde entier attentif et dans le silence devant ce prince. *In cujus conspectu terra siluit*[2]. Encore aujourd'hui l'Orient est rempli du bruit de son nom et de ses conquêtes; elles vont fonder des empires au delà du Gange[3] : tout cela avec une rapidité inconcevable, et comme si les dieux lui eussent envoyé la science de conquérir. Démosthène l'avoit appelé enfant. Il lui fit dire qu'il étoit passé à l'adolescence en passant par la Thessalie, et qu'on le trouveroit homme fait devant les murailles d'Athènes. Monsieur le Prince ne lui en doit guère, pour ce point-là. Il n'y a point non plus de différence entre les premières et les dernières années de guerre dans la vie de Jules César. Ceux des juges qui lui seront favorables dans le différend dont il s'agit diront qu'il étoit aisé à Alexandre de vaincre les Perses, gens efféminés et ignorants aux combats. S'ils avoient été aussi bons soldats que les Macédoniens, comme ils étoient vingt contre un, je pense bien que la chose se seroit tournée autrement; mais, outre qu'il y avoit de la hardiesse à l'entreprendre, il y a aussi du bon sens et de la conduite à l'exécuter. Elle ne s'est pas faite d'elle-même. Il a

1. Ci-dessus, p. 319.
2. *Et pertransiit usque ad fines terræ, et accepit spolia multitudinis gentium, et siluit terra in conspectu ejus.* (*Machabées*, livre I, chapitre I, verset 3.)
3. Alexandre soumit la partie des Indes qui est en deçà du Gange, mais il n'alla point jusqu'à ce fleuve.
4. Tome IV, p. 21 et note 2.

fallu donner trois grandes batailles dans la Perse, sans parler de celles des Indes, plus glorieuses encore que les autres, et de quantité de combats particuliers à travers un nombre infini de difficultés, de fatigues, et de périls. Du côté de César, les batailles ont été en plus grand nombre et plus contestées, les dangers aussi fréquents, la valeur égale, et l'habileté dans la guerre bien mieux marquée. Tout cela se trouve dans Monsieur le Prince avec avantage. Ajoutez-y qu'il a quelquefois commandé de mauvaises troupes, et que la Fortune ne lui a pas toujours été favorable. La bataille de Lens, la retraite de devant Arras, et cent autres choses de cette sorte, passeront chez[1] tous les siècles pour les chefs-d'œuvre de ce métier. Je ne parle point des campements et des marches, bien qu'en cet article seul je trouve de quoi donner à Monsieur le Prince, je n'oserois dire la préférence, encore que j'en sois tenté, mais la concurrence du moins; et en cela je crois être un loueur modeste. Une chose fait pour Alexandre[2], c'est qu'il a formé je ne sais combien de capitaines, qui ont tous été de véritables Césars. On me dira que par leurs conseils, et avec leur assistance, il a exécuté les merveilles que nous lisons; mais, si on y veut bien prendre garde, on confessera que toute l'action rouloit sur lui. Il y a eu des occasions où on l'a pu accuser de témérité, et en ce cas-là j'aurai recours au surnaturel. Ce seul mot justifiera ce qu'il fit en se précipitant d'un rempart dans une ville, sans prendre garde s'il étoit suivi. Les témoignages de valeur qu'il y rendit vont au delà de toute l'imagination, et méritent bien qu'on lui pardonne cette imprudence. La même excuse justifiera je ne sais com-

1. Dans. (1729.)
2. Est à l'avantage d'Alexandre : tome IV, p. 184 et note 2.

bien de blessures qu'il se seroit épargnées s'il avoit voulu. Elle justifiera encore l'envie qu'il a eue de passer une rivière sur son écu[1], faute de savoir nager. Les héros se laissent emporter à la chaleur du combat. Cela n'est-il pas arrivé quelquefois à Monsieur le Prince? Quand la témérité est heureuse, elle met les hommes au nombre des dieux. On me répondra que celui de qui dépend le salut de toute une armée, ne doit jamais devoir le sien propre à un bienfait du hasard. Toutes ces choses-là ont deux faces, aussi bien que la plupart de celles que nous louons ou que nous blâmons tous les jours. On peut disputer de part et d'autre tant qu'on voudra.

Pour en revenir au jugement que j'ai résolu de faire, ce que César exécuta dans les Gaules n'étoit peut-être pas d'un si grand éclat que la défaite de Darius, et peut-être aussi étoit-il plus difficile, et par conséquent plus glorieux; mais dans la bataille de Pharsale on rencontre tout ce qui peut mettre un homme au suprême degré de la gloire. Les guerres d'Afrique, qui l'ont suivie, ne sont guère moins fameuses, et ne méritent pas moins de louanges. Que si on considère le fruit de ces entreprises, se rendre maître de Rome étoit encore un plus grand événement que de détruire les Perses; mais c'étoit aussi une chose plus odieuse. Je m'arrête trop de fois à un scrupule que les conquérants n'ont guère. Ainsi je donnerois volontiers l'avantage à Jules César, en ce qui regarde ce second temps; et si Monsieur le Prince vouloit le lui contester, je m'y trouverois si embarrassé que je jetterois au sort, ou aurois recours à quelque oracle. Ne pourriez-vous point m'en servir? Je vous ai toute ma vie entendu appeler ainsi, et lors

---

1. Son bouclier.

même que vous n'étiez qu'un enfant; et, comme on se rapporta à celui de Delphes sur le différend du trépied qui devoit être donné au plus sage, je suis d'avis que vous prononciez entre ces héros sur la préférence qui doit être donnée au plus grand.

Puisque je vous ai constitué juge du différend, vous considérerez, s'il vous plaît, en faveur de Monsieur le Prince, comme je l'ai déjà dit (car on ne le peut trop répéter), que la Fortune a toujours mené ses deux rivaux par la main, et lui a été souvent opposée; qu'il n'a été maître ni de l'argent ni des troupes dont il s'est servi; qu'il a eu à combattre d'habiles gens et de vaillants hommes, au lieu que les Perses étoient imbéciles[1], les Gaulois courageux et forts à la vérité, mais sans expérience à la guerre; que César a eu les meilleures troupes du monde et les plus affectionnées à leurs capitaines. Véritablement il a eu aussi des Romains en tête, et leur a fait voir qu'il étoit le plus vaillant et le plus habile de tous les Romains. Il y a encore une chose en quoi Alexandre l'emporte sur les deux autres, c'est qu'il a acquis en moins de temps qu'eux cette gloire si éclatante.

Je ne m'arrêterai pas davantage sur ce second temps de leur vie : il faut passer au troisième, et regarder quel usage ils ont fait de leur gloire et de leur grandeur; il faut, dis-je, regarder comme leur carrière s'est achevée.

Alexandre a soutenu jusqu'au bout ce surnaturel et ce divin qui le distingue des autres hommes. Notre monde est à la fin trop petit pour le contenir. On lui dit qu'il y en a d'autres; cela le fait soupirer de ce qu'il n'étoit pas encore le maître de celui-ci. Il n'y a

---

1. Au sens latin du mot : faibles, sans courage : tome II, p. 451 et note 1.

pas moins d'excès dans sa colère que dans les marques de son amour. Il tue son ami, et fait bâtir une ville à la mémoire de son cheval : il est vrai que le meurtre de cet ami se peut excuser. Plutarque fait mention d'un incident qui doit noircir davantage la mémoire de ce prince : c'est un manque de parole à certaines troupes qui s'étoient accommodées avec lui sous certaines conditions[1]. La débauche et la flatterie de ses courtisans, ou plutôt son propre tempérament, ne sont pas seulement coupables de ce qu'il fit pour punir Clitus ; on voit en mille autres actions qu'il porte tout dans l'excès. Il fit brûler le palais des rois de Perse sur la proposition qu'en avoit faite une courtisane, et prit cette résolution dans la chaleur d'un repas, sans considérer davantage Persépolis. Quelques-uns de nos débauchés en ont fait autrefois autant à l'Échelle du Temple[2]. Les provinces

---

1. « Or y auoit il quelque nombre de gens de guerre indiens, les plus belliqueux de tout le païs qui, viuans de la solde ordinairement, se mettoient au seruice des bonnes villes franches et les defendoient vaillamment, faisans beaucoup de maux et d'empeschemens en plusieurs endroits à Alexandre, lequel ayant faict appointement auec eulx dedans une ville où ilz s'estoient enfermez, quand ilz en furent sortis sur la fiance de l'appointement qu'ilz auoient faict, il les rencontra par le chemin ainsi qu'ilz se retiroient, et les mit tous au fil de l'espée. » (PLUTARQUE, *Vie d'Alexandre*, tome II, p. 316.) Voyez aussi Arrien, livres VI, chapitre XVII, et VII, chapitre IV.

2. Il s'agit, dit M. Marty-Laveaux, d'une échelle patibulaire que les Templiers avaient fait placer au coin de la rue des Vieilles-Haudriettes, à droite, en entrant dans la rue du Temple, comme marque de leur justice ; qui avait passé après eux aux chevaliers de Saint-Jean ; et qui fut détruite en 1649 pendant les troubles de la Fronde, ainsi que le prouve une curieuse chanson manuscrite placée à cette date dans le Recueil de Maurepas. L'échelle nous y apprend elle-même qu'elle fut abattue ; puis elle nous fait connaître les noms des auteurs de cette glorieuse expédition :

Ce sont Messieurs du Marais
Qui m'ont causé tant de regrets ;

entières sont ses présents. D'un jardinier il en fait un
roi. Il tâche à se persuader à lui-même qu'il est fils de
Jupiter; et, contraint par ses soldats de retourner en arrière et d'abandonner certains pays, il y fait laisser des
brides et des mangeoires pour les chevaux beaucoup
plus grandes qu'à l'ordinaire, afin de passer pour
quelque dieu qui commandoit à des géants, lui qui étoit
d'une taille au-dessous de la médiocre[1] : tout cela par
une vanité aussi ridicule qu'étoit celle de Néron qui se
fit tailler en colosse, et se crut bien grand quand il eut
fait faire de lui une statue de cent pieds de haut. Voilà
de l'ostentation et du faux que je pardonne à Néron,
qui n'avoit point de véritable mérite; mais, dans
Alexandre, cela m'étonne. Il étoit assez terrible d'ailleurs, sans qu'il eût besoin de recourir à ces artifices.
Sa simple statue fit frémir après sa mort Cassander, qui
à cet aspect se souvint de quelle manière il l'avoit autrefois menacé, et en trembla[2]. Je croirois assez que

> C'est le brave Monsieur Rouville,
> Candale, Brissac et de Gerzé,
> Coulon et le marquis de Ville,
> Camus, qui m'ont ainsi traité.
>
> (*Complainte de l'Échelle du Temple lorsque Messieurs du
> Marais la brûlèrent*, par Blot.)

Il paraît qu'elle ne fut pas rétablie, car Barillet, auteur de
Recherches historiques sur le Temple, publiées en 1809, dit qu'on en
voyait encore un des anciens montants vers la fin du dix-septième
siècle. C'est sans doute tout ce qui avait résisté à ces jeunes débauchés dont parlent Blot et la Fontaine.

1. « Il (Richelieu) avoit de ces vanités que beaucoup de gens
blâmeront, et qui sont pourtant communes à tous les héros :
témoin celle-là d'Alexandre le Grand, qui faisoit laisser où il
passoit des mors et des brides plus grands qu'à l'ordinaire, afin
que la postérité crût que lui et ses gens étoient d'autres hommes,
puisqu'ils se servoient de si grands chevaux. » (Lettre de la Fontaine à sa femme du 5 septembre 1663.)

2. Plutarque, *Vie d'Alexandre*, tome II, p. 329.

celle de Monsieur le Prince pourroit produire de ces effets.

Enfin selon l'idée du divin que j'ai d'abord établi[1], et par laquelle je considère simplement cette qualité comme quelque chose au-dessus de l'homme, soit à reprendre, soit à louer, Alexandre y a répondu parfaitement. Que si je veux étendre cette même idée, je trouverai aussi du divin dans la clémence de Jules César. Y a-t-il rien qui approche plus près des dieux que de conserver les hommes? Il ne veut point ôter la vie à Brutus, quelque avis que l'on lui donne que ce Romain conspirera contre lui. Il pardonne à Ligarius[2] sur une harangue de Cicéron, comme s'il n'eût pu résister à l'éloquence de cet orateur; car il avoit apporté, dit-il, un arrêt de mort. Quant à moi, je crois qu'il voulut gratifier l'avocat et le criminel, et accompagner son bienfait d'une double grâce. Pouvoit-il se laisser surprendre à des charmes qui lui étoient si connus et si familiers? Alexandre s'est montré humain en plusieurs occasions. Il ne faut que voir comme il traita la mère et la femme de Darius. Je doute fort que César eût regardé celle-ci des mêmes yeux. Il ne manque rien à l'honnêteté du prince de Macédoine. Scipion renvoya, ayant pris Carthage, une jeune et belle princesse à son fiancé. C'étoit sa captive, il en eût pu faire ce qu'il eût voulu; mais en la rendant il évitoit une occasion continuelle de succomber, au lieu qu'Alexandre garde Statira dans son camp, et en la gardant il se fait même un scrupule de la voir, et de donner à Darius le moindre soupçon. Non seulement il a eu de l'humanité, il a aussi eu de la tendresse. Antipater lui ayant

1. Établie. (1729.)
2. Ci-dessus, p. 312.

écrit une lettre contre Olympias, il dit à ceux qui la lui avoient présentée : « Antipater ne sait pas qu'une seule larme de mère efface dix mille lettres comme celle-là. » Qui ne sait que Monsieur le Prince est un père à adorer, et outre cela *patruus patruissimus*[1]? Je serois seulement curieux de savoir s'il pleure, et encore plus curieux de le voir en cet état-là : non qu'Achille n'ait pleuré abondamment[2], et que cela n'arrive aux héros avec bienséance. On reproche à Alexandre d'avoir fait mourir Parménion, qui ne trempoit pas dans le crime de son fils, et à qui il avoit de grandes obligations; mais il y eût eu du danger à le laisser vivre. C'étoit un homme qu'il devoit craindre, et pour la capacité, et pour la puissance. Si M. de Guise n'eût point pardonné à Gennare[3] Annèze[4], les malheurs qui lui arrivèrent par la trahison de cet homme ne lui seroient peut-être pas arrivés. Quelques gens ont voulu justifier cette faute, et ont dit qu'il y avoit de la prudence à user d'humanité et de grandeur d'âme en cette rencontre ; qu'elle acheva de lui gagner les esprits; qu'elle fut suivie d'acclamations et de louanges sur l'heure même; qu'on n'en a pas moins estimé ce prince, tout malheureux qu'il s'est vu depuis. Mon sentiment est qu'il devoit pourvoir à sa gloire, de telle sorte qu'il pourvût aussi à sa sûreté, et à celle d'un peuple qui l'aimoit tant[5]. J'en

1. Oncle et oncle excellent : voyez Plaute, *Pœnulus*, acte V, scène IV, vers 24 et 26.
2. Ci-dessus, p. 114, 115.
3. *Gemare*, dans nos anciens textes : faute évidente.
4. Gennaro Annèze, successeur de Masaniello et de Francisco Toralto, dans le commandement des révoltés de Naples, le 22 octobre 1647, détermina les Napolitains à appeler Henri de Lorraine, duc de Guise; mais bientôt il le trahit, et ouvrit la porte aux Espagnols. Ceux-ci, au mépris de l'amnistie générale, tranchèrent la tête de Gennaro et de ses principaux partisans.
5. Qu'il aimoit tant. (1729.)

reviens à dire que la plupart des choses ont deux faces[1]. Charles Stuart a empêché de tout son pouvoir qu'on n'ait cherché les conspirations qui se faisoient contre lui. Il ne vouloit point qu'on punît les conspirateurs. Par là il se fit aimer, et ne se fit pas assez craindre.

Quoi qu'il en soit, César eût pu pardonner à Brutus sans mettre sa propre vie en danger. Sa clémence lui nuisit moins qu'une autre faute qu'il fit. Je tiens celle-ci plus grande que toutes celles du prince de Macédoine, et d'une conséquence toute autre que de se faire appeler dieu, ce qui déplut aux Macédoniens et aux Perses. C'étoit bien une plus grande sottise à César de se vouloir faire appeler roi[2]. Les Romains lui eussent plutôt érigé des temples qu'ils ne lui eussent laissé prendre le diadème. Cependant Cromwell est aussi tombé dans cette erreur, tout habile qu'il étoit. Ne suffisoit-il pas à l'un et à l'autre d'avoir l'essentiel de la royauté, sans en affecter aussi les apparences, qui ont pensé perdre Cromwell, et qui ont été cause de la mort de Jules César? Pauvres gens, de courir après le nom quand la chose leur devoit suffire! Si d'ailleurs ils ont abusé de leur fortune, et que par là Alexandre se soit attiré les reproches de Callisthène, je dis que le philosophe eut plus de tort que le roi. C'est à la Fortune qu'il s'en faut prendre, et non pas à ceux qu'elle prend plaisir à corrompre. Savons-nous ce que Monsieur le Prince auroit fait s'il avoit été en leur place? La modération est une vertu de particulier et de philosophe, et non point de majesté ni d'altesse. Mais j'ai tort de me défier de la sagesse de Monsieur le Prince : son séjour à Chantilly en fait voir assez pour ne pas donner à croire qu'il fût

1. Ci-dessus, p. 327.
2. De se faire appeler roi. (1729.)

tombé dans les fautes qu'ont faites les autres, s'il fût parvenu au même degré de fortune.

Avant que je parle de Chantilly, voici le jugement que je fais en gros des trois personnages que j'introduis sur la scène. Jules César est un homme qui a eu moins de défauts et plus de bonnes qualités qu'Alexandre. Par ses défauts mêmes il s'est élevé au-dessus de l'homme : que l'on juge de quel mérite ses bonnes qualités pouvoient être! Monsieur le Prince participe de tous les deux. N'est-il pas au-dessus de l'homme à Chantilly, et plus grand cent fois que ses[1] deux rivaux n'étoient sur le trône? Il y a mis à ses pieds des passions dont les autres ont été esclaves jusques au dernier moment de leur vie[2].

Charles-Quint a toujours tourné les yeux du côté du monde, et ne l'a quitté qu'en apparence, Dioclétien par un pur dégoût[3], et Scipion par contrainte. Monsieur le Prince, sans y renoncer entièrement, trouve le secret de jouir de soi. Il embrasse tout à la fois et la cour et la campagne, la conversation et les livres, les plaisirs des jardins et des bâtiments[4]. Il fait sa cour avec dignité : aussi la fait-il à un prince qui mérite qu'on la lui fasse, et qui en est plus digne qu'aucun monarque qui ait su régner. C'est ce que Louis XIV sait bien faire; il n'est

1. Ces. (1729.)
2. Le P. Rapin, dans son petit traité intitulé *Du Grand ou du Sublime*, a peint le sublime de la vie privée dans la retraite de Monsieur le Prince à Chantilly (Sainte-Beuve, *Port-Royal*, tome III, p. 628).
3. Comparez ci-dessus, p. 257.
4. « Sans envie, sans fard, sans ostentation, toujours grand dans l'action et dans le repos, il parut à Chantilly comme à la tête des troupes. Qu'il embellît cette magnifique et délicieuse maison, ou qu'il conduisît ses amis dans ces superbes allées, au bruit de tant de jets d'eau qui ne se taisoient ni jour ni nuit, c'étoit toujours, etc. » (BOSSUET, *Oraison funèbre*, déjà citée.)

pas jusques à la Fortune qui n'en convienne. Monsieur le Prince n'a pas de peine à rendre ce qui est dû à une puissance et à un mérite si élevé. Il y a de la grandeur aussi bien que de la sagesse à s'acquitter de bonne grâce d'un pareil devoir, et plus de grandeur qu'à y résister. Si on lisoit dans le cœur du maître, je crois que l'on y verroit qu'il estime plus les hommages de Monsieur le Prince que ceux que lui pourroit rendre tout le reste de l'univers[1].

Je m'ingère de raisonner sur des choses qui sont au-dessus de moi. L'imagination des poètes n'a point de bornes; la mienne pourroit m'emporter trop loin. Il faut donc que je finisse ce parallèle, après avoir donné à Monsieur le Prince l'avantage du dernier temps. Alexandre s'y comporta comme un homme que la bonne fortune et la gloire avoient achevé de gâter. Jules César a des traits d'humanité et de clémence; mais j'ai peine à lui pardonner deux fautes : l'une, de ne s'être point encore assez défié de Brutus; l'autre, de s'être laissé présenter le diadème, et d'avoir fait une tentative si périlleuse ; car, quant à l'amour de Cléopâtre, je trouverois les grands personnages bien malheureux, s'ils étoient obligés de ne vivre que pour la gloire. J'estime autant la conquête de cette reine que celle de l'Égypte entière. Du tempérament dont César étoit, il en devoit devenir amoureux; c'est une marque de son bon goût. Je le loue d'avoir été *formarum spectator elegans*[2]. Votre

[1]. Tout au moins il témoigna à sa mort beaucoup de regrets (Mme de Sévigné, tome VII, p. 530). — « Après avoir pleuré ce grand homme, et lui avoir donné, par ses larmes, au milieu de toute sa cour, le plus glorieux éloge qu'il pût recevoir, il (le Roi) assemble dans un temple si célèbre ce que son royaume a de plus auguste, pour y rendre des devoirs publics à la mémoire de ce prince.... » (BOSSUET, *ibidem.*)

[2]. ....*Quid ego ejus tibi nunc faciem prædicem, aut laudem*, Antipho,

Altesse Sérénissime refuseroit-elle cette louange? Je ne le crois pas. Il suffit qu'on traite ces choses d'amusement, et qu'elles ne détournent pas un grand personnage de son chemin. Alexandre et Monsieur le Prince en ont usé de la sorte. Je pourrois tirer mes exemples de plus haut, et alléguer Jupiter. *Quem Deum*[1]*!* Tiendriez-vous à honte de l'imiter? Jules César a donc pu le faire. Je souhaiterois seulement que sa passion ne l'eût point mis en un danger aussi grand que celui où il se trouva. Je souhaiterois encore, pour le bien universel de tous les peuples d'alors, qu'il eût été aussi superstitieux et aussi adonné aux devins et aux songes que l'étoit le prince de Macédoine : il n'auroit pas été au sénat se livrer à ses ennemis. Je conclus de là que la défiance est bonne quand on est au suprême degré de la fortune. Dans ce chemin[2] je conseille la confiance; et, après les réflexions, *dicenda, tacenda locutus*[3], je vous supplie d'agréer ce petit ouvrage, aussi bien que les assurances du profond respect avec lequel je suis,

 Monseigneur,

   De Votre Altesse Sérénissime,

    Le très humble, très obéissant et très fidèle serviteur,

     DE LA FONTAINE.

Cum me ipsum noris quam elegans formarum spectator siem?
(TÉRENCE, *Eunuchus*, acte III, scène VI, vers 565-566.)

1. Horace, livre I, ode XII, vers 3.
2. Cette phrase est tellement brouillée dans la copie de l'auteur que l'on n'a pu la bien déchiffrer. (*Note de l'édition de* 1729.)
3. Horace, livre I, épître VII, vers 72.

SUR LES DIALOGUES DE PLATON

AVERTISSEMENT DU RECUEIL QUI A POUR TITRE

Ouvrages de prose et de poésie des sieurs de Maucroix et de la Fontaine,
imprimés à Paris en 1685.

Ce morceau qui, dans le recueil de 1685, suit immédiatement l'épître à M. de Harlay (ci-dessous, p. 347), a pour titre unique : « Avertissement ». Dans les *OEuvres diverses* de 1729, tome III, p. 313, il est intitulé : « Avertissement mis au-devant du recueil qui a pour titre Ouvrages de prose et de poésie des sieurs de Maucroix et de la Fontaine, imprimés à Paris en 1685 »; chez Walckenaer, tome VI, p. 344 : « Considérations sur les dialogues de Platon, formant l'Avertissement du recueil qui a pour titre Ouvrages, etc. »

Bayle (*République des Lettres*, septembre 1685) loue beaucoup la justesse de ces considérations, et l'exactitude, la finesse, la précision, avec lesquelles notre poète a défini l'esprit de Platon.

L'assemblage de ce recueil a quelque chose de peu ordinaire. Les critiques nous demanderont pourquoi nous n'avons pas fait imprimer à part des ouvrages si différents : c'est une ancienne amitié qui en est la cause. Je ne justifierai donc point par d'autres raisons le dessein que nous avons eu; et, sans m'arrêter non plus à mes poésies, qui ne sont pas assez importantes pour faire dessus des réflexions, je passe d'abord au second volume de ce recueil. Le traducteur[1] y fait dans une préface le parallèle de Démosthène et de Cicéron, et n'a rien omis de ce qu'il étoit à propos de dire sur

1. Maucroix.

ce sujet. Comme il n'a point parlé de Platon, c'est à
moi de toucher légèrement ce qui concerne ce philosophe, non pas tant pour le louer (il faudroit que j'eusse
ses grâces), que pour aller au-devant des objections que
les gens d'aujourd'hui lui pourront faire.

Ceux qui simplement ont ouï parler de lui sans
avoir aucune connoissance, ni de ses œuvres, ni de son
siècle, s'étonneront qu'un homme, que l'on traite de
divin, ait pris tant de peine à composer des dialogues
pleins de sophismes, et où il n'y a rien de décidé la
plupart du temps. Ils ne s'en étonneroient pas s'ils pre-
noient l'esprit des Athéniens, aussi bien que celui de
l'Académie et du Lycée. Bien que la logique ne fût pas
encore réduite en art, et qu'Aristote en soit proprement
l'inventeur, on ne laissoit pas dès lors d'examiner les
matières avec quelque sorte de méthode, tant la passion
pour la recherche de la vérité a été grande dans tous
les temps; celui où vivoit Platon l'a emporté en cela
par-dessus les autres. Socrate est le premier qui a fait
connoître les choses par leur genre et leur différence.
De là sont venus nos universaux, et ce que nous appelons Idées de Platon[1]; de là est venue aussi la connoissance de chaque espèce : mais comme le nombre en
est infini, il est impossible à ceux qui examinent les
matières à fond d'en venir jusqu'à la dernière précision,
et de ne laisser aucun doute. Ce n'étoit donc pas une
chose indigne ni de Socrate ni de Platon, de chercher
toujours, quoiqu'ils eussent peu d'espérance de rien

---

1. D'après Platon, l'*idée* subsiste par elle-même d'une manière
indépendante et absolue; elle est simple, immatérielle, affranchie
de toutes les conditions de l'étendue et de l'espace : c'est un type
éternel, immuable, dont les choses sont les imitations passa-
gères, dont le monde sensible, dont le temps qui fuit, sont le
miroir vivant, la mobile image.

trouver qui les satisfît entièrement. Leur modestie les a empêchés de décider dans cet abîme de difficultés presque inépuisable. On ne doit pas pour cela leur reprocher l'inutilité de ces dialogues : ils faisoient avouer au moins qu'on ne peut connoître parfaitement la moindre chose qui soit au monde ; telle est l'intention de son auteur, qui l'a présenté à notre raison comme une matière de s'exercer, et qui l'a livré aux disputes des philosophes.

Je passe maintenant au sophisme. Si on prétend que les entretiens du Lycée se devoient passer comme nos conversations ordinaires, on se trompe fort : nous ne cherchons qu'à nous amuser; les Athéniens cherchoient aussi à s'instruire. En cela il faut procéder avec quelque ordre. Qu'on en cherche de si nouveaux et de si aisés qu'on voudra, ceux qui prétendront les avoir trouvés n'auront fait autre chose que déguiser ces mêmes manières qu'ils blâment tant. Il n'y en a proprement qu'une, et celle-là est bien plus étrange dans nos écoles qu'elle n'étoit alors au Lycée et parmi l'Académie. Socrate en faisoit un bon usage ; les sophistes en abusoient : ils attiroient la jeunesse par de vaines subtilités qu'ils lui savoient fort bien vendre. Platon y voulut remédier en se moquant d'eux, ainsi que nous nous moquons de nos précieuses, de nos marquis, de nos entêtés, de nos ridicules[1] de chaque espèce. Transportons-nous en ce siècle-là, ce sera d'excellentes comédies que ce philosophe nous aura données, tantôt aux dépens d'un faux dévot, d'un ignorant plein de vanité, d'un pédant; voilà proprement les caractères d'Eutyphron, d'Hippias, et des deux sophistes. Il ne faut point croire que Platon ait outré ces deux der-

1. Tome VII, p. 244 et note 1.

niers; ils portoient le sophisme eux-mêmes au delà de
toute croyance, non qu'ils prétendissent faire autre
chose que d'embarrasser les auditeurs par de pareilles
subtilités; c'étoit des impertinents, et non pas des
fous : ils vouloient seulement faire montre de leur art,
et se procurer par là des disciples. Tous nos collèges
retentissent des mêmes choses. Il ne faut donc pas
qu'elles nous blessent, il faut au contraire s'en divertir,
et considérer Euthydémus et Dionysodore[1] comme le docteur de la comédie[2], qui de la dernière parole que l'on
profère prend occasion de dire une nouvelle sottise[3]. Platon les combat eux et leurs pareils de leurs propres
armes, sous prétexte d'apprendre d'eux : c'est le père
de l'ironie. On a de la volupté à les voir ainsi confondus. Il les embarrasse eux-mêmes de telle sorte,
qu'ils ne savent plus où ils en sont, et qu'ils sentent
leur ignorance. Parmi tout cela leur persécuteur sait
mêler des grâces infinies. Les circonstances du dialogue, les caractères des personnages, les interlocutions
et les bienséances[4], le style élégant et noble, et qui
tient en quelque façon de la poésie : toutes ces choses
s'y rencontrent en un tel degré d'excellence, que la
manière de raisonner n'a plus rien qui choque : on se
laisse amuser insensiblement comme par une espèce de
charme[5]. Voilà ce qu'il faut considérer là-dessus : laissons-nous entraîner à notre plaisir, et ne cherchons
pas matière de critiquer; c'est une chose trop aisée à

1. Les « deux sophistes » dont il est question dix lignes plus haut.
2. Le Docteur, un des personnages bouffons de la comédie italienne, le docteur Balordo, le docteur Barbaro, etc.
3. Comparez Molière, tome I, p. 21-22 ; et *passim*.
4. Ci-dessus, p. 21 et note 1.
5. Cette appréciation si exacte n'empêcha pas Perrault, dans son poème intitulé *le Siècle de Louis le Grand*, lu à la séance de

faire. Il y a bien plus de gloire à Platon d'avoir trouvé le secret de plaire dans les endroits même qu'on reprendra : mais on ne les reprendra point si on se transporte en son siècle.

J'ai encore à avertir d'une chose qui regarde l'oraison contre Verrès. Mon ami voyant qu'il n'y a de péroraison ni d'exorde qu'au commencement[1] et à la fin[2] des *Verrines*, qui toutes ensemble ne font qu'un corps, et que celle-ci[3] ne devoit pas être considérée comme un œuvre à part, et qui auroit eu toutes ses parties, il n'en a pas voulu traduire la fin, qui ne contient que des formalités de justice, et n'est pas si agréable que ce qui précède. C'est ce que j'avois à dire pour prévenir ces objections, que peut-être on ne fera point. Nous laissons le reste au jugement du lecteur.

l'Académie française du 27 janvier 1687, d'exprimer le jugement suivant sur le philosophe grec :

> Platon, qui fut divin du temps de nos aïeux,
> Commence à devenir quelquefois ennuyeux :
> En vain son traducteur[a], partisan de l'antique,
> En conserve la grâce et tout le sel attique,
> Du lecteur le plus âpre et le plus résolu
> Un dialogue entier ne sauroit être lu.

1. Où Cicéron exhorte les juges à se montrer équitables, et menace ses adversaires qui essayent de les corrompre et d'entraver l'accusation.

2. Où il rappelle les crimes de Verrès, invoque Jupiter et tous les dieux pour qu'ils assurent la punition du coupable.

3. La quatrième harangue de Cicéron contre Verrès.

[a] M. l'abbé de Maucroix. (*Note de Perrault.*)

ÉPITRES DÉDICATOIRES

I

A SON ALTESSE
MONSEIGNEUR LE DUC DE GUISE[1]
EN LUI DÉDIANT UN RECUEIL QUI A POUR TITRE

Fables nouvelles et autres poésies, imprimé à Paris en 1671.

Voyez, sur le recueil qui est l'objet de cette dédicace, l'Avertissement du même recueil, ci-dessus, p. 239; l'*Histoire de la Fontaine*, par Walckenaer, tome I, p. 226-231; et notre tome I, p. xcix-ci; et comparez à cette épître le sonnet adressé par Corneille au même duc de Guise (tome X des *OEuvres*, p. 183-184).

MONSEIGNEUR,

Ces dernières fables, et les autres pièces que j'y ai jointes, sont un tribut dont je m'acquitte envers Votre Altesse. Car, sans dire que vous êtes maître de mon loisir et de tous les moments de ma vie, puisqu'ils appartiennent à l'auguste et sage princesse[2] qui vous a

1. Joseph-Louis de Lorraine, duc de Guise, né le 7 août 1650, mort le 30 juillet 1671, quatre mois après la publication du recueil que la Fontaine lui avait dédié.
2. Marguerite de Lorraine de Vaudemont, duchesse douairière

cru digne de posséder l'héritière de ses vertus¹, vous avez reçu mes premiers respects d'une manière si obligeante, que je me suis moi-même donné à vous, avant que de vous dédier ces ouvrages. Ni le livre ni la personne ne sont des dons qui doivent être considérés. C'est en quoi je me loue davantage de votre accueil; il m'a fait l'honneur de me demander une chose de peu de prix; je la lui² ai accordée dès l'abord : vous exercez sur les cœurs une violence à laquelle il est impossible de résister. Ce témoignage vous sera rendu par des bouches plus éloquentes que n'est la mienne; je ne fais pas même de doute que vous n'occupiez un jour toutes celles de la Renommée; elle en attend les occasions avec une impatience qui marque bien ce que vos belles qualités et votre naissance lui ont promis : pendant que les astres les lui préparent, permettez que je touche légèrement aux prémices de votre gloire. Le Parnasse fait peu de dons qui ne soient accompagnés de cet encens³ que les dieux préfèrent à la richesse des temples et des offrandes. Votre Altesse le connoîtra dans la suite de ses années mieux que personne ne l'a connu; et je vous tiendrois malheureux, si, vous devant être si familier, il ne vous étoit pas agréable.

Oui, Monseigneur, je le répète encore une fois, il n'y

d'Orléans, dont la Fontaine était le gentilhomme servant depuis le 8 juillet 1664; il demeura attaché à sa maison jusqu'à la mort de cette princesse (3 avril 1672) : voyez notre tome I, p. LXXXVII-XC.

1. Élisabeth d'Orléans, dite Mlle d'Alençon, fille de Gaston de France, duc d'Orléans, oncle de Louis XIV, et de Marguerite de Lorraine; mariée le 15 mai 1667 à Joseph-Louis de Lorraine, duc de Guise, dans la chapelle du château de Saint-Germain-en-Laye (Walckenaer, *Histoire de la Fontaine*, tome I, p. 174-175; et Saint-Simon, tome III de notre Collection, p. 59-66).
2. *Il* et *lui* se rapportent au mot *accueil* personnifié.
3. Tome III, p. 330 et note 7.

a sorte de louange où vous ne puissiez aspirer : la grandeur et le haut mérite vous environnent de toutes parts; soit que vous portiez les yeux sur vous-même, soit que vous les détourniez sur la longue suite de ces héros dont vous descendez, et qui vivront éternellement dans la mémoire des hommes. L'un[1] arrête les desseins et les légions d'un grand empereur; et, par son bel ordre, par sa conduite[2], par son courage, malgré les attaques de cent mille combattants, il conserve deux ou trois provinces, avec une ville impériale; ville que l'on tenoit pour perdue, et qui, dès les premiers jours de son siège, étoit menacée d'une disette de toutes choses[3]. L'autre[4] remet sous la puissance des lis la plus importante place de nos frontières, faisant en sept jours[5] une conquête qui avoit coûté des années à nos anciens ennemis, et qui s'étoit affermie entre leurs mains par une possession de près de trois siècles. Un autre[6] rassemble en lui ce que la prudence humaine, la piété, les vertus morales et politiques ont de précieux : et tous se rendant maîtres des cœurs par cent qualités agréables et bienfaisantes, ce qui est l'empire du monde le plus souhaitable, ils sont nés encore avec une certaine éloquence par laquelle ils règnent sur les esprits. La Fortune les a fait courir quelquefois dans la carrière de l'adversité : cette volage et perfide amie leur a pu ravir

1. François de Lorraine, fils de Claude de Lorraine et d'Antoinette de Bourbon, né le 17 février 1519, mort devant Orléans le 15 février 1563.
2. Tome V, p. 430 et note 6.
3. Metz, dont le siège par Charles-Quint, qui ne put s'en emparer, dura du 8 octobre 1552 au 1er janvier 1553.
4. Ce n'est pas « l'autre », c'est le même François de Lorraine qui reprit Calais sur les Anglais et Thionville sur les Espagnols.
5. Du 1er au 8 janvier 1558.
6. Charles de Guise, frère du précédent, cardinal de Lorraine.

des dignités et des biens; mais il n'a jamais été en son pouvoir de leur ôter la valeur, la fermeté d'âme, ni l'accortise¹, ni enfin tous ces autres dons que vous tenez d'eux, et qui sont plus votre patrimoine que le nom même que vous portez. Tout le monde avoue, Monseigneur, que vous êtes digne de le porter. Votre Altesse n'a pas manqué d'en donner des preuves aussitôt que l'occasion s'en est présentée. On n'a jamais remarqué plus d'amour de gloire ni moins de crainte pour le péril en une si grande jeunesse². Ce que je dis a paru aux yeux d'un monarque qui connoît par lui le véritable mérite. L'envie de répondre aux faveurs de son alliance, pour laquelle les maîtres de l'Europe soupirent tous, l'émulation et l'exemple de vos ancêtres, mais, plus que ces choses, le témoignage de notre prince, tout cela, dis-je, vous servira d'aiguillon pour courir aux actions héroïques. Après que j'aurai loué les charmes de votre personne, cette civilité engageante, et qui ne laisse pas d'avoir un air de grandeur, ces manières si gracieuses, je louerai en vous les semences de la vertu, ou plutôt j'en louerai des fruits abondants, pour peu que le Ciel accorde de terme³ à mes jours, et me donne de loisir de vous témoigner avec combien de zèle, je suis,

Monseigneur,
    De Votre Altesse,
        Le très humble et très obéissant serviteur,
            DE LA FONTAINE.

1. Leur humeur accorte, gracieuse.
2. A l'âge de dix-huit ans le duc de Guise avait suivi Louis XIV à la conquête de la Franche-Comté.
3. Tome VI, p. 325 et note 5.

II

A MONSEIGNEUR
LE PROCUREUR GÉNÉRAL DU PARLEMENT
EN LUI DÉDIANT DEUX VOLUMES INTITULÉS

Ouvrages de prose et poésie des sieurs de Maucroix et de la Fontaine,
en 1685.

Cette épître, qui est en tête du recueil de 1685, a été réimprimée dans les *OEuvres diverses* de 1729, tome II, p. 82.

Le recueil lui-même, publié à Paris chez Claude Barbin, est divisé en deux volumes in-12 : le premier tome comprend, de la Fontaine, après la Dédicace et l'Avertissement (ci-dessus, p. 337), plusieurs fables, quelques contes, *Philémon et Baucis, les Filles de Minée,* diverses poésies, et se termine par le *Remerciement à l'Académie françoise;* le second, réservé exclusivement à Maucroix, renferme quatre Philippiques de Démosthène, la quatrième harangue de Cicéron contre Verrès, et trois Dialogues de Platon, *Eutyphron, Hippias,* et *Euthydème.*

Voyez Walckenaer, *Histoire de la Fontaine,* tome II, p. 82-84; la Notice qui est en tête des *OEuvres diverses* de Maucroix (Paris, 1854, in-12), tome I, p. ccv-ccvii; et notre tome I, p. cxxxii-cxxxiii.

Harlay[1], favori de Thémis,
Agréez ce recueil, œuvre de deux amis ;

1. Achille III de Harlay, petit-neveu de cet Achille Ier de Harlay qui avait montré tant de courage au temps de la Ligue. Achille III de Harlay, après avoir été procureur général au parlement de Paris, en fut nommé président le 18 novembre 1689. Il se démit de sa place en 1707, et mourut le 23 juillet 1712, à l'âge de soixante-treize ans : voyez le portrait piquant que Saint-Simon a tracé de lui (tomes I, p. 136-137, V, p. 166-171).

L'un[1] a pour protecteur le démon du Parnasse,
L'autre[2] de la tribune étale tous les traits :
  Donnez-leur chez vous quelque place,
  Qui les distingue pour jamais.
  Ils vous présentent leur ouvrage ;
  Je me suis chargé de l'hommage ;
  Iris[3] m'en a l'ordre prescrit.
Voici ses propres mots, si j'ai bonne mémoire :
« Acante[4], le public à vos vers applaudit ;
  C'est quelque chose ; mais la gloire
  Ne compte pas toujours les voix :
  Elle les pèse quelquefois.
Ayez celle d'Harlay, lui seul est un théâtre ;
  Veuille Phébus et Jupiter
  Qu'il trouve en vous un peu de l'air
  Des anciens[5] qu'il idolâtre ;
Vous pourrez en passant louer, m'a-t-elle dit,
  La finesse de son esprit,
  Et la sagesse de son âme ;
  Mais en passant je vous le dis. »
  Cette Iris, Harlay, c'est la dame
  A qui j'ai deux temples bâtis,
  L'un dans mon cœur, l'autre en mon livre[6].
  Puisse le dernier assez vivre
  Pour mériter que l'univers
  Dise un jour, en voyant mes vers :

---

1. La Fontaine lui-même : comparez le *Poëme du Quinquina*, chant II, vers 1.
2. Maucroix, traducteur de discours de Démosthène et de Cicéron (ci-dessus, p. 337 et 347).
3. Mme de la Sablière. Elle fit entendre au poète qu'il devait un hommage public à un homme aussi généreux envers lui : Harlay s'était chargé de son fils, l'avait pris chez lui, et s'occupait de son établissement.
4. Un des surnoms sous lesquels se désigne la Fontaine : ci-dessus, p. 245.
5. *Anciens* en trois syllabes : comparez tome V, p. 312 et note 2.
6. Tome III, p. 273 et suivantes.

« Cet œuvre est de belle structure!
Qu'en pensoit Harlay? car on sait
Que l'art, aidé de la nature,
Avoit rendu son goût parfait. »

J'aurois ici lieu de m'étendre;
Mais que serviroit-il? vous vous armez le cœur
Contre tous les appas d'un propos enchanteur :
L'éloge qui pourroit par ses traits vous surprendre[1]
Seroit d'un habile orateur.
Cicéron, Platon, Démosthènes[2],
Ornements de Rome et d'Athènes,
N'en viendroient pas à bout. Platon, par ses douceurs
Vous pourroit amuser un moment, je l'avoue;
C'est le plus grand des amuseurs.
Que Cicéron blâme ou qu'il loue,
C'est le plus disert des parleurs.
L'ennemi de Philippe est semblable au tonnerre :
Il frappe, il surprend, il atterre;
Cet homme et la raison, à mon sens, ne sont qu'un.
Vous avez avec lui ce point-là de commun.
Le privilège est beau, d'autant plus qu'il est rare :
Pendant qu'un peuple entier de la raison s'égare,
Cette fille du Ciel[3] ne bouge de chez vous;
Elle y plaça son temple avec sa sœur Astrée;
La crainte et le respect ont forgé les verrous
De cette demeure sacrée.
Non qu'on n'y puisse entrer ainsi que chez les dieux :
Au moindre des mortels la porte en est ouverte;
Nos vœux y sont ouïs, notre plainte soufferte;
L'équité sort toujours contente de ces lieux.
Que si la passion où l'intérêt nous plonge

---

1. Ci-dessus, p. 331.
2. Le second volume du recueil contient, comme nous l'avons dit, la traduction de quatre Philippiques de Démosthène, une harangue de Cicéron contre Verrès, et trois Dialogues de Platon.
3. Comparez, pour cette image, tome VII, p. 510 et note 4; et *passim*.

Fait que quelque client y mène le mensonge,
Le mensonge n'y peut imposer à vos yeux,
De quelque adresse qu'il se pique[1].
Souffrez ces vérités ; et dans vos soins divers
Quittez un peu la république[2]
Pour notre prose et pour nos vers.

Ce n'est pas assez, Monseigneur, de vous dédier en vers les derniers fruits de nos veilles. Comme il y a un volume sans poésies (et c'est le plus digne de vous être offert), j'ai cru que je vous devois confirmer ses hommages en une langue qui lui convînt. Je vous offre donc encore une fois les traductions de mon ami, et au nom de leur auteur et au mien : car je dispose de ce qui est à lui, comme s'il étoit à moi-même. Il ne s'agit pas ici seulement des suffrages que vous nous pouvez procurer à l'un et à l'autre, mais de ceux qu'on ne peut refuser sans injustice à des chefs-d'œuvre de l'antiquité. De la façon que le traducteur les a rendus, il vous sera facile d'y remarquer trois différents caractères, tous trois si beaux qu'en tout l'empire de l'éloquence, lequel est d'une si grande étendue, il n'y en a point qu'on leur puisse comparer. Ils méritent également que l'on les admire ; et c'est ce qui me semble de merveilleux, quoiqu'on sache que l'éloquence a trouvé le secret de plaire sous mille formes. Le mot de plaire ne dit pas assez : Platon, Démosthène, et Cicéron, vont bien au delà ; ils enlèveront toujours les esprits, bien que ces

---

1. Harlay, dit Saint-Simon (tome I, p. 137), « étoit un petit homme vigoureux et maigre, un visage en losange, un nez grand et aquilin, des yeux beaux, parlants, perçants, qui ne regardoient qu'à la dérobée, mais qui, fixés sur un client ou sur un magistrat, étoient pour le faire rentrer en terre ».

2. Le soin des affaires publiques. Comparez tome III, p. 159 et note 18.

grands hommes n'aient pas chez nous les avantages qu'ils avoient en ces heureux siècles où ils ont vécu, et quoique peut-être le goût du nôtre soit différent. De déterminer précisément qui des trois le doit emporter, je ne le crois pas possible[1]; y a-t-il quelqu'un d'assez hardi pour juger entre eux de la préférence? Vous protégerez, je n'en doute point, le travail de mon ami, en faveur de ces trois grands noms, et à cause de son mérite particulier. Je vous demande la même grâce pour mes ouvrages. Vous ne nous refuserez pas quelques moments d'application, après que vous aurez rempli vos devoirs pour les intérêts de Sa Majesté et de la justice. Jamais la dignité que vous exercez n'a été le commun lien de ces deux puissances avec plus d'utilité pour le public, ni plus de sujet de satisfaction pour le prince. Cette matière est si ample, et vous fuyez les éloges avec tant de soin, que je ne m'engagerai point dans le vôtre, et me contenterai de vous assurer que je suis,

Monseigneur,

Votre très humble et très obéissant serviteur,

DE LA FONTAINE.

1. Pour ce tour, voyez tome V, p. 269 et note 3; et *passim*.

POÉSIES DIVERSES

ÉLÉGIES

ÉLÉGIE I.

POUR M. FOUCQUET[1].

Cette pièce, composée sans doute en 1661, a été imprimée en caractères italiques, sans adresse ni date (3 pages in-4°), sous ce simple titre : « Élégie » ; puis publiée dans le *Recueil de quelques pièces nouvelles et galantes*, tant en prose qu'en vers (Cologne, 1667, in-12), tome II, p. 195, avec ce titre : « Pour le malheureux Oronte » ; dans les *Fables nouvelles*, etc., de 1671, p. 105 : « Pour M. F. » ; et dans le *Recueil de poésies chrétiennes et diverses* de 1671, tome III, p. 340 : « Élégie pour M. Foucquet. »

Entre autres variantes, nous en donnons trois empruntées à une copie manuscrite de la Bibliothèque de l'Arsenal (*Papiers de la famille Arnauld, correspondance privée*, tome III, in-fol.).

Voyez l'*Histoire de la Fontaine*, par Walckenaer, tome I, p. 82-100 ; notre tome I, p. LXXII ; et, dans le tome IX, les lettres XI et XII.

Remplissez l'air de cris en[2] vos grottes profondes ;
Pleurez, nymphes de Vaux, faites croître vos ondes[3],
Et que l'Anqueuil[4] enflé ravage les trésors

---

1. Il avait été arrêté à Nantes, le 5 septembre 1661, dix-neuf jours après la fête splendide offerte par lui au Roi dans son château de Vaux.
2. *Et*, dans l'édition originale : faute probable.
3. *Les Filles de Minée*, vers 269.
4. L'Anqueuil est une petite rivière qui passe à Vaux. (*Note de la Fontaine.*) — Voyez ci-dessus, p. 268.

Dont les regards de Flore ont embelli ses bors[1].
On ne blâmera point vos larmes innocentes ; 5
Vous pouvez donner cours à vos douleurs pressantes :
Chacun attend de vous ce devoir généreux ;
Les destins sont contents: Oronte[2] est malheureux[3].
Vous l'avez vu naguère[4] au bord de vos fontaines,
Qui, sans craindre du Sort les faveurs incertaines, 10
Plein d'éclat, plein de gloire, adoré des mortels,
Recevoit des honneurs qu'on ne doit qu'aux autels.
Hélas! qu'il est déchu de ce bonheur suprême!
Que vous le trouveriez différent de lui-même!
Pour lui les plus beaux jours sont de[5] secondes nuits[6]:
Les soucis dévorants[7], les regrets, les ennuis,
Hôtes infortunés de sa triste demeure,
En des gouffres de maux le plongent[8] à toute heure.
Voilà le précipice où l'ont enfin jeté

---

1. *Bors* pour rimer aux yeux avec *trésors*.
2. Une pièce du recueil imprimé Y+ 6123 de la Bibliothèque nationale (tome I, p. 144-147), « Élégie sur le sujet de la disgrâce de M. F. », a tout l'air d'une réponse à cette élégie de la Fontaine :

Vous qui plaignez Oronte, ami rare et fidèle,
Qui par de si beaux vers expliquez votre zèle, etc.

3. *Malhureux*, ici et au dernier vers, dans l'édition originale. — Voltaire, dans sa *Lettre de M. de la Visclède à M. le Secrétaire perpétuel de l'Académie de Pau*, prétend que la Fontaine avait écrit :

La *cabale* est contente, Oronte est malheureux ;

mais que depuis il changea ce mot, « quand on l'eut fait apercevoir que le grand Colbert servait le Roi et l'État avec une équité sévère, et n'était point *cabaleur* ».
4. Dans la copie de l'Arsenal : *régner*. — 5. Des. (1667.)
6. Voyez la lettre de notre poète à sa femme du 5 septembre 1663 (tome III *M.-L.*, p. 332).
7. *Philémon et Baucis*, vers 4.
8. Dans ce gouffre de maux c'est lui qui m'a plongé.
(CORNEILLE, *Théodore*, vers 1683.)

ÉLÉGIES.

Les attraits enchanteurs de la prospérité[1]! 20

Dans les palais des rois cette plainte est commune,
On n'y connoît que trop les jeux de la Fortune[2],
Ses trompeuses faveurs, ses appas inconstants;
Mais on ne les connoît que quand il n'est plus temps[3].
Lorsque sur cette mer on[4] vogue à pleines voiles, 25
Qu'on croit avoir pour soi les vents et les étoiles,
Il est bien malaisé de régler ses desirs;
Le plus sage s'endort sur la foi des zéphyrs.
Jamais un favori ne borne sa carrière;
Il ne regarde pas ce qu'il laisse en arrière; 30
Et tout ce vain amour des grandeurs et du bruit
Ne le sauroit quitter qu'après l'avoir détruit[5].
Tant d'exemples fameux que l'histoire en raconte
Ne suffisoient-ils[6] pas, sans la perte d'Oronte?
Ah! si ce faux éclat n'eût point fait ses plaisirs, 35
Si le séjour de Vaux eût borné ses desirs,
Qu'il pouvoit doucement laisser couler son âge[7]!
Vous n'avez pas[8] chez vous ce brillant équipage[9],

---

1. Dans la copie de l'Arsenal, on lit au lieu de ces deux vers :
   Il se hait de tant vivre après un tel malheur,
   Et, s'il espère encor, ce n'est qu'en sa douleur;
   C'est là le seul plaisir qui flatte son courage,
   Car des autres plaisirs on lui défend l'usage.
   Voilà, voilà l'effet de cette ambition
   Qui fait de ses pareils l'unique passion.
2. Tome III, p. 212. — 3. Tome IV, p. 24 et note 1.
4. L'on. (1667.) — 5. Ci-dessus, p. 134 et note 1.
6. Ne suffiroient-ils. (Édition originale et 1667.)
7. Comparez Properce, livre III, élégie VII, vers 43 et suivants :
   Quod si contentus, etc.
8. Vous n'avez plus. (1667.)
9. Tome IV, p. 40 et note 5. — On lit dans la copie de l'Arsenal, au lieu de ces quatre derniers vers :
   Ah! si l'ambition n'eût point fait ses desirs,

Cette foule de gens qui s'en vont chaque jour
Saluer à longs flots le soleil de la cour : 40
Mais la faveur du Ciel vous donne en récompense
Du repos, du loisir, de l'ombre, et du silence,
Un tranquille sommeil, d'innocents entretiens;
Et jamais à la cour on ne trouve ces biens.

Mais quittons ces pensers : Oronte nous appelle. 45
Vous, dont il a rendu la demeure si belle,
Nymphes, qui lui devez vos plus charmants appas,
Si le long de vos bords Louis porte ses pas,
Tâchez de l'adoucir, fléchissez son courage[1].
Il aime ses sujets, il est juste, il est sage; 50
Du titre de clément rendez-le ambitieux :
C'est par là que les rois sont semblables aux dieux[2].
Du magnanime Henri qu'il contemple la vie[3];
Dès qu'il put se venger il en perdit l'envie.
Inspirez à Louis cette même douceur : 55
La plus belle victoire est de vaincre son cœur.
Oronte est à présent un objet de clémence;
S'il a cru les conseils d'une aveugle puissance,
Il est assez puni par son sort rigoureux;
Et c'est être innocent que d'être malheureux[4]. 60

<small>Si le séjour de Vaux eût borné ses plaisirs,
Qu'il pouvoit être heureux, et qu'il eût été sage!
Vous n'avez plus chez vous ce superbe équipage.</small>

1. Ci-dessus, p. 257 et note 2.
2. Tome III, p. 248 et note 3. — Rapprochez *la Fiancée*, vers 545; et Corneille, *Cinna*, vers 1265-1266.
3. Dans l'édition originale :
    Du grand, du grand Henri qu'il contemple la vie.
4. Comparez la lettre III de Fronton à Marc-Aurèle, sur Niger.

ÉLÉGIE II.

Cette élégie a été publiée dans les *Fables nouvelles* de 1671, p. 126, et insérée dans les *OEuvres diverses* de 1729, tome I, p. 66.
Voyez Walckenaer, *Histoire de la Fontaine*, tome I, p. 228-231; et notre tome V, p. 11 et note 6.

Amour, que t'ai-je fait? dis-moi quel est mon crime :
D'où vient que je te sers tous les jours de victime?
Qui t'oblige à m'offrir encor de nouveaux fers?
N'es-tu point satisfait des maux que j'ai soufferts[1]?
Considère, cruel, quel nombre d'inhumaines[2]   5
Se vante de m'avoir appris toutes tes peines;
Car, quant à tes plaisirs, on ne m'a jusqu'ici
Fait connoître que ceux qui sont peines aussi.

J'aimai, je fus heureux : tu me fus favorable
En un âge où j'étois de tes dons incapable;   10
Chloris vint une nuit : je crus qu'elle avoit peur.
Innocent! Ah! pourquoi hâtoit-on mon bonheur?

Chloris se pressa trop; au contraire, Amarille
Attendit trop longtemps à se rendre facile.
Un an s'étoit déjà sans faveurs écoulé,   15
Quand, l'époux de la belle aux champs étant allé,
J'aperçus dans les yeux d'Amarille gagnée
Que l'heure du berger[3] n'étoit pas éloignée.
Elle fit un soupir, puis dit en rougissant :
« Je ne vous aime point, vous êtes trop pressant;   20

---

1. Ci-dessous, vers 61-62.
2. Dans *les Oies de frère Philippe*, vers 24-26 :
    J'ai servi des beautés de toutes les façons, etc.
3. Tome VII, p. 570 et note 1.

Venez sur le minuit[1], et qu'aucun ne vous voie. »
Quel amant n'auroit cru tenir alors sa proie?
En fut-il jamais un que l'on vit approcher
Plus près du bon moment, sans y pouvoir toucher?
Amarille m'aimoit; elle s'étoit rendue　　　　25
Après un an de soins et de peine assidue.
Les chagrins d'un jaloux[2] irritoient nos desirs;
Nos maux nous promettoient des biens et des plaisirs.
La nuit que j'attendois tendit enfin ses voiles,
Et me déroba même aux yeux de ses étoiles[3] :　30
Ni joueur, ni filou, ni chien, ne me troubla.
J'approchai du logis : on vint, on me parla;
Ma fortune, ce coup, me sembloit assurée.
« Venez demain, dit-on, la clef s'est égarée. »
Le lendemain l'époux se trouva de retour.　　　35
Eh bien! me plains-je à tort? me joues-tu pas, Amour[4]?

Te souvient-il encor de certaine bergère?
On la nomme Philis; elle est un peu légère :
Son cœur est soupçonné d'avoir plus d'un vainqueur,
Mais son visage fait qu'on pardonne à son cœur.　40
Nous nous trouvâmes seuls : la pudeur et la crainte
De roses et de lis à l'envi l'avoient peinte.
Je triomphai des lis et du cœur dès l'abord;
Le reste ne tenoit qu'à quelque rose encor.
Sur le point que j'allois surmonter cette honte,　45
On me vint interrompre au plus beau de mon conte[5] :

   1. Même expression au vers 218 de *la Mandragore*.
   2. Dans *le Magnifique*, vers 165 :

   .... Votre flamme
   Ne craindra point les regards d'un jaloux.

   3. Tome VI, p. 37. — 4. *Ibidem*, p. 124.
   5. Dans *l'Oraison de saint Julien*, vers 322 : « le meilleur de ce conte ».

ÉLÉGIES.

Iris entre; et depuis je n'ai pu retrouver
L'occasion d'un bien tout prêt de m'arriver[1].

Si quelque autre faveur a payé mon martyre,
Je ne suis point ingrat, Amour, je vais la dire : 50
La sévère Diane, en l'espace d'un mois,
Si je sais bien compter, m'a souri quatre fois;
Chloé pour mon trépas a fait semblant de craindre;
Amarante m'a plaint; Doris m'a laissé plaindre;
Clarice a d'un regard mon tourment couronné; 55
Je me suis vu languir dans les yeux de Daphné.
Ce sont là tous les biens donnés à mes souffrances;
Les autres n'ont été que vaines espérances;
Et, même en me trompant, cet espoir a tant fait
Que le regret que j'ai les rend maux en effet. 60

Quant aux tourments soufferts en servant quelque in-
C'est où j'excelle : Amour, tu sais si je me flatte. [grate,
Te souvient-il d'Aminte[2]? il fallut soupirer,
Gémir, verser des pleurs, souffrir sans murmurer,
Devant que mon tourment occupât sa mémoire; 65
Y songeoit-elle encore? hélas! l'osé-je croire?
Caliste faisoit pis; et, cherchant un détour,
Répondoit d'amitié quand je parlois d'amour[3] :
Je lui donne le prix sur toutes mes cruelles.

Enfin, tu ne m'as fait adorer tant de belles 70
Que pour me tourmenter en diverses façons.
Cependant ce n'est pas assez de ces leçons :
Tu me fais voir Clymène; elle a beaucoup de charmes;
Mais pour une ombre vaine elle répand des larmes;

1. Voyez tome I, p. XLI-XLII.
2. Ci-dessus, p. 244 et note 2.
3. Rapprochez la comédie de *Clymène*, vers 103-180.

Son cœur dans un tombeau fait vœu de s'enfermer, 75
Et, capable d'amour, ne me sauroit aimer.
Il ne me restoit plus que ce nouveau martyre :
Veux-tu que je l'éprouve, Amour? tu n'as qu'à dire.
Quand tu ne voudrois pas, Clymène aura mon cœur[1] :
Dis-le-lui, car je crains d'irriter sa douleur[2].   80

1. Clymène est aussi l'héroïne des trois élégies suivantes : voyez tome VII, p. 147 et note 1.
2. Pour ces sept derniers vers, comparez *la Matrone d'Éphèse*; et ci-après l'élégie v.

ÉLÉGIE III.

Cette élégie a paru dans les *Fables nouvelles* de 1671, p. 131, et a été insérée dans les *OEuvres diverses* de 1729, tome I, p. 69. Voyez ci-dessus, p. 359.

Me voici rembarqué sur la mer amoureuse[1],
Moi pour qui tant de fois elle fut malheureuse,
Qui ne suis pas encor du naufrage essuyé,
Quitte à peine d'un vœu nouvellement payé.
Que faire? mon destin est tel qu'il faut que j'aime[2];   5
On m'a pourvu d'un cœur peu content de lui-même,
Inquiet, et fécond en nouvelles amours :
Il aime à s'engager, mais non pas pour toujours[3].
Si faut-il[4] une fois brûler d'un feu durable ;
Que le succès en soit funeste ou favorable,   10
Qu'on me donne sujet de craindre ou d'espérer,

---

1. Rapprochez *l'Eunuque*, vers 49 : « étant rembarqué » ; Brantôme, tome X, p. 425, 427 ; Remy Belleau, tome II, p. 192 :

    Auant que m'embarquer à vous aimer, cruelle, etc. ;

Regnier, épître II, vers 96 et suivants :

    .... Si parfois encor je me remets en mer, etc. ;

du même l'élégie V, vers 1-17 ; Voiture, élégie II, vers 7-8 :

    .... M'embarquer dessus la même mer
    Où j'ai pensé tant de fois abîmer ;

et André Chénier, qui s'est évidemment inspiré de nos élégies, p. 267-268.

2.   *Mi fortuna aliquid semper amare dedit.*
        (PROPERCE, livre II, élégie XXII, vers 18.)

3. Pour ces quatre derniers vers, comparez André Chénier, p. 266 ; et pour le *on* du vers 6, *ibidem*, p. 312.

4. Ci-dessus, p. 317 et note 1.

Perte ou gain, je me veux encore aventurer.
Si l'on ne suit l'Amour, il n'est douceur aucune[1] :
Ce n'est point près des rois que l'on fait sa fortune ;
Quelque ingrate beauté qui nous donne des lois, 15
Encore en tire-t-on un souris quelquefois[2] ;
Et, pour me rendre heureux, un souris peut suffire.

Clymène, vous pouvez me donner un empire,
Sans que vous m'accordiez qu'un regard d'un instant :
Tiendra-t-il à vos yeux que je ne sois content ? 20
Hélas! qu'il est aisé de se flatter soi-même!
Je me propose un bien dont le prix est extrême,
Et ne sais seulement s'il m'est permis d'aimer.
Pourquoi non, s'il vous est permis de me charmer?
Je verrai les Plaisirs suivre en foule vos traces, 25
Votre bouche sera la demeure des Grâces[3],
Mille dons près de vous me viendront partager;
Et mille feux chez moi ne viendront pas loger[4]!
Et je ne mourrai pas! Non, Clymène, vos charmes
Ne paroîtront jamais sans me donner d'alarmes; 30
Rien ne peut empêcher que je n'aime aussitôt.
Je veux brûler, languir, et mourir s'il le faut[5] :
Votre aveu là-dessus ne m'est pas nécessaire.

Si pourtant vous aimer, Clymène, étoit vous plaire,
Que je serois heureux! quelle gloire[6]! quel bien! 35

1. Chez André Chénier, p. 160 :
   Sans les dons de Vénus, quelle serait la vie?...
   Que je meure! Sans elle ici-bas rien n'est doux.
2. Élégie II, vers 52.
3. Comparez dans l'épître *pour Mignon*, vers 13 :
   ....Ces mains, hôtesses des Grâces.
4. Ci-dessus, p. 291 et note 1.
5. Tome V, p. 147. — 6. *Adonis*, vers 216 et note 7.

Hors l'honneur d'être à vous je ne demande rien.
Consentez seulement de vous voir adorée :
Il n'est condition des mortels révérée
Qui ne me soit alors un objet de mépris.
Jupiter, s'il quittoit le céleste pourpris[1], 40
Ne m'obligeroit pas à lui céder ma peine.
Je suis plus satisfait de ma nouvelle chaîne
Qu'il ne l'est de sa foudre. Il peut régner là-haut :
Vous servir ici-bas c'est tout ce qu'il me faut.
Pour me récompenser, avouez-moi pour vôtre ; 45
Et, si le Sort vouloit me donner à quelque autre,
Dites : « Je le réclame ; il vit dessous ma loi :
Je vous en avertis, cet esclave est à moi ;
Du pouvoir de mes traits son cœur porte la marque,
N'y touchez point. » Alors je me croirai monarque. 50
J'en sais de bien traités, d'autres il en est peu[2] :
Je serai plus roi qu'eux[3] après un tel aveu.

Daignez donc approuver les transports de mon zèle ;
Il vous sera permis après d'être cruelle.
De ma part, le respect et les soumissions, 55
Les soins, toujours enfants des fortes passions,
Les craintes, les soucis, les fréquentes alarmes,
L'ordinaire tribut des soupirs et des larmes,
Et, si vous le voulez, mes langueurs, mon trépas,
Clymène ; tous ces biens ne vous manqueront pas. 60

1. Tome VI, p. 160 et note 2.
2. Il est peu de monarques qui ne soient bien traités des femmes.
3. Je suis plus que le roi puisque la reine m'aime.
(Victor Hugo, *Ruy Blas*, acte III, scène iv.)

ÉLÉGIE IV.

Cette élégie a été publiée dans les *Fables nouvelles* de 1671, p. 135, et insérée dans les *OEuvres diverses* de 1729, tome I, p. 72. Voyez ci-dessus, p. 359.

Ah! Clymène, j'ai cru vos yeux trop de léger[1] ;
Un seul mot les a fait de langage changer.
Mon amour vous déplaît[2] ; je vous nuis, je vous gêne :
Que ne me laissiez-vous dissimuler ma peine?
Ne pouvois-je mourir sans que l'on sût pourquoi ? 5
Vouliez-vous qu'un rival pût triompher de moi?
Tandis qu'en vous voyant il goûte des délices,
Vous le rendez heureux encor par mes supplices :
Il en jouit, Clymène, et vous y consentez!
Vos regards et mes jours par lui seront comptés! 10
J'ose à peine vous voir; il vous parle à toute heure!
Honte, dépit, amour, quand faut-il que je meure?
Hélas! étois-je né pour un si triste sort?
Sont-ce là les plaisirs qui m'attendoient encor?
Vous me deviez, Clymène, une autre destinée. 15
Mais, puisque mon ardeur est par vous condamnée,

1. *De léger*, à la légère.

— .... Ma parole et ma voix
Trop de leger s'accorda à la tienne.
(MAROT, tome II, p. 204.)

Que je me garderois de croire de léger.
(REGNIER, élégie v, vers 12.)

Voyez aussi Malherbe, tomes III, p. 395, IV, p. 70; et rapprochez, dans *les Filles de Minée*, vers 237 :

Les amants sont toujours de légère croyance.

2. Ci-dessous, vers 61.

ÉLÉGIES.   367

Le jour m'est ennuyeux[1], le jour ne m'est plus rien.
Qui me consolera? je fuis tout entretien;
Mon cœur veut s'occuper sans relâche à sa flamme[2] :
Voilà comme on vous sert; on n'a que vous dans l'âme.

Devant que sur vos traits j'eusse porté les yeux[3],
Je puis dire que tout me rioit sous les cieux.
Je n'importunois pas au moins par mes services;
Pour moi le monde entier étoit plein de délices :
J'étois touché des fleurs, des doux sons, des beaux jours;
Mes amis me cherchoient, et parfois mes amours.
Que si j'eusse voulu leur donner de la gloire,
Phébus m'aimoit assez pour avoir lieu de croire
Qu'il n'eût en ce besoin[4] osé se démentir :
Je ne l'invoque plus que pour vous divertir. [charmes;
Tous ces biens que j'ai dits n'ont plus pour moi de
Vous ne m'avez laissé que l'usage des larmes;
Encor me prive-t-on du triste réconfort[5]
D'en arroser les mains qui me donnent la mort.
Adieu plaisirs, honneurs, louange bien-aimée :   35
Que me sert le vain bruit d'un peu de renommée?
J'y renonce à présent; ces biens ne m'étoient doux
Qu'autant qu'ils me pouvoient rendre digne de vous[6].

1. De même que son substantif *ennui* (voyez tome VI, p. 271 et note 5), l'adjectif *ennuyeux* a perdu une partie de la force d'expression qu'il avait encore au dix-septième siècle.

2. Dans un cloître éloigné Malc s'occupe au silence.
  (*Poème de la captivité de saint Malc*, vers 513.)

3. Rapprochez de tout ce passage le couplet de Parménion dans *l'Eunuque*, acte I, scène IV.

4. Tomes IV, p. 159 et note 3, V, p. 170; et *passim*.

5. Tome VI, p. 178 et note 1.

6. Comparez André Chénier, p. 257 :

  Allez, Muses, partez, etc.

Je respire à regret, l'âme¹ m'est inutile ;
J'aimerois autant être une cendre infertile   40
Que d'enfermer un cœur par vos traits méprisé :
Clymène, il m'est nouveau² de le voir refusé.
Hier encor, ne pouvant maîtriser mon courage³,
Je dis sans y penser : « Tout changement soulage,
Amour, viens me guérir par un autre tourment.   45
Non, ne viens pas, Amour, dis-je au même moment :
Ma cruelle me plaît ; vois ses yeux et sa bouche.
O dieux ! qu'elle a d'appas ! qu'elle plaît ! qu'elle touche⁴ !
Dis-moi s'il fut jamais rien d'égal dans ta cour :
Ma cruelle me plaît ; non, ne viens pas, Amour⁵. »   50

Ainsi je m'abandonne au charme qui me lie :
Les nœuds n'en finiront qu'avec ceux de ma vie.
Puissent tous les malheurs s'assembler contre moi,
Plutôt que je vous manque un seul moment de foi⁶ !
Comme ai-je pu tomber dans une autre pensée⁷ ?   55
Un premier mouvement vous a donc offensée ?
Punissez-moi, Clymène, et vengez vos appas ;
Avancez, s'il se peut, l'heure de mon trépas.
Lorsque je vous rendis ma dernière visite,
Votre accueil parut froid, vous fûtes interdite.   60
Clymène, assurément mon amour vous déplaît :

1. Tome II, p. 294 et note 17.
2.   Critiquer gens m'est, dit-il, fort nouveau.
                (*La Courtisane amoureuse*, vers 121.)
3. Page 358 et note 1.
4. Tome IV, p. 261 et note 5.
5. Comparez Properce, livre I, élégie XII, vers 17-20.
6. *Ibidem*, livre II, élégie xx, vers 29-36.
7. *Comme*, pour *comment*, employé d'une façon interrogative, a vieilli. Malherbe (tome I, p. 70, 259), Corneille (tomes II, p. 296, 455, III, p. 533, IV, p. 67), Molière (tome III, p. 190), etc., s'en servent encore.

ÉLÉGIES.

Pourquoi donc de ma mort retardez-vous l'arrêt?
Faut-il longtemps souffrir pour l'honneur de vos charmes?
Eh bien! j'en suis content[1]? baignez-vous dans mes lar-
Je suis à vous, Clymène : heureux si quelque jour [mes;
Je vous plais par ma mort plus que par mon amour!

1.   S'il est fatal toutefois que j'expire,
   J'en suis content.
            (*La Mandragore*, vers 260-261.)

ÉLÉGIE V.

Cette élégie a été imprimée dans les *Fables nouvelles* de 1671, p. 140, et insérée dans les *OEuvres diverses* de 1729, tome I, p. 75. Voyez ci-dessus, p. 359.

J'avois cru jusqu'ici bien connoître l'amour :
Je me trompois, Clymène; et ce n'est que d'un jour
Que je sais à quel point peuvent monter ses peines[1].
Non pas qu'ayant brûlé pour beaucoup d'inhumaines[2],
Un esclavage dur ne m'ait assujetti ; 5
Mais je compte pour rien tout ce que j'ai senti.
Des douleurs qu'on endure en servant une belle
Je n'avois pas encor souffert la plus cruelle.
La Jalousie[3] aux yeux incessamment ouverts,
Monstre toujours fécond en fantômes divers, 10
Jusque-là, grâce aux dieux, n'en avoit pu produire
Que mon cœur eût trouvés capables de lui nuire.
Pour les autres tourments, ils m'étoient fort communs :
Je nourrissois chez moi les soucis importuns,
La folle inquiétude en ses plaisirs légère, 15
Des lieux où l'on la porte hôtesse passagère[4] ;
J'y nourrissois encor les desirs sans espoir,
Les soins toujours veillants, le chagrin toujours noir,
Les peines que nous cause une éternelle absence.
Tous ces poisons[5] mêlés composoient ma souffrance ; 20
La Jalousie y joint à présent son ennui :

1. *Le Petit Chien*, vers 347-348.
2. Élégie II, vers 5.
3. *Les Filles de Minée*, vers 253-254.
4. Élégie III, vers 5-7.
5. Tomes VI, p. 248, VII, p. 517 ; etc.

ÉLÉGIES.

Hélas! je ne connois l'amour que d'aujourd'hui.

Un mal qui m'est nouveau¹ s'est glissé dans mon âme;
Je meurs. Ah! si c'étoit seulement de ma flamme!
Si je ne périssois que par mon seul tourment! 25
Mais le vôtre me perd : Clymène, un autre amant,
Même après son trépas, vit dans votre mémoire.;
Il y vivra longtemps; vos pleurs me le font croire.
Un mort a dans la tombe emporté votre foi²!
Peut-être que ce mort sut mieux aimer que moi. 30

Certes! il en donna des marques bien certaines,
Quand, pour le soulager de l'excès de ses peines,
Vous lui voulûtes bien conseiller, par pitié,
De réduire l'amour aux termes d'amitié³.
Il vous crut; et pour moi, je n'ai d'obéissance 35
Que quand on veut que j'aime avecque violence.
Tant d'ardeur semblera condamnable à vos yeux;
Mais n'aimez plus ce mort, et vous jugerez mieux.
Comment ne l'aimer plus? on y songe à toute heure,
On en parle sans cesse, on le plaint, on⁴ le pleure : 40
Son bonheur avec lui ne sauroit plus vieillir :
Je puis vous offenser; il ne peut plus faillir.
O trop heureux amant! ton sort me fait envie.
Vous l'appelez ami : je crois qu'en votre vie
Vous n'en fîtes un seul qui le fût à ce point. 45
J'en sais qui vous sont chers, vous ne m'en parlez point :

1. Élégie IV, vers 42 et note 2.
2. Pour ce passage, et ci-après pour les vers 38-50, 56, etc., comparez *la Matrone d'Éphèse*.
3. Cette idée que la Fontaine va tourner et retourner jusqu'à la fin de l'élégie, il l'avait déjà développée aux vers 85-180 de sa comédie de *Clymène*, à laquelle nous renvoyons de l'élégie II, vers 68, note 3.
4. Ci-dessous, vers 101, 106.

Pour celui-ci, sans cesse il est dans votre bouche.
Clymène, je veux bien que sa perte vous touche;
Pleurez-la, j'y consens : ce regret est permis;
Mais ne confondez point l'amant et les amis. 50
Votre cœur juge mal du motif de sa peine[1] : [mène;
Ces pleurs sont pleurs d'amour, je m'y connois, Cly-
Des amis si bien faits méritent, entre nous,
Que sous le nom d'amants ils soient pleurés par vous.

Ne déguisez donc plus la cause de vos larmes[2]; 55
Avouez que ce mort eut pour vous quelques charmes.
Il joignoit les beautés de l'esprit et du corps;
Ce n'étoient cependant que ses moindres trésors :
Son âme l'emportoit. Quoiqu'on prise la mienne,
Je la réformerois de bon cœur sur la sienne. 60
Exceptez-en un point qui fait seul tous mes biens :
Je ne changerois pas mes feux contre les siens.
Puisqu'il n'étoit qu'ami, je le surpasse en zèle;
Et mon amour vaut bien l'amitié la plus belle.
Je n'en puis relâcher[3]. N'engagez point mon cœur 65
A tenter les moyens d'en être le vainqueur :
Je me l'arracherois; et vous en seriez cause.
Moi cesser d'être amant! et puis-je être autre chose?
Puis-je trouver en vous ce que j'ai tant loué,
Et vouloir pour ami sans plus être avoué? 70
Non, Clymène, ce bien, encor qu'inestimable,
N'a rien de votre part qui me soit agréable :
D'une autre que de vous je pourrois l'accepter;
Mais quand vous me l'offrez, je dois le rejeter.

1. Se trompe lui-même.
2. *Adonis*, vers 24.
3. J'ai honte que mon cœur auprès d'elle attaché
De son ardeur pour vous ait souvent relâché.
(CORNEILLE, *Clitandre*, vers 1311-1312.)

Il ne m'importe pas que d'autres en jouissent ; 75
Gardez votre présent à ceux qui me haïssent.

Aussi bien ne m'est-il réservé qu'à demi.
Dites, me traitez-vous encor comme un ami?
Tâchez-vous de guérir mon cœur de sa blessure?
On diroit que ma mort vous semble trop peu sûre. 80
Depuis que je vous vois, vous m'offrez tous les jours
Quelque nouveau poison[1] forgé par les Amours.
C'est tantôt un clin d'œil, un mot, un vain sourire,
Un rien ; et pour ce rien[2] nuit et jour je soupire !
L'ai-je à peine obtenu, vous y joignez un mal 85
Qu'après moi l'on peut dire à tous amants fatal.
Vous me rendez jaloux ; et de qui ? Quand j'y songe,
Il n'est excès d'ennuis où mon cœur ne se plonge.
J'envie un rival mort ! M'ajoutera-t-on foi
Quand je dirai qu'un mort est plus heureux que moi ? 90
Cependant il est vrai. Si mes tristes pensées
Vous sont avec quelque art sur le papier tracées,
« Cléandre, dites-vous, avoit cet art aussi. »
Si par de petits soins j'exprime mon souci[3],
Il en faisoit autant, mais avec plus de grâce. 95
Enfin, si l'on vous croit, en rien je ne le passe ;
Vous vous représentez tout ce qui vient de lui,
Tandis que dans mes yeux vous lisez mon ennui.
Ce n'est pas tout encor : vous voulez que je voie
Son portrait, où votre âme a renfermé sa joie : 100
« Remarquez, me dit-on, cet air rempli d'attraits. »
J'en remarque après vous jusques aux moindres traits ;
Je fais plus : je les loue, et souffre que vos larmes

1. Ci-dessus, vers 20.
2.   Un mot, un geste, un rien.
      (André Chénier, p. 233.)
3. Ma peine, mon martyre.

Arrosent à mes yeux ce portrait plein de charmes.
Quelquefois je vous dis : « C'est trop parler d'un mort » ;
A peine on s'en est tu, qu'on en reparle encor.
« Je porte, dites-vous, malheur à ceux que j'aime :
Le Ciel, dont la rigueur me fut toujours extrême,
Leur fait à tous la guerre, et sa haine pour moi
S'étendra sur quiconque engagera ma foi.   110
Mon amitié n'est pas un sort digne d'envie :
Cléandre, tu le sais, il t'en coûte la vie.
Hélas! il m'a longtemps aimée éperdument ;
En présence des dieux il en faisoit serment :
Je n'ai réduit son feu qu'avec beaucoup de peine. » 115
Si vous l'avez réduit, avouez-moi, Clymène,
Que le mien, dont l'ardeur augmente tous les jours,
Mieux que celui d'un mort mérite vos amours.

ÉLÉGIE VI.

POUR M. L. C. D. C.

Cette élégie a paru dans les *OEuvres posthumes*, p. 234, et dans les *OEuvres diverses* de 1729, tome I, p. 87.

     Vous demandez, Iris, ce que je fais :
     Je pense à vous, je m'épuise en souhaits.
     Être privé de les dire moi-même,
     Aimer beaucoup, ne point voir ce que j'aime,
     Craindre toujours quelque nouveau rival,   5
     Voilà mon sort. Est-il tourment égal ?
     Un amant libre a le Ciel moins contraire :
     Il peut vous rendre un soin qui vous peut plaire ;
     Ou, s'il ne peut vous plaire par des soins,
     Il peut mourir à vos pieds tout au moins.   10
     Car je crains tout ; un absent doit tout craindre ;
     Je prends l'alarme aux bruits que j'entends feindre :
     On dit tantôt que votre amour languit ;
     Tantôt qu'un autre a gagné votre esprit.
     Tout m'est suspect ; et cependant votre âme   15
     Ne peut si tôt brûler d'une autre flamme :
     Je la connois ; une nouvelle amour
     Est chez Iris l'œuvre de plus d'un jour[1].
     Si l'on m'aimoit, je suis sûr que l'on m'aime ;
     Mais m'aimoit-on ? Voilà ma peine extrême.   20
     Dites-le-moi, puis le recommencez.
     Combien ? cent fois ? Non, ce n'est pas assez :
     Cent mille fois ? Hélas ! c'est peu de chose[2].

1. Tome III, p. 269.
2. *Adonis*, vers 111-114.

Je vous dirai, chère Iris, si je l'ose,
Qu'on ne le croit qu'au milieu des plaisirs   25
Que l'hyménée accorde à nos desirs.
Même un tel soin là-dessus nous dévore,
Qu'en le croyant on le demande encore.

Mais c'est assez douter de votre amour :
Doutez-vous point du mien à votre tour?   30
Je vous dirai que toujours même zèle,
Toujours ardent, toujours pur et fidèle,
Règne pour vous dans le fond de mon cœur.
Je ne crains point la cruelle longueur
D'une prison où le sort vous oublie,   35
Ni les vautours de la mélancolie;
Je ne crains point les languissants ennuis,
Les sombres jours, les inquiètes nuits,
Les noirs moments, l'oisiveté forcée,
Ni tout le mal qui s'offre à la pensée   40
Quand on est seul, et qu'on ferme sur vous
Porte sur porte, et verrous sur verrous.
Tout est léger. Mais je crains que votre âme
Ne s'attiédisse et s'endorme en sa flamme[1],
Ou ne préfère, après m'avoir aimé,   45
Quelque amant libre à l'amant enfermé.

1. *Le Petit Chien*, vers 90.

FIN DES ÉLÉGIES.

ODES

I

ODE ANACRÉONTIQUE.

A MADAME LA SURINTENDANTE

SUR CE QU'ELLE EST ACCOUCHÉE AVANT TERME, DANS LE CARROSSE, EN REVENANT DE TOULOUSE.

Cette ode, adressée à Marie-Madeleine de Castille-Villemareuil, seconde femme de Foucquet[1], a été copiée par Chardon de la Rochette[2] sur une feuille volante apostillée de la main de Pellisson, et a été publiée par lui à la suite de l'*Histoire de la Fontaine* de Mathieu Marais, p. 123 de l'édition in-12, p. 161 de l'édition in-16 (1811); Fayolle lui a donné place dans les *Œuvres diverses* de notre auteur (Paris, 1813, in-18), tome I, p. 3.

1. Il laissa de son mariage avec cette seconde femme une fille qui fut mariée à Crussol d'Uzès, marquis de Monsalez, et trois fils, Henri-Nicolas Foucquet, comte de Vaux, Charles-Armand, prêtre de l'Oratoire, et Louis, marquis de Belle-Isle, qui fut père du maréchal de Belle-Isle.
2. Il dit, en parlant de cette pièce et des madrigaux III et V de notre recueil : « Les feuilles volantes qui les contiennent et qui, par un hasard heureux, sont tombées entre mes mains, sont précisément celles que Pellisson envoyait à Foucquet; elles sont apostillées de sa main et écrites par un excellent calligraphe. »

POÉSIES DIVERSES.

Puis-je ramentevoir[1] l'accident plein d'ennui
Dont le bruit en nos cœurs mit tant d'inquiétudes?
Aurai-je bonne grâce à blâmer aujourd'hui
Carrosses en relais, chirurgiens un peu rudes?

Falloit-il que votre œuvre imparfait fût laissé? 5
Ne le deviez-vous pas rapporter de Toulouse?
A quoi songeoit l'Amour qui l'avoit commencé,
Et sont-ce là des traits de véritable épouse?

Ne quittant qu'avec peine un mari par trop cher,
Et le voyant partir pour un si long voyage, 10
Vous le voulûtes suivre, il ne put l'empêcher:
De vos chastes amours vous lui dûtes ce gage.

Dites-nous s'il devoit être fille ou garçon,
Et si c'est d'un Amour, ou si c'est d'une Grâce,
Que vous avez perdu l'étoffe et la façon[2], 15
A quelque autre poupon laissant libre la place.

Pour tous les fruits[3] d'hymen qui sont sur le métier[4],

---

1. Rappeler à la mémoire, remémorer : vieux mot qui est encore dans le *Dépit amoureux* de Molière, vers 889 :

> Ne ramentevons rien, et réparons l'offense
> Par la solennité d'une heureuse alliance.

Comparez *les Cent Nouvelles nouvelles*, p. 17, 181, 189, 190, 95 : « Et si luy vint ramenteuoir les plaisans passetemps qu'elle souloit auoir »; Rabelais, tome I, p. 219, 170 : « Les personnages querelans estoient plus à contempner que à ramenteuoîr »; Marot, tomes I, p. 41, 55, 102, II, p. 93, 98, 125, et *passim*; Jodelle, tome II, p. 98 :

> Et tousiours solitaire à part ie ramentoy
> Tes gracieux propos;

etc., etc. — Voyez la Bruyère, tome II, p. 213 et note 7.

2. Tome IV, p. 161 et note 5.
3. Tome V, p. 580 et note 3. — 4. Tome IV, p. 164.

Carrosses en relais sont méchante voiture.
Votre poupon, au moins, devoit avoir quartier :
Il étoit digne, hélas! de plus douce aventure. 20

Vous l'auriez achevé sans qu'il y manquât rien,
De Grâces et d'Amours étant bonne ouvrière[1].
Dieu ne l'a pas voulu peut-être pour un bien;
Aux dépens de nos cœurs il eût vu la lumière.

Olympe, assurément vous auriez mis au jour 25
Quelque sujet charmant et peut-être insensible.
Votre sexe ou le nôtre en seroit mort d'amour;
Mais nous ne gagnons rien; c'est un sort infaillible.

Ce miracle ébauché laisse ici frère et sœurs.
Chez vous, mâle et femelle il en est une bande : 30
Un seul étant perdu ne nous rend point nos cœurs;
De ceux qui sont restés la part sera plus grande.

1. Tome IV, p. 162 et note 6; et ci-dessus, p. 96.

II
ODE
POUR LA PAIX.

Cette ode a paru d'abord dans les *Fables nouvelles* de 1671, p. 80, puis dans les *Ouvrages de prose et de poésie* de 1685, tome I, p. 121, et dans les *OEuvres diverses* de 1729, tome I, p. 30.

Elle a été écrite avant la conclusion de la paix des Pyrénées (7 novembre 1659) qui se traitait alors.

Rapprochez le Prologue d'*Astrée* (tome VII, p. 509-515), le début de l'autre *Ode pour la paix* (ci-dessous, p. 408); et voyez l'*Histoire de la Fontaine*, par Walckenaer, tome I, p. 68-70.

    Le noir démon des combats
    Va quitter cette contrée;
    Nous reverrons ici-bas
    Régner la déesse Astrée[1].

    La paix, sœur du doux repos,   5
    Et que Jules va conclure,
    Fait déjà refleurir Vaux[2];
    Dont je tire un bon augure[3].

1. Ci-dessus, p. 349.
2. Ce nom de *Vaux* est laissé en blanc dans le recueil de 1685.
3. Dans les *Fables nouvelles* de 1671, où cette ode a paru pour la première fois, elle commence à la seconde strophe, qui est ainsi changée :

    Quand Jules, las de nos maux,
    Partit pour la paix conclure,
    Il alla coucher à Vaux,
    Dont je tire un bon augure.

Parti de Paris le 25 juin pour se rendre à Saint-Jean-de-Luz, Mazarin dîna à Vaux le 26, et coucha à Fontainebleau : « M. le Car-

ODES.

S'il tient ce qu'il a promis,
Et qu'un heureux mariage 10
Rende nos rois bons amis,
Je ne plains¹ pas son voyage.

Le plus grand de mes souhaits
Est de voir², avant les roses,
L'Infante avecque la Paix; 15
Car ce sont deux belles choses.

O Paix, infante³ des cieux,
Toi que tout heur⁴ accompagne,
Viens vite embellir ces lieux
Avec l'Infante d'Espagne. 20

Chasse des soldats gloutons
La troupe fière et hagarde⁵,
Qui mange tous mes moutons⁶,
Et bat celui qui les garde.

Délivre ce beau séjour 25

---

dinal partit pour Saint-Jean-de-Luz, passa à Vaux, et, après avoir épuisé pour les affaires publiques tout ce que chacune des personnes dont je me servois avoit de crédit, me redemanda le même jour sur ses appointements quinze mille pistoles, et manda au sieur Colbert de m'en donner les décharges. » (*Recueil des Défenses de Mᵉ Fouquet, sur tous les points de son procès*, 1665, in-18, tome II, p. 90.)

1. Je ne regrette pas : tome VII, p. 35 et note 1.
2. C'est de voir. (Variante d'un manuscrit de la bibliothèque Didot vendu comme original, le 6 juin 1878, n° 377 du catalogue.)
3. Tome IV, p. 401.
4. *Heur*, bonne fortune : tome VII, p. 49, 71, 113, 152; et *passim*.
5. *Poëme de la captivité de saint Malc*, vers 71.
6. Tous nos moutons. (1729.)

De leur brutale furie,
Et ne permets qu'à l'Amour
D'entrer dans la bergerie.

Fais qu'avecque le berger[1]
On puisse voir la bergère,   30
Qui coure d'un pied léger,
Qui danse[2] sur la fougère,

Et qui, du berger tremblant
Voyant le peu de courage,
S'endorme ou fasse semblant   35
De s'endormir[3] à l'ombrage[4].

O Paix! source de tout bien,
Viens enrichir cette terre,
Et fais qu'il n'y reste rien
Des images de la guerre.   40

Accorde à nos longs desirs
De plus douces destinées;
Ramène-nous les plaisirs,
Absents depuis tant d'années.

Étouffe tous ces travaux,   45
Et leurs semences mortelles[5] :

---

1. « Souffre qu'avec le berger », dans les *Fables nouvelles* de 1671.
2. Et danse. (Ms Didot.)
3. Situation inverse dans le conte de *Mazet*, vers 109-111.
4. Sous l'ombrage. (Ms Didot.)
5. Même métaphore chez Racine, *Alexandre*, vers 1489 :
   Étouffe dans mon sang ces semences de guerre;
et chez André Chénier, p. 301 :
   Et de son fol amour étouffer la semence.

Que les plus grands[1] de nos maux
Soient les rigueurs de nos belles ;

Et que nous passions les jours[2]
Étendus sur l'herbe tendre[3],   50
Prêts à conter nos amours
A qui voudra les entendre.

1. Dans le manuscrit Didot, *grands* corrige *durs*.
2. Nos jours. (Ms Didot.)
3. *Adonis*, vers 143.

III
ODE
POUR MADAME[1].

Cette ode fut publiée dans les *Fables nouvelles* de 1671, p. 73, avec la lettre à Foucquet qui l'accompagnait (tome III *M.-L.*, p. 296), et insérée ensuite dans les *OEuvres diverses* de 1729, tome II, p. 18. Lettre et ode furent envoyées par notre poète pour acquitter un terme de sa pension poétique, celui d'avril 1661 : voyez Walckenaer, *Histoire de la Fontaine*, tome I, p. 74; et notre tome I, p. LXI.

>   Pendant le cours des malheurs
>   Qu'enfante une longue guerre,
>   L'Olympe ému de nos pleurs
>   Voulut consoler la terre :
>   Il fit naître la beauté 5
>   Qui tient Philippe arrêté[2],
>   Beauté sur toutes insigne :
>   D'un présent si précieux
>   Si la terre étoit indigne,
>   C'est un don digne des cieux. 10

>   Des trésors du firmament[3]

1. Henriette-Anne d'Angleterre, fille du roi Charles Ier et de Henriette-Marie de France, mariée, le 31 mars 1661, à Philippe de France, duc d'Orléans.
2.   Ne sentirai-je plus de charme qui m'arrête?
                             (*Les Deux Pigeons*, vers 82.)
Voyez aussi *les Quiproquo*, vers 47-48.
3.   Un fin diamant

Cette Princesse se pare,
Et les dieux, en la formant,
N'ont rien produit que de rare ;
Ils ont rendu ses appas 15
L'ornement de nos climats
Et la gloire de notre âge.
Le conseil des Immortels
Augmenta par cet ouvrage
Les honneurs de ses autels[1]. 20

Elle reçut la beauté
De la reine de Cythère,
De Junon la majesté,
Des Grâces le don de plaire ;
L'éclat fut pris du Soleil, 25
Et l'Aurore au teint vermeil
Donna les lèvres de roses :
Lorsque d'un mélange heureux
Le Ciel eut uni ces choses,
Il en devint amoureux. 30

La Tamise sur ses bords
Vit briller et disparoître
Le riche amas des trésors
Qu'à peine elle avoit vus naître[2] ;
Elle eut honte qu'un objet, 35
Pris au trésor du firmament.
(Voiture, *Poésies*, p. 67.)

Comparez tome III, p. 277 et note 17.

1. En y plaçant cette nouvelle divinité.
2. Ce fut l'année même de sa naissance (16 juin 1644), dix-sept jours après, que sa mère dut se réfugier en France, sans pouvoir emmener sa fille, qui demeura deux ans prisonnière à Exeter avant d'être soustraite à ses gardiens et embarquée pour le continent.

De tant de vœux le sujet[1],
Cherchât une autre demeure :
Heureuse, si pour toujours
Le Ciel eût à la même heure
Cessé d'éclairer son cours[2] ! 40

Les Anglois virent partir
La Princesse et tous ses charmes,
Sans qu'elle pût consentir
Qu'on la rendît à leurs larmes ;
Ces peuples, avant ce jour, 45
Glorieux de son séjour,
Se croyoient seuls dignes d'elle :
Ils le croyoient vainement,
Car la France est d'une belle
Le véritable élément. 50

Bientôt, selon nos desirs,
Nous en devînmes les hôtes ;
Une troupe de Zéphyrs
L'accompagna dans nos côtes[3] :
C'est ainsi que vers Paphos 55
On vit jadis sur les flots
Voguer la fille de l'onde[4],
Et les Amours et les Ris,
Comme gens d'un autre monde,
Étonnèrent les esprits[5]. 60

1. A la fois *objet* et *sujet*, l'objet auquel se rapporte l'amour, le sujet qui le fait naître.
2. Parce qu'elle n'aurait pas vu l'exécution de Charles Ier.
3. Tome IV, p. 409 et note 6.
4. *Adonis*, vers 67. — Comparez *Psyché*, livre II (ci-dessus, p. 185-186).
5. Ci-dessous, p. 455.

Telle vint en ce séjour
La merveille que je chante :
Elle crût, et notre cour
Reprit sa face riante.
Autant que Mars florissoit,
Amour alors languissoit,
Levant à peine les ailes ;
L'astre né chez les Anglois,
A la honte de nos belles,
Le rétablit dans ses droits.

Que de princes amoureux
Ont brigué son hyménée !
Elle a refusé leurs vœux ;
Pour Philippe elle étoit née :
Pour lui seul elle a quitté
Le Portugais¹ indompté,
Roi des terres inconnues,
Le voisin du fier croissant²,
Et de nos Alpes chenues³
Le monarque florissant⁴.

Philippe est un bien si doux,
Que c'est le seul qui l'enflamme ;
Sous les cieux que voyons-nous
Qui soit du prix de son âme⁵ ?
Les héritières des rois

1. Alphonse-Henri, roi de Portugal.
2. Léopold Ier, empereur d'Autriche.
3.   Les haultz sourcis des grands Alpes chenues.
                  (Du Bellay, tome I, p. 225.)
4. Charles-Emmanuel, duc de Savoie.
5. Voyez le portrait de Philippe d'Orléans chez Saint-Simon, tome III, p. 33-37.

Ont souhaité mille fois
D'en faire la destinée;
C'est un plus glorieux sort
Que de se voir couronnée
Reine des sources de l'or¹.   90

Mais si son cœur est d'un prix
Pour qui la terre est petite,
L'objet dont il est épris
N'est pas d'un moindre mérite;
Si sa beauté le surprit,   95
Des grâces de son esprit
De jour en jour il s'enflamme :
La Princesse tient des cieux
Du moins autant par son âme
Que par l'éclat de ses yeux².   100

Ils sont joints ces jeunes cœurs
Qui du Ciel tirent leur race :
Puissent-ils être vainqueurs
Des ans par qui tout s'efface!
Que de leurs desirs constants³   105

1. Du Brésil : les rois de la maison de Bragance s'intitulaient rois de Portugal et de Brésil. Mais c'est surtout l'Espagne qui possédait et exploitait « les sources de l'or ». Les Portugais, par leurs expéditions dans la Sonde et aux Moluques, par leurs navigations hardies vers l'est, étaient plutôt devenus les « rois des Épices », et Lisbonne un des centres du commerce de l'Europe. — « Et quoique le roi d'Angleterre, dont le cœur égale la sagesse, sût que la princesse sa sœur, recherchée de tant de rois, pouvoit honorer un trône, il lui vit remplir avec joie la seconde place de France, que la dignité d'un si grand royaume peut mettre en comparaison avec les premières du reste du monde. » (BOSSUET, Oraison funèbre de Henriette-Anne d'Angleterre, duchesse d'Orléans.)

2. Page 384 et note 3.

3. *Philémon et Baucis*, vers 17.

Dure à jamais le printemps,
Rempli de jours agréables!
O couple aussi beau qu'heureux,
Vous serez toujours aimables;
Soyez toujours amoureux[1].

Que de vous naisse un héros
Dont les palmes immortelles
Ne donnent aucun repos
Aux nations infidèles;
Que le fruit de vos amours
Égale aux herbes leurs tours[2],
Mette leurs villes en cendre;
Et puisse un jour l'univers
Devoir un autre Alexandre
Au Philippe de mes vers!

---

1. Ci-dessous, p. 455. — Sur les rapports des deux époux, voyez Saint-Simon, déjà cité, tome III, p. 44.

2.   Les fieres montagnes
       Aux humbles campagnes
       On voit egalées.
           (Du Bellay, tome I, p. 85; *ibidem*, p. 132.)

IV

ODE

AU ROI.

[POUR M. FOUCQUET.]

Cette ode parut dans les *Fables nouvelles* de 1671, p. 109, dans le *Recueil de poésies chrétiennes et diverses* de la même année, tome III, p. 34, et dans les *OEuvres diverses* de 1729, tome I, p. 52. Voyez la lettre de notre poète à Foucquet du 30 janvier 1663, qui prouve que ce dernier n'était pas satisfait de cette ode ; et notre tome I, p. LXXIII.

Prince qui fais nos destinées[1],
Digne monarque des François,
Qui du Rhin jusqu'aux Pyrénées
Portes la crainte de tes lois,
Si le repentir de l'offense   5
Sert aux coupables de défense[2]
Près d'un courage[3] généreux,
Permets qu'Apollon t'importune,
Non pour les biens et la fortune[4],
Mais pour les jours d'un malheureux.   10

Ce triste objet de ta colère
N'a-t-il point encore effacé

1. Arbitre de notre sort.
2. Il n'est crime envers moi qu'un repentir n'efface.
(CORNEILLE, *Cinna*, vers 1117.)
3. Ci-dessus, p. 368 et note 3.
4. Non pour les biens de la fortune.
(1729.)

Ce qui jadis t'a pu déplaire
Aux emplois où tu l'as placé?
Depuis le moment qu'il soupire,
Deux fois l'hiver en ton empire
A ramené les aquilons;
Et nos climats ont vu l'année
Deux fois de pampre couronnée
Enrichir coteaux et vallons[1].

Oronte seul, ta créature,
Languit dans un profond ennui;
Et les bienfaits de la nature
Ne se répandent plus pour lui.
Tu peux d'un éclat de ta foudre
Achever de le mettre en poudre :
Mais si les dieux à ton pouvoir
Aucunes bornes n'ont prescrites,
Moins ta grandeur a de limites,
Plus ton courroux en doit avoir.

Réserve-le pour des rebelles;
Ou, si ton peuple t'est soumis,
Fais-en voler les étincelles
Chez tes superbes ennemis.
Déjà Vienne est irritée
De ta gloire aux astres montée[2] :
Ses monarques en sont jaloux;
Et Rome t'ouvre une carrière

---

1. Depuis que tu n'es plus, la campagne déserte
A dessous deux hivers perdu sa robe verte
Et deux fois le printemps l'a repeinte de fleurs.
(MALHERBE, *aux Ombres de Damon*, tome I, p. 59; *ibidem*, p. 88.)

2. Allusion au traité entre la France, l'Angleterre et la Hollande, contre la maison d'Autriche, conclu à la fin de l'année 1662.

Où ton cœur trouvera matière
D'exercer ce noble courroux[1].   40

Va-t'en punir l'orgueil du Tibre;
Qu'il te souvienne que ses lois
N'ont jadis rien laissé de libre
Que le courage des Gaulois.
Mais parmi nous sois débonnaire;   45
A cet empire si sévère
Tu ne te peux accoutumer,
Et ce seroit trop te contraindre :
Les étrangers te doivent craindre,
Tes sujets te veulent aimer.   50

L'Amour est fils de la Clémence;
La Clémence est fille des dieux :
Sans elle toute leur puissance
Ne seroit qu'un titre odieux.
Parmi les fruits de la victoire,   55
César, environné de gloire,
N'en trouva point dont la douceur
A celui-ci pût être égale;
Non pas même aux champs où Pharsale
Lui donna le nom de vainqueur[2].   60

1. Le duc de Créqui, ambassadeur de France, avait été insulté par les gardes corses du Pape, le 20 août 1662. Dès le 30 août, Louis XIV notifia au nonce Piccolomini les satisfactions qu'il exigeait : envoi du cardinal Chigi, neveu du Pape, à l'ambassadeur pour lui faire des excuses; envoi d'un nonce extraordinaire au Roi; supplice par la potence des officiers corses présents à l'attentat et de vingt soldats; érection vis-à-vis de leur ancien corps de garde d'une pyramide infamante contenant les articles de la satisfaction exigée : voyez le tome VII du Retz de notre Collection, p. VI-XIII et 1-22.

2.   L'honora du nom de vainqueur.

(1729.)

— Voyez la lettre, citée, à Foucquet.

Je ne veux pas te mettre en compte
Le zèle ardent ni les travaux,
En quoi tu te souviens qu'Oronte
Ne cédoit point à ses rivaux.
Sa passion pour ta personne,   65
Pour ta grandeur, pour ta couronne,
Quand le besoin s'est vu pressant,
A toujours été remarquable;
Mais, si tu crois qu'il est coupable,
Il ne veut point être innocent.   70

Laisse-lui donc pour toute grâce
Un bien qui ne lui peut durer[1],
Après avoir perdu la place
Que ton cœur lui fit espérer.
Accorde-nous les foibles restes   75
De ses jours tristes et funestes,
Jours qui se passent en soupirs.
Ainsi les tiens filés de soie[2]
Puissent se voir comblés de joie,
Même au delà de tes desirs!   80

1. Une vie qui ne sera pas longue.
2. *Adonis*, vers 131 et note 7.

V

PARAPHRASE DU PSAUME XVII, *Diligam te, Domine.*

Cette paraphrase fut insérée dans le *Recueil de poésies chrétiennes et diverses* de 1671, tome I, p. 413, et réimprimée dans les *OEuvres diverses* de 1729, tome I, p. 154.

Marot (tome IV, p. 91), Racine (tome IV, p. 138), ont également imité ce psaume XVII; le fils de ce dernier, Louis Racine, en a essayé lui-même une traduction (tome I de ses *OEuvres*, Paris, 1808, in-8°, p. 355).

N'oublions pas les *CL Psaumes de David mis en vers françois* par Philippe des Portes (Paris, 1597, in-8°).

Voyez notre tome I, p. CII-CIII.

Où sont ces troupes animées ?
Où sont-ils, ces fiers ennemis ?
Je les ai vaincus et soumis :
Gloire en soit au Dieu des armées !
Par lui je me vois triomphant ;   5
Il me protège, il me défend[1] :
Je n'ai qu'à l'invoquer, comme il n'a qu'à m'entendre.
Que de l'aimer toujours louable est le dessein !
Quelle place en mon cœur ne doit-il point prétendre,
Après m'avoir offert un asile en son sein ? 10

  De leur triste et sombre demeure
  Les démons, esprits malheureux,
  Venoient d'un poison dangereux
  Menacer mes jours à toute heure.
  Ils entroient jusqu'en mes sujets, 15
  Jusqu'en mon fils, dont les projets

1. *Et refugium meum, et liberator meus.* (Psaume XVII, verset 2.)

Me font encor frémir de leur cruelle envie[1];
Jusqu'en moi-même enfin, par un secret effort;
Et mon esprit, troublé des horreurs de ma vie,
M'a plus causé de maux que l'enfer ni la mort. 20

    Les méchants, enflés de leurs ligues,
    Contre moi couroient irrités,
    Comme torrents précipités
    Dont les eaux emportent les digues;
    Lorsque Dieu, touché de mes pleurs, 25
    De mes soupirs, de mes douleurs,
Arrêta cette troupe à me perdre obstinée.
Ma prière parvint aux temples étoilés,
Parut devant sa face, et fut entérinée[2]
D'un mot qui fit trembler les citoyens ailés[3]. 30

    Tout frémit : sa voix, qui balance
    Les rochers sur leurs fondements[4],
    Alla troubler des monuments[5]
    Le profond et morne silence.
    Que d'éclairs, sortant de ses yeux, 35
    Et sur la terre et dans les cieux
Firent étinceler le feu de sa colère!

  1. Bizarre addition de la Fontaine : il n'y a pas trace de cette idée dans le psaume qu'il paraphrase.
  2. Terme de droit : ratifiée juridiquement, officiellement. Aux exemples donnés par Littré, joignez-en un des *Cent Nouvelles nouvelles*, p. 22, et un de Montaigne, tome III, p. 317.
  3. Tome III, p. 57.
  4.   Tu dis, et ta voix déconcerte
           L'ordre éternel des éléments.
           Sous tes pas la terre entr'ouverte
           Voit chanceler ses fondements, etc.
              (Racine, imitation citée, vers 21 et suivants.)
  5. Des tombeaux : tome VI, p. 74 et 75.

Que son front en brilloit! qu'il en fut allumé!
Et qu'avecque raison l'un et l'autre hémisphère
Craignit devant les temps d'en être consumé! 40

   N'approche pas; car notre vue
   Ne peut souffrir tant de rayons :
   Sans te voir, Seigneur, nous croyons
   Que ta présence en est pourvue.
   Quoi! tu viens pour tes alliés! 45
   Les cieux s'abaissent sous tes pieds;
Les vents, les chérubins, te portent sur leurs ailes[1] :
Et ce nuage épais qui couvre ta grandeur
Veut rendre supportable à nos foibles prunelles
De ton trône enflammé l'éclatante splendeur[2]. 50

   Tel[3], tu trompas la gent noircie
   Dont le Nil arrose les champs,
   Quand la foule de ces méchants
   Fut par les vagues éclaircie;
   Tel, ton courroux suivi d'éclairs 55
   Fondit sur eux du haut des airs,
Envoya dans leur camp la terreur et la foudre,

---

1. *Et ascendit super cherubim et volavit; volavit super pennas ventorum.* (Psaume XVII, verset 11.)

2.   Baissa le ciel, de descendre print cure,
  Ayant soubz piedz une brouée obscure;
  Monté estoit sur ung esprit mouuent,
  Voloit guindé sur les esles du vent,
  Et se cachoit dedans les noires nues
  Pour tabernacle autour de luy tendues.
    (MAROT, imitation citée, vers 25-30.)

3. Il y a comme un souvenir de ces vers de la Fontaine dans la fameuse strophe de l'*Ode sur la mort de J.-B. Rousseau*, par Lefranc de Pompignan :

  Le Nil a vu sur ses rivages
  Les noirs habitants des déserts, etc.

Frappa leur appareil¹ d'orages redoublés,
Le brisa comme verre, et fit mordre la poudre
Aux tyrans d'Israël sous leurs chars accablés.   60

    Que les tiens ont de privilèges !
    La mer fit rempart aux Hébreux,
    Noyant les peuples ténébreux
    De l'ost² aux têtes sacrilèges.
    On vit et furent découverts   65
    Les fondements de l'univers,
Du liquide élément les canaux et les sources³,
Le centre de la terre⁴; et l'enfer, obligé
D'abandonner ces chars à leurs aveugles courses,
Dans ses murs de métal⁵ craignit d'être assiégé.   70

    Ainsi les torrents de l'envie
    Croyoient m'arrêter en chemin,
    Quand tu m'as conduit par la main
    En des lieux plus sûrs pour ma vie.
    Ainsi montroient leurs cœurs félons⁶   75
    Les Saüls et les Absalons,
Quand tu les as soumis à celui qui t'adore,
Qui pèche quelquefois, mais se repent toujours,

    1. Leur appareil de guerre, de carnage.
  —   Quelle vaine résistance
          A son puissant appareil... ?
              (MALHERBE, tome I, p. 89.)
    2. De l'armée : tome V, p. 146 et note 1.
    3.   Furent canaulx desnuez de leur unde,
          Et descouuertz les fundemens du munde.
            (MAROT, déjà cité, vers 41-42.)
   4. *Et apparuerunt fontes aquarum, et revelata sunt fundamenta orbis terrarum.* (Psaume XVII, verset 16.)
    5. *Métail,* dans nos anciennes éditions.
    6. Tome VI, p. 302 et note 6.

Et qui, pour te louer, n'attend pas que l'aurore
Se lève par ton ordre, et commence les jours.   80

    Oui, Seigneur, ta bonté divine
    Est toujours présente à mes yeux,
    Soit que la nuit couvre les cieux,
    Soit que le jour nous illumine :
    Je ne sens d'amour que pour toi ;   85
    Je crains ton nom, je suis ta loi,
Ta loi pure et contraire aux lois des infidèles ;
Je fuis des voluptés le charme décevant,
M'éloigne des méchants, prends les bons pour modèles,
Sachant qu'on devient tel que ceux qu'on voit souvent[1].   90

    Non que je veuille en tirer gloire :
    Par toi l'humble acquiert du renom,
    Et peut des temps et de ton nom
    Pénétrer l'ombre la plus noire.
    A leurs erreurs par toi rendus,   95
    Sages et forts sont confondus,
S'ils n'ont mis à tes pieds leur force et leur sagesse.
Ce que j'en puis avoir, je le sais rapporter
Au don que m'en a fait ton immense largesse,
Par qui je vois le mal et peux lui résister.   100

    Par toi je vaincrai des obstacles
    Dont d'autres rois sont arrêtés ;
    Plus tard offerts que surmontés,
    Ils me seront jeux et spectacles.
    Par toi j'ai déjà des mutins,   105
    Dont les cœurs étoient si hautains,

---

1. *Cum sancto sanctus eris, et cum viro innocente innocens eris. — Et cum electo electus eris, et cum perverso perverteris.* (Psaume XVII, versets 26 et 27.)

Évité comme un cerf les dents pleines d'envie ;
Puis, retournant sur eux, frappé d'un bras d'airain[1]
Ceux qui, d'un œil cruel envisageant ma vie,
Voyoient d'un œil jaloux mon pouvoir souverain.   110

  Qu'ils soient jaloux, il ne m'importe :
  D'entre leurs pièges échappé,
  J'ai des rebelles dissipé
  L'union peu juste et peu forte.
  Par mon bras vaincus et réduits,   115
  Un Dieu vengeur les a conduits
Aux châtiments gardés pour les têtes impies :
Leurs desseins tôt conçus se sont tôt avortés ;
Et n'ont beaucoup duré leurs sacrilèges vies
Après les vains projets qu'ils avoient concertés.   120

  Cette hydre aux têtes renaissantes[2],
  Prête à mourir de son poison,
  A vers le ciel hors de saison
  Poussé des clameurs impuissantes ;
  Ni Bélial, ni ses suppôts[3],   125
  N'ont su l'assurer du repos.
Aussi n'est-il de dieu que le Dieu que j'adore[4],
Que le Dieu qui commande à l'une et l'autre gent,
Depuis les peuples noirs, jusqu'à ceux que l'aurore
Éveille les derniers par son cours diligent.   130

  C'est lui qui par des soins propices

---

1. Psaume XVII, versets 34 et 35.
2. Tome VI, p. 337 et note 5.
3. Rapprochez, dans le *Poème de la captivité de saint Malc*, vers 477, les « suppôts de Bel ».
4. Verset 32 : *Quoniam quis Deus præter Dominum, aut quis Deus præter Deum nostrum?*

Au combat enseigne mes mains[1],
Qui pour mes pieds fait des chemins
Sur le penchant des précipices[2] ;
C'est lui qui comble avec honneur   135
Mes jours de gloire et de bonheur,
Mon âme de vertus, mon esprit de lumières ;
Il me dicte ses lois, me les fait observer :
Jusqu'aux derniers secrets de leurs beautés premières
Ses oracles divins ont daigné m'élever.   140

Dès qu'il m'aura prêté sa foudre,
Les méchants pour lui sans respect
S'écarteront à mon aspect,
Comme au vent s'écarte la poudre[3].
Pour fuir ils n'auront qu'à me voir :   145
Déjà mon nom et mon pouvoir
Sont connus des voisins du Gange et de l'Euphrate ;
Israël, redouté de cent peuples divers,
Me craint et m'obéit ; et, sans que l'on me flatte,
On me peut appeler le chef de l'univers.   150

Rendons-en des grâces publiques
Au Dieu jaloux de son renom ;
Faisons en l'honneur de son nom
Retentir l'air par nos cantiques.

1. *Qui docet manus meas ad prælium.* (Verset 35.)
2. Verset 34 : *Qui perfecit pedes meos, etc.*
— Mes piedz à ceulx de cheureulz faict egaulx
Pour monter lieux difficiles et haultz.
(Marot, vers 79-80.)

3. *Et comminuam eos ut pulverem ante faciem venti, ut lutum platearum delebo eos.* (Verset 43.)
— Comme la pouldre au vent les ay renduz
Et comme fange en la place estenduz.
(Marot, vers 99-100.)

ODES.

  Que ses bienfaits soient étalés :   155
   Peuples voisins et reculés,
Jusqu'aux voûtes du ciel portez-en les nouvelles[1];
Dites qu'il est un Dieu qui répond à mes vœux
Et que, m'ayant comblé de grâces immortelles,
Il en réserve encor pour mes[2] derniers neveux. 160

1. *Clymène*, vers 535.
2. Pour nos. (1729.)

VI

SUR LA PAIX.

EXTRAIT D'UNE LETTRE DE GROSLEY.

La Fontaine allait quelquefois passer l'automne au château des Cours, près de Troyes, avec une société choisie, rassemblée par M. Raymond des Cours, frère du fermier général. Les frères Simon, riches et joyeux habitants de la ville de Troyes, à l'un desquels notre poète adressa une épître en vers, et qui remplissaient deux des premiers emplois des Fermes, figuraient aussi parmi cette société. On y faisait des vers, et, en 1678, on y composa un ballet à l'occasion de la paix de Nimègue ; la Fontaine aurait fourni pour sa part, ou tout au moins retouché utilement, un intermède, où les bergers du ballet sont comparés à ceux du Lignon.

La lettre de Grosley où nous puisons ces renseignements, et dont nous transcrivons ci-dessous un extrait, a paru dans le *Journal encyclopédique et universel*, année 1777, tome II, p. 124-130 : « Lettre sur M. Simon de Troyes », et a été reproduite par Paul Lacroix dans les *Nouvelles OEuvres inédites, etc.*, p. 145-148. Voyez aussi les *Mémoires sur les Troyens célèbres*, du même Grosley, 1812, in-8°, tome II, à l'article SIMON.

Walckenaer publia ces vers « pour des bergers et des bergères », dans le tome VI de son édition de 1827, p. 184, mais d'après l'*Almanach littéraire, ou Étrennes d'Apollon*, pour l'année 1778 (p. 72), de d'Aquin de Châteaulyon, qui les avait tirés lui-même de la lettre de Grosley (1777) : « M. Grosley, très connu dans la République des Lettres, nous a conservé ce morceau précieux que personne ne connoissoit. »

Nous avons dit plus haut que la Fontaine s'était peut-être contenté de le retoucher. Nous n'ignorons pas que parmi les manuscrits de la Bibliothèque de Troyes, se trouve, dans un carton in-4°, coté 2240, une pièce numérotée 9, et intitulée « A M. Raymond des Cours, pour des bergers et des bergères, dans une fête donnée au château des Cours, près Troyes », pièce que le *Catalogue général des manuscrits des bibliothèques publiques des départements* (tome II, p. 906) cite comme autographe; mais nous ne sommes pas tout à fait sûr de la paternité de la Fontaine et de l'authenticité de la pièce. Les autographes de notre poète, ou prétendus tels, qui courent le monde, sont beaucoup trop nombreux : c'est ce qui nous rend défiant. Ajoutons que si nous la donnons ici, et non dans les *Pièces mêlées*, c'est que la même inspiration a dicté ces vers et ceux de l'ode VII qui suit : ils ont été écrits en l'honneur de la paix de Nimègue.

« Des recherches sur les illustres Troyens termineront mes *Mémoires sur Troyes*, dont la première partie a été publiée en 1776, à Paris, par la veuve Duchesne. Je pourrois vous renvoyer à ces Recherches pour les éclaircissements que vous me demandez sur le M. Simon de Troyes, à qui la Fontaine adressa, en 1686, la pièce de vers insérée dans le recueil du P. Bouhours et depuis parmi les fugitives de ce poète :

> Votre Phidias et le mien
> Et celui de toute la terre,
> Girardon, notre ami, l'honneur du nom troyen, etc. [1].

« Comme ces Recherches offrent quelques détails sur la Fontaine et peut-être un supplément à ses œuvres, je vous les fais passer par la voie du *Journal encyclopédique*.

« Vers la fin du dernier siècle, la Robe et la Bourgeoisie de Troyes n'avoient aucune famille du nom de *Simon*, mais cette ville possédoit deux frères qui le portoient; ces deux frères remplissoient deux des premiers emplois des Fermes [2], et ils étoient membres d'une

---

[1]. Lettre de notre poète à M. Simon de Troyes, de février 1686.
[2]. Ils procurèrent au fils de la Fontaine un emploi dans les Aides, qu'il exerçoit à Troyes au commencement de ce siècle, et

joyeuse et aimable coterie, dont ils tenoient la correspondance avec la Fontaine, qui est venu deux ou trois fois partager les plaisirs de cette coterie.

« Elle m'est connue, et par les mémoires de mon père qui l'avoit vue encore existante, et par un monument, c'est-à-dire par les paroles imprimées d'un *Ballet* qu'elle donna *sur la Paix* de Nimègue en 1678, dont la danse et le chant furent exécutés par les membres de la coterie.

« Il débute par une entrée de l'Harmonie, descendant du ciel pour annoncer le retour de la Paix. La Discorde et les Euménides, alarmées de cette nouvelle, complotent pour se maintenir. *Entrée II.* La Paix paroît, dissipe leurs complots, et les met en fuite. *Entrée III.* Les Nations, rapprochées par la Paix, mêlent leurs danses et leurs plaisirs. *Entrée IV.* Le Commerce, toujours jeune sous un habit antique, marque l'intérêt qu'il prend à la réunion des Nations. *Entrée V.* L'Abondance survient et se joint au Commerce. *Entrée VI.* Des Bergers et des Bergères viennent prendre part à l'allégresse publique. *Entrée VII.* Les Jeux, représentés par le Valet de Carreau, la Dame de Pique, et par une danse en échiquier, se mettent de la partie. *Entrée VIII.* Les Plaisirs de l'esprit, représentés par un Génie, reparoissent sur la terre. *Entrée IX.* Les Plaisirs de la table, sous la figure de deux garçons de cabaret, reprennent vigueur, au bruit de la Paix. *Entrée X.* Les Plaisirs comiques, que représentent un Trivelin et un Scaramouche, succèdent aux Plaisirs sanguinaires de Mars. *Entrée XI.* La Musique annonce son retour par une symphonie. *Entrée XII.* Grand ballet qui réunit tous

---

qui fut entre ses mains ce qu'il auroit été dans celles de son père (*Note de Grosley.*)

les acteurs des entrées précédentes, et dont les pas sont réglés sur ceux de la Paix.

« Une petite pièce succède au ballet, sous le titre de *Mascarade des Nations rassemblées par l'Harmonie.* Elle est aussi partagée en diverses entrées, dont chacune débute par des vers, ou galants ou plaisants, adressés aux dames.

« Ceux qui ouvrent et annoncent chaque entrée du Ballet sont, ainsi que le doit être l'ouvrage de plusieurs mains, d'un travail et d'un ton inégal. Quelques-uns sont d'un mérite très rare alors pour des productions de province. Je citerai en ce genre le morceau suivant : ou il est de la Fontaine lui-même, ou la Fontaine y a utilement corrigé le thème de l'Apollon troyen. Il est dans la bouche des Bergers et des Bergères, qui forment la *VIe Entrée :*

> Telles étoient jadis ces illustres bergères
>   Que le Lignon[1] tenoit si chères[2] ;
> Tels étoient ces bergers qui, le long de ses eaux,
>   Menoient leurs paisibles troupeaux,
> Et passoient dans les jeux leurs plus belles années.
>   Parmi ces troupes fortunées,
> Les plaisirs de campagne et les plaisirs de cour
>   Trouvoient leur place tour à tour.
> Comme eux, tantôt on nous voit sur l'herbette
> Marquer nos pas au son de la musette,
>   Cueillir et présenter des fleurs,
>   En y mêlant quelques douceurs ;
>   Tantôt aux bords de nos fontaines
> Nous chantons de l'amour les plaisirs et les peines ;
> Et le divin Tircis mêle aussi quelquefois
> Son téorbe divin aux accents de nos voix.

1. Tome VII, p. 514 et note 2.
2.   Par son mari chère tenue.
   (*La Coupe enchantée*, vers 479.)

Parfois à sa bergère on donne sérénade;
Avec elle on fait mascarade;
On danse même des ballets,
On fait des vers galants, on en fait de follets.
Nous lisons de Renaud les douces aventures,
Et les magiques impostures
De la belle qui l'enchanta;
Tout ce que le Tasse chanta;
Et mille autres récits que la galanterie
Semble avoir inventés pour notre bergerie.
Nous vous dirons aussi que nos brillants guérets
Et nos sombres forêts
Nous fournissent parfois de quoi faire grand'chère;
Mais cela paroîtroit vulgaire,
Et l'on diroit qu'en discours de berger
On ne parle jamais de boire et de manger.
Ainsi passe le temps, sans tracas, sans cabale;
Gens d'une humeur assez égale,
Voilà nos douces libertés :
Qu'ont de mieux vos sociétés?

« Les noms des membres de cette aimable société ou coterie sont écrits à la main, à la marge de chacune des entrées du Ballet et de la Mascarade dont je viens de parler : MM. Simon, frères, Chaumont, Gobert, de Corberon, M. et Mme de Marigny, M. et Mlle Nivelle, M. Conversot (qui s'appela depuis de Vienne), M. Leconte et la petite Leconte, sa fille, MM. Bernard et Quinot.

« Ce dernier habitoit à Troyes une maison remarquable, et par divers morceaux d'ornements exécutés par Girardon lui-même et qui viennent d'être détruits, et par une collection aussi nombreuse que bien choisie de tableaux et d'histoire naturelle. Par une suite de ses liaisons avec Troyes, la Fontaine avoit inséré, dans le Recueil de poésies publié sous son nom en 1671, une *Peinture poétique* des tableaux de miniature de

M. Quinot, faits par Joseph de Werner; cette peinture remplit quatorze pages du second volume de ce recueil[1]. En 1745, le hasard me procura, dans la diligence de Lyon, la vue d'une partie de ces tableaux entre les mains d'un brocanteur, qui alloit leur chercher marchand dans les cours d'Allemagne; ils me parurent exquis, et pour la composition et pour l'exécution.

« J'ai connu, étant encore aux études, le dernier reste de la coterie dont MM. Simon faisoient partie, dans la personne de M. Hérault, receveur des tailles, qui, à une connoissance intime de nos bons auteurs dans tous les genres, joignoit un talent cultivé pour la musique et un goût éclairé pour les beaux-arts; *abhinc littus et solitudo mera.* »

[1]. « Cette *Peinture poétique*, dit Paul Lacroix, déjà cité, n'est pas de la Fontaine, comme on pourrait le croire, mais d'un oratorien, J. Bahier, qui était un de ses amis. Il a nommé l'auteur de cette longue pièce de vers en la réimprimant (car elle avait été déjà imprimée à Troyes, sans nom d'auteur, dans le format in-4°) à la fin du tome II du *Recueil de poésies chrétiennes et diverses* dédiées au prince de Conti, Paris, P. le Petit, 1671, 3 vol. in-12. »

VII

ODE POUR LA PAIX.

Cette ode, relative à la paix de Nimègue, n'a point été recueillie par Walckenaer : elle lui a sans doute échappé. La Bibliothèque nationale en possède une édition originale : *Ode pour la Paix*. A Paris, chez Claude Barbin, au Palais, sur le Perron de la Sainte-Chapelle, M.DC.LXXIX. Avec permission. In-4° de 8 pages. Elle est signée en toutes lettres : DE LA FONTAINE. On lit à la fin : Permis d'imprimer. Fait ce 18 juin 1679.

Duval de Tours l'a reproduite dans son *Nouveaux choix*, etc., tome II, p. 16, en l'attribuant à Pavillon, et le Fèvre de Saint-Marc, sur la foi de Duval, dans son édition des *Œuvres* d'Étienne Pavillon (Amsterdam, Zacharie Châtelain, 1750, in-12), tome II, p. 222, *Stances sur la paix, en 1679*, avec cette note : « Cette pièce, que nous donnons d'après notre manuscrit, n'est point dans les éditions de Pavillon; mais elle se trouve sous son nom, avec le titre d'*Ode*, dans le Recueil [de Duval] de 1715. »

Paul Lacroix, qui, plus heureux que dans beaucoup de ses autres trouvailles, ou attributions téméraires, avait vu le texte original signé de la Fontaine, a restitué cette ode à notre poète (*Œuvres inédites*, p. 152).

« Loin de nous, fureurs homicides,
　　Et toi, démon[1] qui leur présides,
Va, dans le fond du Nord, séjour des aquilons,
　　　Mendier une retraite :
　　　Nos bergers, dans ces vallons,　　　　5
　　　Contant leur peine secrète,
　　　Désormais ne seront plus
　　　Par ton bruit interrompus.

1. Ci-dessus, p. 380 : « Le noir démon des combats ».

« Déjà la déesse Astrée[1],
　　Par toute cette contrée,　　　　　　　　10
　　Reconnoît ses derniers pas
　　Encore empreints sur la terre :
Comme elle nous quitta les derniers ici-bas[2],
　　Ses temples dans nos États
Ne se sont point sentis des suites de la guerre.　　15
Elle ne change point cette fois de séjour,
Car l'Olympe est partout où Louis tient sa cour[3].

« Fleuve, qui la revois, va-t'en dire à Neptune
　　Que tout est calme parmi nous.
Mars a quitté ces lieux; d'autres démons[4] plus doux　20
S'en vont courir les mers et tenter la fortune.
　　On ne verra nos matelots
Combattre, à l'avenir, que les vents et les flots.
Louis nous rend la paix : son bras et sa conduite[5]
Aux yeux de l'univers ont assez éclaté,　　　　　　25
Et l'Envie à la fin pleure d'être réduite
　　A connoître aussi sa bonté ! »

Ainsi disoit Acanthe, et le dieu de la Seine,
Que l'horreur des combats retenoit sous les eaux,
　　N'osant le croire qu'avec peine,　　　　　30
　　Sortit du fond de ses roseaux
　　Pour écouter cette nouvelle.
　　Toutes ses nymphes, accourant
　　Auprès d'Acanthe, et l'entourant :

---

1. Page 380 et note 1.
2. D'ici-bas. (1750.)
3. Rome n'est plus dans Rome : elle est toute où je suis.
　　　　　　　　(CORNEILLE, *Sertorius*, vers 936.)
4. Vers 2.
5. Ci-dessus, p. 345 et note 2.

« Contez-nous, lui dit la plus belle, 35
Ce fruit inespéré des armes de Louis. »
Acanthe satisfit en ces mots l'immortelle;
Zéphyre étoit présent, et les ayant ouïs,
 Il m'en fit ce récit fidèle.

« O nymphe, il faut vous accorder 40
 Ce que votre troupe souhaite :
C'est à moi d'obéir, à vous de commander[1].
Sachez donc que Bellone, impuissante et muette,
Souffre que ses enfants tâchent de la bannir;
Celle dont les faveurs ont ennobli la France, 45
 Se laisse ôter toute espérance
 D'y pouvoir jamais revenir[2].

« Louis consent qu'elle nous quitte;
Elle lui dit en vain que bientôt ses exploits
A l'un et l'autre Rhin auront[3] joint sous ses lois 50
 Les deux ceintures d'Amphitrite :
 Il eût pu tenter ces projets,
 Mais le repos de ses sujets,
Celui de ses voisins, les soupirs de l'Europe,
Ont à la fin changé l'objet de ses desirs; 55
 Et la savante Calliope
Ne nous chantera plus que jeux et que plaisirs[4]. »

1. Ce que vous souhaitez, il faut vous l'accorder :
C'est à moi d'obéir, à vous de commander.
(*Le Songe de Vaux*, ci-dessus, p. 250; voyez *ibidem*, p. 293.)
2. Rapprochez la ballade *sur la Paix des Pyrénées* (tome V M.-L., p. 29).
3. Auroient. (1750.)
4. Mais enfin ce héros plus craint que le tonnerre,
 Après tant de hauts faits,
 A trouvé moins de gloire à conquérir la terre
 Qu'à ramener la paix.
(RACINE, *la Renommée aux Muses*, vers 37-40.)

Acanthe en eût dit davantage,
Mais on cessa de l'écouter.
Les nymphes, aux transports[1] se laissant emporter, 60
Du doux nom de la Paix remplirent leur rivage.
Toutes plaçoient déjà Louis entre les dieux ;
Elles croyoient[2] que de ces lieux
A la fin Bellone exilée
D'alarmes pour toujours nous avoit garantis. 65
Telle éclata la joie, aux noces de Pélée,
Chez les suivantes de Thétis[3].

Acanthe alla porter l'allégresse au Parnasse :
Il trouva dans ses[4] bois les doctes nourrissons[5]
Occupés encore aux chansons 70
Que chérit le dieu de la Thrace[6].
Ils disoient qu'un de ses rivaux,
Un conquérant, par ses travaux,
Alloit sous son pouvoir ranger la terre entière :
« Adoucissez, dit Acanthe, vos voix ; 75
Chantez la paix donnée ; aussi bien, tant d'exploits
Sont une trop ample matière.

« Et, vous, divinités, à qui je dois les vers
Qui de jeux et d'amours[7] ont rempli l'univers,
Si j'ai toujours suivi votre troupe immortelle, 80
Faites qu'étant épris d'une nouvelle ardeur,
Je chante de Louis, non toute la grandeur,

1. Au transport. (1750.)
2. Elles voyoient. (1715 et 1750.)
3. Comparez le célèbre chant de Catulle (LXIV), la cantate (VI) de J.-B. Rousseau, etc.
4. Les. (1750.)
5. Ci-dessus, p. 232 et note 4.
6. Mars : tome V, p. 596 et note 3.
7. Qui de jeux et d'amour. (1715 et 1750.)

Votre voix y suffiroit-elle?
Vous-mêmes pourriez-vous d'un si rapide cours,
De victoire en victoire, à ce Mars de nos jours, 85
Accommoder vos sons[1]? Non, déesses, ma lyre
　　　N'a point ce but et je n'aspire
Qu'à chanter une paix, digne de plus d'autels
　　　Que les combats des Immortels. »

Le dieu des vers sourit. « C'est aux savantes fées 90
　　　D'en être seules les Orphées,
Non aux hommes, dit-il. Je t'apprends que ton roi
Fera plus pour son nom que ses pareils ni toi[2].
La paix couronnera l'ouvrage de la guerre;
Et, comme Jupiter, ton prince fera voir 95
Qu'il sait par des bienfaits exercer son pouvoir,
　　　Aussi bien qu'user du tonnerre.

« L'univers va changer! L'avenir m'est caché,
Ou le temps des beaux-arts s'est enfin rapproché[3];
Ils refleuriront tous : on verra, dans les nues, 100
D'autres Louvres, cherchant des routes inconnues,
Toucher de leur sommet la demeure des dieux.
　　　J'évoquerai pour le théâtre
Les grands morts, grands sujets dont je suis idolâtre,
Tandis que, d'autre part, d'un soin laborieux, 105

---

1. Grand Roi, cesse de vaincre, ou je cesse d'écrire.
　　　　(BOILEAU, épître VIII, vers 1.)

Voyez *ibidem*, épîtres IV, vers 21-27, I, vers 129 et suivants; et
comparez Corneille, *à Monseigneur* (le Dauphin), *sur son mariage*,
vers 30 (tome X, p. 335).
　2. Que tes pareils ni toi. (1715 et 1750.)
　3. Ci-dessus, p. 273 et note 1.

—　　　Maint auteur nous enseigne
　　Qu'Apollon sait un peu de l'avenir.
　　　(*Épître à M. de Turenne*, vers 40-41.)

Par l'ordre de Louis, cent traducteurs célèbres
    Tireront du sein des ténèbres
Ce que Rome et la Grèce ont produit de plus beau :
Homère et ses enfants, ressortis du tombeau,
    Vont éterniser votre empire ;   110
Tout deviendra françois, Louis le veut ainsi.
    Apollon t'annonce ceci,
    Va chez les mortels le redire ! »

VIII

TRADUCTION PARAPHRASÉE DE LA PROSE *Dies iræ*.

Cette ode a paru dans les *OEuvres posthumes de M. de la Fontaine*, p. 262, et dans les *OEuvres posthumes de M. de Maucroix* (1710, in-12), p. 348. Elle a été réimprimée dans les *OEuvres diverses* de 1729, tome I, p. 161.

Dans sa lettre du 26 octobre 1694 à Maucroix, notre poète demande à son ami son avis sur cette traduction.

Voyez l'*Histoire de la Fontaine*, par Walckenaer, tome II, p. 272-273; et notre tome I, p. cxcvi.

Dieu détruira le siècle[1] au jour de sa fureur.
Un vaste embrasement sera l'avant-coureur :
Des suites du péché long et juste salaire.
Le feu ravagera l'univers à son tour ;
Terre et cieux passeront; et ce temps de colère   5
Pour la dernière fois fera naître le jour.

Cette dernière aurore éveillera les morts :
L'ange rassemblera les débris de nos corps;
Il les ira citer[2] au fond de leur asile.
Au bruit de la trompette en tous lieux dispersé,   10
Toute gent accourra[3]. David et la Sibylle

---

1. Le monde : tome VI, p. 281 et note 1.

Dies iræ, dies illa,
Solvet sæclum in favilla.

2. Terme juridique employé fort heureusement ici : comparez ci-dessus, p. 395, un emploi moins heureux d'un autre terme de droit.

3.   *Tuba mirum spargens sonum*
Per sepulchra regionum,
Coget omnes ante thronum.

Ont prévu ce grand jour, et nous l'ont annoncé[1].

De quel frémissement nous nous verrons saisis!
Qui se croira pour lors du nombre des choisis?
Le registre des cœurs, une exacte balance,
Paroîtront aux côtés d'un Juge rigoureux.
Les tombeaux s'ouvriront; et leur triste silence
Aura bientôt fait place aux cris des malheureux.

La nature et la mort, pleines d'étonnement,
Verront avec effroi sortir du monument
Ceux que dès son berceau le monde aura vus vivre[2].
Les morts de tous les temps demeureront surpris
En lisant leurs secrets aux annales d'un livre
Où même les pensers se trouveront écrits.

Tout sera révélé par ce livre fatal;
Rien d'impuni. Le Juge, assis au tribunal,
Marquera sur son front sa volonté suprême.
Qui prierai-je en ce jour d'être mon défenseur?
Sera-ce quelque juste? Il craindra pour lui-même[3],
Et cherchera l'appui de quelque intercesseur.

Roi, qui fais tout trembler devant ta majesté,
Qui sauves les élus par ta seule bonté,
Source d'actes bénins et remplis de clémence,

---

1. *Teste David et Sibylla;* vers supprimé par l'Église, comme témoignant trop des croyances naïves du moyen âge.

2. *Mors stupebit et natura,*
Cum resurget creatura.

3. *Quem patronum rogaturus,*
Cum vix justus sit securus?

Souviens-toi que pour moi tu descendis des cieux[1] ;
Pour moi, te dépouillant de ton pouvoir immense,   35
Comme un simple mortel tu parus à nos yeux.

J'eus part à ton passage : en perdras-tu le fruit ?
Veux-tu me condamner à l'éternelle nuit,
Moi, pour qui ta bonté fit cet effort insigne ?
Tu ne t'es reposé que las de me chercher ;   40
Tu n'as souffert la croix que pour me rendre digne
D'un bonheur qui me puisse à toi-même attacher.

Tu pourrois aisément me perdre et te venger.
Ne le fais point, Seigneur ; viens plutôt soulager
Le faix sous qui je sens que mon âme succombe.   45
Assure mon salut dès ce monde incertain ;
Empêche malgré moi que mon cœur ne retombe,
Et ne te force enfin de retirer ta main.

Avant le jour du compte[2] efface entier le mien.
L'illustre pécheresse, en présentant le sien,   50
Se fit remettre tout par son amour extrême ;
Le larron te priant fut écouté de toi[3] :
La prière et l'amour ont un charme suprême ;
Tu m'as fait espérer même grâce pour moi.

Je rougis, il est vrai, de cet espoir flatteur ;   55

---

1. *Rex tremendæ majestatis,*
Qui salvandos salvas gratis,
Salva me, fons pietatis.
Recordare, Jesu pie,
Quod sum causa tuæ viæ.
— Voyez *Saint Malo*, vers 198-199.

2. *Ante diem rationis.*

3. *Peccatricem absolvisti,*
Et latronem exaudisti.

La honte de me voir infidèle et menteur,
Ainsi que mon péché, se lit sur mon visage[1] :
J'insiste toutefois, et n'aurai point cessé
Que ta bonté, mettant toute chose en usage,
N'éclate en ma faveur, et ne m'ait exaucé.   60

Fais qu'on me place à droite, au nombre des brebis;
Sépare-moi des boucs réprouvés et maudits[2].
Tu vois mon cœur contrit et mon humble prière;
Fais-moi persévérer dans ce juste remords :
Je te laisse le soin de mon heure dernière;   65
Ne m'abandonne pas quand j'irai chez les morts[3].

1. *Culpa rubet vultus meus.*
2. *Inter oves locum præsta,*
   Et ab hœdis me sequestra.
3. Rapprochez les deux derniers vers de la fable IV du livre XI.

IX

SUR LA SOUMISSION QUE L'ON DOIT A DIEU.

Ces stances ont été publiées dans les *OEuvres posthumes*, p. 222, puis insérées en 1715, en 1720, et en 1750, dans les *OEuvres de Pavillon*, comme ayant été écrites par ce poète, avec cette note dans le texte de 1750 (tome II, p. 260) : « Cette pièce porte dans l'édition de 1720 un titre avec lequel elle n'a point de rapport. Le voici : *Stances morales sur la retraite de M. le Peletier, contrôleur général des finances, en* 1691. Peut-être fut-elle faite dans ce temps-là. Le premier éditeur de qui vient notre manuscrit se plaint de ce titre, comme d'une faute ajoutée à son édition de 1715. »

Ainsi que le remarque Walckenaer, le témoignage de Mme Ulrich, qui fit imprimer les *OEuvres posthumes* (1696), et cette antériorité de publication, semblent prouver que ces stances sont bien de la Fontaine. Mais, ajouterons-nous, elles ne peuvent s'appliquer à la retraite de Peletier, qui ne quitta définitivement les fonctions publiques et la cour qu'en 1697.

Heureux qui, se trouvant trop foible et trop tenté,
    Du monde enfin se débarrasse!
Heureux qui, plein de charité,
Pour servir son[1] prochain y conserve sa place!
Différents dans leur vue, égaux en piété,   5
    L'un espère tout de la grâce,
L'autre appréhende tout de sa fragilité[2].

Ce monde que Dieu même exclut de son partage,
    N'est pas le monde qu'il a fait :
C'est ce que l'homme impie ajoute à son[3] ouvrage,   10

---

1. Le. (*OEuvres de Pavillon.*)
2. Comparez la fable xxv du livre XII; et *Saint-Malc*, vers 29-52, 105-112, etc.
3. A cet. (*OEuvres de Papillon.*)

Qui fait que son auteur le condamne et le hait.
Observez seulement le peu qu'il vous ordonne,
    Et, sans cesse le bénissant,
Usez de son présent, mais tel qu'il vous le donne ;
Et vous n'aurez plus rien qui ne soit innocent.

Crois-tu que le plaisir qu'en toute la nature
    Le[1] premier être[2] a répandu
    Soit un piège qu'il a tendu
    Pour surprendre la[3] créature ?
    Non, non ; tous ces[4] biens que tu vois
Te viennent d'une main et trop bonne et trop sage ;
Et, s'il en est quelqu'un dont les divines lois
    Ne te permettent pas l'usage,
Examine-le bien, ce plaisir prétendu,
    Dont l'appas tâche à te séduire,
Et tu verras, ingrat, qu'il ne t'est défendu
    Que parce qu'il te pourroit nuire.

    Sans ces lois et l'heureux secours
    Qu'elles te fournissent sans cesse,
    Comment, avec tant de foiblesse,
Pourrois-tu conserver et tes biens et tes jours ?
Exposé chaque instant à mille et mille injures,
Rien ne rassureroit ton cœur épouvanté,
Et ces justes décrets contre qui tu murmures
    Font ta plus grande sûreté.

    Voudrois-tu que la Providence
Eût réglé l'univers au gré de tes souhaits,
    Et qu'en te comblant de bienfaits,

---

1. Ce. (*OEuvres de Pavillon.*) — 2. L'être suprême.
3. Sa. (*Ibidem.*)
4. Tous les. (*Ibidem.*)

Dieu t'eût encor soustrait à son obéissance ?
    Quelle étrange société   40
Formeroit entre nous l'erreur et l'injustice,
Si l'homme indépendant n'avoit que son caprice
    Pour conduire sa volonté[1] !

1.   Concluons que la Providence
    Sait ce qu'il nous faut mieux que nous.
      (Livre VI, fable IV, vers 30-31 et note 12.)

FIN DES ODES.

PIÈCES MÊLÉES

I

IMITATION
d'un livre intitulé : « les arrêts d'amours ».

Cette Imitation a paru pour la première fois à la page 72 du second recueil des *Contes et Nouvelles en vers* de 1665 (voyez notre tome IV, p. 10-11), p. 85 du troisième, p. 72 de l'édition de 1667, p. 49 de celle de 1669 Paris, p. 76 de 1669 Amsterdam, et a été insérée dans les *OEuvres diverses* de 1729, tome I, p. 17.

Voici les titres exacts des deux plus anciennes éditions que nous connaissions du livre de Martial de Paris, dit d'Auvergne :

Arresta amorum, cum erudita Benedicti Curtii Symphoriani explanatione, Lugduni apud Seb. Gryphium, 1533, in-4° de 4 feuillets liminaires et 321 pages. Le texte de cet ouvrage est en français ; les commentaires de Benoît de Court sont seuls en latin.

« Sensuyvent les cinquante et ung arrests damours, nouuellement imprimez a Paris par Michel le noir Libraire juré en luniuersité de Paris Demourant en la grant rue Sainct Iacques a lenseigne de la rose blanche couronnee », petit in-4° gothique de 54 feuillets à deux colonnes.

Pour compléter ces deux éditions, il est nécessaire d'y joindre l'opuscule suivant :

« Le cinquante deuxiesme arrest damours auecques les ordonnances sur le faict des masques : cum priuilegio du Roy pour trois ans. On les vend à Sainct Iehan de Latran en la maison de Cheradam », petit in-8° de 16 feuillets. Cet opuscule, dont la date, qui se lit à la fin de l'arrêt, est de 1528, n'est pas de Martial d'Auvergne, mais de Gilles d'Aurigny, dit Pamphile.

Néanmoins « le cinquante deuxiesme arrest » fut joint aux « arrests damours » de Martial d'Auvergne de l'année 1641, *s. l.* : c'est la première édition qui contienne ce LIIe, et non pas celle de 1546 Lyon, comme on l'a prétendu.

Mentionnons parmi les autres versions publiées des *Arrests d'amours*, avec changements de titres, soit par la fantaisie de l'éditeur, soit, plutôt, pour mieux dissimuler l'origine de l'ouvrage :

« Droictz nouueaulx et arrests d'amours, publiez de par messieurs les senateurs du temple de Cupido, sur l'estat et police d'amour, pour auoir entendu le differend de plusieurs amoureux et amoureuses », Paris, Pierre Sergent, 1541, in-8°.

« Les Declamations, procedeures et arrests d'amours, donnez en la court et parquet de Cupido, a cause d'aulcuns differens entenduz sur ceste police », Paris, Nic. Chrestien, 1555, in-16.

« Recreation et Passetemps des amoureux, contenant plusieurs deuis ioyeux sur la police d'amours, ainsy que font ordinairement les amans auec leurs amies », Lyon, Jean Saugrain, 1559, in-16 (petit volume qui ne contient que 22 arrêts, et le texte des sommaires n'est pas le même).

Arresta amorum accuratissimis Benedicti Curtii Symphoriani commentariis ad utriusque juris rationem, forensiumque actionum usum quam acutissime accommodata. Le tout diligemment reueu et corrigé en une infinité d'endroits oultre les precedentes impressions, Rouen, R. du Petit Val, 1587, in-16.

« Plaidoyers et arrêts d'amour donnés en la cour et parquet de Cupidon, à cause d'aucuns différends intervenus sur ce sujet », Rouen, Jacques Besongnes, 1627, in-12.

« Les Arrêts d'amours, avec l'Amant rendu Cordelier à l'observance d'amour, accompagnés des commentaires juridiques et joyeux de Benoît de Court », Amsterdam, et se vend à Paris chez Pierre Gandouin, 1731, in-12.

Ce livre de Martial d'Auvergne, où les questions de droit et de procédure sont accommodées à la « matière des amours », est enrichi des notes de Benoît de Court, savant jurisconsulte, qui y développe plusieurs questions de droit ; mais le commentaire, à vrai dire, n'est pas plus sérieux que le texte malgré un grand étalage d'érudition : ce jeu d'esprit nous rappelle l'ancienne chevalerie, les cours d'amour, le *Code d'amour* de maître André, chapelain de la cour de France[1], qui vivait au XIIe siècle, et qui recueillit, avec plus de sincérité et moins d'imagination que Martial d'Auvergne, les décisions de ces galants tribunaux ordinairement composés de dames et présidés par des reines.

Notre poète semble s'être inspiré, non du seizième, comme on l'a dit, mais du quinzième arrêt dont voici le sommaire :

« Ung amoureux se plainct de sa dame, laquelle, combien que ledict amoureux l'ait longuement seruie et luy auoit donné plusieurs beaux dons, ce nonobstant, ne l'ayme aulcunement, commettant vice d'ingratitude, requerant qu'elle se declaire s'elle l'aymera, ou à luy rendre ce qu'il luy ha donné. »

  Les gens tenant[2] le parlement d'Amours
   Informoient, pendant les grands jours[3],
D'aucuns abus commis en l'île de Cythère.
Par-devant eux se plaint un amant maltraité,
Disant que de longtemps il s'efforce de plaire   5
   A certaine ingrate beauté;
   Qu'il a donné des sérénades,
   Des concerts et des promenades;
   Item, mainte collation,
   Maint bal et mainte comédie;   10
  A consacré le plus beau de sa vie
   A l'objet de sa passion[4];
   S'est tourmenté le corps et l'âme[5],
   Sans pouvoir obliger la dame
A payer seulement d'un souris son amour.   15
   Partant, conclut que cette belle
   Soit condamnée à[6] l'aimer à son tour.

1. Raynouard, *Poésies des troubadours*, tome II, p. XXXI. — Comparez les *Lettres*, de Mme de Sévigné, tome IX, p. 308 et note 14, 381 et note 3.
2. Tenans. (1669 Amsterdam, et 1729.)
3. Les assises extraordinaires : tome VII, p. 121.
4. Tome V, p. 570 et note 1. — 5. *Ibidem*, p. 563 et note 6.
6. De (1669 Amsterdam) : faute évidente.

 Fut allégué d'autre part à la cour :
  Que plus la dame étoit cruelle,
 Plus elle avoit d'embonpoint et d'attraits : 20
Que, perdant ses appas, Amour perdoit ses traits ;
Qu'il avoit intérêt au repos de son âme ;
  Que quand on a le cœur en flamme
  Le teint n'en est jamais si frais[1] ;
Qu'il étoit à propos pour la grandeur du prince 25
Qu'elle traitât ainsi toute cette province,
Fît mille soupirants sans faire un bienheureux,
Dormît à son plaisir, conservât tous ses charmes,
Augmentât les tributs de l'empire amoureux[2],
  Qui sont les soupirs et les larmes ; 30
Que souffrir tels procès étoit un grand abus ;
  Et que le cas méritoit une amende,
   Concluant, pour le surplus,
   Au renvoi[3] de la demande.

Le procureur d'Amours intervint là-dessus, 35
  Et conclut aussi pour la belle.
  La cour, leurs moyens[4] entendus,
 La renvoya[5] : Permis d'être cruelle,
Avec dépens[6] et tout ce qui s'ensuit.

  Cet arrêt fit un peu de bruit 40
  Parmi les gens de la province.
La raison de douter étoit tous les cadeaux,
  Bijoux donnés, et des plus beaux :

---

1. Tome V, p. 190, p. 201 et note 6 ; et ci-dessus, p. 290 et note 5.
2. Tome VI, p. 238 et note 4.
3. Au rejet.
4. Terme de droit : tome IV, p. 444 et note 6.
5. *Conte du juge de Mesle*, vers 8.
6. Tome II, p. 405 et note 12.

Qui prend se vend[1]. Mais l'intérêt du prince,
Souvent plus fort qu'aucunes lois,
L'emporta de quatre ou cinq voix.

1. De tout temps le monde a vu Don
Être le père d'Abandon.
(*Le Petit Chien*, vers 61-62.)

II

LE DIFFÉREND

DE BEAUX YEUX ET DE BELLE BOUCHE.

Cette pièce fut publiée dans les *Contes*, 3ᵉ partie, 1671, p. 105, et réimprimée dans les *OEuvres diverses* de 1729, tome I, p. 6.

Comme le remarque Walckenaer (*Histoire de la Fontaine*, tome I, p. 224), elle est imitée d'un dialogue anonyme : « Dialogue des yeux et de la bouche », qui se trouve dans le *Recueil de pièces en prose les plus agréables de ce temps* (Paris, Charles de Sercy, 1658, in-12, p. 263). Notre poète l'a sans doute fort embelli ; on y trouve cependant quelques pensées ingénieuses qu'on regrette qu'il n'ait pas employées.

Voyez notre tome I, p. CI.

Belle-Bouche et Beaux-Yeux plaidoient pour les hon-
   Devant le juge d'Amathonte[2].   [neurs[1]

Belle-Bouche disoit : « Je m'en rapporte aux cœurs,
  Et leur demande s'ils font compte
  De Beaux-Yeux ainsi que de moi.   5
  Qu'on examine notre emploi,
  Nos traits, nos beautés, et nos charmes.
Que dis-je ? notre emploi ! J'ai bien plus d'un métier ;
Mais j'ignore celui de répandre des larmes :
De bon cœur je le laisse à Beaux-Yeux tout entier. 10
Je satisfais trois sens ; eux, seulement la vue.
  Ma gloire est bien d'autre étendue ;

---

1. Le pas, la préséance.
2. Le juge d'Amathonte, l'Amour. — Pour Amathonte, comparez ci-dessus, p. 191, 227, 231, etc.

L'ouïe et l'odorat ont part à mes plaisirs[1].
Outre qu'aux doux propos je joins les chansonnettes,
    Belle-Bouche fait des soupirs,   15
    Tels à peu près que les zéphyrs
    En la saison des violettes.
Je sais par cent moyens rendre heureux un amant :
Vous me dispenserez de vous dire comment.
S'il s'agit entre nous d'une conquête à faire,   20
    On voit Beaux-Yeux se tourmenter ;
    Belle-Bouche n'a qu'à parler[2] :
    Sans artifice elle sait plaire.
Quand Beaux-Yeux sont fermés, ce n'est pas grande [affaire ;
Belle-Bouche à toute heure étale des trésors :
Le nacre[3] est en dedans, le corail en dehors.
Quand je daigne m'ouvrir, il n'est richesse égale :
Les présents que nous fait la rive orientale
N'approchent pas des dons que je prétends avoir.
    Trente-deux perles se font voir,   30
    Dont la moins belle et la moins claire
Passe celles que l'Inde a dans ses régions :
    Pour plus de trente-deux millions
    Je ne m'en voudrois pas défaire. »
    Belle-Bouche ainsi harangua.   35

    Un amant pour Beaux-Yeux parla,

---

1. Rapprochez, pour ces plaisirs, la comédie de *Clymène*, vers 570 et suivants, et, pour « l'odorat », *ibidem*, vers 616.

2. « Ce sont mes paroles qui charment quelquefois par leur douceur, qui étonnent par leurs menaces, qui attirent par leurs promesses, et qui, quoi qu'elles fassent, gagnent toujours quelque empire sur les âmes, et font connoître qu'il n'y a rien de plus élevé qu'elles, puisqu'elles sont filles de la raison et de l'intelligence. » (*Dialogue des yeux et de la bouche*, dans le *Recueil* cité *de pièces en prose* de Sercy, p. 269.)

3. Ci-dessus, p. 34.

Et, comme on peut penser, ne manqua pas de dire
Que c'est par eux qu'Amour s'introduit dans les cœurs[1].
    « Pourquoi leur reprocher les pleurs?
    Il ne faut donc pas qu'on soupire? 40
Mais tous les deux sont bons; Belle-Bouche a grand [tort:
    Il est des larmes de transport;
    Il est des soupirs au contraire
    Qui fort souvent ne disent rien:
    Belle-Bouche n'entend pas bien 45
    Pour cette fois-là son affaire[2].
    Qu'elle se taise, au nom des dieux,
Des appas qui lui sont départis[3] par les cieux.
Qu'a-t-elle sur ce point qui nous soit comparable?
    Nous savons plaire en cent façons: 50
Par l'éclat, la douceur, et cet art admirable
    De tendre aux cœurs des hameçons[4];
Belle-Bouche le blâme, et nous en faisons gloire.
    Si l'on tient d'elle une victoire,
On en tient cent de nous; et pour une chanson 55
    Où Belle-Bouche est en renom,
    Beaux-Yeux le sont en plus de mille.
    La cour, le Parnasse, et la ville,
    Ne retentissent tout le jour
Que du mot de Beaux-Yeux et de celui d'Amour. 60
Dès que nous paroissons chacun nous rend les armes;
    Quiconque nous appelleroit

---

1. Tome V, p. 465 et note 2. Rapprochez dans *les Cent Nouvelles nouvelles*, p. 1, les yeux « archiers du cueur ».
2. Ci-dessus, vers 15.
3. Tome V, p. 15 et note 6.
4.   Je suis certain que Cupidon
     N'eût jamais manqué de me prendre
     S'il m'eût tendu ce hameçon.
(Lettre de la Fontaine à sa femme du 19 septembre 1663.)

PIÈCES MÊLÉES.

    Enchanteurs, il[1] ne mentiroit,
     Tant est prompt l'effet de nos charmes.
Sous un masque trompeur leur éclat fait si bien,   65
Que maint objet tel quel, en plus d'une rencontre,
     Par ce moyen passe à la montre[2].
On demande qui c'est, et souvent ce n'est rien ;
     Cependant Beaux-Yeux sont la cause
    Qu'on prend ce rien pour quelque chose.   70
Belle-Bouche dit « J'aime » ; et le disons-nous pas
     Sans aucun bruit ? Notre langage,
     Muet qu'il est, plaît davantage
Que ces perles, ce chant, et ces autres appas,
    Avec quoi Belle-Bouche engage. »   75

    L'avocat de Beaux-Yeux fit sa péroraison
     Des regards d'une intervenante[3] ?
Cette belle approcha d'une façon charmante ;
     Puis il dit en changeant de ton :
« J'amuse ici la cour par des discours frivoles ;   80
     Ai-je besoin d'autres paroles
Que des yeux de Philis ? Juge, regardez-les,
     Puis prononcez votre sentence :
     Nous gagnerons notre procès. »

    Philis eut quelque honte, et puis sur l'assistance   85
Répandit des regards si remplis d'éloquence,
     Que les papiers tomboient des mains.
     Frappé de ces charmes soudains,
L'auditoire inclinoit pour Beaux-Yeux dans son âme[4].

1. Livre X, fable xii, vers 25-26.
2. Même expression au tome IV, p. 82 et note 1.
3. Terme de pratique.
4. Dans *les Rémois*, vers 178 :
                       La dame
  Pour l'autre emploi inclinoit en son âme.

Belle-Bouche, en faveur des regards de la dame   90
Voyant que les esprits s'alloient préoccupant,
Prit la parole et dit : « A cette rhétorique
Dont Beaux-Yeux vont ainsi les juges corrompant,
Je ne veux opposer qu'un seul mot pour réplique :
    La nuit mon emploi dure encor ;   95
    Beaux-Yeux sont lors de peu d'usage,
On les laisse en repos, et leur muet langage[1]
    Fait un assez froid personnage. »
    Chacun en demeura d'accord.

    Cette raison régla la chose ;   100
  On préféra Belle-Bouche à Beaux-Yeux ;
En quelques chefs pourtant ils eurent gain de cause.
Belle-Bouche baisa le juge de son mieux[2].

---

1. Ci-dessus, vers 72-73.
2. Dans le *Dialogue* les yeux et la bouche se promettent mutuellement de vivre en bonne intelligence ; il n'y a que le cœur qui, la plupart du temps, ne soit pas d'accord avec eux, et le malheur est qu'il est caché en un lieu secret où l'on ne découvre pas ses fourbes.

III

VIRELAI

SUR LES HOLLANDOIS.

Ce virelai, publié d'abord à part en caractères italiques (Paris, André Cramoisy, rue de la Vieille Bouclerie, 1672, in-4° de 7 pages), a été transcrit à la suite d'une lettre de Mme de Montmorency, datée de Bagnolet le 1ᵉʳ mai 1672, dans la Correspondance de Bussy Rabutin, lettre CLXVIII (tome V, p. 233, de l'édition de 1720, in-12, tome II, p. 104, de l'édition Lalanne) : « .... Votre diable dit que les injures en vers n'offensent point. Je ne sais si les Hollandois penseront de même du virelai qu'on apporta hier à Mme de Nemours contre eux. On dit qu'il est de la Fontaine : je vous l'envoie[1]. »

Il suivit de près la déclaration de guerre de la France et de l'Angleterre à la Hollande (7 avril 1672).

Il en existe une copie à la bibliothèque de l'Arsenal (Manuscrits de Conrart, n° 5132, in-4°, p. 895-897), intitulée *Lettre aux Hollandois*. Elle offre de nombreuses variantes que nous avons recueillies dans nos notes.

La guerre de Hollande donna du reste naissance à beaucoup de satires et de pamphlets du même genre : comparez le virelai anonyme que Paul Lacroix a publié dans les *OEuvres inédites de J. de la Fontaine*, p. 111, et qui commence ainsi :

> Les pauvres marchands d'épice
> Crèvent comme une saucisse;

et voyez notre tome III, p. 346-356.

A vous, marchands de fromage[2],

---

1. Walckenaer l'a introduit pour la première fois dans les OEuvres de notre poète : voyez son *Histoire de la Fontaine*, tome I, p. 248 et note 2.
2. L'édition originale et le manuscrit de Conrart ont ce deuxième vers :
> Portefaix de l'Océan.

Salut, révérence, hommage,
A vous, marchands de fromage.
C'est à vous d'être en ombrage[1]
De ce terrible équipage 5
Qu'on fait sur votre[2] rivage.
C'est vous, pêcheurs de haran[3],
C'est vous, vendeurs de safran,
Qui prétendez d'un fromage
Faire au soleil un écran. 10
Peuple hérétique et maran[4],
Ennemi du Vatican[5],

1. Ne soyez plus en ombrage.
(Édition originale et manuscrit de Conrart.)
2. Notre. (Édition originale.)
3. Nous ne relèverons, dans cette pièce, les orthographes adoptées pour la rime que quand le mot se sera jadis écrit comme l'écrit la Fontaine, ici, par exemple : *haran*.
4. *Maran* ou *marrane*, infidèle; nom qu'on donnait aux Maures et aux Juifs, et particulièrement aux renégats; de l'espagnol *marrano*. — « A trente diables soit le coqu, cornu, marrane, sorcier au diable, enchanteur de l'Antichrist! » (RABELAIS, tome II, p. 127.) « Car son pere hayssoit tous ces Indalgos Bourrachous marranisez comme diables. » (*Ibidem*, tome I, p. 33.)

Il auoit bien tes yeulx de rane,
Et si estoit filz d'ung marrane
Comme tu es.
(MAROT, tome I, p. 243.)

— « Le marranisme, qui participe de la loi de Mahomet et de celle des Iuifs, est plus frequent en Espagne que l'heresie en France. » (GUY COQUILLE, *Dialogue des miseres de la France*, tome II des OEuvres, Paris, 1665, in-fol., p. 259.)
5. Au lieu de ces six derniers vers, on lit dans le manuscrit de Conrart les huit suivants, dont un est faux et cinq intervertis seulement :

C'est pour pêcher du haran,
Portefaix de l'Océan,
Bourg-mestres de village,
Peuple hérétique et maran,
Ennemi du Vatican,
C'est vous, vendeurs de safran,

Sur qui va fondre l'orage,
C'est trop faire de cancan[1],
Et parler en maître Jean[2];
Il faut changer de langage
Et baisser de plus d'un cran
Cette fierté de courage[3].

En vain votre aréopage,
Votre nouvelle Carthage,
Met toute chose en usage
Pour détourner l'ouragan[4]
Et vous sauver du naufrage.
La foudre part du nuage
Et va sécher marécage,
Rompre digue et watergan[5].
Vous avez beau mettre en gage

> Qui prétendez d'un fromage
> Faire au soleil un écran.

L'édition originale offre la même variante, sauf qu'elle corrige le vers faux en celui-ci :

> Bourguemestres de village,

et donne ainsi le premier :

> C'est vous, pêcheurs du haran.

1. Du cancan. (Manuscrit de Conrart.)
2. Personnage légendaire, surtout dans la province d'Alsace et en Allemagne, vendu au diable, et pris souvent pour le diable lui-même.
3. De cœur : ci-dessus, p. 390 et note 3.
4. L'ouracan. (Manuscrit de Conrart.) — De l'espagnol *huracan*.
5. Va sécher le marécage,
    Rompre fosse et vatregan.
                        (*Ibidem.*)

— *Watergang*, fossé à écluses servant à l'écoulement des eaux, du flamand *water*, eau, et *gang*, allée. Ce mot est encore en usage dans les parties marécageuses du département du Nord.

La jupe et le calandran[1],
Appeler le Castillan,
Le Walon et le Flaman, 30
Le Maure et l'Européan[2];
Vous avez beau, comme un pan[3],
Déployer votre plumage
Et faire grand[4] étalage
De bois, de mâts, de cordage, 35
Et de soldats de louage;
Votre lâche paysan,
Plus poltron à l'abordage
Et plus timide qu'un fan[5],
Tournera bientôt visage, 40
Et fera[6] comme un crocan[7].
Mandez lettres et message
Chez le Goth et l'Alleman[8],
Et dans tout le voisinage
Criez au meurtre, à l'outrage, 45
On me pille, on me saccage[9];

1. La cape et le balandran.
(Édition originale et manuscrit de Conrart.)
— *Calandran*, du texte, dérive de *calandre*, machine de bois avec laquelle on pressé et lustre les étoffes. Quant à *balandran*, de la variante, voyez notre tome II, p. 11 et note 15. — Après le vers 29 : « Convoquer l'arrière-ban », dans le manuscrit de Conrart.

2. Au XVIIe siècle, et même au XVIIIe, on était encore partagé, pour l'orthographe, entre *Européen* et *Européan*.

3. Tome I, p. 298 et note 2.

4. Un grand. (Édition originale et manuscrit de Conrart.)

5. Tome VI, p. 301 et note 6.

6. *Fuira* dans l'édition originale et le manuscrit de Conrart; *sera* dans les éditions modernes.

7. Tome V, p. 336 et note 4.

8. L'édition originale et le manuscrit de Conrart ont ensuite ce vers de plus :

Faites la presse et la rage.

9. Ravage. (Manuscrit de Conrart.)

Proposez un arbitrage,
Offrez des places d'otage :
Eussiez-vous pour partisan
Belzébuth, Léviathan[1], 50
Et les pages de Satan,
Malgré votre tripotage[2]
Et votre patelinage[3],
Notre roi, vaillant et sage,
Notre invincible sultan[4], 55
Ruinera ville et pacage[5],
Mettra votre or au pillage,
Vos personnes au carcan
Et vos meubles à l'encan.
Ainsi l'on voit le milan, 60
A travers ronce et feuillage,
Fondre dessus l'ortolan,
La corneille ou[6] le faisan ;
De même le cormoran[7]
Gobe[8] dans l'eau l'éperlan, 65

1. Grand amiral de l'enfer.
2. Tome V, p. 388 et note 3.
3. Farce, comédie, intrigue, artifice. — « Ie ne ris oncques tant que ie fis à ce patelinage. » (RABELAIS, tome II, p. 167.) Comparez Remy Belleau, *la Reconnue*, acte III, scène v :

> Il l'a si bien mitouinée
> Et si bien empatelinée
> Qu'il a faict ce qu'il a voulu.

4. Ce vers, non indispensable au sens, manque dans l'édition originale et le manuscrit de Conrart.
5. Passage. (Édition originale et manuscrit de Conrart.) — *Pacage*, lieu de pâture.
6. Et. (Manuscrit de Conrart.)
7. Vers oublié dans l'édition originale et dans la copie de l'Arsenal.
8. Gober. (Édition originale et manuscrit de Conrart.)

La sardine et le merlan[1].
Jamais le grand Tamerlan
Ne fit chez le Musulman
Tant de bruit ni de ravage,
Lorsqu'il vainquit le Persan,   70
Extermina le soudan,
Et qu'il mit en esclavage
L'illustre Mahométan[2]
Qu'il traîna dans une cage[3].
De son heureux mariage[4]   75
Avec l'infante du Tage
Doit naître un puissant lignage[5]
Qui portera le carnage
Jusqu'aux terres du Liban,
Qui détruira l'Alcoran,   80
Et du monarque ottoman
Arrachera le turban.
Tandis[6], pour apprentissage,
Il[7] verra dans son bas âge
Louis commencer l'ouvrage,   85
Lui tracer route et passage,
Et d'un superbe héritage
Augmenter son apanage.
Je ne suis sorcier ni mage[8],

1. Ce vers manque dans le manuscrit de Conrart.
2. L'édition originale et le manuscrit de Conrart ajoutent ici :
   Le redoutable sultan.
Ce redoutable, dans Conrart.
3. Bajazet Ier.
4. Du mariage de notre roi (vers 54).
5. Page 45. — Comparez, ci-dessus, p. 389, l'*Ode pour Madame*, vers 111-117.
6. Tome V, p. 171 et note 1.
7. Ce lignage (vers 77).
8. Ci-dessus, p. 242 et note 3. — L'édition originale et le

PIÈCES MÊLÉES.

Mais je prédis, et je gage, 90
Qu'on verra croître l'herbage¹
Dans les places d'Amsterdan,
Que Dordrech et Rotterdan
Ne seront qu'un ermitage,
Qu'un lieu désert et sauvage. 95
Croyez-moi, pliez bagage,
Rompez trafic et ménage²,
Vendez cruches et laitage³,
Et passez à l'Indostan,
Dans quelque île de sauvage, 100
De nègre ou d'anthropophage;
Allez chez le Prête-Jean⁴
Débiter l'orviétan,
La clinquaille⁵ et le ruban,
Et faire le personnage 105

manuscrit de Conrart ont ici deux vers de plus, dont un faux, à moins qu'on ne compte *Baalam* pour deux syllabes seulement :

> Et je n'ai pas l'avantage
> Qu'eut l'ânesse de Baalam.

Et je n'ai point, dans Conrart.
1. Tome VI, p. 283.
2. Il y a ici un vers de plus dans l'édition originale et le manuscrit de Conrart :

> Quittez champs et labourage.

3.   Renversez cruche et laitage.
(Édition originale.)

4. Prête-Jean ou Prêtre-Jean (*Preto Joam* en portugais, « Jean le Noir », et, par onomatopée, Prestre Jean, au moyen âge), personnage fabuleux, imaginaire, que l'on faisait régner tantôt en Asie, tantôt en Afrique, « le Negus, surnommé Prestre Jean, dit du Fail (tome II, p. 143), le plus grand prince de la terre, qu'on ne voit le plus souuent qu'au trauers d'une toile ». — Ce vers, et ci-dessous le vers 116, manquent dans le manuscrit de Conrart.
5. Ou *quincaille*.

De médecin, d'artisan,
De juif ou de charlatan.
Mais, ma foi, c'est grand dommage
De s'amuser davantage
A barbouiller cette page 110
Pour y peindre votre image ;
Et chercher depuis Adan,
Depuis Sem, Japhet et Can[1],
Jusques aux neiges d'antan[2],
Toutes les rimes en an, 115
Pour des[3] avaleurs de bran.
Bon jour, bon soir, et bon an.
Quand le pinson au bocage
Commencera son ramage,
Dès que le premier fourrage 120
Nous permettra le voyage,
Vous verrez que mon présage
N'est rien moins qu'un badinage,
Et qu'un conte de roman.
A vous, marchands de fromage[4], 125
A vous, pêcheurs de haran,
Salut, révérence, hommage,
A vous, marchands de fromage.

1. Cham.
2. De l'an passé. On connaît la ballade de Villon (*des dames du temps jadis*, p. 34), dont le refrain est :
  Mais où sont les neiges d'antan?
3. Pour ces. (Édition originale.)
4. Au lieu de ce vers on lit dans l'édition originale et le manuscrit de Conrart :
  Adieu, marchands de fromage,
  Portefaix de l'Océan ;
et, comme dernier vers de la pièce, de nouveau :
  Adieu, marchands de fromage.

IV

JANOT ET CATIN[1].

Ces stances ont paru dans le premier recueil des *Nouveaux Contes de M. de la Fontaine* (1674, petit in-8°), p. 129, dans le second (1675, in-12), p. 125, dans le troisième (1676, in-8°)[2], p. 129, et ont été insérées dans les *OEuvres diverses* de 1729, tome I, p. 12.

Le *Grant Blason des Faulces Amours* (Paris, 1486, in-4°), auquel la Fontaine renvoie ci-dessous dans sa note, « est un dialogue, dit le Duchat, composé de cent vingt-six stances, chacune de douze vers qui, outre qu'ils ne roulent que sur deux rimes, sont encore d'une mesure et d'un arrangement qui en rendent la

---

1. « J'ai composé ces stances en vieil[a] style, à la manière du *Blason des Fausses Amours*, et de celui des *Folles Amours*, dont l'auteur est inconnu. Il y en a qui les attribuent à l'un des Saint-Gelais : je ne suis pas de leur sentiment, et je crois qu'ils sont de Cretin. » (*Note de la Fontaine.*) — Le Duchat, dans la préface de son édition du *Blason des Faulces Amours*, qui est à la suite des *Quinze joyes de mariage*, la Haye, 1726 et 1734, in-12, p. 214, relève cette assertion, et, d'après Braudius, tome II, p. 181, de sa *Bibliothèque*, Jean Nevizan, livre IV, § 14, de sa *Sylva nuptialis* (1522), du Verdier, p. 465 de sa *Bibliothèque*, et la Croix du Maine, prouve « que *le Blason des Faulces Amours* est de frère Guillaume Alexis, religieux de Lyre, diocèse d'Évreux, prieur de Bussy. Les quatre vers que nous citons à la fin de cette notice le prouvent aussi. Quant au *Loyer des Folles Amours*, il est de Cretin, si l'on s'en rapporte au seul la Croix du Maine. Cependant Coustelier ne l'a point inséré dans les OEuvres de ce poète, 1723, in-8°. — Le *Blason*, le *Loyer*, et le *Triomphe des Muses contre Amour*, sont tous trois dans une édition, de 1614, de *Maître Pierre Pathelin*, qu'à sans doute ignorée Coustelier qui a renouvelé cette farce.

2. Voyez notre tome V, p. 286.

a En vieux. (1729.)

versification très difficile, mais en même temps très agréable, lorsqu'on en peut surmonter la difficulté[1]. »

Plus de vingt-cinq éditions imprimées entre 1486 et 1614 témoignent du succès de cet ouvrage qui n'était pas encore oublié dans la seconde moitié du xviie siècle, puisque notre poète a reproduit la disposition de ses strophes, moins toutefois à la dernière qui a seize vers au lieu de douze.

L'auteur du *Blason*, Guillaume Alexis, a aussi écrit *le Passe temps de tout homme et de toute femme* (Paris, *s. d.*), petit in-4°), en tête duquel sont ces quatre vers :

>   Ceulx qui voudront au long ce liure lire,
>   Le trouueront bien fondé en raison;
>   Aussi le feist le bon moyne de Lyre
>   Qui d'amours faulces composa le blason.

Voyez l'*Histoire de la Fontaine*, par Walckenaer, tome I, p. 264-265.

>   Un beau matin[2],
>   Trouvant Catin
>   Toute seulette,
>   Pris son tetin[3]
>   De blanc satin,   5

[1] Préface de l'édition de la Haye, 1726 et 1734, p. 213.
[2] Voici le début du *Blason* :

>   Ung iour passoye
>   Prez la saussoye
>   Disant sornettes;
>   Là cheuauchoye,
>   Dont ie chantoye
>   Ces chansonnettes :
>   Toutes fleurettes
>   Sont amourettes;
>   C'est de plaisance la montioye ;
>   Bon faict toucher ses mamelettes;
>   Et aprez plusieurs bergerettes,
>   Souuent ie la recommençoye.

[3] ....Tetin de satin blanc tout neuf, etc.
(Marot, tome III, p. 33, épigramme lxxviii.)

Rapprochez toute cette pièce intitulée : « Du beau tetin », et l'épigramme suivante : « Du layd tetin ».

> Par amourette :
> Car de galette
> Tant soit mollette
> Moins friand suis, pour le certain [1].
> Adonc me dit la bachelette [2] :
> « Que votre coq cherche poulette ;
> Ici ne fera grand butin. »
>
> Telle censure
> Ne fut si sûre
> Qu'elle espéroit ;
> De ma fressure [3]
> Dame Luxure
> Jà s'emparoit [4].
> En tel détroit
> Mon cas étoit,

1. Même expression au vers 69 de la lettre à l'abbesse de Mouzon (tome V *M.-L.*, p. 6).
2. Tome VI, p. 7 et note 5.
3. De mon cœur et de mes entrailles. — « La froisseure c'est le foie, le mol, le cueur, et la langue. » (*Mesnagier*, II, 5.)

> Ah! par le sang et par le foie,
> Par la fressure et par la teste,
> Elle vient d'auec nostre prestre.
> (RUTEBEUF, tome I, p. 299.)

« O mes chers amis que j'ayme de toute ma fressure! » (*Le Moyen de parvenir*, chapitre xx.)

> Moi, sur la planche de ma bière
> Je souperais avec Lilla.
> Par la fressure du saint-père !
> Un homme peut casser son verre
> Quand il a bu de ce vin-là.
> (ALFRED DE MUSSET, *Suzon*.)

4. Car de nature,
Dame Luxure
Vous trouble, vous l'entendez bien.
(GUILLAUME ALEXIS, cité par Walckenaer.)

Que je quis¹ meilleure aventure.
Catin ce jeu point n'entendoit:
Mieux attaquois, mieux défendoit;
Dont je souffris peine très dure.

  Pendant l'étrif²,   25
  D'un ton plaintif
  Dis chose telle :
  « Las! moi chétif
  En son esquif
  Caron m'appelle.   30
  Cessez donc, belle,
  D'être cruelle
A cettui³ votre humble captif;
Il est à vous foie et ratelle⁴.
— Bien grand merci, répondit-elle;   35
Besoin n'ai d'un tel apprentif⁵. »

    JANOT.
  Je vous affie⁶
  Et certifie
  Que quelque jour
  J'ai bonne envie   40
  Ne vous voir mie

---

1. Je demandai, je cherchai ; du verbe *querre* : comparez la ballade des *Augustins*, vers 9 (tome V *M.-L.*, p. 10).
2. Tome IV, p. 282 et note 4.
3. Tome V, p. 357 et note 3.
4. Il est à vous foie et rate : tout entier : ci-dessus, vers 16.
5. Tome V, p. 540 et note 3.
6. Je vous promets, je vous assure : voyez Villon, p. 189 :

  Le pauure homme, ie vous affie,
  Ne prisa pas bien la façon,
  Car il n'eut, ie vous certifie,
  Or ne argent de son poysson ;

Rabelais, le tiers livre, chapitres XIV, XLVI, le quart livre, chapitres XIII, LI, LXIV; Marot, tome II, p. 202; etc., etc.

PIÈCES MÊLÉES.   443

  Dure à l'étour¹ :
  Le dieu d'Amour
  Sait plus d'un tour ;
 Que votre cœur trop ne s'y fie ;   45
 Car, quant à moi, j'ai belle paour²
 Qu'à vous férir n'ait le bras gourd³ :
 Le contemner⁴ est donc folie⁵.
    CATIN.
  Vous n'avez pas
  Bien pris mon cas   50
  Ne ma sentence.
  De tomber, las !
  D'Amour ès las
  Ne fais doutance ;
  Mais telle offense⁶,   55
  En conscience,

1. De ne plus vous voir tenir si ferme au choc, à l'assaut, au combat.
— Ce fut lors que l'estour recommença terrible.
   (*L'Enfer de la Mere Cardine*, dans les Poésies françoises des xv⁰ et xvi⁰ siècles, tome III, p. 327.)
2. Peur.
3. Tome V, p. 78 et note 6.
4. Mépriser : voyez Rabelais, tome I, p. 170 ; etc.
5.   Et somme toute,
   Ie fais grand'doute
   Que quelque iour
   On ne vous boute
   Une grand'route
   A mau seiour.
   Dieu de sa tour
   Void moins beau tour,
Et vous semble qu'il ne void goutte ;
Mais i'ay grand'peur qu'à son retour
Plus dur ne vous soit à l'estour,
Comme d'autant plus il escoute.
    (*Le Blason*, p. 228.)
6. Péché : tome V, p. 534 et note 7.

Ne commettrois pour cent ducats.
Que ce soit donc votre plaisance
De me laisser en patience[1],
Et de finir cet altercas[2]. 60

JANOT.

Alors qu'on use
De vaine excuse,
C'est grand défaut.
Telle refuse
Qui après muse[3], 65
Dont bien peu chault[4];
Car point ne fault
Tout homme caut[5]
A chercher mieux quand on l'amuse.
Dont je conclus qu'en amours[6] faut 70
Battre le fer quand il est chaud,
Sans chercher ni détour ni ruse.

Onc en amours
Vaines clamours
Ne me reviennent; 75
Roses et flours,
Tous plaisants tours,

1. En repos.
2. Tome III, p. 227, et note 15.
3.   Je lui dis : « Homme qui refuse
    Ordinairement après muse. »
          (Scarron, *le Virgile travesti*, livre II.)
4. Tome IV, p. 298 et note 3.
5. Prudent, fin, rusé, du latin *cautus :* comparez Marot, tomes III, p. 128, 145, 163, IV, p. 81, 84, 114; Ronsard, tomes I, p. 57, 118, II, p. 300, 304; du Bellay, tomes I, p. 147, II, p. 25, 104; Jodelle, tome II, p. 189, 237; Baïf, tome II, p. 123; Brantôme, tome III, p. 268; etc.
6. En amour. (1729.)

PIÈCES MÊLÉES. 445

  Mieux y conviennent;
  Assez tôt viennent,
   Voire et proviennent¹,   80
Du temps qu'on perd douleurs² et plours :
Tant que³ tels cas aux gens surviennent,
C'est bien raison qu'ils entretiennent
En tout déduit⁴ leurs plus beaux jours⁵.

  Ainsi prêchois,   85
  Et j'émouvois
  Cette mignonne⁶;
  Mes mains fourrois,
  Usant des droits
  Qu'Amour nous donne.   90
  Humeur friponne
  Chez la pouponne⁷
Se glissa lors en tapinois⁸.
Son œil me dit en son patois⁹ :

1. Voire proviennent. (1729.)
2. Douleur. (*Ibidem*.)
3. Jusqu'à ce que : tome VII, p. 71. — Faut que. (1729.)
4. Tome V, p. 516 et note 2.
5.   Quand on est ieune,
   Force est qu'on tienne
  Le train des autres iouuenceaux :
  Puis, quand vient sur l'aage ancienne,
  C'est bien raison qu'on se contienne,
  Et qu'on en quitte les batteaux.
      (*Le Blason*, p. 229.)
6. Tome V, p. 98 et note 3.
7.   Va, pouponne, mon cœur....
 (MOLIÈRE, *l'École des Maris*, acte II, scène VII, vers 675.)
  Oui, ma pauvre fanfan, pouponne de mon âme.
     (*Ibidem*, scène IX, vers 763.)
8. Tome V, p. 199 et note 5.
9. *Ibidem*, p. 474 et note 2.

« Berger, berger, ton heure sonne[1]. »   95
J'entendis clair; car il n'est homme
Plus attentif à telle voix.
Ami lecteur, qui ceci vois,
Ton serviteur, qui Jean se nomme,
Dira le reste une autre fois.   100

1. Ci-dessus, p. 359 et note 3.

V

PRÉDICTIONS

POUR LES QUATRE SAISONS DE L'ANNÉE, MISES DANS UN ALMANACH ÉCRIT A LA MAIN SUR DU VELIN GARNI D'OR ET DE DIAMANTS, ET PRÉSENTÉ A MME DE MONTESPAN PAR MME DE FONTANGE, LE PREMIER DE L'AN 1680.

Nous donnons ces « Prédictions » d'après la copie qui se trouve dans les manuscrits de Coulanges à la Bibliothèque de l'Arsenal (trois volumes in-4°, Belles-lettres, n° 64), tome I, p. 292. Le titre que nous avons transcrit exactement est suivi de ces mots : « Les vers sont de Mr de la Fontaine. »

Cette pièce fut publiée dans le *Nouveau choix*, de 1715, tome II, p. 15, et dans les *OEuvres diverses* de 1729, tome I, p. 117 ; mais dans ces deux recueils le titre est fort différent : « Vers mis au bas de chaque saison à un almanach donné pour étrenne par le Roy à Mme de Fontange en 1681. »

Voyez Walckenaer, *Histoire de la Fontaine*, tome II, p. 10 ; et les *Lettres* de Mme de Sévigné, tome VI, p. 176-177.

L'HIVER[1].

Tout est fait pour Louis ; et, dans leur consistoire[2],
Les dieux ont résolu de suivre ses desirs.
Mars a passé le Rhin jusqu'ici pour sa gloire ;
L'Amour le va bientôt passer pour ses plaisirs[3].

---

1. Dans les recueils cités, au lieu de l'indication des saisons, les Prédictions portent celle des mois : *Janvier, Février et Mars.* — *Avril, May et Juin.* — *Juillet, Août et Septembre.* — *Octobre, Novembre et Décembre.*
2. Tome VI, p. 93.
3. L'Amour, en la personne de Marie-Anne-Christine-Victoire de Bavière, dont le mariage avec le Dauphin, arrêté depuis long-

LE PRINTEMPS.

Le retour des zéphyrs nous annonçoit la guerre ;
Les cœurs sont à présent pleins d'un autre souci[1] :
Et jamais le printemps n'amena sur la terre
Tant d'amoureux desirs que fera celui-ci.

L'ÉTÉ.

Flore a fait son devoir; Cérès, Bacchus, Pomone,
Feront aussi le leur, si je lis dans les cieux :
Le sort le veut ainsi, Louis ainsi l'ordonne;
Son vouloir est le sort, ses ministres les dieux[2].

L'AUTOMNE.

Des fruits d'un doux hymen je vois l'heureux présage,
Avant que de cet an on[3] ait atteint le bout :
Il doit naître un enfant[4] qui surmonteroit tout,
Si son aïeul n'avoit achevé son[5] ouvrage.

---

temps, fut conclu, par procuration, à Munich, le 28 janvier 1680.
C'est le 21 février seulement que la princesse arriva à Strasbourg,
d'où elle repartit le lendemain.

1. Les trois traités signés à Nimègue l'avaient été : avec la
Hollande, le 10 août 1678; avec l'Espagne, le 17 septembre de
la même année; avec l'Allemagne, le 5 février 1679.

2. Un printemps éternel, une éternelle automne,
   En faveur de Louis vont régner dans ces lieux.
   (1715, 1729.)

3. L'on. (1715, 1729.)
4. Le duc de Bourgogne ne naquit que le 6 août 1682.
5. Cet. (1715, 1729.)

VI

LE SONGE.

POUR Mme LA PRINCESSE DE CONTI.

Cette pièce a paru dans les *Œuvres posthumes* de 1696, p. 165, et dans les *Œuvres diverses* de 1729, tome I, p. 132.

Notre poète avait aperçu un soir la jeune douairière de Conti, veuve de Louis-Armand, triomphante et parée, prête à partir pour le bal. Il rêva d'elle pendant la nuit, et lui envoya, le lendemain, ces vers. Voyez notre tome I, p. CLI; et rapprochez l'épître à *Mme de Fontange* (tome V *M.-L.*, p. 125).

Cette princesse, dit Walckenaer[1], « fut une des plus belles personnes de ce temps. Sa taille svelte, élancée, majestueuse, l'avait fait surnommer à la cour la grande princesse. Aux grâces de Mlle de la Vallière, sa mère, elle réunissait le port et l'air de Louis XIV, son père; et le bruit de sa beauté s'était tellement répandu que, quelques années après l'époque dont nous parlons, l'empereur de Maroc, ce Muley Ismaïl, si fameux par sa férocité, fit demander son portrait au Roi, qui le lui envoya, et sur ce portrait et le rapport que lui fit son ambassadeur à Paris, Abdala ben Aïssa, il la fit demander en mariage, demande burlesque qui amusa beaucoup la cour, et fut la matière de plusieurs pièces de vers[2]. Ce fut aussi un portrait de cette princesse qui, trouvé

---

1. *Histoire de la Fontaine*, tome II, p. 197-199.
2. De J.-B. Rousseau, du duc de Nevers, de Périgny, etc. Voici les vers de Rousseau :

> Votre beauté, grande Princesse,
> Porte les traits dont elle blesse
> Jusques aux plus sauvages lieux :
> L'Afrique avec vous capitule,
> Et les conquêtes de vos yeux
> Vont plus loin que celles d'Hercule.

On composa sur le même sujet un roman intitulé *Relation historique de l'amour de l'empereur de Maroc pour Madame la princesse*

en Amérique au bras d'un armateur français par don Joseph Valeto, fils du vice-roi du Pérou, lui inspira une passion violente qui divertit longtemps Paris et la cour. Auprès de cette princesse, dit Mme de Caylus, les plus belles et les mieux faites n'étaient pas regardées[1]. Elle dansait surtout avec une étonnante perfection.

« Le marquis de Sourches dit qu'elle surpassait les meilleures danseuses de l'Opéra et de Paris, entre autres une demoiselle de la Fontaine qui, au théâtre, attirait la foule, et Mlle Rolland, qui était considérée dans le monde comme la plus brillante de toutes les danseuses[2].

« Mme de Sévigné[3], qui voulait absolument que sa fille eût, sur ce point, la prééminence sur toutes les femmes, se fâche un peu de ce que Mme de Grignan lui parle avec trop d'enthousiasme de la princesse de Conti, qu'elle avait vue à un bal. Suivant elle, ce n'est point pour la danse qu'on l'admire, « c'est en faveur de « cette taille divine, qui surprend et qui emporte l'admiration,

« Et fait voir à la cour
« Que du maître des dieux elle a reçu le jour. »

Ajoutons que le grand éclat de la princesse de Conti ne dura que jusqu'à sa petite vérole, qu'elle eut à l'âge de dix-huit ans, et donna à son mari qui en mourut[4].

La déesse Conti[5] m'est en songe apparue :

<small>douairière de Conti, écrite en forme de lettres à une personne de qualité, par M. le comte D***, Cologne, 1700. Voyez aussi Thomassy, Histoire de la politique maritime de la France sous Louis XIV, et de la demande adressée à ce monarque par Muley Ismaïl, empereur de Maroc, pour obtenir en mariage la princesse de Conti, Paris, 1841, p. 17.
1. Souvenirs, tome XXX, p. 497, de la collection Michaud et Poujoulat.
2. Mémoires du marquis de Sourches, août 1685 tome I, p. 262, de l'édition de 1836. Comparez ibidem, p. 320.
3. Lettre du 12 août 1685 (tome VII, p. 451).
4. Mme de Caylus, Souvenirs cités, ibidem.
5. Marie-Anne de Bourbon, dite Mademoiselle de Blois, fille du Roi et de Mlle de La Vallière. Veuve de Louis-Armand de</small>

Je la crus de l'Olympe ici-bas descendue.
Elle étaloit aux yeux tout un monde d'attraits[1],
Et menaçoit les cœurs du moindre de ses traits.

« Fille de Jupiter, m'écriai-je à sa vue,   5
On reconnoît bientôt de quel sang vous sortez.
L'air, la taille, le port, un amas de beautés,
Tout excelle en Conti; chacun lui rend les armes;
Sa présence en tous lieux fera dire toujours :
    « Voilà la fille des Amours. »   10
  Elle en a la grâce et les charmes;
On ne dira pas moins en admirant son air :
    « C'est la fille de Jupiter. »

Quand Morphée à mes sens présenta son image,
Elle alloit en un bal s'attirer maint hommage.   15
Je la suivis des yeux; ses regards et son port
Remplissoient en chemin les cœurs d'un doux trans-
Le songe me l'offrit par les Grâces parée[2] :   [port.
Telle aux noces des dieux ne va point Cythérée;
Telle même on ne vit cette fille des flots   20
Du prix de la beauté triompher dans Paphos.
Conti me parut lors mille fois plus légère
Que ne dansent au bois la nymphe et la bergère;
L'herbe l'auroit portée; une fleur n'auroit pas
    Reçu l'empreinte de ses pas[3] :   25

Conti, depuis le 9 novembre 1685, elle était, lorsque la Fontaine composa cette pièce, princesse douairière de Conti.
  1. Tome IV, p. 380 : « un monde de recettes ».
  2. *Adonis*, vers 56 et note 2.
  3. Tome III, p. 35-36.
—   Sur l'herbe tendre elles formaient leurs pas,
    Rasant la terre et ne la touchant pas.
        (VOLTAIRE, *Ce qui plaît aux dames*, conte.)

Elle sembloit raser les airs à la manière
    Que les dieux marchent dans Homère.
    Ceci n'est-il point trop savant?
Des éruditions la cour est ennemie;
    Même on les voit assez souvent   30
    Rebuter par l'Académie.

Hélas! en cet endroit mon songe fut trop court;
Je sentis effacer de si douces images;
Et, la nuit ramenant les entretiens du jour,
Je me représentai de perfides¹ courages²;   35
Je ramassai les bruits que de divers endroits
Vient répandre chez nous la déesse aux cent voix,
Qui du songe inventeur imite les ouvrages.
Morphée, accompagné de ses plus noirs démons³,
Me peignit cent états brouillés en cent façons.   40
A Conti succéda ce que fait l'Angleterre :
Je ne vis qu'un chaos plein d'appareils de guerre⁴.
Que les enfants de Mars ont un différent air
    De la fille de Jupiter!
Songe, par qui me fut son image tracée,   45
Ne reviendrez-vous plus l'offrir à ma pensée?
En finissant trop tôt vous causez trop d'ennuis.
Faites de vos faveurs un plus juste partage,
    Et revenez toutes les nuits,
    Ou durez un peu davantage.   50

1. Des perfides. (1729.)
2. Ci-dessus, p. 433 et note 3.
3. Page 248 et note 6.
4. Page 397 et note 1.

VII

A LEURS ALTESSES SÉRÉNISSIMES MADEMOISELLE DE BOURBON
ET MONSEIGNEUR LE PRINCE DE CONTI.

Cet épithalame a paru dans les *OEuvres posthumes* de 1696, p. 121, et a été réimprimé dans les *OEuvres diverses* de 1729, tome I, p. 125.

Il a été inséré à tort dans l'édition des Fables faite à Londres en 1708, fable ccxxvi, dans celle de 1715 Paris, où l'on a mis pour la première fois au titre *l'Hyménée et l'Amour*, et dans toutes les autres éditions antérieures à celle que Walckenaer a donnée en 1823. Dans la plupart de ces recueils elle est la xxv° fable du livre XII.

Voyez Walckenaer, *Histoire de la Fontaine*, tome II, p. 185-186; et nos tomes I, p. cliii-cliv, III, p. 247-251, et les notes.

Rapprochons de cette pièce *le Divorce de l'Amour et de l'Hyménée*, de Bachaumont[1], qui s'applique fort bien au mariage de Mademoiselle de Bourbon et du prince de Conti, mariage très malheureux, comme on le sait :

.... Jadis l'Amour et l'Hyménée
Etoient frères et bons amis.
Trop heureux dans leur destinée
Ceux à qui le Ciel a permis
De voir la saison fortunée
Où, parmi les nœuds les plus doux,
Une ardeur toujours mutuelle,
Toujours tendre et toujours fidèle,
Confondoit l'amant et l'époux !
Sitôt que l'Amour dans une âme
Avoit fait naître quelque flamme,
Hymen venoit la couronner.
Ces dieux, ainsi d'intelligence,
Eux deux seuls y faisoient régner

1. *OEuvres de Chapelle et de Bachaumont*, Paris, 1854, in 12, p. 268-279.

POÉSIES DIVERSES.

> La paix, la joie, et l'innocence;
> Mais l'union des deux enfants,
> Egaux en attraits, en puissance,
> Ne devoit pas durer longtemps, etc.

Hyménée et l'Amour vont conclure un traité
Qui les doit rendre amis pendant longues années[1] :
 Bourbon, jeune divinité,
Conti, jeune héros, joignent leurs destinées[2].
Condé l'avoit, dit-on, en mourant[3] souhaité;   5
Ce guerrier, qui transmet à son fils[4] en partage
Son esprit, son grand cœur[5], avec un héritage
Dont la grandeur non plus n'est pas à mépriser,
Contemple avec plaisir de la voûte éthérée
Que ce nœud s'accomplit, que le prince l'agrée,   10
Que Louis aux Condé ne peut rien refuser.

Hyménée est vêtu de ses plus beaux atours;
Tout rit autour de lui, tout éclate de joie :
Il descend de l'Olympe environné d'Amours
 Dont Conti doit être la proie :   15
 Vénus à Bourbon les envoie.
 Ils avoient l'air moins attrayant,

---

1. Sur leurs débats, voyez *Belphégor*, vers 142 et note 7.
2. Marie-Thérèse de Bourbon, dite Mademoiselle de Bourbon, née le 1ᵉʳ février 1666, fille aînée de Henri-Jules, prince de Condé, et d'Anne de Bavière, fut mariée, par dispense du pape, à Versailles, le 29 juin 1688 (*Dangeau*, tome II, p. 150, et *Mercure* de juillet, p. 247-258), à François-Louis de Bourbon, prince de Conti et de la Roche-sur-Yon, né le 30 avril 1664, mort le 22 février 1709 (tome III, p. 247 et note 2); frère de ce Louis-Armand auquel la Fontaine a dédié la *Comparaison d'Alexandre, de César, et de Monsieur le Prince* (ci-dessus, p. 315).
3. A Fontainebleau, le 11 décembre 1686. Voyez Dangeau, tome I, p. 426-427.
4. Henri-Jules de Bourbon.
5. *Poème du Quinquina*, chant II, vers 228-239.

Le jour qu'elle sortit de l'onde,
Et rendit surpris notre monde
De voir un peuple si brillant[1].

Le chœur des Muses se prépare :
On attend de leurs nourrissons
Ce qu'un talent exquis et rare
Fait estimer dans nos chansons.
Apollon y joindra ses sons ;
Lui-même il apporte sa lyre.
Déjà l'amante de Zéphyre,
Et la déesse du matin,
Des dons que le printemps étale,
Commencent à parer la salle
Où se doit faire le festin.

O vous, pour qui les dieux ont des soins si pressants,
  Bourbon, aux charmes tout puissants,
  Ainsi qu'à l'âme toute belle,
  Conti, par qui sont effacés
  Les héros des siècles passés,
Conservez l'un pour l'autre une ardeur mutuelle[2] !
Vous possédez tous deux ce qui plaît plus d'un jour,
Les grâces et l'esprit, seuls soutiens de l'amour.
  Dans la carrière aux époux assinée[3],
  Prince et Princesse, on trouve deux chemins :
  L'un de tiédeur, commun chez les humains ;
  La passion à l'autre fut donnée[4].

---

1. Comparez ci-dessus, p. 386, l'*Ode pour Madame*, vers 53-60.
2.   Soyez toujours amoureux.
    (*Ibidem*, vers 110.)
3. Tome V, p. 386 et note 3.
4. *Daphné*, acte II, scène v, vers 414-417.

N'en sortez point; c'est un état bien doux,
Mais peu durable en notre âme inquiète.   45
L'amour s'éteint par le bien qu'il souhaite[1];
L'amant alors se comporte en époux.
Ne sauroit-on établir le contraire,
Et renverser cette maudite loi?
Prince et Princesse, entreprenez l'affaire;   50
Nul n'osera prendre exemple sur moi.
De ce conseil faites expérience :
Soyez amants fidèles et constants.
S'il faut changer, donnez-vous patience,
Et ne soyez époux qu'à soixante ans.   55

Vous ne changerez point; écoutez Calliope;
Elle a pour votre hymen dressé cet horoscope :

« Pratiquer tous les agréments
Qui des époux font des amants,
Employer sa grâce ordinaire,   60
C'est ce que Conti saura faire[2].
Rendre Conti le plus heureux
Qui soit dans l'empire amoureux[3],

---

1. Tome VI, p. 186 et notes 2, 3.
2. Il ne le sut ou ne le voulut pas. — « Il est inconcevable, dit Madame (5 novembre 1717), combien cette princesse a souffert de la jalousie de son mari, quoiqu'elle n'y donnât pas le moindre sujet. Quand elle croyoit passer la nuit à Versailles, et qu'elle avoit tout préparé en conséquence, il la menoit à Paris ou à Chantilly, et, quand elle croyoit coucher à Paris ou à Chantilly, il falloit qu'elle retournât à Versailles. Voilà comme elle étoit continuellement tourmentée. Une âme damnée l'est-elle davantage? Eh bien! maintenant elle m'impatiente fort souvent. Au lieu de jouir de son repos, d'en sentir le prix, elle ne fait que pleurer son mari, et voudroit le ravoir au risque d'être tourmentée encore. » (*Fragments de lettres.... de Madame*, duchesse d'Orléans, Hambourg, 1788, in-12, tome II, p. 217-218.)
3. Ci-dessus, p. 424 et note 2.

Trouver cent moyens de lui plaire,
C'est ce que Bourbon saura faire. 65

« Apollon m'apprit l'autre jour
Qu'il naîtroit d'eux un jeune Amour
Plus beau que l'enfant de Cythère,
En un mot semblable à son père[1].
Former cet enfant sur les traits 70
Des modèles les plus parfaits[2],
C'est ce que Bourbon saura faire;
Mais de nous priver d'un tel bien,
C'est à quoi Bourbon n'entend rien[3]. »

1. Marie-Thérèse de Bourbon eut sept enfants de son mariage avec le prince de Conti. Quatre seulement vécurent : deux garçons et deux filles.
2. Comparez (tome V *M.-L.*, p. 37) l'épître à *Mme la Surintendante*, vers 2.
3. Ces deux couplets sont imités, pour le tour, de Marot, ballade *de Frère Lubin*.

VIII

RÉPONSE D'UNE[1] DAME

À

UN SONGE DE SON AMANT.

Ces vers ont été imprimés en 1715, sous le nom de la Fontaine, dans le *Nouveau choix* de Duval de Tours, tome I, p. 63, et dans les *OEuvres de Pavillon*, sous le nom de ce dernier poète, en 1720, p. 84, et en 1750, tome II, p. 124, avec cette note : « Dans le Recueil de 1715 cette pièce est attribuée à la Fontaine, dans les ouvrages duquel elle ne se trouve point. »

Rapprochez le conte de *Nicaise* (viie de la IIIe partie).

Tenir entre ses bras sa belle toute nue[2],
De sa seule pudeur à regret défendue,
Et perdre en vains respects ce précieux moment,
C'est rêver, je l'avoue, et bien profondément,
    Que d'avoir tant de retenue.   5

Il faut être en amour un peu plus hasardeux[3] :
Si la belle revient[4] en pareil équipage,
    Moins de respect, plus de courage ;
    Vous ne serez jamais heureux,
    Si vous êtes toujours si sage.   10

Il est de certains temps où, maître à votre tour,

---

1. Pour une. (1750.)
2.   Cependant je l'ai eue,
Impuissant que je suis, en mes bras toute nue.
                      (REGNIER, élégie IV, vers 9-10.)
3. Rapprochez Molière, tome V, p. 105.
4. Y revient. (1750.)

Vous pouvez sans scrupule exercer votre empire.
En ces occasions notre honneur a beau dire,
Un brave homme n'en doit croire que son amour.

Ne me vantez donc plus le pouvoir de mes charmes ; 15
L'accueil dont vous avez régalé mes attraits,
De tout ce que j'ai cru sur la foi de vos larmes
    Me désabuse pour jamais.

Dans ce songe discret leur foiblesse se montre,
Et leur mérite, hélas! me doit être suspect, 20
Puisque vous m'apprenez qu'en pareille rencontre,
    Ils n'inspirent[1] que du respect.

1. Je n'inspire. (1750.)

IX

ÉGLOGUE.

Cette églogue a été imprimée dans les *OEuvres posthumes*, p. 236, et insérée ensuite dans les *OEuvres diverses* de 1729, tome I, p. 89.

CLYMÈNE, ANNETTE[1].

CLYMÈNE.

Je ne veux plus aimer, j'en ai fait un serment :
Lysis vient de louer en ma présence Aminte[2] ;
    J'ai vu triompher mon amant
    Du dépit dont j'étois atteinte ;
Je ne veux plus aimer, j'en ai fait un serment.   5
Tu ris....

ANNETTE.

    Qui ne riroit de ce sujet de plainte ?
Mais que dis-tu d'Atis, qui, seul et sans témoins,
    Rêve toujours sous quelque ombrage ?
Son troupeau ne fait plus le sujet de ses soins ;
    Les loups ont l'humeur moins sauvage.   10
Dieux ! que son chant me plaît !

CLYMÈNE.

                Dis plutôt son amour.
    Il entretient nuit et jour
    Les échos de notre bocage.

ANNETTE.

Oserois-je l'aimer ? seroit-ce point[3] un mal ?

---

1. Tome III, p. 56.
2. Comparez *Astrée*, acte I, scène II.
3. Pas. (1729.)

Hélas! j'entends dire à nos mères 15
Qu'aucun poison n'est plus fatal.

CLYMÈNE.

Elles n'ont pas été toujours aussi sévères[1].
Rends-leur ces agréments qu'ont les jeunes bergères,
Tu leur entendras dire aussi souvent qu'à moi :
« Le doux poison qu'amour! » Amour, il n'est que toi
De plaisir sensible en la vie;
On ne blâme que par envie
Les cœurs qui vivent sous ta loi.

ANNETTE.

Mais, Clymène, que veux-tu dire?
Toi-même tu voulois tout à l'heure bannir 25
Les doux transports de ce martyre.

CLYMÈNE.

Ah! je n'y pensois plus; tu m'en fais souvenir.
J'entends le son d'une musette!
Sont-ce point nos amants, Annette[2]?

(Atis et Lysis paroissent.)

LYSIS, à Clymène.

Je confesse mon crime; et viens, plein de regret.... 30

CLYMÈNE.

Je vous veux apprendre un secret :
Ne vantez que l'objet qui fait votre tendresse;
Forcez vos amours d'avouer
Qu'un amant n'a des yeux que pour voir sa maîtresse,
De l'esprit que pour la louer. 35

ANNETTE.

Il suivra tes conseils, pardonne-lui, Clymène :

1. Rapprochez *Comment l'esprit vient aux filles*, vers 125-126.
2. Ce vers manque dans les *Œuvres diverses* de 1729.

Si l'ami s'excuse aisément[1],
Il me semble qu'on doit avec bien moins de peine
Pardonner à l'amant.

CLYMÈNE.

Ton ignorance me fait rire : 40
Pardonner à l'amant! Annette, y penses-tu?
Je vois bien qu'en effet l'amour t'est inconnu;
Atis, prends soin de l'instruire[2].
Nous nous fâchons du mot d'amour :
Ce sont façons qu'il nous faut faire; 45
Et cependant tout ce mystère[3]
Dure au plus l'espace d'un jour.
Nous soupirons à notre tour;
Un doux instinct nous le commande.
L'amant honteux fait mal sa cour : 50
Nous ne donnons qu'à qui demande[4].

ATIS.

Puisqu'on me le permet, je jure par les yeux
De la bergère que j'adore,
Qu'il n'est rien si beau sous les cieux,
Ni la fraîche et riante Aurore[5], 55
Ni la jeune et charmante Flore;
Elle n'a qu'un défaut, c'est d'être sans amour.
Ah! si je lui pouvois montrer ce qu'elle ignore,
Nul berger plus heureux n'auroit pu voir le jour.

LYSIS.

Annette est belle; qui le nie? 60

---

1. *Belphégor*, vers 146.
2. De l'en instruire. (1729.)
3. Tome VII, p. 161 et note 3.
4. Ci-dessus, p. 458 :

   Moins de respect, plus de courage, etc.

5. *Adonis*, vers 265.

PIÈCES MÊLÉES.

Mais Clymène emporte le prix;
Et moi j'emporte sur Atis
Celui d'une ardeur infinie :
Je sais languir, je sais brûler.

CLYMÈNE.

Savez-vous le dissimuler?

LYSIS.

Si je le sais, cruelle!

CLYMÈNE.

Il est vrai, votre peine
Dura deux jours sans éclater.
Je n'osai d'abord m'en flatter :
N'étois-je pas bien inhumaine?

LYSIS.

Deux jours? vous comptez mal : tout est siècle aux
      Récompensez[2] ces longs tourments. |amants[1],

ATIS, à Annette.

Payez les transports de mon zèle.

CLYMÈNE.

Annette, qu'en dis-tu?

---

1. Peut-être pour cent ans prenez-vous cent journées;
   Peut-être pour cent jours prenez-vous cent moments :
   Car c'est souvent ainsi que comptent les amants.
        (*L'Eunuque*, vers 18-20.)

Comparez, sans parler des anciens, Racine, *la Thébaïde*, acte II, scène 1 :

   Un moment loin de vous me duroit une année;

André Chénier, p. 217 :

   Chaque heure m'est un jour, chaque jour une année;

etc., etc.

2. *Récompense*, dans les *Œuvres posthumes* et dans 1729 : faute probable.

ANNETTE.

Mais toi? Je suis nouvelle[1]
En tout ce qui regarde un commerce si doux :
Sachons auparavant ce qu'ils veulent de nous.   75

LYSIS et ATIS.

L'aveu d'une ardeur mutuelle :
Tout le reste dépend de vous.

CLYMÈNE et ANNETTE.

Et bien, on vous l'accorde.

LYSIS et ATIS.

O charmantes bergères !
Allons sur les vertes fougères,
Au plus creux des forêts, au fond des antres sourds[2],
Célébrer nos tendres amours.

TOUS ENSEMBLE.

Allons sur les bords des fontaines,
Le long des prés, parmi les plaines,
Mêler aux aimables zéphyrs
Nos malheureux soupirs.   85

1. Tome V, p. 351 et note 2.
2. Tome VI, p. 243 et notes 2 et 3.

X

VERS

A LA MANIÈRE DE NEUF-GERMAIN,
SUR LA PRISE DE PHILISBOURG.

Ces stances ont paru dans les *OEuvres posthumes*, p. 161, et ont été réimprimées dans les *OEuvres diverses* de 1729, tome I, p. 129.

Elles sont disposées de telle manière que la réunion des rimes des trois premiers vers de chaque strophe *phi lis bourg*, forme le mot exprimé à la fin du quatrième, *Philisbourg* : c'est le procédé que Louis de Neuf-Germain, poète facétieux du règne précédent, avait mis à la mode[1].

Voyez l'*Histoire de la Fontaine*, par Walckenaer, tome II, p. 184-185; et comparez, dans notre tome suivant, pour la prise de Philisbourg, une ballade de notre auteur, *sur le nom de Louis le Hardi*, ainsi que deux pièces de vers célébrant le même fait d'armes qui sont dans les manuscrits Trallage à la Bibliothèque de l'Arsenal (volume 6541, fol. 37 et 126).

Va chez le turc et le sophi[2],

---

1. Voiture (*Poésies*, p. 86-87) a écrit une ballade ironique « en faveur de Neuf-Germain » :

.... Ses rimes sont trop hagardes,
Et Mars jura par saint Firmin
Qu'il vouloit donner des nasardes
Au beau Monsieur de Neuf-Germain.

— « La méthode favorite de Neuf-Germain, dit Bayle (tome III, p. 2085, de son *Dictionnaire*), étoit de faire des vers qui finissoient par les syllabes du nom de ceux qu'il louoit. C'étoit une gêne qui lui faisoit débiter mille impertinences et un galimatias si ridicule qu'il ne faut pas s'étonner qu'on se divertît à lui proposer des noms qui lui donnassent un peu d'exercice. » Le recueil de ses vers est intitulé : *Poésies extraordinaires et irrégulières conceptions* (Paris, J. Jacquin, 1630-1637, 2 volumes in-4°).

2. Tome II, p. 154 et note 27.

J. DE LA FONTAINE. VIII

Muse, et dis, de Tyr à Calis[1],
Que, malgré la ligue d'Augsbourg[2],
Monseigneur a pris Philisbourg.

Tu pourras jurer par ma fi 5
C'est le digne héritier des lis.
Comment, diable ! il prend comme un bourg
L'inexpugnable Philisbourg !

Seize jours au siège ont suffi[3];
D'autres guerriers y sont vieillis[4]. 10
Ce premier labeur, ou labour[5],
Donne à la France Philisbourg.

Le Dieu du Rhin en a dit : « Fi !
Je sens les corps ensevelis,

---

1. Dans les Œuvres posthumes et dans le recueil de 1729 il y a Cadis, mais il est évident que la Fontaine, pour pouvoir former le mot Philisbourg, a dû écrire Calis, forme encore en usage au xviie siècle : voyez Malherbe, tome I, p. 182 et note 7 :

    Vole vite, et de la contrée
    Par où le jour fait son entrée,
    Jusqu'au rivage de Calis, etc.;

et, ibidem, p. 311 :

    Et borner de Tyr à Calis
    L'empire de la fleur de lis.

2. Tome III, p. 238 et note 3.
3. Pour être plus exact, vingt-trois jours : du 6 au 29 octobre 1688. — Lisez la lettre de Mme de Sévigné à sa fille du 3 novembre (tome VIII, p. 239-240).
4. Lorsque, en 1675, les Impériaux commandés par Charles de Lorraine nous avaient pris Philisbourg, ce n'avait été qu'après un siège de six mois.
5. On disait autrefois labour pour labeur ou travail, et on le dit encore en Basse-Bretagne ; mais du temps de la Fontaine, comme aujourd'hui, le mot labour ne s'appliquait qu'à l'agriculture, et était synonyme de labourage. — Rapprochez clamours, fleurs, plours, ci-dessus, p. 444-445.

PIÈCES MÊLÉES.

Et non le bois de calambour[1],
Le long des murs de Philisbourg. »

Staremberg[2], d'orgueil tout bouffi,
Nous donnoit trois mois accomplis
Avant qu'ouïr sur le tambour
La chamade dans Philisbourg[3].

Il s'est trompé dans son défi :
Nos quartiers vont être établis
Sur mainte ville et maint faubourg
Par la prise de Philisbourg.

Ma foi, l'Empire est déconfi,
Si bientôt ne sont démolis,
Par la paix, les murs de Fribourg,
Et l'imprenable Philisbourg[4].

---

1. *Calamba, calambac, calambar, calambou, calambouc, calambour*, bois odorant des Indes. Dans *Ruy Blas*, de Victor Hugo, acte II, scène v, la boîte, pleine de reliques, que Marie de Neubourg envoie à son père, est en bois de calambour. — Si l'on ouvre les *Mémoires de la cour d'Espagne* de la comtesse d'Aulnoy, on y trouve, non la boîte en *bois de calambour*, mais un chapelet du même bois. On y lit (tome II, p. 60, de l'édition de 1690) : « Il (le roi) lui envoya à son tour un chapelet de bois de calambour, garni de diamants, dans un petit coffre de filigrane d'or. »

2. Ernest Rudiger, comte de Stahrenberg, qui commandait pour les ennemis dans Philisbourg.

3. La *chamade* est le signal que l'on fait pour demander à se rendre, en battant le tambour.

4. Louis XIV avait offert, si l'on faisait la paix, de démolir les murs de Fribourg et de Philisbourg.

FIN DES PIÈCES MÊLÉES.

TRADUCTIONS EN VERS

INSCRIPTION TIRÉE DE BOISSARD

AVERTISSEMENT

Un de ces quatre récits que j'ai fait faire aux Filles de Minée[1] contient un événement véritable, et tiré des Antiquités de Boissard. J'aurois pu mettre en la place la métamorphose de Céix et d'Alcione[2], ou quelque autre sujet semblable. Les critiques m'allégueront qu'il le falloit faire, et que mon ouvrage en seroit d'un caractère plus uniforme. Ce qu'Ovide conte a un air tout particulier; il est impossible de le contrefaire. Mais, après avoir fait réflexion là-dessus, j'ai appréhendé qu'un poëme de six cents vers ne fût ennuyeux, s'il n'étoit rempli que d'aventures connues. C'est ce qui m'a fait choisir celle dont je veux parler; et comme une chose en attire une autre, le malheur de ces amants tués le jour de leurs noces m'a été une occasion de placer ici une espèce d'épitaphe, qu'on pourra voir dans

1. Celui des aventures de Chloris et de Télamon (tome VI, p. 199-205).
2. Ovide, *Métamorphoses*, livre XI, vers 410-748.

les mêmes Antiquités. Quelquefois Ovide n'a pas plus de fondement pour passer d'une métamorphose à une autre. Les diverses liaisons dont il se sert ne m'en semblent que plus belles; et, selon mon goût, elles plairoient moins si elles se suivoient davantage. Le principal motif qui m'a attaché à l'inscription dont il s'agit, c'est la beauté que j'y ai trouvée. Il se peut faire que quelqu'un y en trouvera moins que moi : je ne prétends pas que mon goût serve de règle à aucun particulier, et encore moins au public. Toutefois je ne puis croire que l'on en juge autrement. Il n'est pas besoin d'en dire ici les raisons; quiconque seroit capable de les sentir, ne le sera guère moins de se les imaginer de lui-même. J'ai traduit cet ouvrage en prose et en vers, afin de le rendre plus utile par la comparaison des deux genres. J'ai eu, si l'on veut, le dessein de m'éprouver en l'un et en l'autre : j'ai voulu voir, par ma propre expérience, si en ces rencontres les vers s'éloignent beaucoup de la fidélité des traductions, et si la prose s'éloigne beaucoup des grâces. Mon sentiment a toujours été que quand les vers sont bien composés, ils disent en une égale étendue plus que la prose ne sauroit dire. De plus habiles que moi le feront voir plus à fond. J'ajouterai seulement que ce n'est point par vanité, et dans l'espérance de consacrer tout ce qui part de ma plume, que je joins ici l'une et l'autre traduction; l'utilité des expériences me l'a fait faire. Platon, dans Phædrus, fait dire à Socrate qu'il seroit à souhaiter qu'on tournât en tant de manières ce qu'on exprime, qu'à la fin la bonne fût rencontrée. Plût à Dieu que nos auteurs en voulussent faire l'épreuve, et que le public les y invitât! Voici le sujet de l'inscription :

Atimète, affranchi de l'Empereur, fut le mari d'Homonée, affranchie aussi, mais qui, par sa beauté et par ses grâces, mérita qu'Atimète la préférât à de célèbres partis. Il ne jouit pas longtemps de son bonheur : Homonée mourut qu'elle n'avoit pas vingt ans. On lui éleva un tombeau qui subsiste encore, et où ces vers sont gravés[1].

EPITAPHIUM CLAUDIÆ HOMONÆÆ
CONJUGIS ATIMETI TI. CÆSARIS A. L.

Les traductions que la Fontaine a faites de cette inscription ont paru, avec l'Avertissement qui précède, pour la première fois, en 1685, dans les *Ouvrages de prose et de poésie*, tome I, p. 250, et ont été réimprimées dans les *OEuvres diverses* de 1729, tome I, p. 275.

Voyez Walckenaer, *Histoire de la Fontaine*, tome II, p. 71; notre tome VI, p. 169-171; et Boissonade, *Critique littéraire, etc.*, tome II, p. 263-264.

I. Si pensare animas sinerent crudelia fata,
   Et posset redimi morte aliena salus,

1. Pour la reproduction de ce monument, voyez Iani Iacobi Boissardi *Antiquitatum romanarum tertia pars*, tome I, pl. LXXXVII, Francfort, 1587, in-fol. Cette planche de Boissard, remarque Walckenaer, a été reproduite dans Gruter, *Corpus inscriptionum*, Amsterdam, 1707, in-fol., n° 4. L'inscription est gravée « sur les deux côtés du marbre qui formait le tombeau ; le côté principal, et le plus large, contient les titres d'Atimète, et quatre vers grecs qui sont le résumé de l'éloge d'Homonée. On trouve ces quatre vers dans les *Analecta græca* de Brunck, tome IV, p. 278, n° 732. Voyez aussi l'*Anthologie latine* de Burmann, tome II, p. 90. La Fontaine a commencé la lecture de cette inscription par la façade du monument gravée à gauche, et a continué ainsi jusqu'à la fin. Wernsdorf, qui a donné cette épitaphe dans ses *Poetæ latini minores*, 1782, in-8°, tome III, p. 213, commence au contraire l'inscription par la façade gravée à droite, lit de suite les paragraphes que nous avons numérotés III et IV, revient après à la façade gauche, et transcrit tout ce qui s'y trouve, c'est-à-dire les

Quantulacunque meæ debentur tempora vitæ,
    Pensarem pro te, cara Homonæa, libens.
At nunc, quod possum, fugiam lucemque deosque
    Ut te matura per Stuga morte sequar.

II. Parce tuam, conjux, fletu quassare juventam,
    Fataque mœrendo sollicitare mea.
Nil prosunt lacrumæ, nec possunt fata moveri :
    Viximus, hic omnes exitus unus habet.
Parce, ita non unquam similem experiare dolorem,
    Et faveant votis numina cuncta tuis!
Quodque mihi eripuit mors immatura juventæ,
    Hoc tibi victuro proroget ulterius.

III. Tu qui secura procedis mente, parumper
    Siste gradum, quæso, verbaque pauca lege.

IV. Illa ego quæ claris fueram prælata puellis,
    Hoc Homonæa brevi condita sum tumulo;
Cui formam Paphia, et Charites tribuere decorem,
    Quam Pallas cunctis artibus erudiit.
Nondum bis denos ætas mea compleverat annos,
    Injecere manus invida fata mihi.
Nec pro me queror; hoc morte mihi est tristius ipsa,
    Mœror Atimeti conjugis ille mihi.

V. Sit tibi terra levis, mulier, dignissima vita,
    Quæque tuis olim perfruerere bonis.

paragraphes I et II; puis termine l'inscription par les deux vers qui sont à la fin de la colonne gravée à droite, et qui forment le paragraphe v. » — Elle a été réimprimée dans le tome II des *Poetæ minores* de la collection Lemaire, p. 269-271.

ÉPITAPHE DE CLAUDE HOMONÉE

ÉPOUSE D'ATIMÈTE

AFFRANCHI DE TIBÈRE CÉSAR AUGUSTE[1].

I. S'il suffisoit aux Destins qu'on donnât sa vie pour celle d'un autre, et qu'il fût possible de racheter ainsi ce que l'on aime, quel que soit le nombre d'années que les Parques m'ont accordé, je le donnerois avec plaisir pour vous tirer du tombeau, ma chère Homonée; mais cela ne se pouvant, ce que je puis faire est de fuir le jour et la présence des dieux, pour aller bientôt vous suivre le long du Styx.

II. O mon cher époux, cessez de vous affliger; ne corrompez plus la fleur de vos ans; ne fatiguez plus ma destinée par des plaintes continuelles; toutes les larmes sont ici vaines : on ne sauroit émouvoir la Parque; me voilà morte; chacun arrive à ce terme-là. Cessez donc, encore une fois. Ainsi puissiez-vous ne sentir jamais une semblable douleur! Ainsi tous les dieux soient favorables à vos souhaits! Et veuille la Parque ajouter à votre vie ce qu'elle a ravi à la mienne!

III. Et toi qui passes tranquillement, arrête ici, je te prie, un moment ou deux, afin de lire ce peu de mots.

IV. Moi, cette Homonée que préféra Atimète à des

---

1. Ni le titre ni la traduction du titre ne sont dans les éditions de 1685 et de 1729; on y lit seulement *Inscription tirée de Boissard*.

filles considérables; moi, à qui Vénus donna la beauté, et les Grâces les agréments[1]; que Pallas enfin avoit instruite dans tous les arts, me voilà ici renfermée dans un monument de peu d'espace. Je n'avois pas encore vingt ans quand le Sort jeta ses mains envieuses sur ma personne. Ce n'est pas pour moi que je m'en plains, c'est pour mon mari, de qui la douleur m'est plus difficile à supporter que ma propre mort.

V. Que la terre te soit légère, ô épouse digne de retourner à la vie, et de recouvrer un jour le bien que tu as perdu.

I. Si[2] l'on pouvoit donner ses jours pour ceux d'un autre[3],
Et que par cet échange on contentât le Sort,
Quels que soient les moments qui me restent encor,
Mon âme, avec plaisir, rachèteroit la vôtre :
Mais le Destin l'ayant autrement arrêté,   5
Je ne saurois que fuir les dieux et la clarté,
Pour vous suivre aux enfers d'une mort avancée[4].

II. Quittez[5], ô cher époux, cette triste pensée :
Vous altérez en vain les plus beaux de vos ans;

---

1. La beauté, les grâces et les agréments. (1729.)
2. Atimète parle. (*Note de la Fontaine.*)
3. Comparez André Chénier, p. 285 :

  Oui, je voudrais alors qu'en effet toute prête,
  La Parque, aimable enfant, vint menacer ta tête,
  Pour me mettre en ta place et te sauver le jour.

4. Par le suicide.
5. Homonée parle. (*Note de la Fontaine.*)

TRADUCTIONS EN VERS.

Cessez de fatiguer par des cris impuissants 10
La Parque et le Destin, déités inflexibles;
Mettez fin à des pleurs qui ne les touchent point[1] :
Je ne suis plus; tout tend à ce suprême point.
Ainsi nul accident, par des coups si sensibles,
Ne vienne à l'avenir traverser vos plaisirs! 15
Ainsi l'Olympe entier s'accorde à vos desirs!
Veuille enfin Atropos au cours de votre vie
Ajouter l'étendue à la mienne ravie[2] !

III. Et toi, passant tranquille, apprends quels sont nos
Daigne ici t'arrêter un moment à les lire. 20 [maux,

IV. Celle qui, préférée aux partis les plus hauts,
Sur le cœur d'Atimète acquit un doux empire,
Qui tenoit de Vénus la beauté de ses traits,
De Pallas son savoir, des Grâces ses attraits[3],
Gît sous ce peu d'espace en la tombe enserrée[4]. 25
Vingt soleils[5] n'avoient pas ma carrière éclairée,
Le Sort jeta sur moi ses envieuses mains;
C'est Atimète seul qui fait que je m'en plains :
Ma mort m'afflige moins que sa douleur amère.

V. O femme, que la terre à tes os soit légère! 30

1. Tome VII, p. 267 et note 4.

2. *Quod mihi detractum est vestros accedat ad annos.*
(PROPERCE, IV, XI, vers 95.)

3. Comparez ci-dessus, p. 385; et, tome V *M.-L.*, p. 128,
l'épître *à Mme de Fontange*.

4. *Et breve in exiguo marmore nomen ero.*
(*Ibidem*, II, I, vers 72.)

5. Tome VII, p. 269 et note 2.

Femme digne de vivre; et bientôt pusses-tu[1]
Recommencer de voir les traits de la lumière,
Et recouvrer le bien que ton cœur a perdu[2] !

1. Puisses-tu. (1729.)
2. Ce sont les vœux du public, ou de celui qui a fait élever c monument. (*Note de la Fontaine.*) — Wernsdorf attribue ces derniers vers à Atimète.

TRADUCTION DES VERS

CITÉS DANS LES ÉPÎTRES DE SÉNÈQUE.

Après la mort d'Antoine Pintrel, son parent, la Fontaine consentit à revoir et à publier une traduction des Épîtres de Sénèque laissée manuscrite par celui-ci. Il traduisit notamment en vers français tous les passages des poètes anciens cités par le philosophe. L'ouvrage parut en deux volumes in-12, à Paris, chez Claude Barbin, MDCLXXXI, sous ce titre : *Les Épîtres de Sénèque, nouvelle traduction*. Le Privilège est du 17 juillet 1681, et l'Achevé d'imprimer du 1ᵉʳ août. Cette publication n'ayant pas réussi, le titre du premier volume fut, dès la même année, ainsi modifié : *Les Épîtres de Sénèque, nouvelle traduction par feu M. Pintrel, revue et imprimée par les soins de M. de la Fontaine*; et le succès en fut considérable. C'est Walckenaer qui le premier la signala à l'attention du public, et, dans son édition de 1823 des *OEuvres de la Fontaine*, inséra les vingt-trois fragments de quelque étendue dus à la plume de notre poète. Nous y joignons les soixante autres.

Voyez l'*Histoire de la Fontaine*, par Walckenaer, tome II, p. 16-17; et notre tome I, p. CXXII et 103.

Malherbe a traduit également en vers un grand nombre de ces fragments dans sa translation intitulée *Les Épîtres de Sénèque, traduites par Mʳᵉ François de Malherbe*, Paris, 1637, in-4°. Nous les rapprochons des vers qui suivent, ainsi que quelques imitations de Marot, pour la première églogue des *Bucoliques* de Virgile et le second livre des *Métamorphoses* d'Ovide, et de J. du Bellay, pour les livres IV et VI de l'*Énéide*.

Les éditeurs de la collection des auteurs latins publiée sous la direction de Désiré Nisard ont inséré la version de Pintrel dans leur traduction des OEuvres complètes du philosophe, et voici l'éloge qu'ils en font (Avis aux lecteurs, p. VIII) : « Pour celle (la traduction) des Épîtres, nous n'avons pas eu à la demander à une plume contemporaine. Le dix-septième siècle nous offrait de ce chef-d'œuvre de Sénèque une traduction qui est elle-même un chef-d'œuvre de langage. On chercherait vainement le nom de l'auteur dans les biographies les plus complètes. Il s'appelait Pintrel et il était de Reims. Mais ce Pintrel était parent de la Fontaine; mais cet habitant de Reims vivait dans un siècle dont Courier a dit que la moindre femmelette y écrivait en meilleur français que les maîtres du dix-huitième siècle.... Outre le talent très distingué de Pintrel, cette traduction a un inestimable prix. La Fontaine l'a revue et en a traduit en vers toutes les citations. La plupart de ces vers sont charmants; un grand nombre sont des meilleurs qui soient sortis de cette plume incomparable.

« En pensant qu'une réimpression, ou plutôt une exhumation de ce genre, faite par des mains pieuses, serait mieux reçue qu'une traduction nouvelle, nous avons obéi non seulement à notre goût particulier, mais à des conseils dont l'autorité eût décidé même de moins convaincus que nous de ce qu'il y a de vrai dans la boutade de Courier. M. Villemain, consulté par nous sur la part qu'on pouvait faire dans cette collection aux travaux des deux derniers siècles, avait donné l'avis de réimprimer quelques traductions du dix-septième siècle fort supérieures, disait-il, malgré leurs imperfections, non seulement à tout ce qu'on avait fait depuis, mais à tout ce qu'on pourrait faire ultérieurement. C'est ce précieux conseil qui, en nous confirmant dans notre propre pensée, nous a mis sur la voie de cette traduction à laquelle la Fontaine a coopéré, probablement en bon parent, et en y mettant de l'amour-propre de famille. Nous l'avons réimprimée avec un soin religieux, sans y rien changer, sans y rien ajouter, même aux endroits qui offrent de légères omissions ou des interprétations différentes du sens adopté depuis. »

C'est un dieu, Mélibée, à qui nous devons tous
Le bonheur de la paix et d'un repos si doux.
Je le tiendrai toujours pour un dieu....
C'est lui qui me permet de mener dans nos plaines,
Ces bœufs, et ces troupeaux, ces moutons porte-laines[1];
C'est par lui que je joue, aux pieds de cet ormeau,
Les chansons qu'il me plaît dessus mon chalumeau[2].

(VIRGILE, *Bucoliques*, 1, vers 6-7, 9-10.)

1. Voyez Remy Belleau, tomes I, p. 114, II, p. 167.
2. *Les Épîtres de Sénèque, nouvelle traduction par feu M. Pin-*

Considérez du sol la nature secrète,
Ce qu'une terre veut, ce que l'autre rejette :
Ce fonds est propre au blé, cette côte au raisin ;
L'herbe profite ici ; là le mil et le lin ;
Les arbres et les fruits croissent ailleurs sans peine ;
En ces lieux le safran du mont Tmole s'amène ;
On doit l'ivoire à l'Inde, aux Sabéens l'encens,
Aux Calybes le fer[1].
(VIRGILE, Géorgiques, livre I, vers 53.)

La plus belle saison fuit toujours la première ;
Puis la foule des maux amène le chagrin,
Puis la triste vieillesse ; et puis l'heure dernière
Au malheur des mortels met la dernière main[2].
(Géorgiques, livre III, vers 66.)

Un homme étoit tenu pour injuste et méchant,
S'il plantoit une borne ou divisoit un champ.

---

trel, revue et imprimée par les soins de M. de la Fontaine, tome I,
p. 452. — Comparez Marot (tome III, p. 121) :

O Melibée, amy cher et parfaict,
Ung dieu fort grand ce bien icy m'a faict,
Lequel aussi tousiours mon dieu sera....
Car il permet mes brebis venir paistre,
Comme tu vois, en ce beau lieu champestre,
Et que ie chante en mode pastorale
Ce que vouldray de ma fluste rurale.

1. *Épîtres de Sénèque*, tome II, p. 77.
2. *Ibidem*, p. 375.

— Le plus beau de l'âge
Le premier s'enfuit :
C'est être peu sage
D'en perdre le fruit ;
Car tout ce qui suit
N'est que soins et peine,
Douleur et chagrin ;
Et puis à la fin
La mort nous entraîne.

(Galatée, acte II, scène v.)

Les biens étoient communs, et la terre féconde
Donnoit tout à foison dans l'enfance du monde[1].
(Géorgiques, livre I, vers 125.)

Un coursier généreux, bien fait, d'illustre race,
Des fleuves menaçants tente l'onde et la passe[2] :
Il craint peu les dangers, et moins encor le bruit ;
Aime à faire un passage à quiconque le suit ;
Va partout le premier, encourage la troupe.
Il a tête de cerf, larges flancs, large croupe,
Crins longs, corps en bon point. La trompette lui plaît :
Impatient du frein, inquiet, sans arrêt,
L'oreille lui roidit, il bat du pied la terre,
Ronfle, et ne semble plus respirer que la guerre[3].
(Géorgiques, livre III, vers 75.)

O mille fois heureux
Le sort de ces Troyens hardis et généreux,
Qui, défendant les murs de leur chère patrie,
Aux yeux de leurs parents immolèrent leur vie[4] !
(Énéide, livre I, vers 94.)

Auprès du mont Alburne, et du bois de Siler,
On voit par escadrons un insecte voler ;
Il est craint des troupeaux : au seul bruit de son aile

---

1. *Épîtres*, tome II, p. 143. — Pour « l'enfance du monde », voyez tome VI, p. 352 et note 4.

— Le joug au jeune bœuf n'avoit pressé les cornes,
  Il n'étoit point de coutre, il n'étoit point de bornes,
  Et la terre pucelle en commun épandoit
  Au peuple nonchalant plus qu'il ne demandoit.
  (MALHERBE, tome II des *Œuvres*, p. 722.)

2. *Adonis*, vers 348.
3. *Épîtres*, ibidem, p. 257.
4. *Ibidem*, tome I, p. 397.

Ils semblent agités d'une fureur nouvelle ;
Tout s'enfuit aux forêts sans prendre aucun repos.
Le nom de cet insecte est, chez les Grecs, œstros,
Asilus[1] parmi nous[2].
(*Géorgiques*, livre III, vers 146.)

Comment t'appellerai-je en te rendant hommage,
Princesse? car ton port, ta voix, et ton visage,
N'ont rien qui ne paroisse au-dessus des humains ;
Mais, quelle que tu sois, soulage nos chagrins[3] !
(*Énéide*, livre I, vers 327.)

Moi qui n'étois ému ni des armes lancées,
Ni des Grecs m'entourant de phalanges pressées,
Je tremble maintenant, et crains, au moindre bruit,
Pour celui que je porte, et celle qui me suit[4].
(*Énéide*, livre II, vers 726.)

Son visage est de femme, et jusqu'à la ceinture
Elle en a les beautés et toute la figure ;
Le reste, plein d'écaille, est d'un monstre marin :
Elle a ventre de loup, et finit en dauphin[5].
(*Énéide*, livre III, vers 426.)

O vierge, je suis fait dès longtemps aux travaux :
Je n'en trouverai point les visages nouveaux.
Je me suis des malheurs une image tracée ;
Et je les ai déjà vaincus par ma pensée[6].
(*Énéide*, livre VI, vers 103.)

1. Le taon.
2. *Épîtres*, tome I, p. 313.
3. *Ibidem*, tome II, p. 438. — 4. *Ibidem*, tome I, p. 306.
5. *Ibidem*, tome II, p. 164. — Comparez Horace, épître *aux Pisons*, vers 3-4.
6. *Épîtres*, tome I, p. 497.

— Ton sainct parler, o vierge, ne m'annonce

Les chevaux sont couverts de housses d'écarlate,
Où l'or semé de fleurs et de perles éclate ;
Ils ont des colliers d'or sous la gorge pendants,
Et des mors d'or massif qui sonnent sous leurs dents[1].
(*Énéide*, livre VII, vers 277.)

Couple heureux ! si mes vers sont des ans respectés,
Vos noms ne mourront point par ma Muse chantés :
Je les ferai durer tant que la destinée
Rendra Rome soumise aux descendants d'Énée,
Tant que ceux de son sang, par leurs honneurs divers,
Régneront sur ces murs, ces murs sur l'univers[2].
(*Énéide*, livre IX, vers 446.)

Tantôt deux cents valets paroissent à sa suite,
Puis à dix seulement on la trouve réduite.
Il ne parle tantôt que de grands et de rois ;
En termes relevés il conte leurs exploits ;
Puis changeant tout d'un coup de style et de matière :
« Je ne veux rien, dit-il, qu'une simple salière,
Une table à trois pieds, du bureau[3] seulement,

> Rien de nouueau ; car ains qu'icy venir
> I'ay discouru tous ces maux à venir.
> (J. DU BELLAY, tome I, p. 400.)

> Vierge, cela n'est rien : tu ne m'as annoncé
> Ni travaux ni combats où je n'eusse pensé.
> (MALHERBE, *ibidem*, p. 594.)

1. *Épîtres*, tome II, p. 71. — Ne dirait-on pas que ces vers retentissants sont d'un poète moderne : Leconte de Lisle, par exemple ?
2. *Épîtres*, tome I, p. 114. — Comparez *Adonis*, vers 2.
3. Étoffe de laine grossière. — « Print quatre aulnes de bureau : s'en accoustra comme d'une robe longue à simple cousture. » (RABELAIS, tome II, p. 41.) « Est toutefois requis d'auoir quelque peu de laine noire, pour mesler auec la blanche, en faire des draps gris, ou seule, des bureaux pour les habits du

TRADUCTIONS EN VERS. 483

Pour me parer du froid, sans aucun ornement. »
A ce bon ménager, si modeste en paroles,
Donnez, si vous voulez, un plein sac de pistoles;
Vous serez étonné, l'oyant ainsi prêcher,
Qu'il n'aura pas la maille[1] avant que se coucher[2].
(HORACE, livre I, satire III, vers 11.)

Pour éteindre la soif quand elle est bien ardente,
Demandons-nous à boire en un vase de prix?
Et pour rassasier la faim qui nous tourmente,
Faut-il n'avoir recours qu'aux mets les plus exquis[3]?
(*Ibidem*, satire II, vers 114.)

Entre deux rangs de fils sur le métier tendus,
La navette en courant entrelace la trame,
Puis le peigne aussitôt en serre les tissus[4].
(OVIDE, *Métamorphoses*, livre VI, vers 55.)

J'examine d'abord les dieux, les éléments;   [vements;
Combien grands sont les cieux, quels sont leurs mou-
D'où la nature fait et nourrit toutes choses,
Leur fin, et leur retour, et leurs métamorphoses[5].
(LUCRÈCE, livre I, vers 49.)

Aux plus grands maux l'oubli sert de remède.
Soyez hardi, la Fortune vous aide[6];

mesnage. » (OLIVIER DE SERRES, *Théâtre d'agriculture*, Paris, 1605, in-4°, p. 317.)

.... Mais qui, n'étant vêtu que de simple bureau,
Passe l'été sans linge et l'hiver sans manteau.
(BOILEAU, satire I, vers 3-4.)

1. Tome IV, p. 130 et, note 1.
2. *Épîtres*, tome II, p. 496. — 3. *Ibidem*, p. 483.
4. *Ibidem*, p. 134. — 5. *Ibidem*, p. 228.
6. Livre X, fable XIII, vers 52 :

Fortune aveugle suit aveugle hardiesse.

Au paresseux tout fait de l'embarras[1].

(Publius Syrus.)

Qu'on me rende manchot, cul-de-jatte, impotent[2],
Qu'on ne me laisse aucune dent,
Je me consolerai; c'est assez que de vivre[3].

(Mécène.)

Père de l'univers, dominateur des cieux,
Mène-moi, je te suis, à toute heure, en tous lieux.
Rien ne peut arrêter ta volonté fatale;
Que l'on résiste ou non, ta puissance est égale;
Tu te fais obéir ou de force ou de gré;
Les âmes des mutins te suivent enchaînées :
Que sert-il de lutter contre les destinées?
Le sage en est conduit, le rebelle entraîné[4].

(Cicéron.)

Le jour doroit déjà le sommet des montagnes,
Déjà les premiers traits échauffoient les campagnes;
L'hirondelle, cherchant pâture à ses petits,
Sortoit, rentroit au nid, attentive à leurs cris[5]....
Les bergers ont enfin renfermé leurs troupeaux,
La nuit couvre la terre, et s'épand sur les eaux[6].

(Montanus Julius.)

Que je passe pour fourbe, homme injuste, et sans foi,

1. *Épîtres*, tome II, p. 200.
2. Tome VII, p. 362.
3. *Épîtres*, ibidem, p. 309. — Voyez, dans notre tome I, p. 105, une autre traduction de ces vers de Mécène.
4. *Épîtres*, ibidem, p. 361. — Dans le chapitre xxxvi du Ve livre de Rabelais (tome III, p. 143) : « Les destinées meuuent celuy qui consent, tirent celuy qui refuse. »
5. Comparez notre tome III, p. 37.
6. *Épîtres*, ibidem, p. 516.

Je m'en soucierai peu, tant que j'aurai de quoi[1] :
Citoyens, c'est l'or seul qui met le prix aux hommes.
Accumulez[2] sans fin, mettez sommes sur sommes,
Vous serez honorés. On dit : « A-t-il du bien ? »
L'on ne demande pas d'où, ni par quel moyen,
Il n'est point d'infamie à l'indigence égale.
Arrivons, s'il se peut, à notre heure fatale,
Étendus sur la pourpre, et non dans un grabat :
Toute vie est cruelle en ce dernier état ;
L'opulence adoucit la mort la plus terrible.
Qu'aux nœuds du parentage[3] un autre soit sensible,
Pour moi, j'enferme tout au fond de mon trésor.
Si les yeux de Vénus brillent autant que l'or,
Je ne m'étonne pas qu'on la dise si belle,
Que tout lui sacrifie, et soupire pour elle,
Qu'ainsi que les mortels les dieux soient ses amants[4].

(Traduit de fragments de tragédies perdues
de Sophocle, d'Euripide, etc.)

Je puiserai pour vous chez les vieux écrivains.
Écoutez seulement leurs préceptes divins :
Soyez-leur attentif, même aux choses légères :
Rien chez eux n'est léger[5].

(VIRGILE, *Géorgiques*, livre I, vers 176.)

1. Tome IV, p. 464 et note 2.
2.   Un homme accumuloit.

(Livre XII, fable III, vers 1.)

3. Tome III, p. 17 et note 18. — 4. *Épîtres*, tome II, p. 443.
5. *Ibidem*, p. 529. — Comparez Horace, épître *aux Pisons*,
vers 268-269 ; Claudien, IV° *Consulat d'Honorius*, vers 396-398 ;
Boileau, *Art poétique*, chant II, vers 27-28 ; André Chénier (épître
au marquis de Brazais) :

Les poètes vantés,
Sans cesse avec transport lus, relus, médités,
Les dieux, l'homme, le ciel, la nature sacrée
Sans cesse étudiée, admirée, adorée,
Voilà nos maîtres saints, nos guides éclatants,

Nous ne nous devons point l'effet de nos souhaits[1].
Ne comptons point à nous les présents du hasard[2].
On peut ravir le bien que l'on a pu donner[3].
Je ne trouve d'heureux que ceux qui pensent l'être[4].

(Publius Syrus.)

J'ai parcouru les ans marqués par mes destins[5].

(Virgile, *Énéide*, livre IV, vers 654.)

Soyez digne des dieux par le mépris de l'or[6].

(*Énéide*, livre VIII, vers 364.)

Nous mourons tous les jours, mais on n'appelle mort
Que celle enfin qui vient terminer notre sort[7].

(Lucilius.)

1. *Épîtres*, tome I, p. 33.
— Un bien n'est point à nous quand les cieux nous le donnent.
(Malherbe, p. 287.)
2. *Épîtres*, ibidem.
— Rien n'est à nous que fortune ait fait nôtre.
(Malherbe, *ibidem*.)
3. *Épîtres*, ibidem.
Ce qu'on nous baille on nous le peut ôter.
(Malherbe, p. 288.)
4. *Épîtres*, ibidem, p. 43.
Il n'est heureux qui ne pense point l'être.
(Malherbe, p. 295.)
5. *Épîtres*, ibidem, p. 55.
— I'ay vescu iusqu'icy,
Et de mes ans le cours ay reuolu
Tel que Fortune ordonner l'a voulu.
(J. du Bellay, p. 371.)
Au gré de mes destins j'ai mon cours achevé.
(Malherbe, p. 304.)
6. *Épîtres*, ibidem, p. 96.
7. *Épîtres*, ibidem, p. 143.
— L'homme a plus d'un trépas, mais le dernier l'emporte.
(Malherbe, p. 361.)

Elle s'agite et cherche à se voir délivrée
De la divinité qui chez elle est entrée[1].

(VIRGILE, *Énéide*, livre VI, vers 78.)

Le pauvre seulement doit compter son troupeau[2].

(OVIDE, *Métamorphoses*, livre XIII, vers 824.)

Combien de gens armés courent sur les remparts,
Et combien à la porte on voit luire[3] de dards[4] !

(VIRGILE, *Énéide*, livre VIII, vers 385.)

La nuit avoit partout répandu ses pavots,
Et donnoit aux humains un paisible repos[5].

(VARRO.)

Car vous savez que cette nuit dernière

---

1. *Épîtres*, tome I, p. 161.

—   Mais pleine de furie
    La grand prestresse impatiente enrage
    Par la cauerne, etc.
                        (J. DU BELLAY, p. 398.)

Voyez une autre traduction du même, *ibidem*, p. 443.

    La prêtresse tempête et voudroit bien pouvoir
      Mettre le dieu dehors.
                        (MALHERBE, p. 372.)

2. *Épîtres*, ibidem, p. 190.

—   C'est au pauvre homme à compter son troupeau.
                        (MALHERBE, p. 390.)

3. *Briller.* (*Nouvelles Œuvres inédites.*)

4. *Épîtres*, ibidem, p. 262.

—   Voyez courre le peuple, et border les remparts,
    Voyez le fer aigu luire de toutes parts.
                        (MALHERBE, p. 440.)

5. *Épîtres*, ibidem, p. 303.

—   Le repos de la nuit avoit tout assoupi.
                        (MALHERBE, p. 467.)

En faux plaisirs se passa toute entière [1].
(VIRGILE, *Énéide*, livre VI, vers 513.)

Il voudroit rencontrer un sanglier, un lion [2].
(*Énéide*, livre IV, vers 158.)

La beauté rend toujours la vertu plus aimable [3].
(*Énéide*, livre V, vers 344.)

Le rivage, les champs, et les villes reculent [4].
(*Énéide*, livre III, vers 72.)

Où Pallas, sur un roc toujours battu des vents,
Va voir de loin les mers [5].
(LUCILIUS.)

Croyez-vous qu'une voix, à prier obstinée,

1. *Épîtres*, tome I, p. 338.
— Bien te souuient....
Des faulx plaisirs de la derniere nuict.
(J. DU BELLAY, p. 418.)
Comparez *Saint Malc*, vers 143.
2. *Épîtres*, ibidem, p. 354.
— Desirant fort ung escumeux ranger
Par les troppeaux timides se ranger ;
Ou contre luy descendre en rugissant
L'aspre fureur d'ung lyon blondissant,
(J. DU BELLAY, p. 348.)
3. *Épîtres*, ibidem, p. 369.
— En un beau corps la vertu nous plaît mieux.
(MALHERBE, p. 510.)
4. *Épîtres*, ibidem, p. 410.
— Les villes et les champs loin des yeux se reculent.
(MALHERBE, p. 536.)
5. *Épîtres*, ibidem, p. 499.
— Pallas du haut d'un roc voit écumer les ondes.
(MALHERBE, p. 595.)

Change l'ordre des dieux et de la destinée[1]?
(*Énéide*, livre VI, vers 376.)

Endurons tous ces maux; peut-être à l'avenir,
Nous sera-t-il bien doux de nous en souvenir[2]!
(*Énéide*, livre I, vers 203.)

Je commande à la Grèce, et Pélops m'a donné
Tout ce vaste pays, de mer environné,
Qui va de l'Hellespont à l'isthme de Corinthe[3].
(Attius, *Atrée*, tragédie.)

Arrête, Ménélas, ou ce bras comme un foudre,
Tombant dessus ton corps, le va réduire en poudre[4].
(*Ibidem*.)

C'est à ce coup qu'il faut être sans peur
Et faire voir de la force et du cœur[5].
(*Énéide*, livre VI, vers 261.)

1. *Épîtres*, tome I, p. 504.
— Or cesse de penser
Que les destins des dieux à ta priere
Puissent iamais retourner en arriere.
(J. du Bellay, p. 412.)
Les destins pour prier ne se fléchissent point.
(Malherbe, p. 598.)
2. *Épîtres*, ibidem, p. 516.
— Peut-être la mémoire un jour en sera douce.
(Malherbe, p. 606.)
3. *Épîtres*, ibidem, p. 538.
4. *Ibidem*.
— Demeure, Ménélas, ou tu perdras la vie.
(Malherbe, p. 620.)
5. *Épîtres*, ibidem, tome II, p. 5.
— Ores, Enée, il fault auoir bon cœur.
(J. du Bellay, p. 407.)
C'est à ce coup, Troyen, qu'il faut avoir bon cœur.
(Malherbe, p. 633.)

Couché parmi des os, en des cavernes sombres,
Par d'éternels abois épouvante les ombres[1].
(*Énéide*, livre VI, vers 401.)

Ne cède point aux maux ; va contre eux, ne crains rien,
Suis ton sort en tous lieux : il te conduira bien[2].
(*Ibidem*, vers 95.)

Elles sucent le miel, volant de fleur en fleur,
Et mettent par rayons cette douce liqueur[3].
(*Énéide*, livre I, vers 432.)

Eût couru sur les eaux, couru sur les moissons,
Sans plier les épis ni mouiller les talons[4].
(*Énéide*, livre VII, vers 808.)

Dont l'ombre est réservée aux arrière-neveux[5].
(*Géorgiques*, livre II, vers 58.)

1. *Épîtres*, tome II, p. 10.
— Le grand portier aux eternels abbois
Peut à son gré de ses voix menassantes
Espouuanter les ombres palissantes.
(J. DU BELLAY, p. 413.)
2. *Épîtres*, ibidem, p. 12.
— Ne donne lieu au mal qui te menace,
Mais t'y oppose auec plus grand audace
Que ne permet ta contraire auenture.
(J. DU BELLAY, p. 399.)
Ne cède point aux maux, mais te bande à l'encontre.
(MALHERBE, p. 638.)
3. *Épîtres*, ibidem, p. 33.
4. *Ibidem*, p. 40. — Comparez, p. 451-452, *le Songe*, vers 25-26.
— Elle pourroit courir, quand la moisson est prête,
Sur le haut des épis, sans leur rompre la crête ;
Et ses pieds sur les flots ne se mouilleront pas,
Si léger et si vite elle coule ses pas.
(MALHERBE, p. 656.)
5. *Épîtres*, ibidem, p. 65. — Voyez livre XI, fable VIII, vers 21.
— Qui réserve tardif son ombrage aux neveux.
(MALHERBE, p. 671.)

TRADUCTIONS EN VERS.

Il faut semer en mars la fève et le sainfoin :
Si vous voulez du mil, prenez le même soin[1].
(*Géorgiques*, livre I, vers 215.)

Où Saturne commence et finit sa carrière;
Quels tours Mercure fait dans sa course légère[2].
(*Ibidem*, vers 336.)

Observe le coucher (*du soleil*), pour n'être point séduit
Par la sérénité d'une trompeuse nuit[3].
(*Ibidem*, vers 424.)

Il suffit de toucher les principes des choses[4].
(*Énéide*, livre I, vers 342.)

On fendoit autrefois le bois avec des coins[5].
(*Géorgiques*, livre I, vers 144.)

Qu'on commença d'user de pièges et de rets,
Et de placer des chiens sur le bord des forêts[6].
(*Ibidem*, vers 139.)

Qui dans le fond du cœur a la vertu présente[7].
(*Énéide*, livre V, vers 363.)

1. *Épîtres*, tome II, p. 65.
—   Quand la tiède saison met les plantes en sève,
On sème le sainfoin, et le mil, et la fève.
(MALHERBE, p. 672.)
2. *Épîtres*, ibidem, p. 94.
3. *Ibidem*, p. 95.
4. *Ibidem*, p. 118.
5. *Ibidem*, p. 127.
—   Car le bois au vieux temps de coins étoit fendu.
(MALHERBE, p. 712.)
6. *Épîtres*, ibidem, p. 128. — « Au bord de quelque bois »
(livre X, fable XIV, vers 14).
7. *Épîtres*, ibidem, p. 174.

Ou qu'on donne ce corps en proie aux chiens de mer[1].
(*Énéide*, livre IX, vers 485.)

Sans souci du tombeau, je sais que la Nature
Aux corps abandonnés donne la sépulture[2].
(Mécène.)

Maintenant, pour chasser le mal qui nous oppresse,
Il nous faut employer la force avec l'adresse[3].
(Virgile, *Énéide*, livre VIII, vers 442.)

Je suis homme et ne tiens rien d'humain hors de moi[4].
(Térence, *Heautontimorumenos*, acte I, scène I.)

On voit dans ses regards une brillante ardeur,
Et dans ses mouvements la fierté de son cœur[5].
(Virgile, *Géorgiques*, livre III, vers 81.)

Et puis allez planter la vigne et l'olivier[6].
(*Bucoliques*, I, vers 74.)

Est-ce un si grand malheur, que de perdre la vie[7] ?
(*Énéide*, livre XII, vers 646.)

La vertu du héros, sa naissance, et sa gloire,
Se viennent présenter souvent à la mémoire[8].
(*Énéide*, livre IV, vers 3.)

1. *Épîtres*, tome II, p. 177. — 2. *Ibidem*, p. 178.
3. *Ibidem*, p. 239. — 4. *Ibidem*, p. 250.
5. *Ibidem*, p. 259. — 6. *Ibidem*, p. 306.

—   O Melibée, plante arbres à la ligne,
    Ente poyriers, metz en ordre la vigne.
(Marot, p. 125.)

7. *Épîtres*, ibidem, p. 310.
8. *Ibidem*, p. 326.

—   Mainte valeur, mainte Troïenne gloire,
    Court et recourt en sa prompte memoire.
(J. du Bellay, p. 340.)

D'avoir, dans le combat, écarté seul la presse
Et traversé¹ toute la Grèce²?
(*Énéide*, livre III, vers 282.)

Le travail et la mort sont horribles à voir³.
(*Énéide*, livre VI, vers 277.)

Le fier Agamemnon, Priam le sourcilleux,
Et le vaillant Achille ennemi de tous deux⁴.
(*Énéide*, livre I, vers 458.)

Le corps seul peut toucher et peut être touché⁵.
(Lucrèce, livre I, vers 305.)

Où demeure le deuil, le souci, la tristesse,
La mourante langueur, et la froide vieillesse⁶.
(Virgile, *Énéide*, livre VI, vers 274.)

S'il manque à l'indigent, l'avare se plaint tout⁷.
(Publius Syrus.)

Qui sait vivre de peu n'a disette de rien⁸.
(*Ibidem.*)

1. Renversé. (*Nouvelles OEuvres inédites.*)
2. *Épttres*, tome II, p. 335.
3. *Ibidem*, p. 342.
4. *Ibidem*, p. 345. — 5. *Ibidem*, p. 355.
6. *Ibidem*, p. 358.

—   Deuant le porche et la gueule premiere
        Du noir seiour, auoient faict leur litiere
        Les tristes pleurs, les souciz puuissans,
        Et ce qui rend les membres palissans;
        Là fut Vieillesse à la soingneuse chere.
(J. du Bellay, p. 407.)

7. *Épttres*, ibidem, p. 367.
8. *Ibidem*, p. 368.

494   POÉSIES DIVERSES.

Le temps fuit et jamais ne se peut rappeler[1].
(VIRGILE, *Géorgiques*, livre III, vers 284.)

Puis vient la maladie et la triste vieillesse[2].
(*Géorgiques*, ibidem, vers 67.)

A qui jamais l'ami ni l'ennemi
N'a pu payer le bienfait qu'à demi[3].
(ENNIUS.)

Sur lui tonne du ciel la grande et vaste porte[4].
(VIRGILE, *Géorgiques*, livre III, vers 260.)

Si quelqu'un peut entrer dans le séjour des dieux,
La vaste porte des cieux
A moi seul s'ouvrira[5].
(ENNIUS.)

L'homme a peur en plein jour comme un enfant la nuit[6].
(LUCRÈCE, livre II, vers 54.)

Je chante un héros et la guerre[7].
(VIRGILE, *Énéide*, livre I, vers 1.)

Les lois n'ont de pouvoir qu'autant que le roi vit[8].
(*Géorgiques*, livre IV, vers 212.)

Le palais du Soleil, porté sur cent colonnes,
Étoit tout brillant d'or[9].
(OVIDE, *Métamorphoses*, livre II, vers 1.)

1. *Épîtres*, tome II, p. 375. — 2. *Ibidem*, p. 377.
3. *Ibidem*, p. 379. — 4. *Ibidem*, p. 380.
5. *Ibidem*. — 6. *Ibidem*, p. 395.
7. *Ibidem*, p. 418. — 8. *Ibidem*, p. 433.
9. *Ibidem*, p. 442.
—   Le grand palais où Phebus habitoit

Il avoit l'essieu d'or et le timon aussi;
Les rais[1] étoient d'argent[2].

(*Métamorphoses*, livre II, vers 107.)

Vesper leur apparoît quand nous voyons l'Aurore[3].

(Virgile, *Géorgiques*, livre I, vers 250.)

    Hault eslené sur columnes estoit,
      Tout luysant d'or.

(Marot, p. 201.)

1. *Adonis*, vers 159 et note 3.
2. *Épîtres*, tome II, p. 442.

—   D'or fut l'aisseul; d'or luysoient tout autour
    Les deux lymons; d'or estoit le hault tour
    De chasque roue, et l'ordre bel et gent
    De chascun ray fut estoffé d'argent.

(Marot, p. 207.)

Comparez Ronsard, tome II, p. 253 :

    Le timon estoit d'or, et les roues dorées
    Estoient de maint rubis richement honorées.

3. *Épîtres*, ibidem, p. 511.

INSCRIPTIONS HISTORIQUES

DU CHÂTEAU DE GLATIGNY

Ces vers ont été publiés, pour la première fois, en 1833, dans les *Mémoires de la Société d'émulation de Cambrai*, tome XIV, p. 340, par M. le Glay, archiviste de Lille[1], qui leur a donné pour date l'année 1694, et les a fait précéder d'une notice dont nous extrayons ce qui suit :

« Le baron Michel-Ange de Vuoerden, bailli des états de Lille, s'était constitué le panégyriste, en style lapidaire, de tous les hauts faits militaires de Louis XIV. Les inscriptions latines, qu'il composait avec un talent incontestable, il les faisait imprimer et les adressait aux grands personnages de la cour de France. De tous ceux qui recevaient ainsi les productions épigraphiques du baron flamand, le marquis de Louvois fut peut-être le plus soigneux à encourager l'auteur. Le premier commis de ce ministre, le sieur du Fresnoy, à l'exemple de son maître, avait en grande estime les inscriptions de Vuoerden. Possesseur d'une maison de campagne à Glatigny, près de Pontoise, il imagina d'y faire construire une galerie où devaient être représentées en peinture les conquêtes de Louis XIV. Il fallait joindre à chaque tableau une inscription explicative. Il s'adressa pour le texte latin au baron de Vuoerden, et il pria la Fontaine, qui était son ami, de se charger de la traduction en vers français.

« La galerie se composait de vingt-deux tableaux : la Fontaine n'avait composé que seize inscriptions quand il mourut en 1695. Ces détails sont consignés dans les Mémoires inédits du baron de Vuoerden, que possède la bibliothèque de Cambrai. Outre les vers de la Fontaine, on y trouve deux lettres de du Fresnoy, qui y ont rapport, et qui offrent des particularités curieuses sur ce dernier travail poétique de la Fontaine. »

---

1. Ils ont été réimprimés en 1863 par Paul Lacroix dans son volume des *OEuvres inédites*, p. 196.

Voici le commencement de la première de ces lettres au baron de Vuoerden :

« A Versailles, le 9 juin 1697.

« Monsieur,

« Je n'ai pas oublié que vous m'avez demandé copie de ce que le pauvre feu M. de la Fontaine a fait pour ma galerie, en suite des belles inscriptions que vous avez eu la bonté de me donner; mais il m'a été impossible d'y satisfaire jusqu'ici : ce pauvre homme ayant voulu y retoucher, je n'ai pu retrouver ce qu'il avoit fait que depuis son décès, par l'entremise d'un de ses amis, qui a bien voulu prendre ce soin pour moi. Vous trouverez ci-joint, Monsieur, copie de ce qui m'est revenu, qui ne vous paroîtra ni de la force de *Fatiscebat sub bellorum pondere, etc.*[1], ni des autres inscriptions qui sont sorties de votre étude. Ce n'est pas que ce bon homme ne m'ait dit plusieurs fois que vos inscriptions lui avoient beaucoup servi à échauffer son génie, sans quoi il auroit eu peine de venir à bout de ce qu'il a fait....

« Du Fresnoy. »

Nous nous abstenons de reproduire les inscriptions latines du baron de Vuoerden, que la Fontaine, comme le remarque Paul Lacroix, a très librement, mais aussi très péniblement, imitées.

Nous avons vu à la Bibliothèque de l'Arsenal, dans le manuscrit 149 in-fol., *Belles-Lettres* (pièce LXXV), une copie qui diffère quelque peu de celle de Cambrai, et dont nous avons relevé les variantes.

Le grand Corneille avait fait un travail analogue lorsque le graveur Jean Valdor entreprit, peu après la mort de Louis XIII, et publia, en 1649, un ouvrage à figures : *Les Triomphes de Louis le Juste, XIII° du nom, etc.* Il avait, sur la demande de Louis XIV, « mis des vers françois » au-dessous de chacune des estampes qui représentaient les glorieuses actions de Louis XIII : « Caen », « Pont-de-Cé », « Saumur », etc. : voyez le tome X du Corneille de notre Collection, p. 104; et comparez *les Victoires du Roi en l'année* 1667, ibidem, p. 203-206.

[1]. L'inscription latine sur *la Paix de Nimègue* commence ainsi : *Fatiscebat sub bellorum pondere terrarum orbis.*

INSCRIPTION POUR L'ENTRÉE[1] DE LA GALERIE.

Loin du tumulte de la cour,
C'est ainsi[2] que nos cœurs vénèrent[3] le monarque ;
Voici le temple où chaque jour
Il a de notre zèle une nouvelle marque :
Ses hauts faits y seront respectés par la Parque,
Si la Parque a jamais épargné quelques lieux.
O vous, dont ses exploits ont attiré les yeux,
Admirez-en la suite[4]. Elle doit vous apprendre
Que dans chaque dessein Louis fait éclater
De la prudence à l'entreprendre[5],
De la force à l'exécuter.

PRISE DE TOURNAI, LE 24 JUIN 1667[6].

Tributaire des lis, je reçus autrefois
Clovis en son berceau, Childéric en sa tombe[7] ;
J'étois ville des Francs : je le suis des François[8].

1. Pour le fond. (Manuscrit de l'Arsenal.)
2. C'est ici. (*Ibidem.*)
3. Révèrent. (*Ibidem.*)
4. Vous en verrez tantôt la suite en nos lambris,
    (*Philémon et Baucis;* vers 146.)
5. Tome VII, p. 513 et note 5.
6. Après deux jours de tranchée ouverte. — Le manuscrit de l'Arsenal ne porte ici que : TOURNAY ; et de même pour les inscriptions suivantes : DOUAY, L'ILE, MAESTRICH, BEZANÇON, DOLE, LIMBOURG, BOUCHAIN, CAMBRAY, SAINT-OMER, IPRES. Par suite d'une erreur du copiste, on passe immédiatement du premier vers de BOUCHAIN au second de VALENCIENNES. Enfin la dernière pièce, LA PAIX DE NIMÈGUE, manque dans ce manuscrit.
7. Découverte en 1653.
8. Elle ne devait pas nous rester.

— Et Tournai de tout temps tout françois dans le cœur.
    (CORNEILLE, tome X, p. 205.)

Un vainqueur, sous qui tout succombe,
Sut à ce premier joug[1] ranger ma liberté[2].
Ce qu'on crut mon malheur fait ma félicité;
Aux efforts de Louis je dus d'abord me rendre.
Ce prince sur Clovis l'emporte en piété,
    En grandeur il passe Alexandre[3].

PRISE DE DOUAI[4].

Douai, ville à Pallas si chère,
    Soit que Pallas se considère
Un armet[5] à la tête, ou l'aiguille à la main[6],
    Douai, la fille de Louvain,
Bénit le conquérant dont le bras l'a soumise[7].
Elle n'a jamais cru la révolte permise,
Ni suivi des Flamands les cœurs séditieux[8].
Cette ardeur si fidèle à Louis est acquise :
    Car quel roi la mérite mieux?

PRISE DE LILLE, LE 28 AOUT 1667.

Lille, cette cité qui vaut une province,
Par l'effort de Louis notre[9] grandeur accroît.

---

1. La vérité est qu'en dépit de résistances énergiques Tournai avait subi plus d'un joug avant celui de Louis XIV.

2. A ses premières lois soumet ma liberté.
                  (Manuscrit de l'Arsenal.)

3. Ces trois derniers vers manquent dans le manuscrit de l'Arsenal.

4. Le 4 juillet 1667, après deux jours de tranchée ouverte.

5. Ou l'armet. (*Ibidem.*)

6. Tome VI, p. 173 et note 1. — Allusion aux anciens tulles, aux dentelles de Douai.

7.   Bénit le bras qui l'a soumise.
                  (Manuscrit de l'Arsenal.)

8. Assertion hasardée.

9. Votre. (*Ibidem.*)

Qu'en coûte la conquête aux armes de ce prince?
Dix jours[1]. Qui le croira? Celui qui le connoît.

CONQUÊTES[2] DU ROI EN HOLLANDE, 1672[3].

Triompher en courant d'un climat invincible,
Pénétrer un pays[4] que de leurs propres mains
La Nature avec l'Art rendoient inaccessible
    Aux entreprises des humains;
Passer le Rhin, l'Issel, et lasser la victoire,
Faire à plus de cent forts son tonnerre éprouver,
C'est ce qui de cent rois pourroit remplir l'histoire :
En trois mois cependant un seul sut l'achever[5].

PRISE DE MAESTRICHT[6].

Louis sait commander : c'est le métier des rois,
    C'est celui que font les dieux même;
Les héros par cet art faisoient joindre autrefois
Les honneurs de l'Olympe à ceux du diadème.
Notre prince le porte en un degré suprême[7]:
Contemplez de quel air il sait aux champs de Mars,
Comme au trône, exercer le plus noble des arts.

---

1. « En dix jours de tranchée ouverte je m'en rendis maître. » (*Mémoires de Louis XIV*, Paris, 1860, in-8°, tome II, p. 262, note 1.)

— Que dirai-je de Lille, où tant et tant de tours,
De forts, de bastions, n'ont tenu que dix jours?
(CORNEILLE, tome X, p. 205.)

2. Les Conquêtes. (Manuscrit de l'Arsenal.)
3. Pour cette inscription et les dix qui suivent, voyez Racine, tome V, p. 245-292.
4. Dans notre tome VI, p. 302 : « pénétrer cette horrible contrée ».
5. Rapprochez Boileau, épître IV, vers 170.
6. Le 29 juin 1673, après douze jours de siège.
7. Comparez une pièce de vers des Manuscrits Trallage à l'Arsenal (vol. 6541, fol. 130).

Maestricht en est témoin : cette ville fameuse
  Change bientôt de souverain ;
Peu de temps la réduit ; douze jours.... et la Meuse
En faveur de Louis suit l'exemple du Rhin.

PRISE DE BESANÇON [1].

Je louerois Besançon, mais César l'a dépeint[2].
On sait que dans les airs son rocher[3] va s'étendre.
Quoique voisin du ciel[4], nos armes l'ont contraint,
  Après huit veilles, à se rendre.
  Tout concouroit pour le défendre :
Le nom de ses guerriers, l'aspect de ses remparts ;
Ibères et Germains, venus de toutes parts,
Voyoient entrer pour lui l'hiver même en leurs ligues[5]....
Huit retours de l'aurore ont décidé son sort[6].
Louis est un torrent, dont les plus fortes digues
  Ne sauroient arrêter l'effort[7].

PRISE DE DÔLE [8].

Besançon fut suivi de Dôle, et ces projets
Entassèrent bientôt conquête sur conquête.
Louis mène une troupe aux combats toujours prête :
En autant de héros il change ses sujets[9].

1. Le 15 mai 1674, après huit jours de tranchée ouverte.
2. *De bello gallico*, livre I, chapitre XXXVIII.
3. Ce rocher. (Manuscrit de l'Arsenal.)
4. Tome III, p. 75 et note 9 ; et ci-dessus, p. 412.
5. « La saison sembloit conspirer avec eux. Le Roi, ayant assiégé cette ville, le temps se rendit insupportable, etc. » (RACINE, tome V, p. 257.)
6. Achevèrent son sort. (Manuscrit de l'Arsenal.)
7. Livre XII, fable x, vers 14.
8. Le 6 juin 1674.
9.   .... Toute prête :

Rien ne résiste aux mains conduites par sa tête.
Qu'on soit ministre ou chef, qu'on soit sage ou vaillant,
Il connoît de chacun le zèle et le talent.
Sous ses ordres, Louvois, d'une peine assidue,
Par l'exemple du prince au travail animé,
Suffit seul à cent soins d'une immense étendue :
Quel génie! Il est vrai que Louis l'a formé.

PRISE DE LIMBOURG, 20 JUIN 1675[1].

Rien ne sauva Limbourg : les forces de l'Empire,
Le Batave, l'Ibère[2], enfin le monde entier.
Condé formoit le siège, instruit en ce métier :
Mars et lui ne font qu'un, c'est ce que l'on peut dire[3].
Louis couvroit son camp, et le favorisoit;
Aux secours assemblés ce prince s'opposoit.
Où sont ces Ilions qui coûtoient dix années?
Limbourg, après dix jours, tomba sous notre fer[4].

   Que ne put un tel prince ayant de tels sujets?
     (Manuscrit de l'Arsenal.)

— Jamais nos combattants n'ont été si hardis :
  Nos moindres fantassins sont autant d'Amadis, etc.
    (Lettre au chevalier de Sillery du 28 août 1692.)

1. Après dix jours d'investissement.
2. Ci-dessus, p. 501.
3. Mars et lui ne sont qu'un; je l'ai su déjà dire
    (Manuscrit de l'Arsenal.)

— Mars ou Condé, car c'est tout un.
   (Lettre à l'abbesse de Mouzon, vers 26.)

4. .... De juger si les Grecs, qui brisèrent ses tours,
Firent plus en dix ans que Louis en dix jours.
   (BOILEAU, épître IV, vers 163-164.)

 .... Et ton bras en dix jours a plus fait à nos yeux
Que la fable en dix ans n'a fait faire à ses dieux.
   (CORNEILLE, tome X, p. 206.)

TRADUCTIONS EN VERS.   503

Eût-il pu retarder l'arrêt des destinées[1]
     Et la foudre de Jupiter[2]?

PRISE DE BOUCHAIN, 12 MAI 1676[3].

Bouchain servoit de clef à deux superbes villes;
Sa prise les rendoit à dompter plus faciles :
     Ni Valenciennes ni Cambrai
N'eussent tombé sitôt sans ce premier essai.
Philippe[4] l'entreprend; Bouchain voit une armée
Sous l'un et l'autre frère à vaincre accoutumée.
Orange accourt en vain[5] : Bouchain cède à Louis;
Tenant presque en ses mains une double victoire,
L'ennemi se retire, envieux de la gloire
Dont ce prince eût comblé tant de faits inouïs.

PRISE DE VALENCIENNES, MARS[6] 1677[7].

Valenciennes étoit l'écueil de nos guerriers;
Elle avoit arrêté le cours de nos lauriers[8].
Ses enfants rappeloient de tristes funérailles, [railles[9].
Nous montrant nos tombeaux creusés sous leurs mu-
Que les temps sont divers! Il n'est que notre roi
Qui se puisse vanter d'avoir toujours pour soi

1. Ci-dessus, p. 484 :
    Que sert-il de lutter contre les destinées?
2. Tome III, p. 239.
3. Après cinq jours de tranchée ouverte.
4. Monsieur, frère du Roi. — 5. Avec quarante mille hommes.
6. Le 17. — 7. Après treize jours de siège.
8. Au mois de juillet 1656.
9. « Il n'y avoit point de bravades qu'ils ne fissent d'abord : ils donnoient le bal sur les remparts; ils disoient que leur ville étoit le fatal écueil où la fortune des François venoit toujours échouer; et, fiers de leur avoir fait autrefois lever le siège, ils leur demandoient s'ils venoient autour de Valenciennes chercher les os de leurs pères. » (RACINE, tome V, p. 275.)

La faveur du dieu des batailles;
Bientôt cette cité fut soumise à ses lois.
Nous pouvions nous venger des pertes d'autrefois :
Le soldat renonça de lui-même au pillage;
Il eut horreur d'un droit acquis à son courage.
Ce miracle n'est dû qu'au plus clément[1] des rois[2].

PRISE DE CAMBRAI[3].

Cambrai portoit son nom aux terres inconnues;
Ses plus fiers ennemis n'osoient en approcher;
Ils passoient, et ce lieu, plus ferme qu'un rocher,
Gardoit un air tranquille et menaçoit les nues.
Qu'ont servi ses châteaux, ni leurs cimes chenues[4]?
Ce rempart s'est soumis : c'étoit le seul recours
    Que l'Ibère[5] opposât au cours
D'un torrent qui sans doute eût emporté le reste[6].
La paix a suspendu ces rapides efforts :
Flandre, ton sort dépend d'un conquérant modeste,
    Et non des ligues et des[7] forts.

PRISE DE SAINT-OMER[8].

Cambrai résistoit encore :
Saint-Omer voit, de ses tours,
Le défenseur qu'il implore[9]

---

1. Qu'au plus pieux. (Manuscrit de l'Arsenal.)
2. Racine, tome V, p. 277 et note 3.
—   Et, quoique le soldat soupire après la proie,
    Il l'apaise, il l'arrête, et se montre avec joie
    Et père des vaincus et maître des vainqueurs.
             (CORNEILLE, tome X, p. 108.)
3. Le 17 avril 1677.
4. Page 387 : « nos Alpes chenues ». — 5. Ci-dessus, p. 502.
6. Page 501. — 7. Ni des. (Manuscrit de l'Arsenal.)
8. Le 19 avril 1677. — 9. Le prince d'Orange.

Accourir à son secours.
On se bat[1]; le sort chancelle :
Philippe enfin est vainqueur.
Louis laisse agir son zèle,
Et sa conduite[2] et son cœur.
Saint-Omer se rend ensuite,
Et, par tant d'exploits divers,
On crut[3] la Flandre réduite,
Et l'Europe et l'univers.

PRISE DE GAND[4].

Qui ne sait des Gantois les dures destinées,
La colère de Charle[5] indigné justement,
    Et de ces villes mutinées
    Le sévère et long châtiment?
Ce sont événements trop marqués dans l'histoire ;
Ils ne le sont pas moins dans le cœur des Gantois;
    Et l'Espagne avoit lieu de croire
Que Gand feroit des vœux en faveur des François.
Ce n'est point ce qui fit incliner la balance :
Le Ciel n'entend les vœux des mutins qu'à regret.
Louis força ces murs, mais par sa vigilance,
    Par sa valeur, par le secret[6].

1. Bataille du Mont-Cassel du 11 avril.
2. Page 409 et note 5.
3. On ouït. (Manuscrit de l'Arsenal.)
4. Gand fut investi le 3 mars 1678; Louis XIV arriva le 4 au camp; le 5 on ouvrit la tranchée : le 9 la place capitulait, et la citadelle le 12.
5. Charles-Quint.
6. Tome III, p. 239; et ci-dessus, p. 498. — Comparez Racine, tome V, p. 291.

PRISE D'YPRES[1].

La jalousie aux yeux incessamment ouverts
Fut toujours attentive au progrès de nos armes.
Près d'Ypres menacée, on vit les champs couverts
D'escadrons accourus sur le bruit des alarmes[2].
L'Anglois avec fierté, l'Espagnol avec larmes,
  Représentoient à l'univers
  Que de l'Europe et des deux mers
Notre prince vouloit régler seul la fortune;
Qu'Ypres prise, la Flandre entière alloit tomber[3].
Ypres, malgré leur plainte aux peuples importune,
  Ne laisse[4] pas de succomber.

LA PAIX DE NIMÈGUE[5].

Louis maintient la paix qu'il rappelle ici-bas.
Alexandre soupire[6] au sein de la victoire;
Rien ne remplit son cœur que l'amour des combats:
Malheureux de n'aimer qu'une sorte de gloire,
Il fut grand, il ne fut sage ni modéré;
Louis l'est. O toi, chef dont la Grèce se vante,
Et vous, dont Rome a vu le mérite adoré,
Mânes des deux Césars! Louis vous représente[7].

---

 1. La tranchée fut ouverte le 23 mars 1678, et le 25, après un combat de nuit très meurtrier, la place capitula.
 2. Tomes IV, p. 59, VII, p. 628; et *passim*.
 3. « Je crois que de tout ceci nous aurons la paix ou la Flandre », écrit, le 18 mars, Mme de Sévigné.
 4. Ne laissa. (Manuscrit de l'Arsenal.)
 5. Août 1678-février 1679.
 6. Ci-dessus, p. 328.
 7. Auguste et Jule, en vertu différents,
   Vous feront place entre eux deux dans l'histoire.
    (*Au Roi*, ballade, tome V *M.-L.*, p. 153.)

En ce monarque seul on peut tous trois vous voir ;
Arbitre de l'Europe, il en fait le partage.
Il sait vaincre, régner, maintenir son ouvrage :
Le détruise qui donc en aura le pouvoir[1] !

1. Tel est bien le texte.

FIN DES TRADUCTIONS EN VERS.

TABLE DES MATIÈRES

CONTENUES DANS LE HUITIÈME VOLUME.

Avertissement... 1

LES AMOURS DE PSYCHÉ ET DE CUPIDON.

Notice..	3
A Madame la duchesse de Bouillon.....................	15
Préface...	19
Livre I...	25
Livre II..	127

FRAGMENTS DU SONGE DE VAUX.

Notice..	237
Avertissement.......................................	239
Autre avertissement.................................	244
Fragment I..	245
— II..	249
— III : Aventure d'un saumon et d'un esturgeon..	267
— IV : Comme Sylvie honora de sa présence les dernières chansons d'un cygne qui se mouroit, et des aventures du cygne.................	271
— V : Acante, au sortir de l'apothéose d'Hercule, est mené dans une chambre où les Muses lui apparoissent.............................	277
— VI : Danse de l'Amour.....................	281

Fragment VII : Acante se promène à la cascade, et les singulières faveurs qu'il y reçut du Sommeil.... 283
— VIII : Neptune à ses Tritons................. 292
— IX : Les Amours de Mars et de Vénus......... 295

OPUSCULES EN PROSE ET ÉPITRES DÉDICATOIRES.

Remerciement du sieur de la Fontaine à l'Académie françoise.. 305
Comparaison d'Alexandre, de César, et de Monsieur le Prince. A Mgr le prince de Conti............................ 315
Sur les Dialogues de Platon. Avertissement du recueil qui a pour titre *Ouvrages de prose et de poésie des sieurs de Maucroix et de la Fontaine*............................ 337
A Son Altesse Monseigneur le duc de Guise, en lui dédiant un recueil qui a pour titre *Fables nouvelles et autres poésies*. 343
A Monseigneur le Procureur général du Parlement, en lui dédiant deux volumes intitulés *Ouvrages de prose et de poésie des sieurs de Maucroix et de la Fontaine*................. 347

POÉSIES DIVERSES.

ÉLEGIES.

I. Pour M. Foucquet............................. 355
II. 359
III. 363
IV. 366
V. 370
VI. Pour M. L. C. D. C........................... 375

ODES.

I. Ode anacréontique. A Madame la Surintendante, sur ce qu'elle est accouchée avant terme, dans le carrosse, en revenant de Toulouse.................. 377
II. Ode pour la paix............................... 380
III. Ode pour Madame............................. 384
IV. Ode au Roi. [Pour M. Foucquet]............... 390
V. Paraphrase du psaume XVII, *Diligam te, Domine*...... 394

TABLE DES MATIÈRES.

VI. Sur la paix. Extrait d'une lettre de Grosley........ 402
VII. Ode pour la paix............................... 408
VIII. Traduction paraphrasée de la prose *Dies iræ*........ 414
IX. Sur la soumission que l'on doit à Dieu............. 418

PIÈCES MÊLÉES.

I. Imitation d'un livre intitulé « Les Arrêts d'amour ».. 421
II. Le Différend de Beaux-Yeux et de Belle-Bouche... 426
III. Virelai sur les Hollandois....................... 431
IV. Janot et Catin................................. 439
V. Prédictions pour les quatre saisons de l'année, mises dans un almanach.... présenté à Mme de Montespan par Mme de Fontange, le 1ᵉʳ de l'an 1680........ 447
VI. Le Songe. Pour Mme la princesse de Conti........ 449
VII. A leurs Altesses Sérénissimes Mademoiselle de Bourbon et Monseigneur le prince de Conti........... 453
VIII. Réponse d'une dame à un songe de son amant..... 458
IX. Eglogue.. 460
X. Vers à la manière de Neuf-Germain, sur la prise de Philisbourg.................................... 465

TRADUCTIONS EN VERS.

Inscription tirée de Boissard.......................... 469
Traduction des vers cités dans les Épîtres de Sénèque.... 477
Inscriptions historiques du château de Glatigny.......... 496

FIN DE LA TABLE DES MATIÈRES.

21526. — Paris, Imprimerie LAHURE, rue de Fleurus, 9.

PARIS. — IMPRIMERIE LAHURE
Rue de Fleurus, 9

www.ingramcontent.com/pod-product-compliance
Lightning Source LLC
Chambersburg PA
CBHW051125230426

43670CB00007B/686